教育部人文社会科学研究青年基金项目资助
《新见清代民国山西典商书信整理与典当业研究》（批准号：19YJCZH182）

2021年河北金融学院学术著作出版资助项目资助

清末民初
晋商典当业研究
——基于新见信稿资料的解读

王中良　著

人民出版社

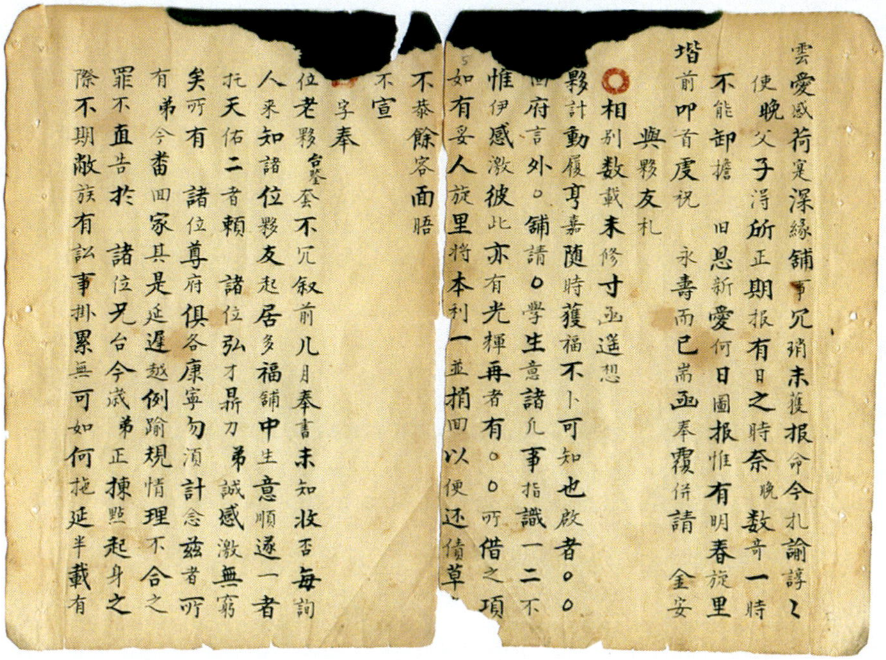

《道光湖北枣阳琚湾镇某典尺牍范本·与伙友札》（刘建民藏）

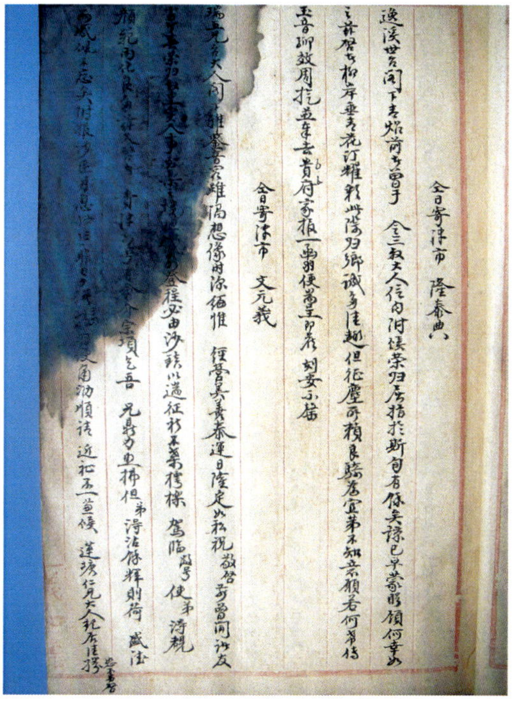

《同治湖北沙市某票号致隆泰典等当铺书信底稿抄本》（刘建民藏）

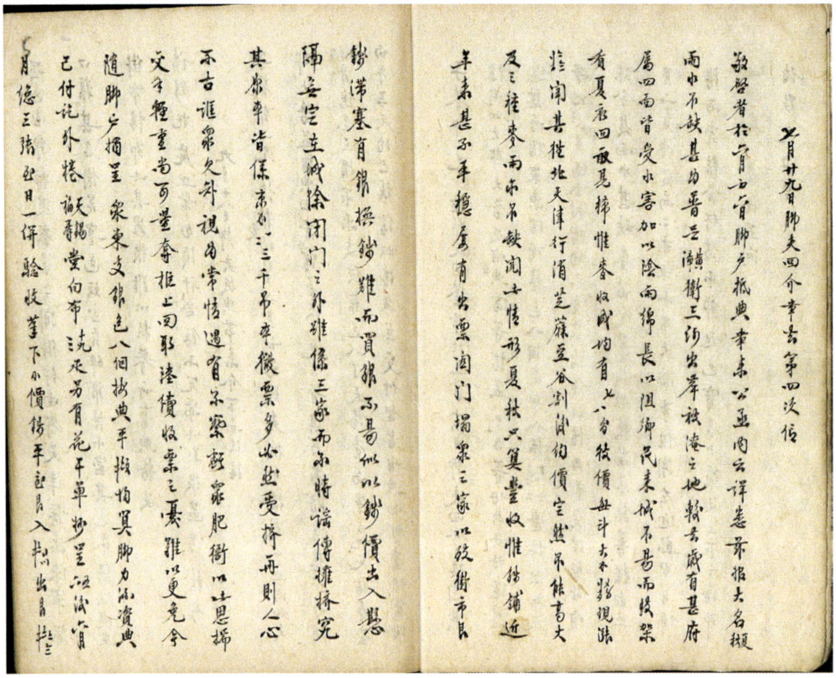

《同光直隶大名府恒裕典东伙往来信稿抄本》（刘建民藏）

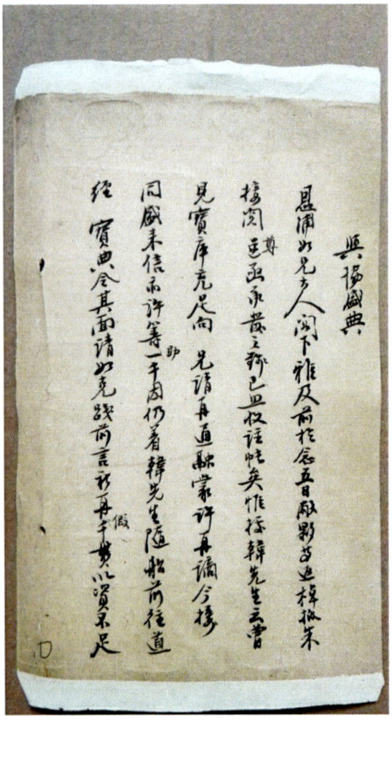

《光绪十三年（1887）湖北松滋合盛典书信底稿抄本》（刘建民藏）

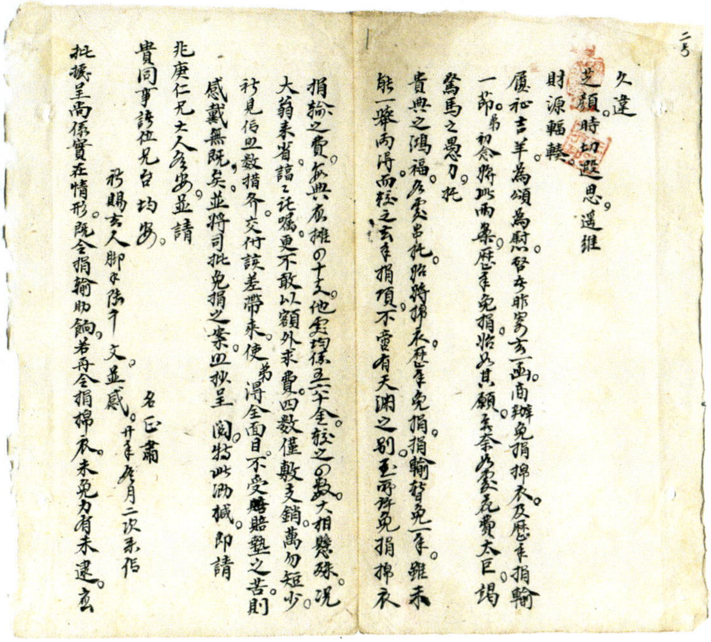

《光绪山东曲阜增义典往来信稿抄本》（刘建民藏）

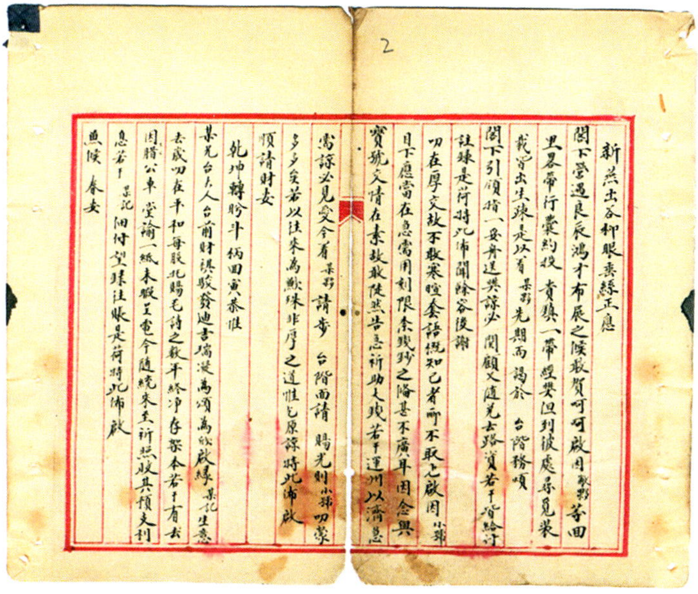

《光绪湖北沔阳某典尺牍范本书》（刘建民藏）

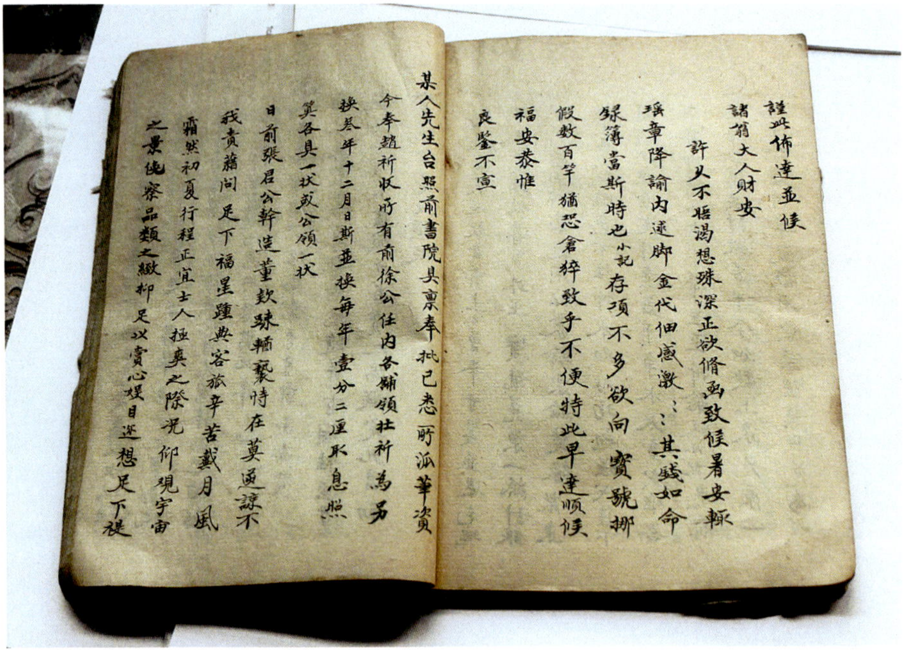

《光绪湖北枝江董市镇某质铺尺牍范本》（刘建民藏）

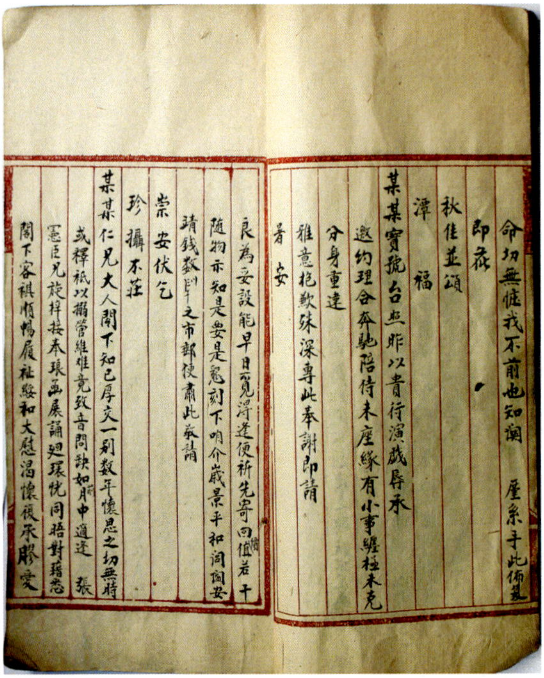

《□学摘录》（刘建民藏）

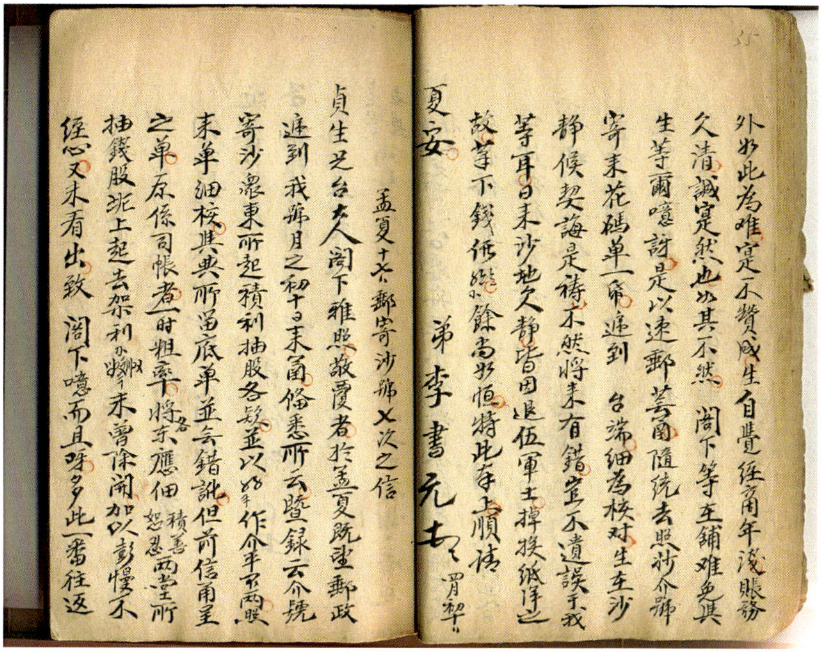

《民国二年（1913）湖北松滋合盛典往来信稿抄本》（刘建民藏）

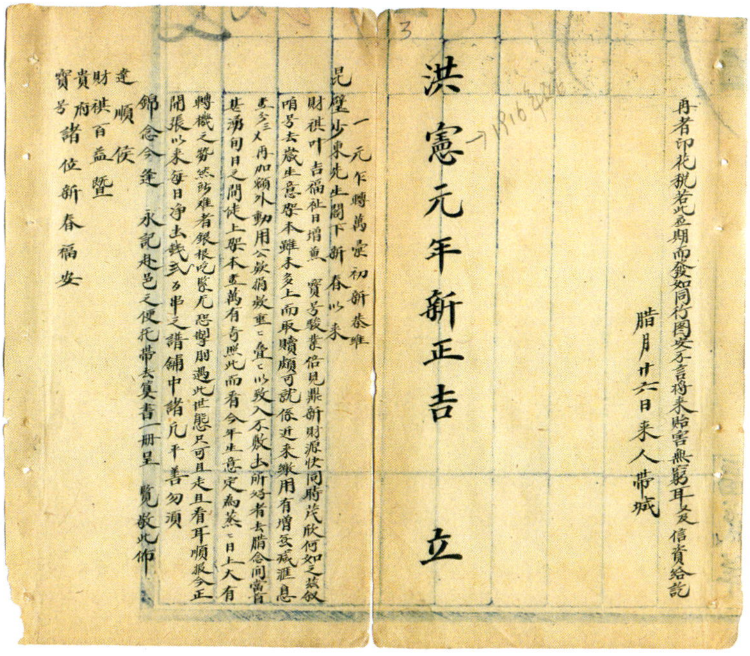

《民国湖北监利新沟镇某质铺书信底稿抄本》（刘建民藏）

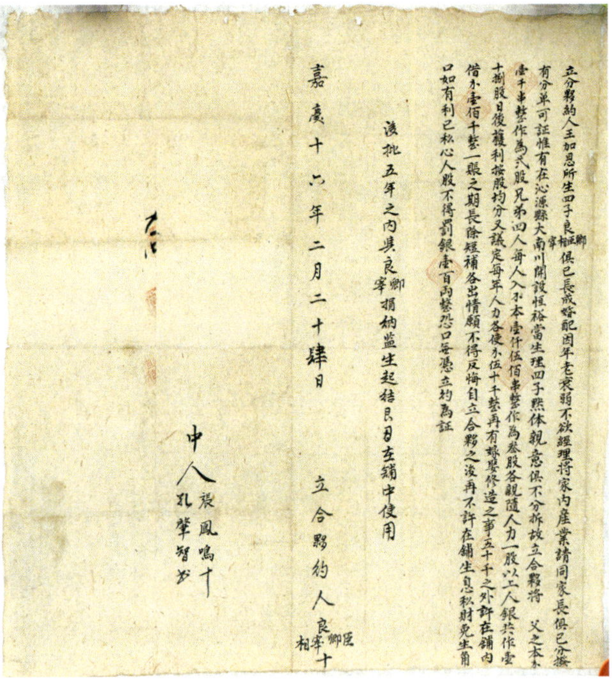

《嘉庆十六年（1811）二月二十四日王家恩同四子立合伙占有典当股份分家书》

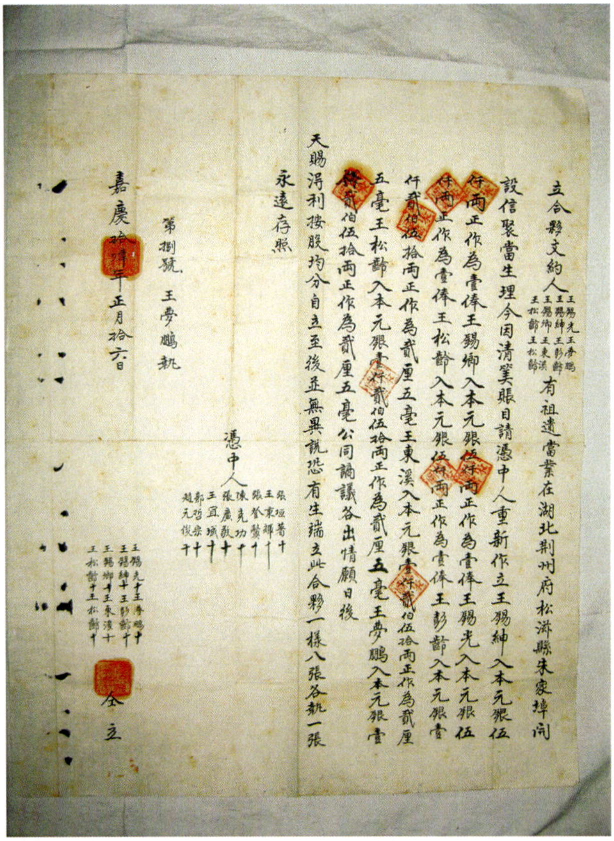

《嘉庆十四年（1809）正月十六日王锡光等八人合伙开设信聚当合约》

自　序

晋商民间历史文献学科是晋商在商业经营活动中直接产生的文献资料，具有原始性、唯一性等特点，是深入开展明清及民国时期社会经济史研究的第一手资料。笔者以刘建民收藏的晋商典当业信稿资料为基本史料，结合其他传世文献对清末民初晋商典当业进行专题研究。一是系统整理刘建民收藏的晋商典当业信稿资料，形成清末民初晋商典当业信稿资料汇编，为学界开展相关领域的学术研究提供新资料；考证信稿资料涉及的时间、地点、收寄双方身份以及所反映的内容，与档案、方志等其他文献资料互证，提高其研究价值，阐释其史料价值；总结、归纳晋商民间历史文献整理、研究的方法和操作要领，在方法论层面积累经验，探索科学的晋商民间历史文献研究体系。二是从整体上概括明清以来晋商跨地域典当业经营活动的发展变迁，分析晋商典当业在明代中后期、清代前期、清末民国等不同时期的历史成就、发展特征。三是利用信稿资料对晋商典当业进行专题研究，主要包括以下问题：实证分析存款、发行私票、信用放贷等业务及其特征，对前人关注较少的资本组织方式、资本规模、日常资金管理以及负债经营等问题进行专题研究；重点分析晋商典当业围绕日常资金管理建立的账簿组织体系以及凭借书信、依靠层级管理结构、基于地缘关系构建的联号经营方式；以“社会关系”为视角考察晋商的跨地域典当经营活动，实证分析晋商典当业为维护自身权益、应对经营难题与各种社会关系的互动情况；专题探讨晋商利用书信开展跨地域典当经营活动的基本情况，深化学界对晋商利用书信完成商业、金融业经营活动这一历史事实的科学认知。

在前辈学者研究基础上，主要在以下几个方面有所推进：一是利用新资料。笔者系统整理新见晋商典当业信稿资料，向学界介绍新资料，以此克服当前商业史、金融史研究所遇到的资料瓶颈问题，为相关领域的学术研究提供便利。二是提出新问题。这批信稿资料反映了前人尚未关注的一些问题，如晋商典当业的负债经营、联号经营、商业网络以及类似于商业银行性质的金融性功能、书信经营方式等问题。透过这些新问题，我们可以得出许多关于晋商典当业更为客观、全面的认识，这些问题也是研究重点。三是对前人研究成果中的薄弱环节作了必要的加强。从业务角度分析，前人主要利用了民国时期的一些社会调查资料分析晋商典当业的业务，笔者利用信稿资料对其业务进行实证分析。例如对于私票发行业务，前人基本停留在宏观描述，未作具体的实证分析，笔者具体介绍了短票、长票、兑票、小票、上票、下票等多种私票；笔者还分析了信用放贷业务，而目前学界现有研究成果尚未涉及此项业务。从资本角度分析，以往研究大多关注的是晋商典当业资本的来源、构成，而对资本组织、经营方式的探讨非常薄弱；前人关注的重点主要是一些制度方面的探讨，很少涉及晋商典当资本的运营实态。这批信稿资料翔实记录了晋商典当业的日常资金管理、负债经营、联号经营以及与票号、账局、钱庄等金融机构的往来情况，可帮助我们更为清晰地认识晋商典当业资本运营实态。从社会关系角度分析，为了应对经营过程中遇到的各类难题，晋商当铺与官员、吏胥、金融机构、同业人员、同乡等社会关系保持密切联系互动，并在维护经营环境、降低经营成本、应对经营难题等方面发挥了重要作用，为其经营活动的开展以及经营收益不受侵犯提供了保障。上述问题目前学界的研究还不够深入。四是弥补个案研究薄弱的不足。典商、当铺的个案研究对于典当业学术研究而言是非常必要的。徽州典当业的个案研究已经有了很多成果，晋商典当业的个案研究还十分薄弱。利用信稿资料所作的个案分析，一定程度上可弥补晋商典当业个案研究薄弱的不足。

当然，笔者对账簿、当票、规程、合约等类型晋商民间历史文献利用不够，对反映晋商典当业发展变迁的历史背景资料以及其他方面文献资料的搜集工作还需要进一步加强。此外，由于笔者学术积累不足、理论水平有限，对信稿资料反映的内容仍有思索不清的地方，导致本书对一些重点、难点问题分析得不够深入。以上不足均是笔者力所不逮的明证，也是笔者今后努力的方向。

王中良

2024 年 2 月 4 日秀兰尚城

凡　例

一、信稿资料中的年号、纪年用括号标注了公元纪年。

二、信稿资料中残缺的字在引用时以“□”表示；漫漶以及剥蚀缺字过多之处用“……”代替或用括号备注残缺。

三、信稿资料中的繁体字引用时改为简体字，异体字、古体字、俗字在引用时改为通用字，错别字以括号备注正确的字。数字的大、小写以尊重信稿资料原貌为主，苏州码“〡、〢、〣、〤、〥、〦、〧、〨、〩”在引用时改为“一、二、三、四、五、六、七、八、九”。

四、信稿资料题名系作者根据考证情况予以重新拟定。

五、部分书信因篇幅过大，引用时有所删减，删去部分以“……”注明。

六、笔者共整理、利用了 10 种晋商典当业信稿资料。其中，有 8 种信稿资料以影印形式收录于刘建民主编的《晋商史料集成》商务印书馆 2018 年版，未收录的 2 种信稿资料经整理附录于书后。

目　录

绪　论

一

传统金融机构有当铺、钱庄、银号、票号、账局、印局、放账铺等数种。其中，典当的历史最为悠久，不仅是唯一一种延续至今的传统金融业，也是众多传统金融机构中最富有中国特色的金融机构。因与社会各个阶层的政治、经济及日常生活密切相关，其历史变迁对社会经济的发展演变产生了特殊的历史影响。故而传统典当业一直以来就是中国社会经济史研究的重要组成部分之一，尤其是20世纪80年代后期以来，随着新型典当业在全国各地陆续出现，中国传统典当业不仅引起了学界的广泛重视和深入研究，更是让中国典当史学术研究具有了重要的现实价值及意义。

自明代开始，政府开始允许民间自由经营典当业。徽商、晋商、江西、福建等地域性商人经营的典当业不断发展壮大，逐渐形成具有影响力的典当商帮。入清之后，典当业迎来了一个大的发展时期，最为明显的体现是以徽商、晋商为代表的各地域商人群体跨地域经营典当业成为一种十分引人注目的社会现象，并对当时的社会经济诸多层面产生了深刻影响。大体上在清乾嘉时期，中国传统典当业进入历史鼎盛时期，徽商、晋商逐渐发展成为当时全国最大的两大典当商帮，史称全国之典肆："江以南皆徽人，曰徽商；江以北皆晋人，曰晋商"。[①] 得益于徽州文书的整理、利用以及学界徽学研究的蓬勃发展，前辈学者对徽州商人经营的典当业已

① （清）李燧著，黄鉴晖校注：《晋游日记》卷3，乾隆六十年正月初一日至四月十五日，山西人民出版社1989年版，第70页。

经作了较为全面、深入的研究。[1] 相对而言，学界对晋商典当业的研究较为迟滞，目前尚有许多薄弱环节有待进一步深入探讨。[2] 晋商典当业学术研究相对迟滞的一个主要原因则是学界对晋商民间历史文献资料的整理、利用不足。

晋商民间历史文献资料是晋商在经商实践中实际运用的第一手资料，能够真正反映历史上晋商的经商活动实际。据不完全统计，目前学界有关晋商研究的学术论文有1000多篇，专著有200余部，涉及晋商的兴衰、经营管理、商业伦理、商人生活等不同侧面，反映了学界对晋商研究的重视。但现有研究成果最大的问题是重复性研究过多，对新资料的运用不够，尤其是对近年来日益涌现的大量信稿、账册、票据等晋商民间历史文献资料未给予足够的重视。[3] 目前，一些学者已关注到晋商民间历史文献资料的研究价值，并利用民间历史文献资料研究晋商发展史取得了一些研究成果。但已有研究成果与近年来大量涌现出的晋商民间历史文献资料的规模、数量相比还不对称，大量晋商民间历史文献资料亟待整理和进一步解读、利用。

中国社会经济史学术研究固然要依赖档案、文集、方志、私人著述以及各类社会调查等文献资料，但这些文献资料难以详尽、客观地反映历史上商人、商业的经营实况。相对而言，能够客观记录、反映历史上商人、商业经营活动的资料是历史上商人们在具体经商实践过程中实际运用的信稿、清单、账簿、合约、规程、票据等民间历史文献资料。傅衣凌先生倡导："以民俗乡例证史，以实物碑刻证史，以民间文献证史"。[4] 陈寅恪先生在《陈垣敦煌劫余录序》中曾指出："一时代之学术，必有其新材料与新问题。取用此材料，以

---

① 主要专著有郑小娟、周宇：《15—18世纪的徽州典当商人》，天津古籍出版社2010年版；王裕明：《明清徽州典商研究》，人民出版社2012年版。王廷元、胡健社、王世华、范金民、栾成显、王振忠、封越健以及日本学者白井佐知子等人从不同的角度对徽商典当业进行了研究，发表了相关专题论文。利用民间历史文献对典当商人、当铺进行个案研究是徽商典当业学术研究较为明显的特点之一。

② 王中良、杨小敏：《清末民初晋商典当业研究综述》，《衡水学院学报》2016年第5期。

③ 刘秋根：《从〈晋商史料集成〉谈晋商史的创新研究》，《中国钱币》2021年第4期。

④ 傅衣凌：《我是怎样研究中国社会经济史的》，参见傅衣凌：《傅衣凌治史五十年文编》，厦门大学出版社1989年版，第38页。

研求问题，则为此时代学术之新潮流。”① 严中平先生认为，社会经济史研究必须强调“四新”，即“提出新的问题，阐述新的观点，运用新的方法，发掘新的资料”。② 漆侠先生更是强调在史料的发掘过程中“新史料的发现具有突出的作用和意义”③。前贤学者的论断，有力地说明史学研究在任何时候都要重视新资料的发掘和利用。20 世纪初敦煌文书发现后形成的“敦煌学”以及 20 世纪中叶徽州契约文书推动形成的“徽州学”，充分说明了民间文献资料的重要性。除此之外，黑水城文书、清水江文书、石仓文书、太行山文书以及晋商民间文书、福建民间文书、云南契约文书等大量民间历史文献资料被不断发掘，这不仅为历史学研究提供了大量的新资料，还提供了很多新的研究视角。

就晋商民间历史文献而言，其搜集、整理工作自清末至今已经有百余年的历史。纵观百余年的资料搜集、整理发展历程，按行业划分，学界关注最多的是票号史料，极少涉及晋商从事的其他行业。按类别划分，搜集的主要是一些传世文献资料、文史资料、报刊等类型的资料，反而对晋商在实际经营过程中具体运用的信稿、账簿、票据等原始文献资料搜集、整理得不多。近年来，虽然在学界同仁的共同努力下，这一状况目前已经有所改善，但资料匮乏仍旧是制约晋商学术研究深入发展的瓶颈之一。④ 山西省收藏家协会原会长刘建民自 20 世纪 80 年代中后期就开始收集晋商民间历史文献资料，凡是晋商在经营活动和社会交往中形成的纸质文献材料，哪怕是一个小纸条均予以收集。刘建民搜集的这批晋商民间历史文献资料是迄今为止种类最为齐全、数量最为庞大、内涵最为丰富的“晋商民间契约文书的百科全书”，也是明清以来一代又一代晋商走出三晋大地，前赴后继、艰苦卓绝地到全国各地、大江南北从事商业、金融业经营活动并取得辉煌成就的真实写照。⑤ 如何科学利用这批新资料，以

① 陈寅恪：《金明馆丛稿二编》，上海古籍出版社 2020 年版，第 236 页。

② 《中国经济史研究》编辑部：《中国经济史研究发刊词》，《中国经济史研究》1986 年第 1 期。

③ 漆侠：《历史研究法》，河北大学出版社 2003 年版，第 37 页。

④ 刘秋根：《从晋商史料集成谈晋商史的创新研究》，《中国钱币》2021 年第 4 期。

⑤ 目前这批资料由商务印书馆影印出版，参见刘建民主编：《晋商史料集成》，商务印书馆 2018 年版。

应对当前中国社会经济史学术研究、晋商研究面临的资料匮乏问题，从新的角度、新的侧面认识明清社会经济史以及历史上晋商的经营实况，进而探讨晋商辉煌背后的真正机制和动因，这些问题均是当代学人义不容辞的责任。

在刘建民收藏的这批晋商民间历史文献资料中有一批珍贵的晋商典当业信稿资料。这批信稿资料主要是东伙之间、伙友之间、同乡之间以及晋商当铺与客居地各种社会关系之间的往来书信抄本，主要反映了清代道光至民国初年晋商在直隶、山东、湖北、湖南等地的跨地域典当经营活动，涉及晋商典当业的资本、业务、营业制度、社会关系网络等诸多问题。这无疑是学界深入开展晋商典当史、区域经济史以及商业史、金融史研究十分宝贵的第一手资料。[①] 整理、利用这批晋商典当业信稿资料，从新的角度、新的侧面对晋商典当业进行更为清晰、系统的研究，既可以弥补当前晋商典当业研究中的一些薄弱环节，还能够推动中国典当史、商业金融史、晋商史等领域学术研究进一步向前发展，并为学界其他相关领域学术研究提供新资料，乃至为现代典当业以及当前社会经济发展总结经验、提供借鉴。

二

笔者系统整理刘建民收藏的10种晋商典当业信稿资料，以晋商典当业为研究对象，结合其他方面的文献记载，力争对清末民初时期的晋商典当业经营活动进行更为清晰、系统的研究，以得出更加符合客观实际的学术观点。具体而言，本书的研究价值主要体现在以下三个方面。

在资料整理方面，笔者系统搜集各类晋商典当业民间历史文献资料，重点整理刘建民收藏的10种信稿资料，对其进行归户处理，详细考证信稿资料涉

---

① 晋商习惯将寄出的信和收到的信，按顺序抄在同一簿册内，被称为信稿抄本，以此作为行商依据、存留档案以及学徒学习的范例文本。尺牍范本是教人学习写信的指导书或书信的书写范式。明代以来，尺牍文献的刊刻渐成风气，坊间书商大量翻刻尺牍文献，尺牍范本应运而生。本书运用的尺牍范本主要是晋商学徒、伙计学习书写书信的尺牍手抄本。

及的时间、地域、往来对象等基本信息，尽最大可能挖掘这批信稿资料的研究价值，为学界开展相关领域的学术研究提供新资料。此外，晋商民间历史文献资料的整理、研究有其特殊的研究方法和操作要领。本书在探索晋商民间文献资料整理方法、研究要领方面有一定的方法论意义。如将归纳法、演绎法有机统一在“清末民初时期山西地区”的特定时空，充分利用方志、地方文史资料及其相关文献记载，确定信稿资料反映的研究主体及研究问题，以科学揭示晋商民间历史文献的研究价值。对相关信息、问题的谱系化、类型化、元素化处理，可以为晋商学术研究提供一系列研究范例、个案，尽最大努力充实、丰富本书的研究内容。此外，目前学界关注最多的是票号资料，对晋商从事的粮、布、药等长途贩运贸易以及传统金融业中的当铺、钱庄资料的整理、利用还比较薄弱。因此，本书整理晋商典当业信稿资料将有助于完善晋商民间历史文献资料的研究体系。

在研究内容方面，笔者主要利用信稿资料，从整体上加强晋商典当史学术研究。一方面，可弥补已有研究中的薄弱环节，推进晋商典当史研究向更深、更广的维度发展。如笔者利用新资料进一步探讨学界关注较多的业务、资本、经营管理等问题，以得出更为全面的认识。另一方面，基于信稿资料反映的内容，力图提出、解决一些新问题，如晋商典当业的负债经营、联号经营、书信经营方式，金融功能以及在跨地域经营过程中晋商当铺与客居地各种社会关系构筑的商业网络等。对这些问题的探讨，将极大丰富学界对晋商典当业的认识，有助于学界更为全面地了解晋商典当业的整套运营机制，有利于推动构建具有中国本土特色的商业、金融业经营机制。

在应用价值方面，笔者整理、利用的晋商典当业信稿资料中有大量成体系的利率、物价、钱价、酒资、汇费等数据。这些数据可为当前量化史学、会计史、商业史、金融史等领域的学术研究提供翔实的数据支撑。这批晋商典当业信稿资料还翔实记录了清代至民国不同历史时期直隶大名（河北省大名市）、山东曲阜（山东省曲阜市）、湖南津市（湖南省津市市）以及湖北沙市（湖北省荆州市沙市区）、沔阳县（湖北省仙桃市）等地的农业生产、商业发展情况，尤其是还直接反映了湖北枣阳县琚湾镇（湖北省枣阳市琚湾镇）、枝江县董市镇（湖北省枝江市董市镇）、监利县新沟镇以及湖北松滋朱家埠（湖北省松滋市老城镇）、街河市（湖北省松滋市街河市镇）、西斋（湖北省松滋市沲水镇）、纸厂河（湖北省松滋市纸厂河镇）等商业市镇商品经济的发展情况。对这些资料进行整理、研究，不仅有利于学界深入开展区域经济史、商业史、金融史、交通史、城市史乃至乡镇史研究，还能够为地方社会经济发展、历史文化名城名镇建设以及旅游资源开发提供历史依据。本书对晋商典当业的资本、业务、商业网络、社会关系等内容的探讨，也可以为现代典当业发展，增强金融业服务实体经济能力以及构建多层次金融市场体系提供历史借鉴。

三

晋商经营典当业由来已久，与票号、账局并称晋商金融业的三大支柱。尤其是在清代，山西不仅是全国典当数量最多的省份，大量山西商人到省外跨地域经营典当业成为当时十分引人注目的社会现象。因此，晋商典当业是深入研究晋商史、明清社会经济史不可回避的重要课题。

学界对晋商典当业的研究始于20世纪30年代的社会调查研究。当时出于对中国国情的了解和改良社会的现实需要，一些学者重点调查、研究了清末以来典当业的发展情况。在这一背景下，晋商典当业进入了学界视野。但很长一段时间以来，晋商典当业研究进展十分缓慢，直到20世纪80年代之后才引起学界的重视。尤其是进入21世纪之后晋商典当业学术研究取得长足进步，展现出日益勃兴的状态，涌现出一系列研究成果。此外，笔者运用的主体资料是刘建民收藏的晋商典当业信稿资料。因此，在回顾晋商典当史研究成果的同时，笔者对明清商人书信研究成果一并作简要介绍。

（一）晋商典当史研究现状

民国时期的张中龠、陆国香最早关注到晋商典当业。其中，张中龠（1935）探讨了晋商在天津经营典当业的基本情况，认为庚子之前天津典当业大都是晋商出资经营，庚子之后多数典当为晋商代理经营。[①] 陆国香（1936）介绍了山西典当业的业务、资本等问题的基本情况，为学界研究山西典当业提供了参考。[②] 这一时期的晋商典当业研究尚处于起步阶段，研究内容较为简略，但其开创之功不可磨灭。之后，随着典当业研究趋于沉寂，学界很少有人再去关注晋商典当业。

20 世纪 80 年代以后，晋商研究日趋成为学术界热点问题。学界在重点关注山西票号之余，再次将研究视角投向了晋商典当业。山西省各地市政协文史资料刊载了一批有关晋商典当业的回忆性、调查类文章。[③] 这些文章虽然在学术层面存有一些不足，但为学界进一步研究晋商典当业提供了参考线索。此外，潘敏德（1985）探讨了晋商的"发典生息"以及晋商典当业的人事组织、地理分布等具体问题；[④] 黄鉴晖（1994）在研究晋商金融业时，重点探讨了晋商典当业的发展兴衰；[⑤] 王尚义（1995）在其专著中设置了专门章节介绍晋商典当业的概况。[⑥] 这些成果表明学界对晋商典当业研究的重视程度在不断提高。

严格意义上的晋商典当业学术研究是在进入 21 世纪以后才逐步形成的。这一时期，晋商典当业研究取得长足进步，具体体现在以下三个方面：一是研究成果的数量、质量较之以前大为提高，从广度、深度上极大地推动了晋商典当业研究向前发展；二是晋商史、金融史研究与传统典当史专题研究交相辉映，共同推进晋商典当业研究不断走向深入；三是随着大量晋商民间历史文献资料被不断发掘，利用民间历史文献资料研究晋商典当业日趋成为学界一个新的学术增长点。就其内容而言，大致可归纳为以下几个方面。

---

① 张中簏著，祈云五校：《天津典当业》，万里书店 1935 年版，第 6 页。

② 陆国香：《山西之当质业》，《民族》1936 年第 4 卷第 6 期；《中国典当业资本量之估计》，《农行月刊》1936 年第 4 期；《中国典当业资本之分析》，《农行月刊》1936 年第 5 期。

③ 这些文章收录于山西省政协《晋商史料全览》编辑委员会编《晋商史料全览》各地方卷、专题卷。

④ 潘敏德：《中国近代典当业之研究 (1644—1973)》，台湾师范大学历史研究所 1985 年版，第 61—62、142、216—217 页。

⑤ 黄鉴晖：《称雄一世的山西金融商人》，《沧桑》1994 年第 1 期。

⑥ 王尚义：《明清晋商与货币金融史略》，山西古籍出版社 1995 年版，第 179—183 页。

一是对晋商典当业发展兴衰的研究。刘建生、燕红忠等（2007）认为，自清代前期晋商典当业进入鼎盛时期，无论是山西省内、省外，还是繁华都市、县城集市，到处都有晋商经营的当铺；由于政局动荡、币制紊乱、社会变迁以及新式金融机构的替代等原因，大致在清末民初晋商典当业逐渐走向衰落。[①] 薛秀艳（2008）利用山西榆次县（今山西晋中市榆次区）城隍庙遗存道光二十八年（1848）捐输村镇当商题名碑，对清代中叶晋商典当业繁荣兴盛的原因进行了案例分析。[②] 侯吉庆（2011）介绍了明清时期山西省 17 个县市的当铺数量及其资本规模，并从商品货币经济、国家政策、典当功能等角度分析了晋商典当业繁荣的原因。[③] 燕红忠（2012）介绍了晋商典当业的历史沿革、城乡分布以及近代以来晋商典当业不断衰落的发展趋势。[④] 王瑞芬（2014）从活动范围、经营业务、资本规模等三个方面对西典和徽典发展兴盛状况作了比较分析，认为地缘文化及其他因素对西典和徽典发展兴衰产生了重要影响。[⑤] 此外，一些学者从区域经济史的角度，探讨了晋商典当业在全国各地的发展情况。如黄鉴晖（2006）研究了晋商在长江以北各省经营典当业以及取代徽商典当业的基本情况，认为晋商到外省去经营典当既与晋商在全国各地商业发展有关系，又与省内当铺发展积累的经验分不开。[⑥] 郭松义（2008）认为入清之后晋商在北京积极开展典当业经营活动，逐渐超过徽商并发展成为北京最大的典当商帮。[⑦] 李维庆（2009）介绍了近代北京、汉口典当业中山西帮的基本情

① 刘建生、燕红忠等：《山西典商研究》，山西经济出版社 2007 年版，第 31—95 页。

② 薛秀艳：《清代中叶山西榆次典当业繁荣原因分析——以榆次城隍庙碑刻材料为依据》，参见山西财经大学晋商研究院：《晋商与经济史研究》，经济管理出版社 2008 年版，第 46—55 页。

③ 侯吉庆：《明清时期山西典当业研究》，山东师范大学 2011 年硕士学位论文，第 17—30 页。

④ 燕红忠：《中国的货币金融体系（1600—1949）》，中国人民大学出版社 2012 年版，第 134—151 页。

⑤ 王瑞芬：《明清西典与徽典的兴盛及其原因的比较研究》，参见山西大学晋商学研究所：《“路径选择与商帮演变”国际学术研讨会会议论文集》，2014 年，第 177—185 页。

⑥ 黄鉴晖：《中国典当业史》，山西经济出版社 2006 年版，第 29—39 页。

⑦ 郭松义：《清代北京的山西商人——根据 136 宗个人样本所作的分析》，《中国经济史研究》2008 年第 3 期。

况。[①] 冯剑（2012）认为近代天津典当业晋帮占据优势，主要是介休帮和灵石帮，但在近代逐渐衰落。[②]

二是对晋商典当业经营管理的研究。典当是传统金融业中管理最有秩序、最为严格的行业，经过历代积累形成了一套较为完整的经营管理制度。刘建生、燕红忠（2007）探讨了晋商典当业的组织管理结构和人事管理制度，认为晋商典当业的内部组织存在因事设人、实行学徒制、所有权与经营权分离、实行顶身股制等特点，强调晋商典当业管理经验是我国传统文化中的一笔重要财富。[③] 周建波（2009）总结了山西典当商人成功的管理经营经验，认为山西典商坚持高标准用人原则，重视制度建设，实行灵活、差异化的经验策略，重视外部环境关系的协调。[④] 王中良、王菱菱（2017）以同光年间直隶大名（今河北省大名市）晋商当铺恒裕典为个案，探讨了晋商典当业的业务、资本、营业制度、书信经营方式等经营管理问题。[⑤] 王菱菱、王中良（2018）认为晋商典当业的账簿组织、簿记制度体现出种类多、分工细，设置科学、体系完备，贴近经营实际、灵活适用等特点。[⑥] 王中良（2018）认为晋商当铺以“地缘”“业缘”为纽带建立的社会关系网络是晋商当铺商业经营网络中不可或缺的关键要素，对维护晋商当铺的经营环境、应对经营难题、降低经营成本、获取利润发挥了重要作用，并体现出以权势为导向，以维护权益及应对经营困难为归结点的互动模式。[⑦] 王中良、张学敏（2021）研究了晋商典当业的营业报告，认为月总账、年总账是掌柜向东家、分号对总号的单向报告形式，商号书信是一种

---

① 李维庆：《近现代中国之典当业》，南开大学 2009 年博士学位论文。

② 冯剑：《近代天津民间借贷研究》，南开大学 2012 年博士学位论文。

③ 刘建生、燕红忠等：《山西典商研究》，第 125—137 页。

④ 周建波：《明清山西典商的繁荣及经营之道》，《财经问题研究》2009 年第 6 期。

⑤ 王中良：《同光时期晋商当铺的经营管理与营业制度——以大名恒裕典信稿的解读为中心》，参见魏明孔、戴建兵、隋福民主编：《中国经济史论丛》2016 年第 1 期，社会科学文献出版社 2017 年版，第 83—119 页。

⑥ 王菱菱、王中良：《清代晋商典当业会计账簿组织探析——基于〈立账簿头绪〉》，《财会月刊》2018 年第 3 期。

⑦ 王中良、王菱菱：《清代山东地区晋商当铺社会关系探析——以光绪曲阜增义典信稿抄本为中心的解读》，《中国社会经济史研究》2018 年第 4 期。

双向报告形式，补充了月总、年总营业报告职能，完善了晋商当铺的信息交流和报告机制。[①] 刘秋根、张建鹏（2021）利用当铺清单研究了晋商典当业的利润率，认为晋商当铺的净利润率并不高，超过20%就是不错的年份了。[②]

三是对晋商典当业民间历史文献的整理与研究。近年来，随着大量晋商民间历史文献被陆续发现，部分学者利用民间文献资料开展晋商典当史个案研究，不断推动晋商典当史研究向前发展。张建朋（2012）认为晋商当铺裕庆当铺遗存账簿资料既保持着“四柱结算法”的格式特征，同时又采用了“合龙门结算法”双轨式计算利润的方法，是“四柱结算法”向“合龙门结算法”发展变化的有力证据。[③] 郭兆斌（2016）认为乾隆十六年（1751）某晋商当铺年终决算清单体现出龙门账所具有的平衡和双轨制运算等复式簿记的特征，这一特征是中国传统复式簿记的早期形态，比以票号产生为龙门账的时间论断要早半个世纪。[④] 王中良（2016）认为晋商当铺商号书信在格式、编号、内容等方面有鲜明的商业经营性特征，并且在当铺的经营管理过程中发挥了重要作用，这在一定程度上体现了晋商凭借书信完成商业经营活动的经营方式。[⑤] 郭兆斌（2018）认为晋商当铺年终决算清单作为结果性文献，能够详细反映当铺在开办时所制定的一系列制度，如股俸制、账期制等制度。[⑥]

四是对西典、徽典的对比研究。西典、徽典作为明清时期影响最大的地域性典当商帮，在发展过程中形成了各自的活动范围和各具特色的经营管理方式。刘建生、燕红忠等（2007）认为西典经营范围主要在北方各省，以地缘为纽带构建经营网络；徽典经营范围主要在南方各省，主要依靠宗族关系构建经

---

① 王中良、张学敏：《清末民初晋商当铺营业制度探析》，《保定学院学报》2021年第4期。

② 刘秋根、张建鹏：《中国传统典当业净利润率探析——以清至民国时期为中心》，参见刘秋根，唐晔主编：《晋商契约文书研究（上）》，三晋出版社2021年版，第292—310页。

③ 张建朋：《晋商裕庆当账簿研究——以会计史为中心》，《会计之友》2012年第28期。

④ 郭兆斌：《新发现的清代民间复式簿记报告试析——以乾隆十六年晋商年终决算清单为例》，《财会月刊》2016年第30期。

⑤ 王中良：《清代晋商商号书信的特征及作用——以恒裕典信稿抄本为中心》，《山西档案》2016年第6期。

⑥ 郭兆斌：《平遥侯冀村裕庆协记当铺清单册价值述论》，《邯郸学院学报》2018年第2期。

营网络。[1]张喜琴（2009）认为西典的管理结构呈现较为理性的特征，徽典的组织管理主要是依据伦理规范；西典和徽典的人事设置与分工大致相同，但西典注重从外姓人中选拔管理人才，徽典则更加注重宗族情感。[2]王裕明(2012)认为在经营管理方面西典、徽典既有共同之处，又各有鲜明特点，如西典多发行钱票，而徽典很少发行钱票；徽典多采用正余利制和官利制分配收益，而西典则多采用股俸制分配收益。[3]

通过以上梳理我们不难看出，21世纪以来学界对晋商典当业的研究较之以前有很大进步，但整体研究仍较为薄弱，还有很大的研究空间。现有成果中仅有刘建生、王瑞芬、张喜琴、刘成虎等人合著《山西典商研究》一部专著。该书主要利用民国社会调查、私人著述、方志等资料研究了山西典商的兴衰、经营管理、历史地位等问题，具有填补空白的重要意义。但该书对山西典商在省外的跨地域经营活动关注不够，对近年来大量涌现的民间文献利用不足，对一些重要问题的研究也有待进一步深入。就专题论文而言，重复性研究过多，新资料利用不够，对许多重要问题尚未给予足够重视。总而言之，晋商典当业已有研究成果与晋商典当业在中国商业史、金融史上的历史地位不相符，仍有一些薄弱环节需要深入研究。具体而言，一是对新发现的大量民间历史文献利用不足。前人成果主要是利用清末民初时期的一些方志、档案、文集、笔记、调查材料等材料，对书信、账簿、清单、规程等山西商人在商业实践中实际运用的民间文献未予以足够的重视。二是对晋商在省外的跨地域典当业经营活动关注得不够。明清以来，晋商典当业之所以广受世人关注，不仅因为山西省是清代典当业最为发达的省份之一，更主要的原因是山西商人走出三晋大地到全国各地经营典当业成为当时十分引人注目的社会现象，并对社会各个阶层的政治、经济、日常生活以及社会经济发展变迁产生了深远的影响。山西商人在省外的跨地域典当业经营活动是晋商典当史研究不可或缺的重要组成部分。三是学界现有成果主要是对晋商典当业某些侧

---

① 刘建生、燕红忠等：《山西典商研究》，第105页。

② 张喜琴：《晋徽典组织管理之比较》，《晋阳学刊》2009年第7期。

③ 王裕明：《明清徽州典商研究》，第359—399页。

面或具体问题的微观研究，缺乏对晋商典当业运营机制的整体研究，对一些重要问题尚未给予足够的重视。如晋商当铺对各类商号的信用放贷，与客居地各类社会关系构筑的关系网络，凭借书信开展经营活动的书信经营方式以及晋商当铺的负债经营、联号经营、商业网络、会计制度等问题，对于这些问题学界均未进行深入研究。四是个案研究有待进一步丰富。对当铺、典商进行个案考察有助于我们获取典当业更为具体、翔实且贴近历史实际的客观认识，目前徽州典当业个案研究已经取得丰硕成果，晋商典当业的个案研究亟待丰富和提高。以上问题和不足是本书努力的方向。

（二）明清商人书信研究现状

近年来，商人书信的研究价值日益为学界所关注。目前，学界主要对徽商书信、晋商书信、江西商人书信、潮州商人书信以及旅日福建商人书信进行了整理、研究。这些研究发掘了一批新材料，提出了一些新问题，有利于明清社会经济史学术研究的深入开展。但与明清商人书信的巨大数量相比仍显得不对称，也难以真正体现明清以来徽商、晋商等地域性商人所取得的历史成就。在一定程度上表明，商人书信学术研究仍处于起步阶段，甚至可以讲是中国社会经济史研究领域最为薄弱的环节之一。

第一，关于徽商书信的整理、研究。陈智超（2006）向学界介绍了美国哈佛大学燕京图书馆藏700多封明代徽商方氏亲友手札，结合相关徽州文献材料对这批手札的往来时间、地点、收寄双方身份等问题进行了详细考释。① 目前，这批书信已经引起学界的关注。如许敏（2005）利用徽州方氏信札对明代后期江南商人及士商关系作了专题研究；② 王裕明（2012）利用徽州方氏信札中一些内容对徽州典商的资本来源、资本组织、社会交往等问题作了研究③。

① 陈智超：《美国哈佛大学燕京图书馆藏明代徽州方氏亲友手札七百通考释》，安徽大学出版社2006年版。

② 许敏：《试析明代后期江南商贾及其子弟的文人化现象——从方用彬谈起》，《中国史研究》2005年第3期。

③ 王裕明：《明清徽州典商研究》，第237—250页。

王振忠对徽商书信的搜集、整理和研究用力甚勤，取得了丰硕成果，具体如下：《新近发现的徽商信函所见“徽侨”及相关史实》利用47封民国时期徽州歙县人吴锦山家信探讨了之前未见记载的徽州商人“徽侨”这一称呼的相关史实；①《民国时期上海徽州典当商生活一瞥》利用20余封徽州婺源和上海之间的徽州典商来往信函研究了上海徽州典商的日常生活和徽州的乡土社会。②此外，王振忠的《新近发现反映日军侵华的徽商信函及文书》《徽州商业文化的一个侧面——反映民国时期上海徽州学徒生活的十封书信》《抄本〈信书〉所见金陵典铺伙计的生活》《清代徽州典铺伙计之信函汇集》《寄往上海安亭镇的清代徽州典商信札考释》《作为启蒙读物的徽州书信活套——刊本〈汪大盛新刻详正汇采书信要言〉介绍》等文章，介绍了一大批新发现的徽商书信，为学界开展徽州社会经济生活等方面的学术研究提供了珍贵材料。③除此之外，曹曦（2004）探讨了同治年间徽人周懋泰书信的史料价值，认为这批书信记载了当时扬州、南京等地徽商经营遭受打击的情况和社会状况，集中反映了徽商“贾而好儒”的特点和走向衰亡的历史命运。④吴敏（2004）向学界介绍了其收集的自清代道光至民国末年2000余封徽商书信。⑤吴冬冬

① 王振忠：《新近发现的徽商信函所见“徽侨”及相关史实》，参见钱伯城等编：《中华文史论丛》第60辑，上海古籍出版社1999年版，第292—303页。

② 参见王振忠：《徽州社会文化史探微——新发现的16—20世纪民间档案文书研究》，上海社会科学院出版社2002年版，第499—519页。

③ 详见王振忠系列文章：《新近发现反映日军侵华的徽商信函及文书》，《中华读书报》1999年6月23日；《徽州商业文化的一个侧面——反映民国时期上海徽州学徒生活的十封书信》，《复旦学报》1999年第4期；《抄本〈信书〉所见金陵典铺伙计的生活》，参见陶新民主编：《古籍研究》2004卷下，安徽大学出版社2004年版，第293—295页；《清代徽州典铺伙计之信函汇集》，参见陈建华主编：《历史文献》第9辑，上海古籍出版社2005年版，第266—283页；《寄往上海安亭镇的清代徽州典商信札考释》，参见《迎接亚洲发展的新时代》编委会编：《亚洲研究集刊》第3辑，复旦大学出版社2007年版，第266—279页；《作为启蒙读物的徽州书信活套——刊本〈汪大盛新刻详正汇采书信要言〉介绍》，《安徽史学》2007年第3期。

④ 曹曦：《徽人周懋泰〈信稿〉的史料价值探析》，参见黄山市徽州文化研究院编：《徽州文化研究》第2辑，安徽人民出版社2004年版，第388—399页。

⑤ 吴敏：《发掘近百年来徽商信札史料侧记——附录王家瑞、江耀华等商界名人书信十八通》，参见刘伯山主编：《徽学丛刊》第2辑，安徽省徽学学会2004年版，第165—185页。

(2012) 利用71封新发现的乾嘉年间徽商汪氏信札研究了清代徽商的家庭经济生活，涉及徽商家庭内部分工、家庭经济生活收支、外出经商收入、地租收入、捐纳出仕等问题。①

第二，关于晋商书信的整理、研究。张正明（2001）较早关注到晋商书信的研究价值，并详细介绍了现存晋商书信的基本情况以及书信对于晋商研究的重要性。② 孔祥毅、李怡农（2015）强调了晋商书信的史料价值，重点对晋商书信的分类、管理、作用、特征进行了探讨。③ 按行业划分，学界关注最多的是票号书信。黄鉴晖（2002）利用蔚泰厚苏州分号书信、日升昌张家口分号书信探讨了票号的"信汇"业务，认为"信汇"适用于与票号交往多，汇兑款项比较大的工商业和个人。④ 周星辉（2013）利用同治年间某票号京师分号与成都分号之间的往来书信，探讨了票号书信的类别、寄信方式等问题。⑤ 周星辉（2014）重点介绍了20本票号书信，利用这批书信研究了票号的经营理念、管理组织、信用制度等问题。⑥ 梁杉（2016）利用《山西票号史料（增订本）》中的票号信稿资料，探讨了庚子事变前山西票号的发展脉络和山西票号的经营理念、管理方式等问题。⑦ 郝平（2017）利用日昇昌票号京师分号书信研究了山西票号凭借书信往来掌握经营动态，完成业务通报，进而安全地实现利润追求，同时保证金融信用的"书信经营方式"。⑧ 闫爱萍、孟伟（2018）

---

① 吴冬冬：《乾嘉年间徽商汪氏信札的整理及研究价值》，《安徽师范大学学报》2012年第1期；《徽商家庭生活探微——以徽商汪氏信札为中心》，安徽师范大学2012年硕士学位论文。

② 张正明：《山西商人信件述略》，参见穆雯瑛主编：《晋商史料研究》，山西人民出版社2001年版，第90页。

③ 孔祥毅、李怡农：《晋商书信说》，《山西日报》2015年7月29日。

④ 黄鉴晖：《山西票号史》，山西经济出版社2002年版，第128—130页。

⑤ 周星辉：《票号书信的寄送——〈未知字号京师分号与成都分号往来书信〉解读》，参见刘秋根、封越健、王金营主编：《唐宋变革与明清转型：中国商业金融史国际学术研讨会论文集》，河北大学出版社2019年版，第59—68页。

⑥ 周星辉：《票号经营与票商生活——票号信件研究》，河北大学2014年硕士学位论文。

⑦ 梁杉：《庚子事变前山西票号生存轨迹研究——以票号信稿史料为基础》，山西财经大学2016年硕士学位论文。

⑧ 郝平：《山西票号的书信经营——对光绪十六年日昇昌京师分号一封残信的解读》，《山西大学学报》2017年第2期。

利用某票号张家口致京师书信探讨了票号书信的结构、格式、编号，认为书信是票号金融经营六要素之一。① 张亚兰（2018）利用山西协同庆票号福州分号光绪年间信稿材料研究了清末福州地区商贸的兴衰情形，包括用银平色习惯、银根松紧变化等内容。② 周亚（2018）详细介绍了目前山西票号书信留存及整理现状，认为票号书信具有专业性、规范性、民间性、私密性等特征，对于票号史、商业史、会计史、金融史、货币史、城市史、交通史、邮政史、社会史等专题研究和本土化理论的构建都具有重要的史料价值。③ 除了票号书信，山西药商书信、典商书信、杂货商书信以及商人家书也日益引起学界的关注。杨继伟（2005）利用山西榆次商人在河南禹州（今河南禹州市）开设的聚协昌药材局书信研究了禹州药帮的经营范围、商业网络转化等问题。④ 王学坤(2018)利用新发现的山西太谷药业广升远信稿探讨了山西药商信稿的特点、研究价值以及广升远贩卖药材的过程和经营特点等问题。⑤ 王中良、杨小敏（2016）介绍了一份新发现的晋商当铺恒裕典东伙往来信稿抄本，并探讨了晋商利用书信完成跨地域经营活动的书信经营方式。⑥ 孟伟（2018）利用晋商当铺恒益典遗存书信探讨了平祁太地区的标期、账局、乡村借贷等问题。⑦ 此外，刘秋根

① 闫爱萍、孟伟：《咸丰元年的山西票号金融经营——张家口京师分号书信〈往京书札〉的解读》，参见高福美主编：《北京史学论丛》，社科文献出版社 2018 年版，第 135—155 页。

② 张亚兰：《清末福州市场情形——清末协同庆票号福州分号信稿研究》，《闽商文化研究》2018 年第 2 期。

③ 周亚：《山西票号书信发微》，《中国社会经济史》2018 年第 4 期。

④ 杨继伟：《清至民国禹州药帮初探》，厦门大学 2005 年硕士学位论文。该论文未对聚协昌药材局书信进行详细考证，笔者根据该书信发现地点以及该书信往来地点，进一步判断聚协昌药材局应该是山西榆次商人在河南禹州开设的一家药材局。

⑤ 王学坤：《清末民初太谷药业字号经营研究——以广升远信稿为中心》，河北大学 2018 年硕士学位论文。

⑥ 王中良、杨小敏：《新发现的晋商恒裕典往来信稿的整理及研究价值》，《山西档案》2016 年第 4 期；王中良：《清代晋商商号书信的特征及作用——以恒裕典信稿抄本为中心》，《山西档案》2016 年第 6 期。

⑦ 孟伟：《晚清民国乡村金融与平祁太标期——以文水石永镇恒益当现存书信为例》《晚清民国汾河谷地账局与乡村典当借贷——以恒益典书信为中心》，参见山西大学晋商学研究所编：《第八届中国经济史学会年会暨“商路·商帮与经济社会发展”国际学术研讨会论文集》，太原 2018 年，第 348—382、546—556 页。

(2007) 利用《信歌一册》《杂样书札》等晋商尺牍研究了明清时期商人的经营以及资金筹措方式。[①] 杨建庭 (2013) 利用晋商谦瑞益商号的书信、行情单、发货单，研究了以传统书信为载体的民国时期企业的商业信息网络。[②] 刘秋根、封越健(2015)、王岩泽(2017)、柴菲(2018) 等人利用晋商家书《武氏家书》《王富堂家书》研究了晋商的家庭生活、家庭教育等问题。[③] 秦国攀 (2020) 利用晋商恒兴祥商号信稿研究了晚清时期晋商恒兴祥商号在汉口与周口间从事金针菜、香油等土宜 (地方特产) 长途贩运，同时经营纸张、枣、瓜子、中药等商品以及亦兼营金融业的经营情况。[④]

除徽商、晋商外，刘秋根 (2013、2015) 利用他本人收集的一份《江西商人经营信范》，对江西商人长途贩运的金融信用、经营方式、与牙人的关系、帮会组织、所利用的交通运输业等问题作了探讨。[⑤] 陈春声 (2003) 利用《陈子昭先生书札》探讨了民国年间移居海外的潮州商人如何以书信的沟通方式去面对他们日常生活中遇到的问题，从而展现了"侨乡文化"形成过程中的一个侧面。[⑥] 郑山玉、蔡先杰 (1993) 向学界介绍了旅居日本长崎的福建商人陈国梁、陈世望创立的泰益号书柬、账簿、传票、收据等文书资料，其中包括近 4

① 刘秋根：《明清商人经营及资金筹措方式——以若干种尺牍范本书的解读为中心》，参见刘秋根、[英] 马德斌主编：《中国工商业、金融史的传统与变迁——十至二十世纪中国工商业、金融史国际学术研讨会论文集》，2007 年，第 152—183 页。

② 杨建庭：《书信与企业的信息网络——以近代山西寿阳县商号谦瑞益为例》，参见刘秋根、封越健、王金营主编：《唐宋变革与明清转型：中国商业金融史国际学术研讨会论文集》，第 46—58 页。

③ 刘秋根、张强：《从"武氏家书"看晋商家庭教育》，《山西档案》2015 年第 6 期；王岩泽：《清末祁县普通晋商家庭生活研究——以〈武氏家书〉为对象》，河南大学 2017 年硕士学位论文；柴菲：《清末民初山西中下层商人家庭研究——以〈武氏家书〉〈王富堂家书〉为中心》，山西大学 2018 年硕士学位论文。

④ 秦国攀：《土宜的流动：晚清中原土特产长途贩运研究——以恒兴祥商号信稿为中心的考察》，《中国社会经济史研究》2020 年第 2 期。

⑤ 刘秋根：《江西商人长途贩运与金融信用——〈江西商人经营信范〉的经济史解读》，《中国钱币》2013 年第 2 期；刘秋根：《清代中后期江西商人长途贩运的经营方式——〈江西商人经营信范〉的经济史解读之二》，《首都师范大学学报》2015 年第 2 期。

⑥ 陈春声：《从家书到公共文献——从陈子昭书札看潮州商人与家乡的联系》，参见李志贤主编：《海外潮人的移民经验》，新加坡八方文化企业公司 2003 年版，第 32—54 页。

万余件泰益号与往来商号、亲友以及各埠分店间的商业通信。①学界利用这批信稿资料研究了福建商人经营的“泰益号”的源流、商贸概况、经营方式、经营网络，并以“泰益号”为个案探讨了环中国海华商商业网络、中日贸易文化交流等问题。②《尺素频通》是清末泉州商人金叔在宁波经商期间所形成的商业信件。龚缨宴(2018)③、贺凯怡(2019)④、王万盈(2020)⑤等人利用《尺素频通》探讨了晚清时期宁波的商业贸易，重点研究了浙、闽、台之间的糖业贸易。水海刚（2019）利用新加坡国家图书馆收藏的“白三春”茶行商业信函，分析了二战前小微商号的日常商业经营活动以及近代海外华商的贸易网络等问题。⑥

上述成果发掘了一批新材料，提出了一些新问题，为我们进一步开展中国社会经济史及商人书信专门研究奠定了基础。但在以下三个方面仍显薄弱：一是已有研究成果与明清以来以徽商、晋商为代表的地域性商人所取得的历史成就以及明清商人书信的巨大数量极不相称。近年来，民间历史文献日益受到重视，越来越多散落在民间、遗失在海外以及收藏于学者、学术机构手中的明清商人书信陆续被发掘、公布。如山西省收藏家协会原会长刘建民收藏的近万封新发现的晋商书信极大地充实了晋商学术研究资料。此外，还有反映云南大理商帮经商活动的晚清大理商号仁和盛记往来书信，反映江西商人经营活动的泉昌兴钱号银信以及民国年间在北部湾及沿岸地区从事商贸活动的贞泰号、亨泰

① 郑山玉、蔡先杰：《长崎华商“泰益号”及其资料的研究价值》，《华侨大学学报》1993年第3期。

② 郑山玉、蔡先杰：《旅日华商“泰益号”若干问题研究》，《海交史研究》1994年第1期；戴一峰：《旅日华商“泰益号”经营网络结构剖析》，《中国社会经济史研究》1997年第4期；戴一峰：《环中国海的华商商业网络：泰益号个案研究》，参见中国社会科学院近代史研究所编：《近代中国与世界——第二届近代中国与世界学术讨论会论文集》第2卷，社会科学文献出版社2005年版，第514—535页；于颖：《“泰益号”店铺的历史变迁及对中日贸易文化交流的影响》，《齐齐哈尔大学学报》2015年第5期。

③ 龚缨宴：《〈尺素频通〉与晚清宁波商贸》，《浙江社会科学》2018年第10期。

④ 贺凯怡：《晚清宁波糖市概况及波动（1894—1897）——基于〈尺素频通〉的考察》，《浙江万里学院学报》2019年第5期。

⑤ 王万盈：《〈尺素频通〉与清代甬闽台蔗糖贸易》，《中国社会经济史研究》2020年第3期。

⑥ 水海刚：《国家与网络之间：战前环南中国海地区华侨小微商号的经营策略》，《中国经济史研究》2019年第2期。

号商业往来书信等资料。这些书信均是研究地方商人经营活动、区域经济史以及商业史、金融史非常珍贵的第一手资料，也必将为学界开展相关领域学术研究提供坚实的资料基础。二是已有研究成果利用商人家信、友人往来信居多，利用商号、商人的经营性书信相对比较少。经营性书信指的是商号、商人在经营管理实际过程中形成的书信，是总号与分号、分号与分号、掌柜与伙计以及伙计之间传递信息、商讨事务的重要表现形式，在管理、分类、作用等方面具有区别于一般家信、友人往来信的特征。可以讲，经营性书信是商号、商人开展商业活动不可或缺的重要因素之一，利用商号、商人的经营性书信对某些问题进行研究更易于得出贴近客观实际的认识。三是除了徽商、晋商以及少量江西、潮州、福建等商人外，笔者管见所及尚未看到有整理、研究其他地域性商人书信方面的研究成果。总之，现有研究成果显得有些零散，缺乏对明清商人书信的系统整理和研究。

基于以上分析，笔者利用刘建民收藏的 10 种晋商典当业信稿资料，结合其他方面的文献记载，对清末民初晋商典当业进行深入研究，以期补充晋商典当史以及商人书信专题研究等方面的薄弱之处。

四

自 20 世纪 80 年代以来，学界坚持资料整理与学术研究并重的原则，不断推动晋商研究向前发展。笔者坚持此原则，重点对晋商典当业信稿资料进行归户、归群处理，与档案、方志等其他文献资料互证，提高其研究价值。与此同时，在田野调查中解读文献，提取关键信息，归纳制度性因素，探索构建科学的晋商民间历史文献研究体系，为开展学术研究打好基础。在此基础之上，对晋商典当业进行更清晰、系统的研究，尤其是对学界关注不够或尚未注意的一些问题进行探讨。本书的研究难点是如何准确辨认、识读资料中的潦草字迹，如何科学解读民间文献中“专门用语”的特殊含义，如何将现代金融学、会计学等学科的理论、方法与晋商民间文献整理、研究相融合，以此彰显民间文献的学术价值，并为构建中国特色哲学社会科学学术体系作出贡献。具体而言，笔者的研究方法如下。

田野调查法。通过田野调查最大限度获取第一手资料，科学解读资料，归纳、提炼新的学术观点；注重在田野调查中解读文献，尊重晋商自我表述，科学解读资料中的“专门用语”，客观总结符合特定历史含义的学术概念，尤其高度重视资料中的一些错谬。

二重证据法。借鉴“二重证据法”，运用方志、档案、社会调查等资料与民间文献互证，对民间历史文献进行归户、归群处理，提高民间历史文献的史料价值。同时，结合其他方面的记载丰富民间历史文献反映的信息。

归纳法、演绎法。将归纳法与演绎法有机统一在“资料谱系”建立过程中。对静态的文献本身进行处理时注意类型化分析，在进行动态的文献研究时要注意谱系化分析。

借鉴社会学、政治学、经济学、会计学等领域的方法、理论，包括统计、类比以及个案研究等方法。

五

笔者运用的主体资料为刘建民收藏的 10 种晋商典当业信稿资料。

1.《道光湖北枣阳琚湾镇某典尺牍范本》。此尺牍范本由“写拜帖及书札称呼”“东翁来札”“与伙友札”三部分组成，共有 172 封书信，26700 余字，具体反映了清代道光年间山西太谷典商在湖北襄樊地区（今湖北襄阳市樊城区）的活动情况。

2.《同治湖北沙市某票号致隆泰典等当铺书信底稿抄本》。此书信底稿抄本共有 37 封书信，11400 余字，是同治年间湖北沙市（今荆州沙市区）老巡司巷某票号寄出书信的底稿抄本。之所以将此底稿抄本归为晋商典当业信稿范畴，主要是因为此底稿抄本的寄信对象均为晋商当铺，主要反映了票号与晋商当铺的往来、互动情况。

3.《同光直隶大名府恒裕典东伙往来信稿抄本》。此信稿抄本共有 73 封书信，25530 余字，具体反映了同治十一年（1872）十二月三十日至光绪三年（1877）七月初九日直隶大名府（今河北大名县）晋商当铺恒裕典东家和掌柜之间的往来互动情况。

4.《光绪十三年（1887）湖北松滋合盛典书信底稿抄本》。此书信底稿抄本有完整书信 47 封，残缺书信 9 封，共 13400 余字，是光绪年间湖北松滋县朱家埠（今湖北松滋市老城镇）晋商当铺合盛典寄出书信的底稿抄本，具体反映了合盛典、协盛典、同盛典、义盛典联号经营情况。

5.《光绪山东曲阜增义典往来信稿抄本》。此信稿抄本共有 52 封书信，另有官府抄呈、札文各 1 份以及 6 处信稿抄写者对书信所作的插注，共 17580 余字，具体反映了光绪二十年（1894）十一月至光绪二十四年（1898）八月山东曲阜（今山东曲阜市）晋商当铺增义典与各种社会关系的联系、互动情况。

6.《光绪湖北沔阳某典尺牍范本》。此尺牍范本封面残缺，封底有“蔚长厚记”印章，共有 72 封书信，16500 余字，主要反映了光绪年间山西介休典商在湖北沔阳（今湖北仙桃市）与各种社会关系的往来互动情况。

7.《光绪湖北枝江董市镇某质铺尺牍范本》。此尺牍范本共有 83 封书信，14900 余字，主要反映了光绪湖北荆州枝江董市镇（今湖北枝江市董市镇）某晋商质铺与各种社会关系的往来互动情况。

8.《□学摘录》。此尺牍含有典商书信 12 封，共计 2330 余字，主要反映了光绪年间山西介休典商在湖北樊城（今湖北襄阳市樊城区）、沙市（今湖北荆州沙市区）等地的活动情况。

9.《民国二年（1913）湖北松滋合盛典往来信稿抄本》。此信稿抄本有 88 封书信，共计 33800 余字，是民国二年（1913）二月二十七日至八月十二日湖北松滋县朱家埠（今湖北松滋市老城镇）晋商当铺合盛典与各种社会关系的往来书信抄本。

10.《民国湖北监利新沟镇某质铺书信底稿抄本》。此书信底稿抄本有 129 封书信，共计 48000 余字，是民国四年（1915）十一月二十八日至民国六年（1917）九月初五日湖北监利县新沟镇（今湖北监利市新沟镇）晋商质铺与各种社会关系的寄出书信底稿抄本。

此外，笔者还利用了一些其他类型的晋商民间历史文献资料，主要包括：

（一）分家书

1.《嘉庆十六年（1811）二月二十四日王家思同四子立合伙占有典当股份分家书》。

2.《道光二十年（1840）三月十二日赵炳寰等兄弟四人立分关文约》。

3.《咸丰二年（1852）十月二十一日靳门杨氏同次子、长媳立分拨遗嘱》。

4.《光绪十年（1884）正月二十九日靳荣锦同靳荣禄立分关执照》。

（二）月总

1.《光绪十二年（1886）立达顺记五合月总账》。

2.《宣统三年（1911）正月立三和永记月总账》。

3.《民国六年（1917）七月初一日至二十九日月清》。

4.《咸丰二年（1852）日升昌票号清江浦分号总结账》。

（三）合同

1.《嘉庆十四年（1809）正月十六日王锡光等八人合伙开设信聚当合约》。

2.《道光九年（1829）马鸣鸾等五人合伙设立涌泉永字号当铺杂货铺合同》。

（四）当商呈文及其他资料

1.《光绪二十七年（1901）至二十八年（1902）介休典商冀家呈文留底七份》。

2.《立账簿头绪》。

3.《民国十六年（1927）商业课本》。

4.《刘建民藏步军统领衙门、顺天府、五城御史会奏折》。

第一章　新见晋商典当业信稿及其史料价值

刘建民搜集的晋商典当业信稿包括 3 种往来信稿抄本、3 种书信底稿抄本、4 种尺牍范本，共计 763 封书信，近 22 万字，为学界深入开展清末民初时期晋商典当业以及中国社会经济史诸多领域的学术研究，提供了弥足珍贵的第一手资料。

第一节　新见信稿资料考证

晋商将寄出和收到的书信按顺序誊抄在同一簿册之内，称之信稿抄本，以此作为行商依据、存留档案。尺牍范本是教人学习如何写信的指导书或书信的书写格式范式。[①] 本书介绍的尺牍范本，主要是晋商学徒、伙计学习写信的尺牍范本抄本。刘建民收藏的晋商典当业信稿资料主要包括往来信稿抄本、书信底稿抄本以及记录山西典商经营活动的尺牍范本，具体反映了晋商在直隶、山东、湖北、湖南等地跨地域典当经营活动。

一、往来信稿抄本

（一）《同光直隶大名府恒裕典东伙往来信稿抄本》[②]

此信稿抄本封面中间书有“癸酉新正恒裕典志”，左上角有“往来信稿”等

---

① 明代以来，尺牍文献的刊刻渐成风气，坊间书商大量翻刻尺牍文献，尺牍范本应运而生。

② 刘建民主编：《晋商史料集成》第 5 册《信函 · 信稿 4》，商务印书馆 2018 年版，第 104—209 页，原标题为《同治十二年正月恒裕典东伙往来书信》，此处系根据考证情况予以重新命名。

内容，尺寸为 18 厘米 ×26.9 厘米，品相完整，线装成册，共有 73 封书信，均是恒裕典东家和掌柜之间的来往书信，总计 25530 余字。除第 55 号信有私信性质外，其余 72 封书信皆是具有经营管理性质的“公函”“公信”。① 此信稿抄本中的来信均注明到达时间，外寄书信注明的均是寄送时间，由此可知信稿抄本应是恒裕典的掌柜或伙计抄写的。此信稿抄本详细信息见表 1-1。

表 1-1 《同光直隶大名府恒裕典东伙往来信稿抄本》统计表（1872—1877）

序号	写信人	寄信时间	收信人	收信时间	来往地点
1	东家		掌柜宋干城	十二月卅日	介休寄大名
2	宋干城	新正十二日	东家		大名寄介休
3	东家		宋干城	二月二十八	介休寄大名
4	掌柜郭子琴	三月初十	东家		大名寄介休
5	东家		郭子琴	四月十九日	介休寄大名
6	郭子琴	五月初二日	东家		大名寄介休
7	东家		郭子琴	六月初六日	介休寄大名
8	郭子琴	七月二十九日	东家		大名寄介休
9	东家		郭子琴	九月十八日	介休寄大名
10	郭子琴	十月初三日	东家		大名寄介休
11	东家		郭子琴	十一月初八日	介休寄大名
12	郭子琴	十一月廿四日	东家		大名寄介休
13	东家		郭子琴	十二月廿八日	介休寄大名
14	郭子琴	新正初八日	东家		大名寄介休
15	郭子琴	新正十一日	东家		大名寄介休
16	东家		郭子琴	三月初四日	介休寄大名
17	郭子琴	三月十二日	东家		大名寄介休
18	东家		郭子琴	四月十三日	介休寄大名
19	宋干城	四月十九日	东家		大名寄介休
20	东家		宋干城	六月十九日	介休寄大名
21	宋干城	七月十六日	东家		大名寄介休

① 此信稿抄本中介休与大名的往来书信有 11 次称为“公信”，60 次称为“公函”。

续表

序号	写信人	寄信时间	收信人	收信时间	来往地点
22	东家		宋干城	八月十八日	介休寄大名
23	宋干城	八月廿三日	东家		大名寄介休
24	东家		宋干城	九月十六日	介休寄大名
25	东家		宋干城	九月廿五日	介休寄大名
26	伙计王文郁	拾月初三日	东家		大名寄介休
27	王文郁	拾月初十日	东家		大名寄介休
28	东家		宋干城	冬月初三日	介休寄大名
29	东家		王文郁	冬月十三日	介休寄大名
30	伙计王从周	冬月廿六日	东家		大名寄介休
31	东家		王从周	十二月廿六日	介休寄大名
32	王从周	新正初八日	东家		大名寄介休
33	东家		王从周	二月十五日	介休寄大名
34	王从周	二月廿六日	东家		大名寄介休
35	东家		王从周	三月初四日	介休寄大名
36	王从周	三月十七日	东家		大名寄介休
37	东家		王从周	四月十九日	介休寄大名
38	郭子琴	四月廿六日	东家		大名寄介休
39	东家		郭子琴	六月十一日	介休寄大名
40	郭子琴	七月十三日	东家		大名寄介休
41	东家		郭子琴	八月十七日	介休寄大名
42	郭子琴	九月初二日	东家		大名寄介休
43	东家		郭子琴	九月十四日	介休寄大名
44	东家		郭子琴	十月初四日	介休寄大名
45	王从周	十月初七日	东家		大名寄介休
46	王从周	十月十四日	东家		大名寄介休
47	东家		王从周	十一月十七日	介休寄大名
48	王从周	十一月廿八日	东家		大名寄介休
49	东家		王从周	十二月廿八日	介休寄大名
50	王从周	新正十一日	东家		大名寄介休
51	王从周	三月廿日	东家		大名寄介休

续表

序号	写信人	寄信时间	收信人	收信时间	来往地点
52	东家		王从周	四月廿一日	介休寄大名
53	王从周	五月初八日	东家		大名寄介休
54	东家		王从周	闰五月廿九日	介休寄大名
55	东家李尊五堂		王从周	闰五月廿九日	介休寄大名
56	王从周	七月初九日	东家		大名寄介休
57	东家		王从周	八月十三日	介休寄大名
58	王从周	八月二十日	东家		大名寄介休
59	东家		王从周	九月十四日	介休寄大名
60	王从周	十月初四日	东家		大名寄介休
61	东家		王从周	十一月初五日	介休寄大名
62	王从周	十一月廿日	东家		大名寄介休
63	王从周	十二月初二日	东家		大名寄介休
64	东家		王从周	十二月二十八日	介休寄大名
65	王从周	新正月十一日	东家		大名寄介休
66	东家		王从周	二月下浣上日	介休寄大名
67	王从周	新正月十一日	东家		大名寄介休
68	东家		王从周	四月初九日	介休寄大名
69	王从周	四月十六日	东家		大名寄介休
70	东家		王从周	五月十一日	介休寄大名
71	郭子琴	五月二十日	东家		大名寄介休
72	东家		郭子琴	六月廿二日	介休寄大名
73	郭子琴	七月初九日	东家		大名寄介休

资料来源：刘建民主编：《晋商史料集成》第5册《信函·信稿4》，商务印书馆2018年版，第104—209页。

此信稿抄本第32号信“乙亥新正月初八日，随典伙短盘带介第吉次信”提及：“现直国孝，不拘官员军民，概不贺节。即改元之信，虽有传闻光绪年号，但喜诏未下。到县请示堂公，亦不敢说真”。① 此处“国孝”应为同治帝

① 刘建民主编：《晋商史料集成》第5册《信函·信稿4》，第150页。

驾崩，“乙亥年”应为光绪元年（1875）乙亥年。以此推算，信稿抄本封面“癸酉新正恒裕典志”中的“癸酉”当为同治十二年（1873）癸酉年。第2号信“新正月十贰日随脚带介第吉次信”时间为同治十二年（1873）新正月十二日。由第2号信的内容、抵典时间等信息判断，第2号信为第1号信的复信。第1号信“十二月卅日脚夫抵典带来介第七次信”的时间应为同治十一年（1872）十二月三十日。以此推理，第14号信“甲戌新正月初八日随典伙短盘带介第吉次信”中的“甲戌”为同治十三年（1874），第50号信“丙子新正十一日”中的“丙子”年当为光绪二年（1876），第65号信“丁丑新正月十一日”中的“丁丑”年当为光绪三年（1877）。那么，此信稿最后一封信第73号信“七月初九日增益公宋掌柜回介托带去典第五次信”的时间当为光绪三年（1877）七月初九日。根据以上考证，我们可知此信稿抄本的起止时间为同治十一年（1872）十二月三十日①至光绪三年（1877）七月初九日。

关于书信的往来地点问题，此信稿抄本经常提到“回介”“带来介第几次信”等内容。信稿抄本第22号信，同治十三年（1874）“八月十八日脚户抵典带来介信第五次”提及：“七月廿六日，学巷三老东翁因禁口痢症，溘然长逝，涕泣之下，敢报先知。”②经查民国《介休县志》，山西介休老城东南隅有董家巷、李家巷、学巷等地名。③由此可知，信中所言“回介”“带来介信”中的“介”指的应是山西介休县（今山西介休市），恒裕典东家为山西介休县人。信稿抄本中掌柜致东家的信稿中几乎每封信稿都有关于“大名”“大郡”天气、收成等情况的介绍。经考证，此处“大名”“大郡”指的是直隶大名府（今河北邯郸市大名县）。具体考证如下。

1. 民国《大名县志》有恒裕典相关记载：同治五年（1866）十月，“复蒙道宪范大人发给制宪刘大人纹银三百两，仍交于诚格、恒裕两当，按二分行息”④。除

① 同治十一年十二月三十日是1873年1月28日。

② 刘建民主编：《晋商史料集成》第5册《信函 · 信稿4》，第134页。

③ 张赓麟等修，董重等纂：民国《介休县志》卷1《图第一》，成文出版社1976年版，第25页。

④ 程廷恒等修，洪家禄等编：民国《大名县志》卷9《书院》，上海书店出版社2006年版，第107页。

了恒裕当，这则材料记载的“诚格当”在此信稿抄本中也被多次提到。[①] 如信稿抄本第 34 号信，“光绪元年（1875）二月廿六日扣班刘纲脚户回介带第二次信”提及：“再报咱典与诚格于二月初六日开门应当，皆因更换票账是以稍迟”[②] 等内容。恒裕典掌柜在向东家汇报恒裕典开门应当的时间，同时也汇报了诚格当开门应当时间，这说明恒裕典和诚格当很有可能隶属于同一个东家。此外，民国《大名县志》也有关于诚格当的其他记载。同治元年（1862），祝垲任大名道，“捐廉一千两，复筹款捐纹银二千二百两，发恒泰当、诚格当各成本库平宝银八百两，锦云号、庆远号各成本库平宝银三百两，永兴号、重盛号、德盛号、丰泰号、际泰号各成本库平宝银二百两，俱二分行息，每月具得息六十四两……专以此项为生童膏火经费，不准提作他项支用”[③]。此处提及大名道向诚格当发放八百两“生息银两”，但恒泰当与恒裕当的关系我们不得而知。

2. 河北省大名县县志编纂委员会编纂的《大名县志》则明确记载恒裕典位于大名府城西街路北，1937 年停业。[④]

3. 李锦彰《晋商老账》介绍了一份《□□□借贷账》。该借贷账中提到了旧大名城城隍庙、大名书院、天雄义学等借款机构，还提到了恒裕典在这些借贷关系中承担了第三方担保人的角色。[⑤] 根据大名书院、天雄[⑥] 义学等信息判断，《□□□借贷账》中提及的恒裕典应该就是信稿抄本所反映的大名府恒裕典。

综合上述，此信稿抄本中提及的“回介”“带来介第几次信”中的“介”指的是山西介休，“大名”“大郡”指的是直隶大名。据此可知，此信稿抄本的往来地点应该是山西介休县（今山西介休市）和直隶大名府（今河北邯郸市大

① 刘建民主编：《晋商史料集成》第 5 册《信函 · 信稿 4》，第 109、118、122、127、130、153、160、179、184、200 页均有诚格当的记载。

② 刘建民主编：《晋商史料集成》第 5 册《信函 · 信稿 4》，第 153 页。

③ 程廷恒等修，洪家禄等编：民国《大名县志》卷 9《书院》，第 107 页；卷 13《政绩》，第 172 页。

④ 河北省大名县县志编纂委员会编：《大名县志》，新华出版社 1994 年版，第 335—336 页。

⑤ 李锦彰：《晋商老账》，中华书局 2012 年版，第 215—218 页。

⑥ 天雄即大名别称。

名县)。

此往来信稿抄本 73 封书信均是恒裕典东家和掌柜之间的来往书信。信稿中明确指出冀堂五东翁、吉人七东翁分别是李五东翁、李七东翁，并提及“三老东翁” 4 次、“四东翁” 14 次。① 结合上文来往地点的考证以及书信反映的内容，可判断恒裕典东家主要是山西介休商人李氏家族成员，包括天锡堂、四维堂、恒聚堂、尊五堂、衍庆堂、福寿堂、积德堂、德厚堂、光裕堂、二益堂、守业堂、宝三堂、光禧堂、庆余堂等股东。另外，根据往来信稿抄本的内容可判断宋干城、郭子琴为恒裕典掌柜。同治十三年（1874）九月，掌柜宋干城患病，王文郁代办典事。② 同治十三年（1874）十一月，王文郁家严辞世，王从周代办典事，并于光绪元年（1875）十月顶班管事。③ 恒裕典东家在大名（今河北邯郸市大名县）开设、经营恒裕典的具体时间已无从查考。但从前文《介休县志》的记载来看，其开设时间不会晚于同治元年（1862），具体位置在大名府城西街路北，1937 年停业。恒裕典主要收当皮棉和夹单等衣服，三分取息，服务对象主要是大名府及其周边的乡民、庄户，资本规模基本保持在钱 8 万吊左右，应是一家中小规模的当铺。④ 另外，恒裕典严格遵守官府制定的冬三月“原利三分，减息一分，以二分赎取”的规定，⑤ 当地官府分别在同治元年（1862）、五年（1866）、十年（1871）至十二年（1873）多次将生息本钱发恒裕典、诚格当生息。⑥ 由此推理，恒裕典应为在官府注册、领帖经营的一家中小规模的正规典铺。

---

① 李五东翁、李七东翁，参见刘建民主编:《晋商史料集成》第 5 册《信函 · 信稿 4》，第 176、177、178 页。三老东翁，参见刘建民主编:《晋商史料集成》第 5 册《信函 · 信稿 4》，第 106、121、134 页。四东翁，参见刘建民主编:《晋商史料集成》第 5 册《信函 · 信稿 4》，第 144、148、155、158、169、171、173、175、176、187、189、192、197、200 页。

② 刘建民主编:《晋商史料集成》第 5 册《信函 · 信稿 4》，第 142 页。

③ 刘建民主编:《晋商史料集成》第 5 册《信函 · 信稿 4》，第 151、168—169 页。

④ 根据当铺资本规模，恒裕典属于中小型当铺，分类标准见刘秋根:《中国典当制度史》，上海古籍出版社 1995 年版，第 45 页。

⑤ 刘建民主编:《晋商史料集成》第 5 册《信函 · 信稿 4》，第 120、145、171、189 页。

⑥ 刘建民主编:《晋商史料集成》第 5 册《信函 · 信稿 4》，第 116 页。

（二）《光绪山东曲阜增义典往来信稿抄本》①

此信稿抄本尺寸为 14.5 厘米 ×25.5 厘米，封面中间下方有“王记”，中间左侧有“记”，左上角字迹残缺无法辨认，封底中间有“善初行一”，其周边有七枚印章，印章字迹难以辨认，共有往来书信 52 封，官府抄呈、札文各 1 份以及 6 处信稿抄写者对往来书信所作的插注，共计 17580 余字。此信稿抄本所涉及的人物、时间、来往地点等信息详见表 1–2。

表 1–2　《光绪山东曲阜增义典往来信稿抄本》统计表（1894—1898）

序号	写信人		写信时间	收信人		收信时间	来往地点
1	李若林	藩司经承		兆庚	增义典管事	廿年冬月	济南寄曲阜
2	曹子英	新泰厚管事	乙未四月念八日	星翁	增义典执事	廿一年五月初	济南寄曲阜
3	曹子英	新泰厚管事	乙未七月十三日	星翁	增义典执事	月之十七日午刻	济南寄曲阜
4	张星翁	增义典执事	乙未七月十七日	曹子英	新泰厚管事	七月二十二日	曲阜寄济南
5	曹子英	新泰厚管事	八月十二日	星翁	增义典执事		济南寄曲阜
6	张星翁	增义典执事	八月廿前后	曹子英	新泰厚管事		曲阜寄济南
7	张星翁	增义典执事	不记日期	曹子英	新泰厚管事		曲阜寄济南
8	曹子英	新泰厚管事	乙未冬至日	张星翁	增义典执事		济南寄曲阜
9	李若林	藩司经承		兆庚	增义典管事	廿一年冬至月	济南寄曲阜
10	兆庚	增义典管事	乙未冬至后三日	李若林	藩司经承		曲阜寄济南
11	李若林	藩司经承		廷相	增义典外事主管	十二月	济南寄曲阜
12	樊廷相	增义典外事主管		李若林	藩司经承		曲阜寄济南

---

① 刘建民主编:《晋商史料集成》第 5 册《信函 · 信稿 4》，第 294—402 页。原标题为《光绪二十一年立济南某当王记信稿》，此处系根据考证情况予以重新命名。

续表

序号	写信人		写信时间	收信人		收信时间	来往地点
13	张星翁	增义典执事	丙申新正十六日	曹子英	新泰厚管事		曲阜寄济南
14	曹子英	新泰厚管事	丙申新正廿二日	张星翁	增义典执事		济南寄曲阜
15	朱行昌		廿二年八月卅日	子变	增义典外事主管		聊城寄曲阜
16	樊廷相	增义典外事主管	丙申菊月朔日	茀翁			曲阜寄聊城
17	李若林	藩司经承		廷相	增义典外事主管	廿二年十一月初九	济南寄曲阜
18	樊廷相	增义典外事主管		李若林	藩司经承		曲阜寄济南
19	樊廷相	增义典外事主管	丙申十一月初五日	李香坡	李若林家叔		曲阜寄济南
20	王登泰	复盛昌管事	冬月十四日	樊廷相	增义典外事主管		平邑寄曲阜
21	马怀稳	宝和典管事	丁酉新正初四	樊廷相	增义典外事主管		费县寄曲阜
22	乔之栋	宝和典管事		樊廷相	增义典外事主管		费县寄曲阜
23	樊廷相	增义典外事主管		凤栖、国乡	宝和典管事		曲阜寄费县
24	增义典			岱峰		月之十二日	曲阜寄费县
25			丁酉清和月				平邑寄曲阜
26	樊廷相	增义典外事主管		荫翁	新泰厚管事		曲阜寄济南
27	增义典		中秋节后三日	刘冠臣			
28	世愚晚		二十三日	增义典			
29	荫翁	新泰厚管事	桂月廿四日	善翁	增义典执事		济南寄曲阜
30	李香坡	李若林家叔	菊月六日	增义典		廿三年九月十五日	济南寄曲阜
31	增义典		九月十五日	李香坡	李若林家叔		曲阜寄济南

续表

序号	写信人		写信时间	收信人		收信时间	来往地点
32	李香坡	李若林家叔		增义典		九月廿七日	济南寄曲阜
33	增义典		丁酉九月廿七日	李香坡	李若林家叔		曲阜寄济南
34	叙翁		十一月廿三日	增义典			济南寄曲阜
35	樊廷相	增义典外事主管	十一月廿五日	叙翁			曲阜寄济南
36	田恩来	兖州镇总兵		樊廷相	增义典外事主管	廿四年正月初七日	兖州寄曲阜
37	田恩来	兖州镇总兵		增义典		廿一日早	兖州寄曲阜
38	樊廷相	增义典外事主管	二月十四日	镇台	兖州镇总兵		曲阜寄兖州
39	田恩来	兖州镇总兵	二月十四日	樊子变	增义典外事主管		兖州寄曲阜
40	增义典		三月卅日	周香溪	文昶当管事		曲阜寄宁阳
41	周香溪	文昶当管事		樊子变	增义典外事主管		宁阳寄曲阜
42	新泰厚		戊戌四月初八	瑞翁	增义典管事		济南寄曲阜
43	增义典			养翁	新泰厚管事	十四日	曲阜寄济南
44	樊廷相			田军门	兖州镇总兵		曲阜寄兖州
45	田恩来	兖州镇总兵	十三日	樊子变	增义典外事主管		兖州寄曲阜
46	田恩来	兖州镇总兵	十五日	增义典东家			
47	田承祁	田恩来胞侄		子变	增义典外事主管		
48	樊子变	增义典外事主管	六月十八日	田承祁	田恩来胞侄		曲阜寄兖州
49	樊子变	增义典外事主管	六月二十二日	田承祁	田恩来胞侄		曲阜寄兖州
50	田承祁	田恩来胞侄		子变	增义典外事主管		

续表

序号	写信人		写信时间	收信人		收信时间	来往地点
51	张树滋	新泰厚管事	戊戌七月十一日	瑞翁	增义典管事		济南寄曲阜
52	乡愚弟张		戊戌中秋初七	养翁	新泰厚管事		曲阜寄济南

资料来源：刘建民主编：《晋商史料集成》第5册《信函·信稿4》，商务印书馆2018年，第294—402页。

此信稿抄本第17号信是藩司经承李若林写给增义典的一封信。在这封信之前有一段备注，其内容如下。

> 光绪廿二年十一月初九日，藩司该房来信一封，李若林之信抄后，伊叔李乃兰之信失落未抄，大概情由索取照旧规费。据云："三个月减息者，皆有规费。令咱号向他典问讯自知何以他处皆系四个月一律办理等语。"①

分析这则备注，光绪二十二年（1896）十一月初九日，藩司该房来信共两封，分别是李若林、李乃兰的书信。信稿抄写者将李若林的来信抄后，即信稿抄本第17号信。由于李乃兰的来信丢失，信稿抄写者特意在此作了备注。根据信稿抄写者的备注，我们可知此书信的往来时间应该在光绪二十二年(1896)十一月前后。以此推理，第13、14、16、19号信的落款"丙申年"应该是光绪二十二年（1896）丙申年，信稿中提及的"乙未年""丁酉年""戊戌年"则分别是光绪二十一年(1895)、二十三年(1897)、二十四年(1898)。据此推算，此信稿抄本第1号信"二十年冬月二次来信"应为光绪二十年（1894）十一月，第52号信"戊戌中秋初七"应为光绪二十四年（1898）八月。由上可知，增义典信稿抄本的来往时间为光绪二十年(1894）十一月至光绪二十四年(1898)八月。

关于此信稿抄本的来往地点，从上表对增义典信稿抄本来往地点的统计，我们可知此信稿抄本是山东曲阜县（今山东曲阜市）与济南（今山东济南市）、兖州(今山东济宁市兖州区)、聊城(今山东聊城市)、费县(今山东临沂费县)、宁阳县（今山东泰安宁阳县）之间的往来书信。根据信稿抄本第34号信抬头

---

① 刘建民主编：《晋商史料集成》第5册《信函·信稿4》，第325—326页。

“增义宝典诸位仁兄、某人仁兄大人均及”① 和第52号信落款“乡愚弟张兆庚书，戊戌中秋初七日由增义典泐”② 等信息，可判断此信稿抄本是增义典与社会各界的往来书信抄本。

经考证，增义典是山西平遥县商人在山东曲阜县开设的一家当铺。具体考证如下：根据信稿抄本第16号信落款“愚弟樊廷相书，丙申菊月朔日由曲阜申”③，可知增义典位于山东省曲阜县（今山东曲阜市）。另外，笔者在山东曲阜市地方志、资料汇编等文献资料中也查到了增义典的相关记载，这为我们了解增义典的开设时间、经营活动、歇业时间提供了更为详细的信息。如《曲阜文史》有“增义典当铺由山西人李增义于明末开设于西门大街（现西关粮所址）”④ 的记载；据《曲阜孔府档案史料选编》记载：“于嘉庆十五年七月内合伙贸易，揭到增义号京钱八百千，二分半起利”⑤；据民国《曲阜县志》记载：“当商增义典自（民国）十九年五月呈请歇业停止征收（当税）”⑥。另外，光绪二十二年（1896）新正十六日，增义典张星翁在寄给济南曹英翁的信中写道：

> 缘敝典前在本籍汾境借贷一宗，系三月初十日期拟定清还。今有曲阜孔宅兑到贵处瑞生祥宝号济平宝银贰千两。兹着小价谨特兑去银信一书，趋谒台阶，伏乞宝局凭信赴该号即刻照数兑收，即恳汇兑平邑曲平宝银贰千两，期以三月初五六日至平取银……惟汇兑平邑者系曲平，所欠平银，祈注敝典之账。再者汇项亦无庸较砝，祈阁下核算清楚，与平邑宝号达信叙明可也。所立汇票，系汾阳小相村公茂当曲平宝银贰千两壹张，即交小价孔宪贺手带回为妥。⑦

光绪二十二年（1896）新正二十二日，济南曹英翁回信写道：

---

① 刘建民主编：《晋商史料集成》第5册《信函·信稿4》，第362页。

② 刘建民主编：《晋商史料集成》第5册《信函·信稿4》，第400页。

③ 刘建民主编：《晋商史料集成》第5册《信函·信稿4》，第325页。

④ 山东曲阜政协文史资料委员会编：《曲阜文史》第14辑《工商记事》，第92页。

⑤ 曲阜师范学院编：《曲阜孔府档案史料选编》第3编第15册《商业高利贷工食物价》，齐鲁书社1981年版，第94页。

⑥ 李经野等纂修：民国《曲阜县志》，成文出版社1968年版，第339页。

⑦ 刘建民主编：《晋商史料集成》第5册《信函·信稿4》，第317、318页。

嘱敝号执信向该号收济平足银贰千两、立票汇平等因，当即向伊收回遵谕，汇至平遥县，三月初六日交银。虽无砝码，照旧报平，万无含糊。今将立就曲平宝银贰千两汇票壹张交贵纪随函带回，伏望查收。所有汇费及补平两项共合济平足银伍拾六两柒钱叁分。①

分析两封书信的内容，增义典因“本籍汾境借贷一宗”要在三月初十日还清，光绪二十二年（1896）新正十六日张星翁写信恳请曹英翁帮助汇兑平邑曲平宝银两千两，定于三月初五或初六日在平取银。光绪二十二年（1896）新正二十二日，曹英翁回信告知增义典已将济平足银二千两汇至平遥县，三月初六日交银。由此可知，增义典张星翁所言“本籍汾境”“平邑”“平”即是济南曹英翁回信中提到的平遥县（今山西晋中市平遥县），增义典是山西汾阳府平遥县商人在山东曲阜开设的一家当铺。

以往来对象为划分标准，商人书信大体可以为家信、友人往来信、号信三个类别。从表 1-2 往来对象的统计来看，增义典信稿属于友人往来书信范畴，主要是增义典执事星西、外事主管樊廷相以及张兆庚、善初、瑞周等人与山东地方社会各界的来往书信，包括兖州总兵田恩来②、藩司吏胥李若林以及新泰厚票号济南分号、平邑复盛昌、费县宝和典、宁阳县文昶当等商号的管理人员。晋商将这种友人往来书信作为一种账簿在商业经营活动中使用，说明这种书信已经超越了一般友人往来书信的基本功能，并具有了一定的商业经营性特征，体现了晋商典当业的鲜明特点。③从增义典信稿抄本反映的内容来看，这批书信基本上不涉及增义典管理人员的私事，主要是围绕如何处理增义典经营管理过程中遇到的一些问题，诸如当捐、减息时限、陋规、误典贼赃、认购股票等，这是增义典信稿抄本商业经营性功能的具体体现。

---

① 刘建民主编：《晋商史料集成》第 5 册《信函・信稿 4》，第 319、320 页。“该号”指的是瑞生祥。

② 田恩来，山西省阳曲县人，光绪十五年（1889）被任命为山东兖州镇总兵，参见叶志如编：《光绪朝朱批奏折》第 41 辑《军务・人事》，中华书局 1995 年版，第 179—190 页。

③ 王菱菱、王中良：《清代晋商典当业会计账簿组织探析——基于〈立账簿头绪〉》，《财会月刊》2018 年第 3 期。

（三）《民国二年（1913）湖北松滋合盛典往来信稿抄本》①

此信稿抄本尺寸为 14.3 厘米 ×21.2 厘米，封面右侧有“□□二年阴历二月念七日起至八月初九日止又接十二日止”等内容，左上角文字字迹残缺，无法辨认。此信稿装订成册，有书信 88 封，共计 33800 余字。信稿来往时间、对象、地点等信息见表 1–3。

表 1–3 《民国二年（1913）湖北松滋合盛典往来信稿抄本》统计表

序号	时间、编号等信息	写信人	收信人	来往地点
1	旧历仲春月念七日与南三典公书	合盛典执事体贤（任绩）	南三典执事郁文、祚昌、志仁	朱家埠寄街河市、西斋、纸厂河
2	仲春月廿九日义盛典覆信	义盛典执事史效周	合盛典执事体贤	西斋寄朱家埠
3	仲春月廿九日同盛典来信	同盛典执事孟学英	合盛典执事体贤	街河市寄朱家埠
4	仲春月廿九日协盛典覆信	协盛典执事庞绵	合盛典执事体贤	纸厂河寄朱家埠
5	仲春月三十日致李四先生信	合盛典执事任绩	县署官吏李四先生	朱家埠寄松滋县
6	季春月初一日李四先生覆信	县署官吏李启清（李四）	合盛典执事体翁（体贤）	松滋县寄朱家埠
7	季春初八日姚邦顺带去致同盛信	合盛典执事任绩	同盛典执事志仁	朱家埠寄街河市
8	季春十一日武守忠带协盛之信	合盛典执事任绩	协盛典执事祚翁	朱家埠寄纸厂河
9	季春十一日武守忠带此信	合盛典执事任绩	义盛典执事郁文	朱家埠寄西斋
10	季春十二日接沙号来信	沙号管事李书元	合盛典执事体贤	沙市寄松滋县
11	季春十二日同盛从邮政来信	同盛典执事孟学英	合盛典执事体贤	街河市寄朱家埠
12	季春望日桥已由介来信	介号管事董保元	合盛典执事体翁	介休寄松滋
13	季春十九日，世恩已代沙第伍次之信	合盛典执事任绩	沙号管事贞生	松滋寄沙市
14	季春廿一日接，步洲已来信	李成瀛	合盛典执事任绩	介休寄松滋
15	季春廿二日随沙号统来介信一纸	王遐龄	合盛典执事体贤	介休寄松滋
16	季春廿二日接沙号典挂号信一纸	李书元	合盛典执事体贤	沙市寄松滋
17	季春廿五日接义盛典信	史效周	体贤	西斋寄朱家埠
18	季春廿六日覆西垒信	任绩	郁文	朱家埠

① 刘建民主编:《晋商史料集成》第 5 册《信函·信稿 4》，第 403—611 页，原标题为《民国二年立沙市典当东伙往来信稿》，此处根据考证情况予以重新命名。

续表

序号	时间、编号等信息	写信人	收信人	来往地点
19	季春廿六日接李香波来信	李香波	体贤	
20	季春念六日即覆	任绩	李香波	
21	孟夏初一日沙号来信	李书元	体贤	沙市寄松滋
22	孟夏初二日致李启江之信	任绩	李香波	
23	孟夏初四日从邮寄沙号第六次信	任绩	贞生	松滋寄沙市
24	孟夏初六日从邮政寄文桥己信	任绩	文桥	松滋寄介休
25	孟夏十二日协盛典来信	王捷三	体贤	纸厂河寄朱家埠
26	孟夏十二日接石泉兄之姪来信	李文卿	体贤	
27	孟夏十六日覆	任绩	李文卿	
28	孟夏十三日接同盛典信	孟学英	体贤	街河市寄朱家埠
29	孟夏十四日文桥已来信	董保元	体贤	介休寄松滋
30	孟夏十六日接沙号来信	李书元	体贤	沙市寄松滋
31	孟夏十七日邮寄沙号七次之信	任绩	贞生	松滋寄沙市
32	孟夏廿八日接石泉已来信	李启清	圭峰、世恩	
33	孟夏廿八日即复	曹庆璋	石翁	
34	孟夏卅日致协盛典信	任绩	师吉	朱家埠寄纸厂河
35	仲夏初二日与三典公信	任绩	郁文、弼臣、师吉	朱家埠寄街河市、西斋、纸厂河
36	仲夏初三日邮政寄来文桥已信	董保元	体贤	介休寄松滋
37	午月初三日接沙号信由沙市转来	李书元	体贤	沙市寄松滋
38	午月初三日协盛典来信	王捷三	体贤	纸厂河寄朱家埠
39	随函来协盛信	王捷三	体贤	纸厂河寄朱家埠
40	午月初四日致介号信由沙寄	任绩	松翁	松滋寄介休
41	午月初四日从邮政寄介与桥己信	任绩	文桥	松滋寄介休
42	午月初四日随桥巳信内函致洲己一信	任绩	步洲	松滋寄介休
43	午月初四日邮寄沙号第八次之信	任绩	贞生	松滋寄沙市
44	午月初四日大藻返覆协盛信	任绩	六谦	朱家埠寄纸厂河

续表

序号	时间、编号等信息	写信人	收信人	来往地点
45	午月五日接义盛典复信	史效周	体贤	西斋寄朱家埠
46	午月五日接协盛典回信	六谦	体贤	纸厂河寄朱家埠
47	午月五日接同盛典回信	冀其忠	体贤	街河市寄朱家埠
48	午月十一日随原脚回街寄	任绩	弼臣	朱家埠寄街河市
49	午月十一日随街典信寄	任绩	六谦	朱家埠寄纸厂河
50	午月十一日致石泉巳信	任绩	石泉	
51	午月廿七日接协盛来信	王捷三	体贤	纸厂河寄朱家埠
52	午月廿七日协盛来信	王捷三	体贤	纸厂河寄朱家埠
53	午月廿八日覆协盛信托原脚带回	任绩	六谦	朱家埠寄纸厂河
54	午月杪日邮政递来沙号之信	李书元	体贤	沙市寄朱家埠
55	午月杪日托陈姓代寄沙号第九次信	任绩	贞生	朱家埠寄沙市
56	六月朔日致三典公信	任绩	郁文、弼臣、师吉	朱家埠寄街河市、西斋、纸厂河
57	六月初四日接义盛典复信	史效周	体贤	西斋寄朱家埠
58	六月初四日接同盛复信	冀其忠	体贤	街河市寄朱家埠
59	六月初四日接协盛复信	王捷三	体贤	纸厂河寄朱家埠
60	六月初八日桥已从邮政来信	董保元	体贤	介休寄松滋
61	六月初十日邮寄沙号第十次信	任绩	贞生	松滋寄沙市
62	六月十一日致石泉己信	任绩	石翁	
63	六月十七日邮政递来沙号来信	李书元	体贤	沙市寄松滋
64	六月十八日托陈姓带沙第十一次信	任绩	贞生	松滋寄沙市
65	六月十九日邮政寄到步洲己信	李成瀛	任绩	介休寄松滋
66	六月廿三日陈姓投来沙号之信	李书元	体贤	沙市寄松滋
67	六月廿七日接李湘波来信	李启江	体贤	
68	六月廿八日致文桥己信	任绩	文桥	松滋寄介休
69	六月廿八日与沙号第十二次信	任绩	贞生	松滋寄沙市
70	七月初二日接沙号信	李书元	体贤	沙市寄松滋

续表

序号	时间、编号等信息	写信人	收信人	来往地点
71	七月初四日致南三典公信	任绩	郁文、弼臣、师吉	朱家埠寄街河市、西斋、纸厂河
72	七月初四日接桥己由介来信	董保元	体贤	介休寄松滋
73	巧月初六日接李湘波来信	李启江	体贤	
74	巧月六日接义盛典复信	史效周	体贤	西斋寄朱家埠
75	巧月初六日接同盛典复信	冀其忠	体贤	街河市寄朱家埠
76	巧月初六日接协盛典复信	王捷三	体贤	纸厂河寄朱家埠
77	巧月巧日致城内李五先生之信	任绩	湘波	
78	巧月十四日接邦顺带来同盛典信	冀其忠	体贤	街河市寄朱家埠
79	巧月望日邮寄沙号第十三次信	任绩	贞生	松滋寄沙市
80	巧月十七日接李四先生信	李启江	体贤	
81		任绩	石翁	
82	巧月念六日邮寄文桥己信	任绩	文桥	松滋寄介休
83	巧月念六日随桥己信与步洲己之信	任绩	步洲	松滋寄介休
84	八月初三日随信寄介之信	任绩	松年	松滋寄介休
85	八月初三日寄沙号第十四次信	任绩	贞生	松滋寄沙市
86	八月初八日同盛典来信	冀其忠	体贤	街河市寄朱家埠
87	八月初九日复同盛典信	任绩	弼臣	朱家埠寄街河市
88	八月十二日接沙号来信	李书元	体贤	沙市寄松滋

资料来源：刘建民主编：《晋商史料集成》第5册《信函·信稿4》，商务印书馆2018年版，第403—611页。

关于此信稿抄本的时间，信稿抄本第66号、70号信为我们提供了一些信息。第66号“六月廿三日陈姓投来沙号之信”中提道：“内中所云典质生意三分取息，朦胧穷民数百余年。幸有前清张督、赵督深明大义，体恤穷民，先减二分半，然后一体减为长年二分”；[①] 第70号“七月初二日接沙号信”中提及：“自九江唱首，江西、南京、芜湖、镇江、江苏、杭州、湖南等省挨次独立，

① 刘建民主编：《晋商史料集成》第5册《信函·信稿4》，第552页。

其目讨袁伐北总司令黄兴。嗣后沙洋兵变，沿及襄河、里河一带几乎扰遍。”① 根据第 66 号、70 号信中提到的“前清”“九江唱首”“讨袁”等信息，我们可判断此信稿抄本的时间应该在民国二年（1913）前后。② 另外，根据信稿抄本第 1 号信“旧历仲春月 ③ 念七日与南三典公书”④、最后一封信“八月十二日接沙号来信”⑤ 以及此信稿封面“□□二年阴历二月念七日起至八月初九日止又接十二日止”⑥ 等内容，可知此信稿抄本的起止时间为民国二年（1913）二月二十七日至八月十二日。

此信稿抄本中共有 16 封书信是合盛典执事任绩与“介号”的往来书信。其中，第 14 号“季春廿一日接步洲已来信”中提及：“兹报晚从沙二十日搭江和轮船，念三日未刻至汉，次日上火车，念五日抵石家庄，次日改车行至榆次，廿七日由陆道觅车，廿九日平顺到舍……其与文桥掌柜之信及我翁委捎寄纸包并诸伙友信札物包于，月初二、三两日亲身各送各府。”⑦ 此封书信中提及的榆次（今山西晋中市榆次区）位于山西中部，近临介休县（今山西介休市）。信中所言“到介”应该指的是到达山西介休县。20 世纪初京汉铁路、正太铁路通车后，在湖北经商的山西商人基本上会选择从湖北汉口上车，经京汉铁路在石家庄转正太铁路进入山西，介休商人一般会从正太铁路榆次站下车回介休。由此，我们可以判断信稿抄本中提到的“介号”应该是位于山西介休县的一家商号。合盛典执事任绩与“介号”的往来书信主要是报送银钱物价，各东积利、抽俸的汇兑、账期股俸结算等内容。据此，我们可判断合盛典应是山西介休商人开办、经营的一家当铺。

此信稿抄本中有 36 封书信是合盛典与义盛典、同盛典、协盛典之间的往

---

① 刘建民主编：《晋商史料集成》第 5 册《信函・信稿 4》，第 563—564 页。

② “九江唱首”“讨袁”即民国二年（1913）讨伐袁世凯的二次革命。

③ 仲春月即农历二月。

④ 刘建民主编：《晋商史料集成》第 5 册《信函・信稿 4》，第 404 页。

⑤ 刘建民主编：《晋商史料集成》第 5 册《信函・信稿 4》，第 609 页。

⑥ 刘建民主编：《晋商史料集成》第 5 册《信函・信稿 4》，第 404 页。

⑦ 刘建民主编：《晋商史料集成》第 5 册《信函・信稿 4》，第 436—437 页。

来书信。其中，第51号“午月廿七日接协盛来信”[①]、55号“午月杪日托陈姓代寄沙号第九次信”[②]、74号“巧月六日接义盛典复信”[③]等信中多次提到“我松滋四家”“我松滋四典”“松滋一县”等内容，由此可大致推断信稿抄本中提及的合盛典、义盛典、同盛典、协盛典应该位于湖北省松滋县（今湖北松滋市）。据《松滋县志》记载：“民国六年，县内尚有较大当铺四家：街河市同盛典、西斋义盛典、纸厂河协盛典和朱家埠合盛典。”[④]据此可知，合盛典、同盛典、义盛典、协盛典的具体位置分别为湖北松滋县朱家埠（今湖北松滋市老城镇）、街河市（今湖北松滋街市河市镇）、西斋（今湖北松滋市沲水镇）、纸厂河（今湖北松滋市纸厂河镇）。从此信稿抄本反映的内容来看，同盛典、义盛典、协盛典三典执事经常向合盛典执事汇报净存架本、业务开展等情况，合盛典执事经常发“南三典公信”指导三典办理涨息、填报资本、缴纳当税等事宜。因此看来，合盛典、同盛典、义盛典、协盛典应是山西介休商人在湖北松滋县经营的四家当铺。

根据以上考证，我们可知合盛典执事与义盛典、同盛典、协盛典三典执事之间商讨典务的36封书信的来往地点应是湖北松滋县朱家埠（今湖北松滋市老城镇）、街河市（今湖北松滋市纸厂河镇）、西斋（今湖北松滋市沲水镇）、纸厂河（今湖北松滋市纸厂河镇）等地，合盛典执事与“介号”步洲、文桥等人的16封书信的来往地点为湖北松滋县朱家埠（今湖北松滋市老城镇）与山西介休县（今山西介休市）。另外，合盛典执事与松滋县典税房李氏叔侄之间的16封书信的来往地点为松滋县朱家埠与松滋县城。合盛典执事与“沙号”李书元之间的20封书信的来往地点为松滋县朱家埠与湖北沙市（今湖北荆州市沙市区）。

---

① 刘建民主编：《晋商史料集成》第5册《信函·信稿4》，第519页。

② 刘建民主编：《晋商史料集成》第5册《信函·信稿4》，第528页。

③ 刘建民主编：《晋商史料集成》第5册《信函·信稿4》，第578页。

④ 湖北省松滋县志编纂委员会编：《松滋县志》，湖北省松滋县印刷厂1986年版，第520页。

二、书信底稿抄本

（一）《同治湖北沙市某票号致隆泰典等当铺书信底稿抄本》①

此书信底稿抄本尺寸为 15.3 厘米 ×25.3 厘米，装订成册，封面有“同治丁卯岁次新正”等内容，有寄出书信 37 封，共计 11400 余字，是湖北沙市某票号寄出书信的底稿抄本，寄信对象全部为晋商当铺。此底稿抄本的寄信时间、来往对象等信息详见表 1–4。

表 1–4　《同治湖北沙市某票号致隆泰典等当铺书信底稿抄本》统计表②

序号	寄信时间	寄信对象
1	二月十八日	津市隆泰典逸溪世台阁下
2	□□日	津市文元义瑞五世台大人
3	新正月初六日	文安寺全泰典
4	□□三日	津市隆泰典拭之三兄
5	十二日	津市怡复兴记思九大兄
6	仝日	津市文元义记瑞五大兄
7	仝日	永定县鼎泰典肇栎三兄
8	二十二日	后港日升典梦魁大兄
9	二月初七日	津市鼎泰典肇栎三兄
10	仝日	津市隆泰典拭之三兄
11	初九日	宜城县世盛典秋舫兄台
12	十八日	津市鼎泰典肇栎三兄
13	二十三日	津市怡复兴思九兄台
14	仝日	津市文元义瑞五仁兄
15	三月十八日	同乡鹤龄大兄
16	仝日	同乡炳文大兄

① 刘建民主编：《晋商史料集成》第 5 册《信函·信稿 4》，第 61—103 页，原标题为《同治六年正月沙市义和典与各典往来信稿》，此处根据考证情况予以重新命名。

② 此书信底稿抄本第 1、2 封书信时间不详，第 3 至 34 封书信时间为同治六年（1867）正月初六至十一月十二日，第 35、36、37 封书信时间为同治十三年（1874）十月至十一月。

续表

序号	寄信时间	寄信对象
17	仝日	同乡□□表兄大人
18	四月初四日	津市鼎太（泰）典肇栎三兄
19	又信一纸	津市鼎太（泰）典肇栎三兄
20	十五日	汉镇日升恒记
21	二十九日	津市鼎泰典凌霄三兄
22	五月十七日	津市鼎泰典凌霄三兄
23	五月二十七日	津市鼎泰典凌霄三兄
24		津市鼎泰典拭之三兄
25	六月十八日	津市隆泰典拭之三兄
26	七月十二日	津市隆泰典拭之三兄
27	八月初七日	津市鼎泰典凌霄三兄
28	八月二十二日	津市鼎泰典凌霄三兄
29	八月三十日	津市隆泰典拭之三兄
30	仝日	津市文元义记莲塘任兄
31	九月二十三日	津市隆泰典拭之三兄
32	十月二十一日	津市隆泰典拭之三兄
33	二十一日	津市鼎泰典凌霄三兄
34	十一月十二日	津市隆泰典拭之三兄
35	甲戌十月□日	寄出第十九次信
36	冬月初六日	寄出第二十次信
37	冬月十九日	寄出第二十一次信

资料来源：刘建民主编：《晋商史料集成》第5册《信函·信稿4》，商务印书馆2018年版，第61—103页。

此书信底稿抄本多处提及："贵津别号有汇介宗项乞吾兄鼎力照拂，俾弟得沾余辉则荷盛德而感佩不忘矣"①"遇有汇介之款务期格外吹嘘，多揽几宗"②等有关汇兑业务的内容。此书信底稿抄本第12号信"十八日寄津市鼎泰

① 刘建民主编：《晋商史料集成》第5册《信函·信稿4》，第63页。
② 刘建民主编：《晋商史料集成》第5册《信函·信稿4》，第66页。

典”更是明确指明：“约三月中沙镇银项□□缺紧甚为票号生意得宜”① 等内容。由此可知，这批书信应是一家票号寄出书信的底稿抄本。

此书信底稿抄本涉及时间的内容有两处。一是封面“同治丁卯岁次新正”②，二是第35号信的“甲戌十月□”③。其中，同治丁卯年是同治六年(1867)，同治甲戌年是同治十三年（1874)。另外，再根据上表提供的时间信息，我们可以判断第 3 号至 34 号书信的寄出时间应为同治六年（1867）新正初六日至十一月十二日，第 35、36、37 号书信寄出时间分别为同治十三年（1874）十月□日、十一月初六日、十一月十九日，第 1、2 号信寄出时间无法判断。关于地点问题，我们推断此票号位于湖北沙市（今湖北荆州市沙市区)，系山西介休县商人开设。具体考证如下。

通过底稿抄本反映的内容来看，这家票号经常向隆泰典、鼎盛典等商号介绍沙镇的银钱变动、社会治安等情况，如第 9 号信提及：“目下沙镇月息一二五、一三钱价，□至六五钱。近闻捻逆已窜于□河，地面兼沙，人心俱已□贴，□勿动怀”④；第 10 号信有“敬启者，目下沙镇汇介之款只宽□两月在介交九九色银，月息一二五、一三钱价，提至六钱四”⑤ 等内容。据此可大致判断这家票号应该位于沙镇。此外，该票号在寄给津市隆泰典、怡复兴记、文元义记以及永定县鼎泰典的信中均提及：“敝号择吉于新正中旬迁移老巡司巷元茂栈内”⑥。可见，老巡司巷是这家票号的最新详细地址。据民国《沙市志略》记载：“老巡司巷，在三府街巡司署，旧设于兹，中有孝子坊。”⑦ 此则材料中的“三府街”在底稿抄本中也有提及。如第 23 号信“五月二十七日随原足寄鼎泰典”中有“附报李炳□兄，赖友人之亲面荐在三府街复聚公钱铺，已于

① 刘建民主编：《晋商史料集成》第 5 册《信函 · 信稿 4》，第 71 页。
② 刘建民主编：《晋商史料集成》第 5 册《信函 · 信稿 4》，第 61 页。
③ 刘建民主编：《晋商史料集成》第 5 册《信函 · 信稿 4》，第 96 页。
④ 刘建民主编：《晋商史料集成》第 5 册《信函 · 信稿 4》，第 69 页。
⑤ 刘建民主编：《晋商史料集成》第 5 册《信函 · 信稿 4》，第 70 页。
⑥ 刘建民主编：《晋商史料集成》第 5 册《信函 · 信稿 4》，第 64—67 页。
⑦ 张琴修、杜光德等纂：民国《沙市志略》，参见《中国地方志集成 · 湖北府县志辑》第 38 册，江苏古籍出版社 2001 年版，第 22 页。

二十日进铺”[①]等内容。由上可知，“沙镇”应该是湖北沙市镇，这家票号具体位于湖北沙市镇（今湖北荆州市沙市区）老巡司巷。

从表1-4可知，此书信底稿抄本的寄信对象分别为津市隆泰典、恰复典记、文元义、鼎泰典，后巷日升典，宜城县世盛典，汉镇日升恒记。根据底稿抄本的内容，我们可以判断津市隆泰典、鼎泰典与这家票号是同乡关系。如第22号寄鼎泰典的信中写道：“兹无意中在兆昌达遇得咱乡洪善村罗启元兄闲设”[②]；第25号寄隆泰典的信中写道：“附报接得月内念四日号信，咱乡仍无落月”[③]。而第24号信则为我们考证这家票号以及上述商号经营者的身份提供了一些信息。该信内容如下。

> 拭三兄大人阁下吉览：前者赴谒宇下，诸多骚扰，不胜感激……兹因陕省延安府、绥德州瓦窑堡等处捻回两匪猖踞之久，彼地夏标应交太汾标布庄货银钱□五六万，分文未到。平、介谣风甚重，慨无出银家数。诸地平、介字号各负专信，大家掣肘，汇款皆不愿收。刻下同行之钱每千以贴至三十两，有交无收。尊款即照同行规模除收。外欠敝号六十四两九六，祈再补介平二十两，共和八十五两二四。本拟先行奉报，又恐耽误时日。弟虽冒昧，行情何敢瞒混。附呈咱汾州属境慨无点雨，夏季减去大半，加之四月二十日降冻，秋苗未种，如甚情况何堪。又适荒年以致人心不得安宁之苦。介邑钱数一千四六，沙区银盘七千零五。[④]

此信是这家票号寄给津市隆泰典拭之三兄的书信。由信中提及的“平、介谣风甚重”“附呈咱汾州属境慨无点雨”等内容，我们可知这家票号和隆泰典均是山西汾州府商人开设的。除此之外，这批书信中有53处提及“介号”“介平纹银”“汇介之款”等内容，这家票号的汇兑业务主要是介、沙两地。因此，我们可以判断这家票号、隆泰典、鼎泰典是山西汾州府介休县商人开设的商号。另外，根据书信底稿的内容，我们也可判断文元义、全泰典、恰复兴记、

---

① 刘建民主编：《晋商史料集成》第5册《信函·信稿4》，第82页。
② 刘建民主编：《晋商史料集成》第5册《信函·信稿4》，第80页。
③ 刘建民主编：《晋商史料集成》第5册《信函·信稿4》，第84页。
④ 刘建民主编：《晋商史料集成》第5册《信函·信稿4》，第82—84页。

日升典、世盛典等商号均是山西介休县商人开设的当铺。这里不再逐一考证。

综合上述，我们可知此底稿抄本是山西介休县商人在湖北沙市（今湖北荆州市沙市区）经营的一家票号书信底稿抄本。笔者之所以将此底稿抄本归为晋商典当业信稿范畴，主要是因为此底稿抄本的寄信对象均为晋商当铺，反映的内容主要是此家票号与晋商典当业之间的互动、往来情况。

（二）《光绪十三年（1887）湖北松滋合盛典书信底稿抄本》①

此书信底稿抄本有完整书信 47 封，残缺书信 9 封，共 13400 余字。所有书信的抬头、落款均被略去，书信抄写者在书信前都备注了寄信对象、时间。经考证，此信稿抄本是光绪十三年（1887）湖北松滋县朱家埠晋商当铺合盛典寄出书信的底稿抄本，寄信对象主要有协盛典、义盛典、同盛典、立生典、介号、沙号以及官府吏胥李观臣、李敦夫、易来甫等社会关系。

关于时间，此信稿抄本第 19 号信为我们提供了信息。该信内容具体如下。

诸多顺适，赖众伙之匡襄，幸获平安。兹已星回天上，春满人间，遥维禔躬叶庆，福祉凝祥，寿添诲屋之筹，樽开柏酒之觞，翘瞻万彩，曷罄颂私。谨将光绪十二年全年清册缮写呈电，获利无几，殊觉汗颜，望为海涵是荷。至及典务顺适，勿烦锦注，特此奉上，敬请新安，兼贺即候刻安。不一。

此处提及光绪十二年（1886），据此我们可判断此信稿抄本的时间大致为光绪十二年（1886）前后。由于所有书信的落款均被信稿抄写者省略，所以我们无法具体判断此信稿抄本的具体起止时间，仅能判断为光绪十二年（1886）前后的往来书信。此信稿虽然省略了落款，但从信稿提供的信息来判断，此信稿抄本应为合盛典寄给各种社会关系之间的书信底稿抄本。如第 13 号信：

与三典公信，七月二十日

德备姨舅父、惟善老翁台、恩浦老兄台大人阁下钧鉴：谊属同业，恕不能冗。敬启者，新任陈公下来廿四日请帖，想各典早皆下到。兹因李

① 此份书信底稿抄本由刘建民收藏，但未收入《晋商史料集成》，河北大学刘秋根教授将此书信提供给笔者，在此对两位先生深表谢忱。此书信底稿抄本内容，参见本书附录一。

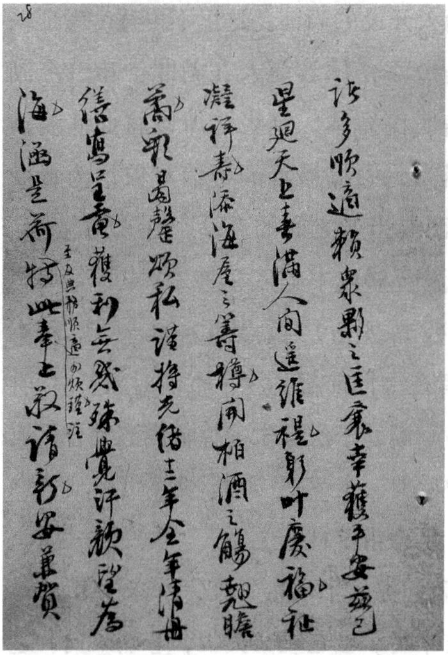
諗多暇適，賴衆彩之匡襄，幸獲平安，茲已
星廻天上，春滿人間，遥維禔躬叶慶，福祉
凝祥，壽添海屋之籌，樽開柏酒之觴，翹瞻
蔚秀，曷罄頌私。謹將光緒十三年全年清册
繕寫呈覽，獲利無幾，殊覺汗顏，望為
海涵是荷。特此奉上，敬請新安，並賀

图 1-1 《光绪十三年（1887）湖北松滋合盛典书信底稿抄本》第 19 号信（刘建民 藏）

观臣来朱，云官求向我行挪借银一千两等情，并新到藩局宪札，饬催缴岁捐。查取息章程，如与汉阳相同，即援照质铺按六成捐缴，如取息重于汉阳，即照八成捐缴。今将札稿统呈，不日即出谕帖，并抽用学田捐输本钱。此数事萃于一时，望诸公届期齐集合盛，以便面议办理之法，万勿推诿。专此奉达，即候秩安。不宣。

从第 13 号信的内容可知，此书信应是合盛典写给三典的公信。另外，此信稿还有松滋四典①、三典公信（同盛典、义盛典、协盛典）②以及街、朱、纸③等地名简称。非常巧合的是刘建民收藏的《民国三年（1914）湖北松滋合盛典往来信稿抄本》中亦有松滋四典以及合盛典、同盛典、义盛典、协盛典等内容。这四家当铺分别位于湖北松滋朱家埠（今湖北松滋市老城镇）、街河市（今湖北松滋市街河市镇）、西斋（今湖北松滋市沲水镇）、纸厂河（今湖北松滋市纸厂河镇）。由此可知，此信稿抄本是光绪年间山西介休商人在湖北松滋县（今湖北松滋市）经营的合盛典寄出书信的底稿抄本。④另外，从书信抄写在书信前所作的备注，可知此书信底稿的寄信对象有介号、沙号、南三典执事、立生典（同乡当铺）、李观臣（吏胥）、李敦夫（吏胥）、易来甫（吏胥）等社会关系。

① 刘建民藏《光绪十三年（1887）湖北松滋合盛典书信底稿抄本》第 15 号信。

② 刘建民藏《光绪十三年（1887）湖北松滋合盛典书信底稿抄本》第 13、25、32 号信。

③ 刘建民藏《光绪十三年（1887）湖北松滋合盛典书信底稿抄本》有 16 处提及“返朱”“在朱”“朱典”等内容，4 次提及“街河”“返街”，1 次提及“在纸”。

④ 参见本节《民国二年（1913）湖北松滋合盛典往来信稿抄本》考证。

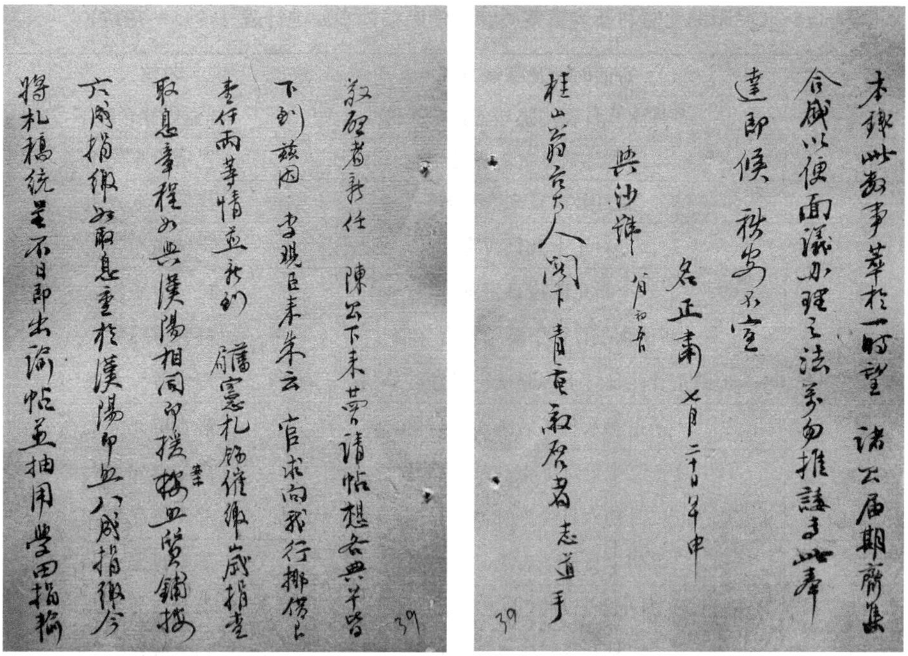

图 1–2 《光绪十三年（1887）湖北松滋合盛典书信底稿抄本》第 13 号信（刘建民 藏）

（三）《民国湖北监利新沟镇某质铺书信底稿抄本》①

此书信底稿尺寸为 14.3 厘米 ×23.8 厘米，均按寄出时间排序，装订成册，底稿封面、封底均无字迹，有书信 129 封，共计 48000 余字。根据考证可知，这批书信是民国时期湖北监利县新沟镇某质铺往外寄出书信的底稿抄本，主要是寄往沙市（今湖北荆州市沙市区）、监利县城（今湖北监利市）、府场镇（今湖北洪湖市府场镇）等地，收信对象有沙号执事、东家、监利县商会商董、有业务往来的商号及其他社会关系等。书信底稿抄本的时间、收信对象等信息详见表 1–5。

① 刘建民主编:《晋商史料集成》第 5 册《信函 · 信稿 4》，第 613—772 页。原标题为《民国三年立沙市某典当东伙往来信稿》，此处根据考证情况予以重新命名。

表 1-5 《民国湖北监利新沟镇某质铺书信底稿抄本》统计表（1915—1917）

序号	寄信时间及寄信方式	收信人
1	冬月念八日晚刻邮沙贰拾贰号信	礼斋仁棣台阁下
2	腊月念贰日贾富祥送城	昆壁少东先生
3	腊月廿六日来人带城	昆壁少东先生
4	新正上九日吉寄	昆壁少东先生
5	新正既望日吉泐	昆壁少东先生
6	新正念三日灯下泐邮沙吉号信	静堂尊兄大人
7	新正廿四日灯下吉泐庆记带沙贰号信	静堂尊兄大人
8	新正念八日午后邮沙三号信	静堂尊兄大人
9	新正三十日灯下吉泐邮沙肆号信	静堂尊兄大人
10	二月初六日晚刻邮沙伍号信	静堂尊兄大人
11	二月初十日灯下吉泐邮沙六号信	静堂尊兄大人
12	二月十六日林方点带沙柒号信	静堂尊兄大人
13	二月廿一日邮沙捌号信	静堂尊兄大人
14	二月廿六日阚协和带沙玖号信	静堂尊兄大人
15	二月廿九日邮沙拾号信	静堂尊兄大人
16	三月初一日晚刻邮沙拾壹号信	静堂尊兄大人
17	三月初七日晚刻邮沙拾贰号信	静堂尊兄大人
18	三月初十日灯下泐寄沙拾叁号信	静堂尊兄大人
19	三月既望日林方点带沙拾肆号信	静堂尊兄大人
20	三月十七日夜泐来人夏足带城	昆壁少东先生
21	三月十九日邮沙拾五号信	静堂尊兄大人
22	桃月中旬八日灯下吉泐	伯明兄台大人
23	桃月廿三日早刻来人带城	昆壁少东先生
24	三月廿三日邮沙拾六号信	静堂尊兄大人
25	三月廿八日廷瑚先生送北口程警官信	抟万警官先生
26	三月廿九日泐龚毓卿先生带城	昆壁少东先生
27	四月初二日周先生带沙拾柒号信	星垣伙台
28	四月初七日邮沙拾捌号信	星垣伙台
29	四月十一日号信统沙	滋、鲁翁二位东君大人

续表

序号	寄信时间及寄信方式	收信人
30	四月十一日邮沙十九号信，单挂号	星垣伙台
31	四月十七日渤寄	文甫先生
32	四月十九日邮沙贰拾号信	星垣伙台
33	冠翁仁兄	四月廿一日吉寄
34	四月廿四日灯下吉渤邮沙贰拾壹号信	礼斋仁棣台阁下
35	四月廿六日灯下吉渤邮沙贰拾贰号信	礼斋仁棣台阁下
36	五月初二日灯下吉渤邮沙贰拾叁号信	礼斋仁棣台阁下
37	五月初六日林方典带沙贰拾四号信	礼斋仁棣台阁下
38	五月初十日灯下吉渤邮沙贰拾五号信	礼斋仁棣台阁下
39	五月十六日，林方典带沙贰拾六号信	礼斋仁棣台阁下
40	五月廿贰日邮沙贰拾柒号信	礼斋仁棣台阁下
41	五月廿七日吉渤邮沙贰拾捌号信	礼斋仁棣台阁下
42	六月初四日早刻邮沙贰拾玖号信	礼斋仁棣台阁下
43	六月初八日托永记寄城	冠翁仁兄大人
44	六月初八日邮沙叁拾号信	礼斋仁棣台阁下
45	六月十四日邮局寄城	冠翁仁兄大人
46	八月初八日吉渤	滋翁兄台大人
47	八月初八日吉渤	鲁生仁兄大人
48	八月十八日专王双喜送城	冠翁仁兄大人
49	九月初一日早刻邮沙吉号信	礼斋仁棣台阁下
50	九月初四日吉渤林方典带沙贰号信	礼斋仁棣台阁下
51	九月初七日吉渤邮局寄城	冠翁仁兄大人
52	九月初十日早邮沙叁号信	礼斋仁棣台阁下
53	九月十六日林方典带沙肆号信	礼斋仁棣台阁下
54	九月廿贰日，邮沙伍号信	礼斋仁棣台阁下
55	九月廿四日林方典带沙六号信	礼斋仁棣台阁下
56	九月廿六日邮沙柒号信	礼斋仁棣台阁下
57	十月初六日晚刻邮沙八号信	礼斋仁棣台阁下
58	十月初六日灯下渤邮寄城内信	冠翁仁兄大人

续表

序号	寄信时间及寄信方式	收信人
59	十月十二日寄沙九号信	礼斋仁棣台阁下
60	十月十七日泐寄沙拾号信	礼斋仁棣台阁下
61	十月廿四日林方典带沙拾壹号信	礼斋仁棣台阁下
62	十月廿六日寄原脚带去	树垣族叔
63	十月念九日寄沙十贰号信	礼斋仁棣台阁下
64	冬月初六日寄沙拾三号信初六日晚刻复泐	礼斋仁棣台阁下
65	冬月初八日吉泐林方典带沙拾四号信	礼斋仁棣台阁下
66	冬月十一日晚泐寄沙拾伍号信	礼斋仁棣台阁下
67	冬月十八日晚泐寄沙拾陆号信	礼斋仁棣台阁下
68	冬月念贰日邮沙拾柒号信	礼斋仁棣台阁下
69	冬月廿五日林方典带沙拾捌号信	礼斋仁棣台阁下
70	冬月杪日晚泐邮沙拾玖号信	礼斋仁棣台阁下
71	腊月十一日晚灯下泐邮沙贰拾号信	礼斋仁棣台阁下
72	腊月十三日寄商会信契翁带去	逸琴仁兄
73	腊月十六晚泐邮城内信	冠翁仁兄
74	嘉平念五日吉寄	鲁生仁棣台
75	新正初六日吉泐	鲁生仁棣台
76	滋田东君	新正初六日吉泐
77	新正上九日吉泐十八日星翁带城	昆壁少东
78	新正十六日吉泐	鲁生仁棣台
79	二月念六日灯下泐陶姓带沙	鲁生仁棣台
80	闰二月初五日灯下泐邮沙吉号信	俊贤兄台
81	闰二月初十日泐邮沙贰号信，单挂号	俊贤兄台
82	闰月十五日晚刻寄沙叁号信	俊贤兄台
83	闰月十七日午刻寄沙四号信	俊贤兄台
84	闰月十八日晚泐寄沙五号信	俊贤兄台
85	后二月廿五日巳时泐林方点带沙陆号信	俊贤兄台
86	闰二月廿六日酉刻泐寄沙柒号信	俊贤兄台
87	又二月廿七日午刻泐邮沙捌号信	俊贤兄台

续表

序号	寄信时间及寄信方式	收信人
88	四月十八号寄城内时县长信	县长大人
89	三月初二日吴姓带沙玖号信	俊贤兄台
90	桃月除六日酉刻泐寄沙拾号信	俊贤兄台
91	桃月初七日晚泐林方典初九带沙拾一号信	礼斋仁棣台阁下
92	桃月望日晚泐寄沙十贰号信	礼斋仁棣台阁下
93	三月十六日新记正印寄	文垣执事
94	桃月既望日晚泐刘继亮带沙十三号信	礼斋仁棣台阁下
95	桃月念日巳刻泐林方典带沙十四号信	礼斋仁棣台阁下
96	桃月念日寄监邑商会信永记带去	逸琴商懂先生
97	桃月念日寄天成典信永记带去	明斋仁棣台
98	桃月廿四日巳时泐寄沙十五号信	礼斋仁棣台阁下
99	三月杪日灯下泐寄十六号信	礼斋仁棣台阁下
100	清和月初三日早泐周先生带沙拾柒号信	礼斋仁棣台阁下
101	清和月初八日晚泐邮沙拾捌号信	礼斋仁棣台阁下
102	清和月望日泐林方典带去拾玖号信	礼斋仁棣台阁下
103	清和月念日泐邮沙贰拾号信	礼斋仁棣台阁下
104	清和月念一日泐邮城内信	昆壁、冠翁二位东君
105	四月念三日灯下泐陶姓带沙贰拾壹号信	礼斋仁棣台阁下
106	四月念八日未时临泐邮沙贰拾贰号信	礼斋仁棣台阁下
107	五月朔日巳时泐邮沙廿三号信	礼斋仁棣台阁下
108	蒲月初六日泐邮沙贰拾四号信	礼斋仁棣台阁下
109	蒲月望日辰刻泐邮沙廿五号信	礼斋仁棣台阁下
110	五月念一日灯下泐陶脚带沙廿六号信	礼斋仁棣台阁下
111	五月念六日辰刻泐邮沙贰拾柒号信	礼斋仁棣台阁下
112	五月杪日早泐林方典带去廿八号信	礼斋仁棣台阁下
113	六月十二日新记正印郭司务送府场	文垣执事
114	六月初十日泐十四寄	希文仁棣台
115	六月念日泐警察局士带城	冠翁兄台
116	六月念六日吉泐	希文仁棣台

续表

序号	寄信时间及寄信方式	收信人
117	巧月初八日晚泐协和祥带去	希文仁棣台
118	巧月念六日泐	冠翁兄台
119	桂月十二日早刻泐吴本培带沙吉号信	礼斋仁棣台阁下
120	桂月十三日未时泐邮沙贰号信	礼斋仁棣台阁下
121	桂月既望日十一句钟泐邮寄沙三号信	礼斋仁棣台阁下
122	八月十七日晚泐邮沙四号信	礼斋仁棣台阁下
123	八月廿三日泐寄府场信傅梁二伙带去	文垣执事
124	桂月廿五日午刻泐邮沙伍号信	礼斋仁棣台阁下
125	八月念七日灯下泐王钟则带沙陆号信	礼斋仁棣台阁下
126	八月廿九日泐寄府场信胡老四带去	培芝执事
127	菊月初一日灯下泐陶脚带去沙七号信	礼斋仁棣台阁下
128	九月初三日泐明垚带沙捌号信	礼斋仁棣台阁下
129	菊月初五日午刻泐邮沙玖号信	礼斋仁棣台阁下

资料来源：刘建民主编：《晋商史料集成》第5册《信函·信稿4》，商务印书馆2018年版，第613—772页。

此书信底稿抄本所有信件均按时间排序。如第4号信前备注了“洪宪元年新正吉日立”①，第75号信前备注了“民国六年新正吉日立”②，再结合第1号信落款“冬月念八日晚刻邮沙二十二号信”③和第129号信落款“菊月初五日午刻泐邮沙九号信”④等内容，可知此书信底稿的起止时间为民国四年（1915）十一月二十八日至民国六年（1917）九月初五日。

此书信底稿抄本有8次提及“沙市银根奇紧”“沙市月息”“沙市钱价”等内容，有13次提及“监城”“监邑”“监属”等内容，有7次提及“新沟”。另外，第10号“洪宪元年二月初六日该典邮沙五号信”提及：“再报新沟今春生

① 刘建民主编：《晋商史料集成》第5册《信函·信稿4》，第618页。
② 刘建民主编：《晋商史料集成》第5册《信函·信稿4》，第706页。
③ 刘建民主编：《晋商史料集成》第5册《信函·信稿4》，第615页。
④ 刘建民主编：《晋商史料集成》第5册《信函·信稿4》，第771页。

意，通市清淡，洋货匹头颜料等等以及粗货物件，无一不贵”①、第116号“民国六年六月初六日该典寄希文仁棣台信”有“目下新沟一带，颇为平安，铺中诸凡安吉，勿烦在念”②等内容。据此，我们可以判断此当铺应位于湖北省监利县新沟镇（今湖北监利市新沟镇）。此外，书信底稿抄本中的一些地名亦可提供佐证，如书信底稿抄本提及“府场”9次，此“府场”应为湖北洪湖、监利、仙桃三县交界处的府场镇（今湖北洪湖市府场镇）；③该信稿抄本第89号信提及“渔洋镇”，此“渔洋镇”应为湖北潜江渔洋镇（今湖北潜江市渔洋镇）。④

根据此书信底稿抄本第63号信“再及，后首如有余项，可与任本信汇回介平银二百两正，赶虫月半前后到家可耳”⑤，第64号信“顺报王静翁携本信由榆次回里，澍桂仝源富搬伊父之柩，从桥口起旱，皆从初三日搭舟由汉荣归矣”⑥以及第102号信“焕之兄偕张殿英于十二日搭舟由汉坐轮车回里”⑦等信息，我们大致可判断此当铺是山西介休县商人开设的一家当铺。

此书信底稿抄本有88封书信是寄给沙市执事礼斋仁棣台阁下、静堂尊兄大人、俊贤仁兄等人的书信。此88封书信均为编号书信，涉及的内容主要是资金调度、报送监利县及其周边地区的商业信息等内容。据此我们基本上可以判断该质铺是“沙号”在监利县设立的一个分号。另外，此书信底稿有23封书信是寄给该号东家的书信。如第2号信“昆壁少东先生阁下英鉴敬启”⑧、第

---

① 刘建民主编：《晋商史料集成》第5册《信函・信稿4》，第627—628页。

② 刘建民主编：《晋商史料集成》第5册《信函・信稿4》，第756页。

③ 府场镇位于湖北省洪湖市，为洪湖、仙桃、监利三县交界的物资集散地，参见戴均良：《中国古今地名大词典》，上海辞书出版社2005年版，第1897—1898页。

④ 渔洋镇位于湖北潜江东南部，参见戴均良：《中国古今地名大词典》，第2771页；第89号信参见刘建民主编：《晋商史料集成》第5册《信函・信稿4》，第726页。

⑤ 刘建民主编：《晋商史料集成》第5册《信函・信稿4》，第690—691页。

⑥ 刘建民主编：《晋商史料集成》第5册《信函・信稿4》，第692页。

⑦ 20世纪初，京汉铁路、正太铁路通车后，在湖北经商的山西商人会从汉口上车经京汉铁路在石家庄转正太铁路进入山西。介休商人一般会从正太铁路榆次站下车回介休。如上文湖北松滋县合盛典伙计，“从沙二十日搭江和轮船，二十三日未刻至汉，次日上火车，二十五日抵石家庄，次日改车行至榆次，二十七日由陆道觅车，二十九日平顺到舍”。

⑧ 刘建民主编：《晋商史料集成》第5册《信函・信稿4》，第615页。

29号信"滋鲁翁二位东君大人阁下"① 等。根据这23封书信，我们可判断该质铺的东家除了介休商人外，还有沙市张滋田、张锡三，监利县昆壁少东、曹寿山堂、曹文翰堂、王三槐堂、张裕兴堂等人。

三、尺牍范本

(一)《道光湖北枣阳琚湾镇某典尺牍范本》②

此尺牍范本分为三部分，分别为"写拜帖及书札称呼""东翁来札""与伙友札"，尺寸为17厘米×24.5厘米，共172封书信，26700余字。其中，"写拜帖及书札称呼"主要帮助学徒学习写拜帖、了解书信中的各类固定称呼和特定用语；"东翁来札"和"与伙友札"是供学徒、伙计学习如何书写书信的尺牍范本。此尺牍中的大部分书信都省去了抬头、落款、时间等内容，书信中涉及的人物、商号名称以及银钱数字也多有省略。经笔者考证，此份尺牍是湖北枣阳琚湾镇"某典"东伙、伙友、同乡之间的往来书信，也有少量家信，主要反映了道光年间山西汾州府典当商人在湖北樊城（今湖北襄阳市樊城区）地区的活动情况。③

"与伙友札"第40号信提及："再叙钱价陡跌之由。因日前无知之徒，以不堪字句暗贴钱市，云我西帮皆要钱铜棍典钱，以致伊等收账之五六开钱不能数典钱出售。我汾帮各号皆不上钱市。伊等用银之家不能收银，至我号收银，所以钱价陡跌。"④ 根据"西帮""汾帮"等内容，我们可以判断此当铺是山西汾州府商人经营的一家当铺。"与伙友札"第74号信有"俟恒由谷返樊，再进号内"⑤ 等内容，此家当铺很有可能是山西汾州府太谷县商人开设的当铺。另

① 刘建民主编：《晋商史料集成》第5册《信函·信稿4》，第651页。

② 刘建民主编：《晋商史料集成》第73册《商业知识3》，第311—398页。原标题为《道光二年介休当商信札规范》，此处根据考证情况予以重新命名。

③ 清代樊城是汉水中游重要的商业中心，早在康熙三十九年（1700）山西商人就在樊城修建了会馆。之后历经多次扩建和重修，如道光三年（1823）包括16家晋商当铺在内的429家商号捐资重修会馆。参见黄忠鑫：《清代以来汉水中游的商业中心及其变动》，载章开沅、严昌洪编：《近代史学刊》第10辑，华中师范大学出版社2013年版，第41—57页。

④ 刘建民主编：《晋商史料集成》第73册《商业知识3》，第339页。

⑤ 刘建民主编：《晋商史料集成》第73册《商业知识3》，第356页。

外，“与伙友札”第36号信的落款为“辛卯小阳春由春陵琚家湾寄”①，尺牍范本还有多处提及枣阳琚湾典铺、琚镇、湾地等内容。据《枣阳志》记载：琚湾镇位于县城西南的滚河岸边，船只来往不绝，商号集聚，生意兴隆。②由此我们可以大致判断此当铺应该是山西汾州府太谷县商人在湖北枣阳琚湾镇（今湖北枣阳市琚湾镇）经营的。

此尺牍范本中有两封书信没有省略落款，分别为“与伙友札”第36号信落款“辛卯小阳春由春陵琚家湾寄”和第39号信落款“癸巳二月二十四日灯冲”。其中，第39号信提及：“自嘉庆初年平定之后，樊所道用之钱亦只大势。延至道光二年，道府县俱有禁割钱文之示。樊地方有典钱之名，不数年间，大水崩塌均卅街，郑府尊劝捐示输。堤工一动，典钱即毛，此时势使然，非人不愿用真正典钱也。道光三、四、五、六年间，各典下架来樊之钱，不如樊钱。数年以来，樊钱不胜各典下架之钱。至于去岁，大水阴雨之后，乡间人甚苦。”③此处言及道光三、四、五、六年之事，可见尺牍范本反映的内容应该是道光年间的事情。再结合第36、39号信落款时间，可判定第36号信提及的“辛卯”年应为道光十一年（1831），第39号信提及的“癸巳”年为道光十三年（1833）。据此，我们可以大致判定此尺牍范本应为道光年间晋商往来书信。由于书信的抬头、落款多被省略，我们目前无法详细考证每封书信的收寄时间、来往地点等内容。

（二）《光绪湖北沔阳某典尺牍范本》④

此尺牍尺寸为12.5厘米×20.5厘米，有书信72封，16500余字，封面残缺，封底有“蔚长厚记”印章，所有书信均省略抬头、落款，人名以“某某”代替，银钱数量以“若干”代替。从此尺牍反映的内容来看，主要是某商号与各种社会关系的往来书信，包括官员、同乡、同行、亲友等社会关系。此尺牍多处涉及架

① 刘建民主编：《晋商史料集成》第73册《商业知识3》，第337页。

② 湖北省枣阳市地方志编纂委员会编：《枣阳志》，中国城市经济出版社1990年版，第252页。

③ 刘建民主编：《晋商史料集成》第73册《商业知识3》，第338页。

④ 刘建民主编：《晋商史料集成》第74册《商业知识4》，第123—211页。原标题为《清代介休当商信札规范（二）》，此处根据考证情况予以重新命名。

本钱、当赎、票利钱、估衣等内容，因此可以判断这家商号为一家当铺。

关于当铺的地点，尺牍范本第30号信有“沔境日下之景大为改色，下架实难望其踊跃，现在连雨不止，城乡急苦”①等内容。据此可知此当铺位于“沔境”。另外，此尺牍范本还提及仙镇②、新堤③、峰口④等地名，这些地名在清代均位于湖北省沔阳县（今湖北仙桃市）。因此，我们可以判断“沔境”即湖北沔阳，此当铺位于湖北省沔阳县。关于来往时间，此尺牍第40、52号信为我们了解这些书信所反映的时代背景提供了一些线索。这两封书信均提及“海防捐项业已缴署”⑤等内容。海防捐款是中法战争期间（1883—1885）清政府为了筹措海防经费，加强海防建设实行的一种捐纳措施。由此我们可以推测，这些书信反映的内容应该是光绪年间典当商人与各种社会关系的来往情况。

根据尺牍范本提供的信息，我们推测此当铺应是山西介休商人在湖北沔阳经营的一家当铺。尺牍范本第26号信提及：“本地五典以若干两为款，惟我帮七典每家务求二百两之数”⑥，由此可知这家当铺的经营者不是沔阳本地人，而是区别于“本地五典”的“我帮七典”之一。第59号致六姑丈大人的信中提到“俟至孟冬托庇颇愈，仓猝返介。本意亲诣典中拜别叩辞，而行于河水沾浅至□家坮已经三更之刻，又布云密合，实难起坡，随州舟而下，甚已俱愧。沿途平顺抵介，即日登府请安，暨及阖潭康泰，谅必有竹报先叙，勿烦冗烦也”⑦。此处“返介”“抵介”中的“介”应是这家当铺经营者的籍贯。笔者认为此处所提及的“介”应该指的是山西介休县（今山西介休市）。因为早在乾隆元年（1736）山西商人就在湖北沔阳开设了福泰典当。⑧不仅如此，据民国《介休县志》记

---

① 刘建民主编:《晋商史料集成》第73册《商业知识3》，第162页。

② 仙镇即仙桃镇，原沔阳县驻地。

③ 新堤在清代是湖北长江沿岸重要的外贸通商口岸，1926年成立新堤市，后又撤市并入沔阳县，现为湖北洪湖市城区。

④ 峰口原隶属于湖北沔阳县，1951年划入洪湖县，现湖北洪湖市峰口镇。

⑤ 刘建民主编:《晋商史料集成》第73册《商业知识3》，第172、184页。

⑥ 刘建民主编:《晋商史料集成》第73册《商业知识3》，第158页。

⑦ 刘建民主编:《晋商史料集成》第73册《商业知识3》，第192—193页。

⑧ 仙桃市地方志编纂委员会编:《沔阳县志》，华中师范大学出版社1989年版，第310页。

载："介休商业以钱、当两商为最……至邑人出外贸易者，在京则营当商、账庄、碱店，在津则营典质转账，河南、湖北、汉口、沙市等处当商、印行，邑人最占多数。"① 不难看出，典当业是山西介休商人在湖北各地经营的主要行业之一。基于以上论述，我们可大致推测此当铺是山西介休商人在湖北沔阳（今湖北仙桃市）开设的一家当铺。

（三）《光绪湖北枝江董市镇某质铺尺牍范本》②

此尺牍范本尺寸为 14 厘米 ×18.8 厘米，未装订成册，书信内容顺序错乱。经笔者整理，此尺牍范本是湖北荆州府枝江县董市镇（今湖北枝江市董市镇）某质铺经营者与各类社会关系的往来书信底稿抄本，共有 77 封完整书信、6 封残信，共 14900 余字，所有书信的抬头、落款以及信中的人物、银钱数字等均省略。

此尺牍第 3 号信应为官府的某位吏胥写给该质铺的一封来信："启者，现奉面谕饬办晋帮捐输事宜。弟因贱躯欠适，不克分身，兹特着人持捧贡监各照前来，各位掌柜有愿意捐者，即开明三代，以便填写。如不愿捐纳，可将原照转卖他人，即为开明履历呈缴可也。"③ 第 58 号信应为同乡的来信："至于晋省，三伏不雨，秋苗难保，所有在诸伙会项各家换钱送讫。七月初二日，在介钱店所换每两帮费八分短平一分四，各有换银三条。诸君信至必知其详。惟某伙之银折介平去帮费五两四钱四分□合钱若干……再报晋省年景白面每斤九六，红面每斤八二，小米每斗二千……再叙弟来年勿可回家，缓一二年再为商量。诸君府上均好，勿庸悬念，此达。愚弟某人顿。"④ 分析两封书信中提及的"晋帮""晋省"以及"在介钱店""介平"等内容，可推断此质铺是山西介休商人开设的一家质铺。

关于此质铺的位置，此尺牍的内容中有荆沙、江陵、董、枝、江等地名简

---

① 张赓麟等修，董重等纂：民国《介休县志》卷 7《商业纪略》，第 300 页。

② 刘建民主编：《晋商史料集成》第 74 册《商业知识 4》，第 1—122 页。原标题为《清代介休当商信札规范（一）》，此处根据考证情况予以重新命名。

③ 刘建民主编：《晋商史料集成》第 74 册《商业知识 4》，第 44—45 页。

④ 刘建民主编：《晋商史料集成》第 74 册《商业知识 4》，第 46—47 页。

称，由此可推断此质铺应该位于湖北省。根据尺牍范本第1号信“二宝典升鉴，缘于日前曾寸缄敬侯财安，未蒙赐复，想公务纷纭，谅亦有之，不烦赘述。兹因前奉堂札请贴，理应赴枝。有各号执事在沙未归，事务羁身，弗克如愿”[①]和第8号信“二宝典财安，日前在董，诸多搅扰，殊属不安”[②]等提供的信息，可知此家质铺所在地的简称为“枝”“董”。据《中外地名大辞典》记载：“董市在湖北枝江县东北六十里，濒于大江。一名董滩口。有小轮上通宜昌，下通沙市，商务繁盛。”[③]由此可见，这家质铺位于湖北省枝江县董市镇（今湖北枝江市董市镇）。关于此尺牍反映的时间，第50号信有“光绪六年三月二十五日来片”[④]等内容，据此我们可知这批尺牍范本反映的是光绪年间山西介休商人在湖北省经营典当业的活动情况。根据尺牍的内容，这批书信的来往对象主要包括官员、同乡好友以及典当同业人员，来往地点为枝江县与江陵、介休、沙市等地，涉及税捐、捐纳、银钱往来、推荐伙计等内容。

（四）《□学摘录》[⑤]

该尺牍尺寸为13厘米 ×22.5厘米，有家信4封、友人往来信8封，共12封书信，2330余字，所有书信均省略抬头、落款。根据第1号信“太、汾属雨水应时而降，大有丰登之象。东三省大局未定，日本‘德政’良多，谨此叩禀，伏维朗照。不宣”等内容，可推断此尺牍的时间大致是清末日俄战争时期（1904—1905）前后。再结合尺牍中多次提及：“敝同事由介赴樊”“奈汴、介两地天各一方”“迩来荆沙虽暂平靖而兵队时有风潮”等内容，可推断此尺牍反映的是山西介休典商在湖北樊城（今湖北襄阳市樊城区）、沙市（今湖北荆州市沙市区）以及河南等地的活动情况。

---

① 刘建民主编：《晋商史料集成》第74册《商业知识4》，第118页。

② 刘建民主编：《晋商史料集成》第74册《商业知识4》，第109页。

③ 段木干主编：《中外地名大辞典》，人文出版社1981年版，第4254页。史为乐：《中国历史地名大辞典（增订本）》。董市，一名董滩口，即今湖北枝江市西十四里董市镇。

④ 刘建民主编：《晋商史料集成》第74册《商业知识4》，第57页。

⑤ 此份尺牍由刘建民收藏，但未收入《晋商史料集成》，河北大学刘秋根教授将此书信提供给笔者，在此对两位先生深表谢忱。此尺牍详细内容，参见本书附录二。

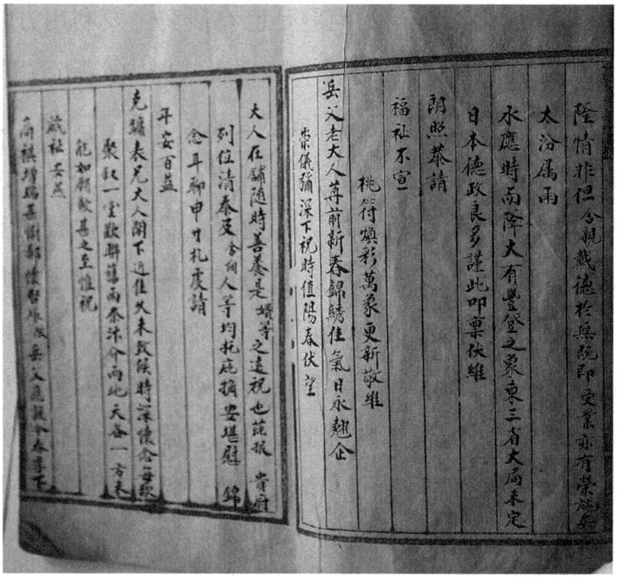
隆情非但合親戴德於無既即受業亦有榮施矣
太汾屬雨
水應時而降大有豐登之象東三省大局未定
日本德政良多謹此叩稟伏維
朗照恭請
福祉不宣
桃符煥彩萬象更新敬維
岳父老大人尊前新春錦繡佳氣日來翹企
崇儀彌深下祝時值陽春伏望
大人在舖隨時善養是婿等之達祝也茲祗 貴府
列位清泰及令舖人等均托庇損安堪慰 錦
念耑肅申寸札虔請
丹安百益
克鏞表兄大人閣下近住久未致候時深懷念每欽
聚叙一堂歡聯篤而參沐今向此天各一方矣
能如願敘善之至惟祝
[illegible]祉安[illegible]
商祺增瑞[illegible]

图 1-3　《□学摘录》第 1 号信（刘建民 藏）

第二节　新见信稿资料的学术价值

刘建民收藏的这批晋商典当业信稿资料内容十分丰富，不仅为深入开展晋商典当业专题研究提供了新资料，对商人书信专题研究、区域经济史研究以及量化史学、票号史、货币史、商业史等研究都有很高的学术价值。现择其主要方面论述。

一、晋商典当业研究的第一手资料

明清时期，山西商人到全国各地经营典当业成为当时十分引人注目的社会现象。目前，学界对晋商典当业已有相关研究，但整体上还比较薄弱，仍有很大的研究空间。笔者整理、利用的这批信稿资料是反映晋商典当业的第一手资料，可为学界深入开展晋商典当史研究提供资料支撑。

一是有利于运用民间历史文献探究晋商典当业的经营实际。始于 20 世纪 30 年代的晋商典当业学术研究，在不同历史时期众多学者的努力下取得了丰富的研究成果。但一个较为突出的问题是已有研究主要利用方志、档案、文集、笔记以及各类社会调查资料，对晋商在经商实践中实际运用的民间文献资料的利用还十分不够。中国经济史研究固然要依赖档案、文集、方志、私人著述等文献资料，但实际上这些资料不可能详细、客观记录商人的经营活动。能够真正反映历史上商人经营活动的资料是商人们在具体经商实践过程中实际运用的书信、清单、账簿、合约等民间文献资料。这批晋商典当业信稿是反映清末民初时期晋商典当业资本、业务、营业制度、社会关系等诸多问题的第一手材料，可为我们深入开展晋商典当史研究提供丰富信息。这批晋商典当业信稿是反映清末民初晋商典当业资本、业务、营业制度、社会关系等诸多问题的新材料，为我们深入开展清末民初晋商典当史研究提供了丰富的历史信息。

二是有利于学界研究晋商的跨地域典当经营活动。晋商典当业基本上分为两个部分，一是晋商在省内经营的典当业，二是晋商在省外跨地域经营的典当业。前人研究成果主要关注了山西省内典当业的发展情况，对山西商人在省外的典当业经营活动涉及不多。晋商典当业之所以广受世人关注不仅仅是因为山西是清代典当业最为发达的省份之一，更是由于大量山西商人地到全国各地经营典当业，并对社会经济发展产生了影响。这批信稿资料直接反映了晋商在直隶、山东、湖北、湖南等地的跨地域典当业经营活动，是研究晋商的跨地域典当经营活动非常珍贵的第一手资料。

三是有利于拓展晋商典当史研究领域，弥补现有研究中的薄弱、缺失环节。学界已对晋商典当业进行了一定的研究，但与徽州商人经营的典当业相比，晋商典当业学术研究显得较为薄弱，研究内容缺乏深度，研究领域有待拓宽。除了上文提及的对省外晋商典当业的关注不够外，还有很多研究领域亟待深入研究。从业务角度分析，除了主营业务抵押放贷外，晋商典当业还兼营存款、信用放贷、发行钱票，甚至还涉及银钱兑换、汇兑、担保等商业行为。服务对象除了城乡小生产者之外，还包括商人、工商业字号。可见，晋商当铺俨然是一个综合性的金融机构。目前学界对这方面的探讨还十分薄弱。从资本角度分析，以往研究大多关注的是晋商典当业的资本来源、资本构成，而对资本组织方式、经营方式的探讨比较薄弱；前人关注的重点主要是一些制度方面的探讨，很少涉及晋商典当业的资本运营实态。这批信稿资料翔实记录了晋商典当业日常资金管理、负债经营、联号经营以及与票号、账局、钱庄等金融机构的资金往来情况，可使我们更为清晰地认识晋商典当业资本运营实态。从社会关系角度分析，为了应对经营过程中遇到的一些难题，晋商当铺有针对性地与同籍地方官吏、官府吏胥、票商、同业人员、同乡等各种社会关系保持着密切联系及互动。这些社会关系在维护经营环境、降低经营成本、应对经营难题等方面发挥了积极作用，为晋商当铺经营活动的正常开展以及经营收益不受侵犯提供了保障。同时，我们还可以看到晋商当铺与各种社会关系之间以"地缘""业缘"为纽带，以权势为导向、以利益为驱动、以应对经营困难为依归的互动模式也有一个重大的局限性，表现在到了商会成立的前夜，仍然没有相应的商人组织为典商出面协调社会各层面，向官府提出行业的诉求以利典当行业的平稳发展，而是典商自身寻求与各方面打交道。在这种社会互动模式下，典商的交易成本是相当沉重的，其活动空间也受到严重挤压。这批信稿翔实地记录了直隶大名、山东曲阜、湖北松滋等地的晋商当铺如何围绕税捐、当息、规礼以及其他临时性摊派等问题与官府的博弈以及与社会各阶层的矛盾、斗争，进而成为认识社会变动的一个重要侧面。遗憾的是，目前学界对上述问题关注得还不够。

四是为开展晋商典当业个案研究提供了宝贵资料。对当铺、典商进行个案考察有助于我们获取更为具体、翔实且贴近历史实际的客观认识。如利用《同光直隶大名府恒裕典东伙往来信稿抄本》可以对晋商当铺的资本结构、业务开展、营业制度、利润分配等问题进行详细论述；《光绪山东曲阜增义典往来信稿抄本》是增义典与各种社会关系之间的往来书信抄本，为研究晋商典当的社会关系网络提供了一个个案；《同治湖北沙市某票号寄晋商当铺书信底稿抄本》则为学界研究晋商当铺与票号的联系、互动提供了一份新资料。此外，这批晋商典当业信稿资料还反映了一些前人尚未关注的一些新问题。如晋商当铺与票号、钱铺等机构所建立的商业网络；在跨地域经营活动中与客居地社会关系的联系、互动；类似于商业银行性质的金融功能；"东伙—字号—会馆"运营机制；

凭借书信开展经营活动的书信经营方式；对传统乡村资本运作的影响以及班期制度、白银货币区域化等新问题。透过这些新问题，我们可以将一个与以往传统认知不一样的晋商典当史呈现在大家面前。

二、商人书信研究资料的重要补充

就史学研究而言，前人大多关注的是官僚、文人或者政治家、名人书信的史料价值，而忽视商人、士兵以及社会下层一般人书信的史料价值。[①] 近年来，随着大量民间文献不断被发现，商人书信的史料价值日益受到学界重视。一些学者利用商人书信研究明清经济史，取得了很多研究成果。这些研究为深入开展商人书信专题研究奠定了基础，但与契约、账簿、碑刻、族谱等资料相比，商人书信整理和研究仍是中国社会经济史研究领域最为薄弱的环节之一。在体现徽商、晋商等地域性商人所取得的历史成就以及发掘明清商人书信学术价值等方面也显得有些不足。究其原因，一是对商人利用书信开展商业经营活动的广泛性历史认识不足；二是对已经公布的大量商人书信的解读、利用尚未充分展开，也未能真正体现商人书信作为“商人自身资料”的学术价值。本文整理的这批晋商典当业信稿资料是商人书信专题研究的重要组成部分。

一是有利于进一步完善晋商书信研究体系。以往学界对晋商书信的资料整理以票号书信为主，主要有《山西票号资料·书简篇（一）》[②]《山西票号史料（增订本）》[③]《平、祁、太经济社会史料与研究》[④]《国外珍藏晋商资料汇编》[⑤]《合盛元信稿》[⑥] 等成果，对晋商长期以来从事的长途贩运贸易中的粮商、布商、药商

① 冯尔康：《清史史料学》，沈阳出版社 2004 年版，第 301 页；严昌洪：《中国近代史史料学》，北京大学出版社 2011 年版，第 123 页。

② ［日］滨下武志、李焯然等编：《山西票号资料·书简篇（一）》，东京大学东洋文化研究所 1990 年版。

③ 中国人民银行山西省分行、山西财经学院《山西票号史料》编写组，黄鉴晖编：《山西票号史料（增订本）》，山西经济出版社 2002 年版。

④ 史若民、牛白琳：《平、祁、太经济社会史料与研究》，山西古籍出版社 2002 年版。

⑤ 高春平等编：《国外珍藏晋商资料汇编》第 1 辑，商务印书馆 2013 年版。

⑥ 山西省晋商文化基金会编：《合盛元信稿》，三晋出版社 2014 年版。

以及传统金融业中的当铺、钱庄书信的整理工作还十分薄弱。[①]刘建民收藏的晋商典当业信稿资料为学界提供了 763 封晋商典当业信稿，这在一定程度上可以改变以往晋商信稿资料整理中票号书信一家独大的现状，并进一步完善晋商的书信研究体系。二是有利于发掘商号书信的研究价值。近年来，商人书信的研究价值日益为史学界所关注，但主要是整理、研究了一些家信、友人往来信，对具有经营、管理性质的商号书信关注不够。这批晋商典当业信稿资料中有大量的东家、掌柜之间，总号、分号之间的商号书信，这就为发掘商号书信的研究价值，探讨明清商人利用商号书信完成跨地域典当业经营活动提供了资料支撑。三是有利于构建具有中国特色现代金融体系。典当业作为中国最为古老的金融行业深深根植于中国社会，与社会各个阶层的政治、经济及日常生活密切相关。研究晋商如何利用商号书信完成商业、金融业经营活动的制度、机制，有利于构建具有中国特色的现代金融体系。除了晋商之外，笔者管见所及，徽商、福建商人、江西商人以及广东潮汕商人、云南大理商人均将书信作为开展商业经营活动的重要凭借。然而因资料限制，一直以来学界尚未对明清商人书信开展系统研究。因此，利用这批晋商典当业信稿资料，结合其他方面资料，在构建具有中国特色的现代金融体系方面应该会取得新认识、新进展。

三、社会经济史研究的资料宝库

中国历史上各区域经济发展水平很不平衡，为避免以偏概全，开展区域经济史研究是一条可行之路。这批信稿资料为学界深入开展区域经济史学术研究提供了重要支撑。如《同光直隶大名府恒裕典东伙往来信稿抄本》反映了同光之际直隶大名府、山西介休县两地的银钱兑换[②]、物价、商业状况等商情信息

---

① 刘建民主编《晋商史料集成》影印出版了一批票号、典当、茶商、布商书信，但未作进一步整理释读。

② 长期以来，学界使用“银钱比价”这一概念去反映明清时期的银钱关系。事实上，银钱之间并非“主辅币”之间的“比价”关系，而是“同时并行”的兑换关系。在现有民间文献中没有出现“银钱比价”或者与之含义相近的词汇，反而有大量的“宝银钱数”“宝银钱价”“钱价”等词汇去表示银、钱之间的兑换关系。

的实际变动以及农业、物产等丰歉情况。这些信息真实反映了同光之际山西介休、直隶大名当时的商业、金融业、农业等状况，是晋商开展商业、金融业活动不可或缺的参考依据。因此，此信稿对深入开展晚清时期山西、河北两地区域经济史学术研究具有非常高的史料价值。除此之外，这批信稿资料还涉及其他地区的社会经济发展情况方面的丰富信息。如《道光湖北枣阳琚湾镇某典尺牍》反映了清中叶湖北樊城、枣阳等地的商业信息；《同治湖北沙市某票号致隆泰典等当铺书信底稿抄本》反映了清同治年间湖北沙市、宜城、汉口，湖南津市、永定等地的商业信息；《光绪山东曲阜增义典往来信稿抄本》涉及清末山东济南、兖州、曲阜、费县等地的商业信息等；《民国二年（1913）湖北松滋合盛典往来信稿抄本》《民国湖北监利新沟镇某质铺书信底稿抄本》不仅为我们了解清末民初荆沙地区商业、金融业发展提供了非常详细的信息，难能可贵的是还提供了清末民初湖北松滋县朱家埠、街河市、西斋、纸厂河以及监利县新沟镇等乡镇的社会经济发展方面的详细信息。这批信稿资料真实地反映了晋商在上述地区开展典当业经营活动的基本情况以及与当地社会各阶层的联系、互动情况，为深入开展上述区域社会经济史研究以及其他相关领域的学术研究提供了丰富的历史信息，这不仅有利于学界深入开展上述地区的商业史、金融史、城市史甚至乡镇史研究，还可以为地方社会经济发展、历史文化名城名镇建设以及旅游资源开发提供历史依据。

票号是清中叶以来随着商品经济的发展，特别是适应国内外贸易的发展以及满足汇兑业务专业化需求而产生的主营汇兑、存放款业务的金融机构。目前学界主要研究了票号与钱庄、银号的关系，认为“钱庄银号为票号经理出纳”①，对晋商当铺与票号之间的联系关注得还不够。笔者在整理晋商典当业信稿的过程中发现晋商典当业与票号之间的联系、互动十分密切。如学界认为在没有设庄的地方票号会委托当地钱庄代办汇兑业务。②但从典当业信稿反映的

① 中国人民银行山西省分行、山西财经学院《山西票号史料》编写组，黄鉴晖编：《山西票号史料（增订本）》，第159页。

② 中国人民银行山西省分行、山西财经学院《山西票号史料》编写组，黄鉴晖编：《山西票号史料（增订本）》，第69页。

内容来看，晋商当铺也是票商完成地方性、小额汇兑业务的合作伙伴。不仅如此，有的票号还与晋商当铺保持密切联系，形成了一个以“乡缘”为纽带的经营网络。票商利用这一经营网络进一步拓展经营范围、招揽业务，在一定程度上节省了运营成本，扩展了汇兑业务的覆盖范围，也有利于汇兑业务量的提高。在一些位置偏远、商业发展水平不高的县镇，票号虽然没有设立营业点，但在同乡当铺的帮助下，票号可以将其汇兑业务拓展至比较偏远的地区。晋商当铺凭借“乡缘”关系通过票号完成异地间的银钱往来，以按照低于行市的汇费和较低的“贴费”汇兑银两，节省了汇费，降低了经营成本。晋商当铺经常通过票商搜集一些诸如当捐、规礼等方面的信息作为开展商业活动的重要参考。因票号与官场来往密切，晋商当铺还经常委托票号帮助代捐官职。

此外，这批晋商典当业信稿中有大量成体系的利率、物价、钱价、汇费、“酒资”等数据可为当前量化史学、货币史、商业史等研究提供翔实的数据支撑。如《同光直隶大名府恒裕典东伙往来信稿抄本》详细记录了同治十一年（1872）至光绪三年（1877）直隶大名府、山西介休县两地的钱价、物价、汇费等商情信息的变动情况，这为开展大名、介休两地的量化史学、商业史研究提供了数据支撑。此外，《光绪湖北枝江董市镇某质铺尺牍范本》《民国二年（1913）湖北松滋合盛典往来信稿抄本》《民国湖北监利新沟镇某质铺书信底稿抄本》等信稿资料集中反映了清末民初湖北各地新、旧币制交汇时期各种地方性“私票”、货币的兴衰历程，可为研究中国近代货币史提供丰富的历史信息。

小　结

刘建民收藏的晋商典当业信稿是学界尚未利用的第一手资料，具有非常高的史料价值和研究价值。本章对这批信稿资料进行整理、考证，除了方便研析以利于本书的顺利开展外，更主要的是向学界推介新资料，以此克服当前商业史、金融史研究所遇到的资料瓶颈问题。此外，晋商民间历史文献资料的整理、利用有其特殊的方法和操作要领。笔者对这批晋商典当业信稿资料的整理、解读是一种基础性工作，但也积累了一些经验，在探索晋商民间历史文献资料整理方法、研究要领以及构建科学的书信研究体系等方面具有一定的方法论意义。同时，为了尽可能充分地说明问题以及弥补晋商典当业信稿资料的局限性，在本书的写作过程中还参考、利用了一些碑刻、账簿、合约、分家书、当商呈文等其他类型的晋商民间历史文献资料。这些资料笔者将在本书的相应章节部分进行介绍，此处不再赘述。

第二章　明清以来晋商典当业的发展变迁

明清时期，随着商品经济的繁荣以及长途贩运的兴盛，以徽商、晋商为代表的各地域商人跨地域开展典当业经营活动是明清时期传统典当业发展十分显著的特点之一。就晋商典当业而言，晋商开设的典铺分布极广，从省内到省外，从繁华都市到县城集市，到处都飘扬着山西典商的招幌。① 目前，学界重点关注了山西省内典当业的发展情况，对晋商在省外的跨地域典当经营活动研究得还比较薄弱。有鉴于此，笔者在前人研究的基础上重点探讨明清以来晋商在省外进行跨地域典当业经营活动的发展变迁。

第一节　明代中后期至清代前期的逐步兴盛

明中叶以来，随着商品经济的发展，晋商迎来了一个大发展时期。这一时期，晋南的平阳府商人以及晋东南的泽、潞商人独领风骚，凭借手工业积累了大量财富。② 据《广志绎》记载："平阳、泽、潞豪商大贾甲天下，非数十万不称富。"③ 明代谢肇淛有言："富世之称雄者，江南首推新安，江北则推

① 刘建生、燕红忠等：《山西典商研究》，第 32 页。

② 在晋商研究中，平阳、泽、潞商人没有受到足够的重视，以至于晋中商人成为晋商的代名词。实际上以经营盐、铁、丝绸而闻名天下的平阳、泽、潞商人，在明清社会经济发展中也占有举足轻重的地位。

③ （明）王士性撰，周振鹤校点：《广志绎》卷 3《江北四省》，中华书局 2006 年版，第 246 页。

山右……山右或盐或丝，或转贩或窖粟，其富甚于新安”[①]。“山右”指的就是盛产盐、丝的晋南、晋东南的平阳、泽、潞等地区。在这一发展背景之下，以平阳、泽、潞商人为主体的晋商，将积累的商业资本投入典当业以赢得更多财富，同时率先走出三晋大地到周边省份从事跨地域典当业经营活动。至清代前期，平、祁、太等晋中商人在金融领域不断崛起，山西省不仅发展成为当时典当业最为发达的省份之一，大量山西商人走出三晋大地到全国各地跨地域经营典当业，并对当时经济社会发展产生了重要的影响。

一、明代中后期的兴起

除了经营盐、铁、丝之外，典当业是平阳、泽、潞等商人从事的主要行业之一。从现有资料来看，至迟在明代万历年间就有平阳、泽、潞商人经营典当业的具体记载。明万历十七年（1589），山西泽州府沁水县西文兴村柳氏《河东柳氏训道记》写道：“田邑广阔，典当驿号，酌族世产，永勿分割。”[②]这说明，泽州府沁水县西文兴村柳氏家族在万历年间就已经将典当业作为主要的经营产业之一。天启初年，明政府加派辽饷补充军用，规定各省缴户部银中增加卫所屯田、平籴仓谷、典铺酌分等杂项。其中，关于“典铺酌分”的相关规定为我们提供了了解当时山西当铺规模、数量的重要信息。天启三年（1623），户部规定：“原议省直典铺酌分五等资本，自万金以至一二千金输税，自五十两以至十两不等”[③]。根据这一标准，大致可看出当时资金在“万金”的就属于大型规模当铺，小规模当铺也有一两千两左右。按照明政府的规定，山西太仓银库上交户部“典铺酌分五千两”[④]。据此估算，明末山西省内领贴经营的正规当铺的数量应该在300—400家左右，最多不会超过500家。

---

① （明）谢肇淛撰，傅成校点：《五杂俎》卷4《地部二》，上海古籍出版社2012年版，第68页。

② 张正明、[英]科大卫主编：《明清山西碑刻资料选》，山西人民出版社2005年版，第237—238页。

③ （明）毕自严：《度支奏议》卷1《堂稿·辽饷不敷济急无奇疏》，上海古籍出版社2008年版，第20—21页。

④ （明）陈仁锡：《皇明世法录》卷34《理财》，北京出版社2000年版，第634页。

这一时期，关于晋商在省外的跨地域经营典当业情况，笔者在一些文献中陆续找到了一些相关记载。据《山东省志·金融志》记载，在明朝初年晋商就开始在山东开设当铺。[①]《曲阜文史》记载："明末，山西商人李增义在山东曲阜开设了增义典"[②]。如果说此处记载的山东曲阜增义典和前文介绍的《光绪山东省曲阜增义典往来信稿抄本》中的山东曲阜增义典为同一家当铺的话，这就表明晋商当铺增义典在山东的经营活动至少持续了二百多年。据《信阳市金融志》记载："河南信阳典当业始于明末清初，为山西宁姓商人开设的信华典铺。"[③]明末，山西平阳府商人不仅在泰安地区经营典当业，还与盐商合作修建了泰山红门山西会馆。现存山东泰安泰山红门会馆《康熙壬申三十一年（1692）关帝庙地基豁粮碑》[④]碑文写道：

泰安州红门下，古有关帝庙一座……自明季时，盐、当两商捐资建……钱粮，蒙前任付□爷清丈地亩豁免，明□□□可质，今五十余载。

现存泰山红门会馆《乾隆五十九年（1794）新建神马殿记》[⑤]碑文写道：

盖闻莫为之前，虽美弗彰，莫为之后，虽盛弗传，此其理于建制尤著焉。岱阳红门之下有关圣帝君行祠，故创于山右平阳诸君子，□□其后者方复时增修，盖至今殿宇辉煌，庙貌庄严。

由以上两块碑文的内容可知，山西平阳府典当商人在明末就已经开始在山东泰安地区经营典当业，并且与盐商合作共同捐资修建了泰山红门山西会馆，足见当时晋商当铺在当地的经济实力。

据此我们可以大致推测，在明代中后期，晋南、晋东南地区的平阳、泽、

---

① 山东省地方史志编纂委员会编：《山东省志·金融志》，山东人民出版社1996年版，第170页。

② 山东省曲阜市政协文史资料委员会编：《曲阜文史》第14辑，第92—93页。另外，根据《曲阜之最》记载："明嘉靖年间，晋商张氏在曲阜开办增义典当铺"。参见宁廷亮，薛利民编：《曲阜之最》（内部发行），1988年，第78页。

③ 张保国：《信阳市金融志》，河南人民出版社1996年版，第16页。

④ 《康熙壬申三十一年（1692）关帝庙地基豁粮碑》，参见许檀编：《清代河南、山东等省商人会馆碑刻资料选辑》，天津古籍出版社2013年版，第364页。

⑤ 《乾隆五十九年（1794）新建神马殿记》，转引自孟伟：《明清山西会馆个案考察系列之（18）：泰安地区——以泰山红门的山西会馆为重点》，《山东社科论坛——泰山区域历史文化资源的开发与利用研讨会论文集》，泰安，2015年11月，第36—48页。

潞商人率先走出三晋大地到周边邻近省份进行跨区域典当业经营活动。山东、河南等周边省份均有山西典当商人的活动记载。万历三十五年（1607），河南巡抚沈季文言道："今徽商开当，遍于江北，资数千金，课无十两，见在河南者，计汪充等二百十三家，量派银二千六百余两，抵其全数，足免贫民。"[①]这说明，明代中后期长江以北的河南等省份的当铺仍旧以徽商当铺为主，晋商大规模走出山西到江北各省经营典当业应该是入清以后才逐渐兴起的。而清朝中叶以后在中国商业史、金融史等诸多领域创造辉煌业绩的晋中商人[②]，在此时虽然还处在"百金之家夏无布帽，千金之家冬无长衣，万金之家食无兼味"[③]的发展阶段，但是他们也开始涉足典当业。如明末清初，太谷曹氏始祖曹三喜在关外的朝阳县、赤峰、凌源、沈阳等地设号经营杂货、典当、酿酒，成为关外大商。[④]

二、清代前期的迅速发展

入清以后，晋商"车辙马迹遍天下，齐、鲁、秦、晋、燕、赵诸大市执商市牛耳者咸晋人"[⑤]。尤其是在北方的一些行政中心城市、商业城镇，晋商逐渐开始垄断典当、钱庄、票号、颜料、盐业、粮食、杂货等很多行业。这一时期，晋商经营的典当业更是进入快速发展期，其表现首先为山西省内当铺数量的迅速增长。康熙二十四年(1685)，山西省内有领贴经营的合法当铺1281家，数量仅次于直隶，位居各省第二；雍正二年（1724），山西省内有领贴经营的合法当铺2602家，当铺数量为全国之最；乾隆十八年（1753）有5175家，达到山西省内当铺数量历史上的最高峰，之后当铺数量开始减少。[⑥]由此可见，

① 《明神宗实录》卷434《万历三十五年六月丁酉》，"中央"研究院历史语言研究所影印本1962年版，第8200—8201页。

② 晋中商人也被称为汾太商人，主要包括今天山西榆次、太谷、祁县、平遥、介休、清徐、交城、文水、汾阳、孝义等县商人。

③ （明）王士性撰，周振鹤点校：《广志绎》卷3《江北四省》，第246页。

④ 聂昌麟：《太谷曹家商业资本兴衰记》，山西省政协文史资料委员会编：《山西文史资料》第12辑，山西人民出版社1981年版，第933页。

⑤ （清）蟫伏老人：《康熙南巡秘记》，上海进步书局1920年版，第87页。

⑥ 刘建生、燕红忠等：《山西典商研究》，第24页。

山西省内的典当业在清初经历了近百年的发展后，大致在清康熙后期山西省就成为全国典当业最为发达的省份之一，发展到乾隆时期达到历史鼎盛时期。山西省内典当业的发展为晋商到省外跨地域经营典当业积累了丰富经验。① 在这一基础之上，晋商到省外经营典当业日益成为一种社会潮流，大批晋商纷纷走出三晋大地到全国各地经营典当业。经过康、雍、乾三朝的不断向外发展，晋商经营的典当业在乾隆年间逐渐取代了徽商在江北各省典当业中的独大地位，形成全国之典肆“江以南皆徽人，曰徽商；江以北皆晋人，曰晋商”的格局。很多学者也关注到晋商典当业在北方各省的影响力。如罗炳绵认为清代华北地区的典当业山西帮最有实力，直到民国后才被广东省的典当业超越。② 笔者集中搜集、整理了一批明末清初时期晋商典当业的相关资料。根据这些资料，笔者推断清初至乾隆朝早期活跃在江北各省经营典当业的主要是晋南、晋东南地区的平阳、蒲、绛、泽、潞等州商人，活动范围主要在山东、河南、天津、河北以及周边地区。下面，结合相关史料记载试作个案分析。

（一）山东泰安

明清时期，山东是北方地区经济发展水平较高的省份之一，便利的交通条件以及良好的经济发展基础吸引了大量外省商人来到山东从事商业经营活动。其中，晋商实力雄厚，经营广泛，基本上垄断了山东很多地方的盐、粮食、典当、钱庄等行业，一些地方甚至还出现了“西商十居七八”的局面。③ 如馆陶县，据史料记载，“凡自盐、当及铁货、布庄、杂货、钱店各生意”均为晋商经营。④ 就典当业而言，晋商在明朝初年就开始在山东各地开设当铺。⑤ 嘉靖年间，晋商张氏在曲阜开办了增义典当铺。⑥ 明末，山西平阳府商人不仅在泰

① 黄鉴晖：《中国典当业史》，第 31 页。

② 罗炳绵：《近代中国典当业的分布趋势和同业组织（上）》，参见陶希圣主编：《食货月刊》（第 8 卷第 2 期）1978 年 5 月，第 64—65 页。

③ 王云：《明清时期山东的山陕商人》，《东岳论丛》2003 年第 2 期。

④ （清）宋金镜、熊廷献纂：光绪《馆陶县乡土志》卷 8《商务》，光绪三十四年铅印本。

⑤ 山东省地方史志编纂委员会编：《山东省志・金融志》，第 170 页。

⑥ 宁廷亮、薛利民：《曲阜之最》（内部发行），第 78 页。此外，《曲阜文史》则认为增义典的开设时间为明末，参见曲阜市政协文史资料委员会编：《曲阜文史》第 14 辑，第 92 页。

安地区经营典当业，还与盐商合作捐资修建了泰山红门山西会馆。① 入清以后，晋商典当业得到极大发展，在乾隆朝后期形成全国之典肆“江以南皆徽人，曰徽商；江以北皆晋人，曰晋商”的局面。这一时期，晋商逐渐深入山东各地经营典当业。清初，山东肥城县从事盐、当、钱等业的晋商捐资重修了当地大关帝庙。② 乾隆八年（1743），晋商典当商人梁培基捐资改建了东阿县关帝庙。③ 雍正年间，晋商当铺参与捐资重修了大汶口镇关帝庙。④ 道光四年（1824），有6家晋商当铺捐1120千文重修山东周村关帝庙。⑤ 山东泰安，至少在咸同之前泰安地区的典当业基本上是以洪洞县商人为主的山西平阳府商人经营的。⑥ 此外，这一时期还出现了一些主要在山东活动的典商家族。如乾隆年间，山西曲沃县行氏家族在省外共开设5家当铺，除河北邯郸1家外，其余4家均位于山东地区，分别是齐河县义兴当、博平县（今聊城市茌平区）韩管屯天章当、夏津县夏津当、冠县冠县当。⑦ 下面，以山东泰安为例分析晋商在山东经营典当业的基本情况。

山东泰安是因岱岳祠庙所在，前来拜谒、祈福者众多而发展起来的内陆商业城市。在泰安经商的客籍商人中，晋商的实力最强，基本上垄断了泰安的盐、当等行业。位于山东泰安泰山红门山西会馆（关帝庙）存有康熙十年（1671）至民国二十五年（1936）十通碑铭，为我们研究晋商典当业在泰安地

① 《康熙壬申三十一年（1692）关帝庙地基豁粮碑》，参见许檀编：《清代河南、山东等省商人会馆碑刻资料选辑》，第364页；《乾隆五十九年（1794）新建神马殿记》，转引自孟伟：《明清山西会馆个案考察系列（18）：泰安地区——以泰山红门的山西会馆为重点》，第36—48页。

② （清）凌绂曾修，邵承照纂：光绪《肥城县志》卷4《礼仪志》，参见《中国地方志集成·山东府县志辑》第65册，凤凰出版社2008年版，第71页。

③ （清）李贤书修，吴怡等纂：道光《东阿县志》卷8《祠祀志》，参见《中国地方志集成·山东府县志辑》第92册，第84页。

④ 许檀：《明清华北的商业城镇与市场层级》，科学出版社2021年版，第394页。

⑤ 许檀：《明清华北的商业城镇与市场层级》，第389页。

⑥ 《光绪二十一年（1895）关帝庙碑记》，参见许檀编：《清代河南、山东等省商人会馆碑刻资料选辑》，第369页。

⑦ 刘秋根、练燕：《〈曲沃行氏诉讼簿〉与晋南商人家族的捐纳及商业》，《文物天地》2015年第10期。

区的发展情况提供了详细信息。这批碑刻资料分别为：①

碑 1：康熙十年（1671）扩建关帝庙碑记。

碑 2：康熙二十二年（1683）创建关帝庙配殿碑记（一）。

碑 3：康熙二十二年（1683）创建关帝庙配殿碑记（二）。

碑 4：康熙二十二年（1683）创建关帝庙配殿万古流芳碑。

碑 5：康熙三十一年（1692）关帝庙地基豁粮碑。

碑 6：乾隆五十九年（1794）新建神马殿记。

碑 7：道光二十八年（1848）重修关帝庙（盐当会馆）碑。

碑 8：咸丰九年（1859）重修关帝庙钟鼓戏楼垣墙碑记。

碑 9：光绪二十一年（1895）关帝庙碑记。

碑 10：民国二十五年（1936）重修关帝庙碑。

上述 10 通碑铭为我们了解明末、清初至民国时期山西盐商、当商在山东泰安及周边地区的商业经济活动提供了珍贵的信息。现将碑文相关内容摘录如下：

碑 1 摘录：

泰山为古封禅之区，神宇鼎建，遍于国中，而我帝君之庙实繁有徒，虽遐□僻壤，编户小民，闻帝君之英灵，未有不感慕悬服而愿兴起于其祭也。先是一天旧有底君祠一座，明季善信以帝君世皆晋产，于是扩其庙宇，广其墙垣，视昔改观。清初有许公者，复建殿前神楼一区……近有高、宋二君慨订重修……高君讳应节，宋君讳轼，二君皆晋之洪洞人。

碑 3 摘录：

泰山南天门之下，旧有关圣帝君大殿三楹，原属吾晋人所创造，而东西两侧配殿未有也。历年以来，凡我晋人之居于岱下者益多，其生计货值日益盛。念铁□之来，全思有以继□人之志而补其所未逮，因以谋诸乡亲，无不欢欣踊跃，捐输恐后。

---

① 《泰安盐当会馆碑文》，参见许檀编：《清代河南、山东等省商人会馆碑刻资料选辑》，第 354—371 页；孟伟：《明清山西会馆个案考察系列（18）：泰安地区——以泰山红门的山西会馆为重点》，第 36—48 页。

碑5摘录：

泰安州红门下，古有关帝庙一座……自明季时，盐、当两商捐资建……钱粮，蒙前任付□爷清丈地亩豁免，明□□□可质，今五十余载。

碑6摘录：

盖闻莫为之前，虽美弗彰，莫为之后，虽盛弗传，此其理于建制尤著焉。岱阳红门之下有关圣帝君行祠，故创于山右平阳诸君子，□□其后者方复时增修，盖至今殿宇辉煌，庙貌庄严。

碑7摘录：

盖闻莫为之前，虽美弗彰，莫为之后，虽盛弗传。泰山盘路初起处，旧有关圣帝君祠宇，盐、当商人因其基而恢廓之，庙貌崇闳，神像庄严，为盘路中第一禅观……其西偏建为盐当会馆，每逢祭期，虔修祀典，吾侪致斋于斯，省牲于斯，即饮福于斯，执事者于斯展诚恪，都人士于斯瞻礼仪焉。第历年久远，风雨摧残……于是鸠工庀材，残者修之，缺者补之，越月余而焕然聿新焉。

碑8摘录：

通天云谲，神工也，以居人则亵矣。廊庑璀璨，人境也，以对神则重矣。岱麓旧有关帝庙，康熙初盐、当行廓庙北迤，西地另建大殿，前立拜棚及钟、鼓、戏三楼，戏楼下旧作马庑，嗣屡经重修。

碑9摘录：

泰山之阳旧有关圣帝君庙，考其原始，泰邑业盐务者皆晋人，因圣帝有桑梓致意，特建殿宇以奉祀者。继因泰境各典当店亦皆晋人生意，愿附祀其中，遂于殿宇西偏拓建数楹，以为斋宿之地。此公所之所以由昉也。迨咸同年来，地方不靖，西当生意以次收回，庙中祀事并一切遂仍为盐局专责。

综合分析以上碑文提供的信息，我们可以总结出一些重要信息。一是在明末，山西平阳府的盐商、当商在山东泰山红门共同捐资修建了山西会馆（关帝庙）。二是在康熙年间，平阳府洪洞县商人对山东泰山红门山西会馆进行了扩建、重修，之后山东泰山红门山西会馆逐渐发展为以平阳府商人为主的盐、当行业会馆。三是至少在咸同之前，泰安地区的典当业基本上都是以洪洞县商人为主的平阳府商人经营的；咸同之后，因“地方不靖”，典当商人逐渐撤离泰安，山西会馆交由盐商独自管理。

（二）河南朱仙镇

清代河南的商业活动异常活跃的是以山西商人为代表的客商而非土著商人，以山西汾、潞、泽三地商人最为著名，河南市场几乎为其垄断。① 清代河南各地的典当业主要是晋商开设的。如林县，“操奇赢罗市利者，率三晋之人为之，县属则泽潞间人为盛，大者则盐当二商”②。舞阳县，“坐地贸易如花、布、煤、粮各行户，尚有本地人充当，余则全系晋商”③。滑县，商业以盐、当二业为主，“多系客民负贩”④。孟津县，“商无厚资居赢且惮远游，盐、当各商多晋人”⑤。始建于清康熙年间的河南禹州山西会馆，在嘉庆六年（1801）、道光初年集资重修工作中晋商当铺隆兴典、统裕典不仅担任了首事、社首，而且还是捐资最多的晋商商号。⑥ 下面，利用河南朱仙镇山陕会馆遗存碑刻资料对山西商人在河南的跨地域典当业经营活动试作个案分析。

清代，河南朱仙镇是享誉全国的四大镇之一，至迟在康熙时期山西商人就开始在朱仙镇修建会馆，分别建有大关帝庙、小关帝庙两座山西会馆。⑦ 小关帝庙现已无存，此处利用的会馆碑刻资料为大关帝庙遗存的 6 通碑刻。⑧ 河南朱仙镇山陕会馆（即大关帝庙）位于该镇西北，遗存康熙、雍正、乾隆时期该会馆扩建、重修的碑铭资料，对我们了解清初山西商人在河南的经营活动情况具有十分重要的价值。这批碑铭分别为：

碑 1：康熙三十三年（1694）新建山门戏台碑记。

---

① 陈连营：《客商与清代河南农村经济》，《中州学刊》1992 年第 2 期。

② （清）杨潮观：乾隆《林县志》卷 5《风土志 · 艺术记》，国家图书馆藏本，第 11 页。

③ （清）王德瑛：道光《舞阳县志》卷 6《风土志 · 厚风俗告示》，国家图书馆藏本，第 11 页。

④ （清）姚锟：同治《滑县志》卷 5《风俗》，国家图书馆藏本，第 3 页。

⑤ （清）赵擢彤修，宋缙纂：嘉庆《孟津县志》卷 4《风俗》，成文出版社 1976 年版，第 162 页。

⑥ 许檀：《明清华北的商业城镇与市场层级》，第 295—298 页。

⑦ 开封教育试验区教材部编：《岳飞与朱仙镇》（内部资料），第 137、141 页。

⑧ 《山陕会馆碑文》，参见许檀编：《清代河南、山东等省商人会馆碑刻资料选辑》，第 13—42 页。

碑 2：雍正十一年（1733）山西平阳府翼城县众商创建牌楼碑记。

碑 3：乾隆三十三年（1768）重修关帝庙碑记。

碑 4：乾隆三十三年（1768）本庙全图。

碑 5：乾隆四十年（1775）移修舞楼碑记。

碑 6：乾隆四十七年（1782）壬寅仲冬典衣铺捐施姓名碑。

朱仙镇山陕会馆（即大关帝庙）最早由山、陕两省商人合建。雍正之后，参与修缮的商人主要是由山西商人负责，涉及杂货、当铺、粮、布等多个行业。其中，《乾隆三十三年（1768）重修关帝庙碑记》《乾隆三十三年（1768）本庙全图》《乾隆四十七年（1782）壬寅仲冬典衣铺捐施姓名碑》记载了当时晋商当铺的捐资情况。根据两通碑文的内容，可知大概有 1200 余家商号参与了此次关帝庙重修工程。其中，当铺在 47 家以上，捐款 1300 多两，仅次于杂货商，位居第二。根据两通碑文内容，各当铺捐赠情况见表 2–1。

表 2–1　河南朱仙镇山陕会馆碑文所见当铺捐赠情况统计表（1768—1782）

<table>
<tr><th>序号</th><th>名称</th><th>经营地点</th><th>捐款数额</th></tr>
<tr><td>1</td><td>祥邑众当商</td><td>祥符县</td><td>一千一百两</td></tr>
<tr><td>2</td><td>日升典</td><td rowspan="4">曲沃县</td><td>二两四钱</td></tr>
<tr><td>3</td><td>恒裕典</td><td>一两八钱</td></tr>
<tr><td>4</td><td>永兴典</td><td>一两八钱</td></tr>
<tr><td>5</td><td>大有典</td><td>一两二钱</td></tr>
<tr><td>6</td><td>刘悠远</td><td rowspan="6">仪封县</td><td rowspan="6">五十两</td></tr>
<tr><td>7</td><td>谢大成</td></tr>
<tr><td>8</td><td>雷太源</td></tr>
<tr><td>9</td><td>刘兴顺</td></tr>
<tr><td>10</td><td>刘永和</td></tr>
<tr><td>11</td><td>刘永太</td></tr>
<tr><td>12</td><td>裕恒典</td><td rowspan="3">通许县</td><td rowspan="3">五十两</td></tr>
<tr><td>13</td><td>广积典</td></tr>
<tr><td>14</td><td>元隆典</td></tr>
</table>

续表

序号	名称	经营地点	捐款数额
15	协成典	通许县	五十两
16	全德典		
17	世兴典		
18	新盛典		
19	恒足典	洧川县	四十三两
20	世兴典		
21	心盛典		
22	永太典		
23	务本典		
24	慎兴典		
25	恒盛典		
26	全义典		
27	全裕典		
28	丰太典	密县	二两
29	泰成典	兰阳县	十两
30	刘世祥	蔚县	三十五
31	许顺信		
32	刘日新		
33	贺启源		
34	任广全		
35	赵庆祥	睢州	十两
36	谢广裕		
37	元吉典	郑州	十二两
38	吴文典	朝邑县	二两
39	怀德典	鄢陵县	十两
40	恒太典		
41	源锦典		
42	永益典		
43	广义典		
44	广元典		
45	永和典		
46	正顺典		
47	永益典	鄢陵县	五钱

资料来源：许檀编：《清代河南、山东等省商人会馆碑刻资料选辑》，天津古籍出版社2013年版，第13—42页。

分析表 2–1，日升典、恒裕典、永兴典、大有典可以确定是山西平阳府曲沃县商人开设的当铺；怀德典、恒太典、源锦典、永益典、广义典、广元典、永和典、正顺典应是山西绛州商人经营的当铺。因碑文信息有限，其余当铺无法确定经营者的详细籍贯，但基本上可以确定是山西商人在河南开设、经营的当铺。据许檀考证，朱仙镇的商人主要来自山西平阳、绛州、太原以及陕西同州府，尤其以平阳府曲沃、翼城及绛州商人数量最多，而晋商最擅经营典当业。两碑碑文中出现的 47 家当铺以及祥符县的当铺大多数是由平阳、绛州两府商人开设的。另外，据《乾隆四十七年（1782）壬寅仲冬典衣铺捐施姓名碑》记载，65 位参与捐施的商人中晋商就有 43 人之多。其中，平阳府曲沃县和太平县各 3 人，潞安府潞城县 1 人，太原府榆次县 1 人，解州芮城县 4 人，绛州河津县 10 人，蒲州 12 人。① 根据以上分析，我们不难看出清初河南朱仙镇及其周边府县的当铺多数是由山西平阳府、潞安府、绛州、蒲州、解州等地商人经营的。

（三）天津

明代漕运的发展使天津成为粮食、布匹、木材等各类商品的集散地。至清代，各地“商旅往来之帆樯，莫不栖泊于其境，江淮赋税由此达，燕赵渔盐由此给，当海河之冲，为畿辅之门户，俨然一大都会也”②。便利的交通条件、丰富的货物种类、繁荣的商品市场吸引了大量南北客商到天津从事商业、金融业等经营活动。最迟在清乾隆年间，山西商人就开始在天津经营典当业，并逐渐在天津典当业中占据主体地位。一直到庚子事变之前，天津的当铺绝大多数是由晋商投资经营。庚子事变之后，天津、北京以及河北等地方的商人出资开设当铺日渐增多，但大都聘请晋籍典当商人代理经营。从表 2–2 可以看出近代以来天津典当业的历史变迁情况。

---

① 许檀编：《清代河南朱仙镇的商业——以山陕会馆碑刻资料为中心的考察》，《史学月刊》2005 年第 6 期。笔者对其中的相关数据进行了重新统计。

② （清）李鸿章等编：《畿辅通志》卷68《舆地廿三 · 关隘二》第9册，河北人民出版社1989年版，第95 页。

表 2-2　天津典当业商号财东及经理人姓名籍贯调查表（1946）

商号	财东	籍贯	经理人	籍贯	资本额（万）	地址
和顺当	刘若尧	北京	俞耀川	北京	8	北门内府署街
天聚当	蔡述谈	河北文安	杨晓圃	介休	5.4	特二区兴隆街
太和当	张太和	天津	郝赞荣	山西汾阳	8	河北大街二七六号
裕和当	费裕	天津	王舒丞	山西介休	10	东门外磨盘街
福源当	张志义	天津	封静庵	介休	4	南门西二一二号
同福当	翟瑞符	天津	梁子寿	介休	5	河东小关大街一二九号
源祥当	王仕英	河北武清	杨润斋	北京	20	西北城角六号
中昌当	杨中昌	天津	张子润	介休	3	南门内一〇六号
中祥当	杨中祥	天津	古忠甫	介休	5	特二区吉家胡同
麟昌当	曹凤鸣	山西	冯宜之	山西	4	西头太平街二十二号
同和当新记	张志清	天津	李子良	山西	4	南门西七十三号
天兴当	葛延鸿	天津	郑根祥	山西灵石	6	河东郭庄子公义大街十二号
辑华当	韩达卿	静海武清	程子宽	汾阳	4	宫北毛贾伙巷三十二号
福顺当	仝迓东	天津	袁仙洲	河北沧县	4	南市建物大街一七五号
协和当	杨协和	天津	杨绍圃	介休	6	西头双庙街四十四号
德华当	韩华棠	静海	耿松岭	灵石	4	西门内大街七十三号
同聚当	曹同聚	天津	文质庵	介休	6	鼓楼东大街一八二号
德昌当	韩延寿 张梦络	天津、江西、奉新	韩荷廷	天津	2	南市建物大街一一五号
万成当共记	刘楚臣	天津	乔厚庵	介休	4	南关大街四号
万成当北号	刘楚臣	天津	乔厚庵	介休	2	河北大街福泉里一号
和祥当	郑凤鸣	天津	陈子安	灵石	2	河东沈庄子大马路一〇二号
颐贞当	胡莘辰	天津	胡瑞三、李钟春	灵石	2	特二区十字街

续表

商号	财东	籍贯	经理人	籍贯	资本额（万）	地址
颐贞当分号	胡莘辰	天津	胡瑞三、李钟春	灵石	2	河东李公楼前街九号
裕生当	卞裕生	天津	王瑞宸	灵石	5	特二区二十四保二牌北马路

资料来源：冯剑：《近代天津典当研究》，社会科学文献出版社 2017 年版，第 104—105 页。

近代以来，在天津晋商出资开设当铺的现象逐渐减少，但是晋籍商人仍旧在天津典当业中占有举足轻重的地位，天津典当业同业公会会长、各类董事等职务大都由晋籍商人把持。如表 2–3 所示。

表 2–3　天津质业同业公会会员代表（1937—1945）

姓名	性别	年龄	籍贯	营业种类	当铺字号	职务
王子寿	男	43	山西灵石	质当衣物首饰	公茂当	经理兼公会会长
王纬堂	男	55	山西灵石	质当衣物首饰	聚顺当	经理兼常务董事
李子厚	男	51	山西介休	质当衣物首饰	集通当	经理兼常务董事
王馨山	男	59	山西灵石	质当衣物首饰	天德当	经理兼董事
李文轩	男	66	河北武清	质当衣物首饰	同义当	经理兼董事
魏西江	男	56	天津	质当衣物首饰	同升当	经理兼董事
温建庭	男	56	山西灵石	质当衣物首饰	天德当	经理
王子青	男	59	山西介休	质当衣物首饰	同圣当	经理
王霈然	男	44	山西灵石	质当衣物首饰	同义当	经理
马廷珍	男	51	山西灵石	质当衣物首饰	德昌当	经理
陈厚斋	男	51	山西灵石	质当衣物首饰	永圣当	经理
罗介民	男	39	山西灵石	质当衣物首饰	福和当	经理
陈子安	男	49	山西	质当衣物首饰	富盛当	经理
宋楚卿	男	54	山西介休	质当衣物首饰	隆顺当	经理
郑荣堂	男	39	山西	质当衣物首饰	松昌当	经理
陈松涛	男	47	河北	质当衣物首饰	聚丰当	经理
茹仰山	男	52	河北	质当衣物首饰	恒顺当	经理

续表

姓名	性别	年龄	籍贯	营业种类	当铺字号	职务
张子敬	男	45	山西	质当衣物首饰	益丰当	经理
闫俊三	男	60	山西	质当衣物首饰	同吉当	经理
张育堂	男	50	山西	质当衣物首饰	孚中当	经理
梁石臣	男	50	山西	质当衣物首饰	松寿当	经理

资料来源：冯剑：《近代天津典当研究》，社会科学文献出版社 2017 年版，第 120—121 页。

天津杂粮店街山西会馆、锅店街山西会馆现存 8 通碑铭以及现存于天津市红桥区文管所的《当行公所落成记》，为我们了解乾隆至光绪时期山西典商在天津的发展情况提供了有价值的信息。根据碑文内容，现将相关信息整理如下。

1. 乾隆二十年（1755），平阳府翼城商人冯承凝、曲沃县商人贾汉英“相率乡人贸易天津者各捐资财”，在天津河东创建“晋都会馆”。其中，有 2 家当铺捐银，分别是存义当、□□当。①

2. 嘉庆十一年（1806），因“我晋人来津贸易者，纷纷络绎，较之以前增广倍蓰。每遇节焚香、逢时宴会，未免人稠地□，咸兴龌龊之感”，“本津之晋贾及外镇之西商”共同捐资，将“晋都会馆”扩建为“山西会馆”。在这次扩建工程中，有 5 家晋商当铺以“督工首事”的身份参与了扩建工程，这 5 家当铺分别是恒隆当、天昇当、文新当、聚义当、永春当。②

3. 嘉庆十七年（1812），旅津山西介休典商温锡五，携介休典商董子智、张麟、封镇吴、黄树成，汾阳典商李廷辅、张士文，灵石典商梁明远以及郑州典商朱奎扬共同修建了当行公所。③

4. 道光年间，山西杂货商、盐商、当商等各行字号捐资修建了“锅店街山

---

① 《粮店街山西会馆碑文》，参见许檀编：《清代河南、山东等省商人会馆碑刻资料选辑》，第 383—389 页。

② 《嘉庆十一年（1806）改建山西会馆序》，参见许檀编：《清代河南、山东等省商人会馆碑刻资料选辑》，第 389—391 页。

③ 《嘉庆壬申（1812）〈公所落成记〉》，参见许檀编：《清代河南、山东等省商人会馆碑刻资料选辑》，第 417 页。

西会馆”的后段春秋楼，参与捐资的晋商当铺多达39家，共捐银4700余两。①

5. 同治三年（1864）至五年（1866），介休商人吴丰年、临汾商人王天锡等人向在津经商的晋商募捐，以重修河东山西会馆。其间，共有30家当铺捐资重修会馆活动。②

6. 光绪五年（1879），临汾商人王天锡等人向在津经商的晋商募捐，第二次重修河东山西会馆。其间，共有32家当铺参与了捐资。③

综合分析上述碑文提供的信息，我们不难得出以下认识：旅津晋商早期的会馆建设活动肇始于乾隆时期，主要是平阳府翼城县、曲沃县商人完成的，晋商当铺积极参与会馆的建设；至嘉庆年间，包括杂货商、典商在内的介休、汾阳等汾州府商人成为重建会馆的主力，参与会馆建设活动的晋商当铺由最早的5家当铺逐渐增加至39家之多，这充分显示了晋商典当业在天津的经济实力。此外，随着晋商典当业在天津的发展、壮大，介休、汾阳、灵石等县典当商人在嘉庆十七年（1812）成立了专门的当行公所，足见晋商当铺在当时的影响力和实力。对此我们作进一步的梳理，就典当业而言，嘉庆以前的旅津晋商主要是晋南的平阳府商人，在乾隆二十年（1755）捐资修建晋都会馆的存义当、□□当应该是平阳府商人开设的当铺。自嘉庆之后，晋中商人逐渐成为旅津晋商的主体，而汾州府商人善于经营典当业的特点也日趋明显。这里值得注意的是，乾隆时期天津的晋商典当业相比同时期山东、河南等北方省份晋商典当业的经营实力、发展规模要逊色一些。嘉庆之后，晋商典当业得到迅速发展，不仅开始主持天津地区山西会馆重修活动，还牵头成立了专门的当行会馆。

（四）河北正定

正定是明清时期华北地区十分重要的商业中心。因“畿辅重地，关河扼要，

---

① 《锅店街山西会馆碑文》，参见许檀编：《清代河南、山东等省商人会馆碑刻资料选辑》，第398—401页。

② 《同治十年（1871）重修山西会馆碑文》，参见许檀编：《清代河南、山东等省商人会馆碑刻资料选辑》，第391—395页。

③ 《光绪六年（1880）重修山西会馆碑文》，参见许檀编：《清代河南、山东等省商人会馆碑刻资料选辑》，第395—398页。

拱卫神京”①的重要地位，吸引了大量客商来此从事商业经营活动。早在明代崇祯初年，山西绛州商人就在正定修建了晋宁庵。崇祯十六年（1643），山西蒲州盐商张氏重修了晋宁庵。之后，在晋宁庵多次重修过程中，参与捐资的山西商人数量不断增长，由最初的几个商人家族发展到清代中期的几百家商号集体参与重修。②由此可以看到，山西商人在正定的规模、势力不断增长。从商人行业角度看，晋宁庵修建工作由最初的盐商修建，后来发展到布匹、木材、当商、铁业等多个行业参与捐资扩建、重修。至清乾隆年间，典当商人开始在晋宁庵的修建中发挥主导作用。《乾隆三十二年（1767）重修晋宁庵碑记》详细记载了23家晋商当铺参与晋宁庵的重修工作。这些当铺分别是：宝生当、宁远当、日新当、公盛当、□兴当、□裕当、合泰当、万盛当、万顺当、庸盛当、永惠当、永茂当、恒盛当、广生当、荣兴当、恒泰当、永丰当、天裕当、兴盛当、永和当、合兴当、增盛当、永隆当。从该碑文记载的重修会馆费用情况来看：“共费银一千九百一十二两零九分，除收布施疏头银三百三十三两八钱九分，庸盛当、永惠当、永茂当、恒盛当、广生当、荣兴当、恒泰当、永丰当、天裕当、兴盛当、永和当、合兴当、增盛当、永隆当十四家公费银一千五百六十八两二钱，每家施银一百一十一两五钱二分。”③不难看出，重修晋宁庵费用的82%由14家当铺承担，典当业发挥了主导作用。此外，碑文内容还反映出，晚明时期晋南地区的绛州、蒲州商人最先来到正定从事商业活动。之后，山西商人的规模不断壮大，涉足的行业领域日趋多元化。发展至清乾隆时期，山西商人经营的典当业占据主导地位，甚至在当时垄断了正定典当业。④

---

① （清）贾孝彰纂修：光绪《正定县志》，上海书店出版社2006年版，第4—5页。

② 晋宁庵即正定山西会馆的前身，详见《顺治二年（1645）晋宁庵白衣堂置买香火田地碑记》。此碑现存河北正定隆兴寺后院龙腾苑，碑身高126厘米、宽76厘米、厚23厘米。感谢山西大学杨波老师对碑文的释读。

③ 《乾隆三十二年（1767）重修晋宁庵碑记》现存河北正定隆兴寺后院龙腾苑，碑身高173厘米、宽69厘米、厚19厘米。感谢山西大学杨波老师对碑文的释读。

④ 乾隆时期的正定地方志资料中记载了当时正定13家当铺的纳税情况，参见（清）郑大进编纂：乾隆《正定府志》第10卷《杂税》，上海书店出版社2006年版，第278页。《乾隆三十二年（1767）重修晋宁庵碑记》中记载的晋商当铺数量明显多于当时地方志记载的数量，由此不难看出晋商当铺在当时正定典当业中占据的重要地位。

图 2-1 《顺治二年（1645）晋宁庵白衣堂置买香火田地碑记》（杨波 摄）

图 2-2 《乾隆三十二年（1767）重修晋宁庵碑记》（杨波 摄）

以上论述，对晋商在山东、河南、天津、河北等地跨地域经营典当业进行了个案分析。不仅如此，清代前期晋南、晋东南的一些府县还出现了一些专门从事典当业经营的商人家族。这些典商家族不仅专注于省内的经典当业营活动，还在主要山东、河南、河北等地跨地域经营典当业。

山西平阳府曲沃县行氏。《曲沃行氏诉讼簿》是乾隆二十一年（1756）平阳府曲沃县行氏家族因捐官争讼而形成的诉状呈文抄本。① 这份诉讼资料反映了平阳府曲沃县行氏家族经营的 14 家商号，可以确定为当铺的商号有 8 家，分别为山东齐河县义兴当、山东博平县韩管屯天章当、山东夏津县夏津当、山东冠县冠县当、河北邯郸邯郸当、山西曲沃县史店庄日益当、山西闻喜县长发

① 刘秋根、练燕：《〈曲沃行氏诉讼簿〉与晋南商人家族的捐纳及商业》，《文物天地》2015 年第 10 期。

当、山西闻喜县山聚当。由此我们不难看出，典当业是平阳曲沃行氏经营的主要行业之一，经营范围主要包括山西、山东、河北等省。曲沃行氏为我们了解清初晋南地区典商家族的经营活动提供了珍贵个案。

山西泽州府沁水县西文兴村柳氏。根据前文所述，山西泽州沁水县西文兴村柳氏家族在万历年间就已经将典当业作为主要的经营产业。入清后，柳氏继续经营典当业。清道光四年（1824），泽州府沁水县西文兴村柳茂源所立的《柳氏家训碑》提到：

> 吾家数年以来疏于料理，日费益繁，又兼生意赔累，银票赔数，以致浮记长支，家中使用，尽属本金。通盘计算，已将阳、沁四典本金耗致十无二三，言念及此，甚为寒心。想吾父兄数十年备尝辛苦，留此基业，若不能保守，不惟生无以对亲友，即死有何颜面见先人于地下乎！且吾父兄言犹在耳，教子世世同居，生意财产，永不许瓜分。今吾为尔等分拨，不孝不悌，罪莫大焉！尔等未能勤俭持家，和顺聚处，亦是我无家训，而咎又何辞！无奈将商丘二典本金，每份拨给钱五千串，而兄弟十三人，虽系三支，皆是祖先一脉。黄甲乃长子长孙，定照十四份分拨。①

分析碑文内容，柳茂源所立家训碑说明清初柳氏家族在阳城县、沁水县经营四家当铺，在河南商丘经营两家当铺。因经营不善，当铺本金不断减少，柳茂源无奈将部分当铺本金进行分拨。

综合以上分析，在康熙末年山西省就成为全国典当业最为发达的省份，发展至乾隆早期达到历史最高水平。这一时期，大量山西商人到省外经营典当业日益成为一种社会现象、潮流。最终，在乾隆年间晋商逐渐取代了徽商在江北各省典当业中的地位，形成全国之典肆“江以南皆徽人，曰徽商；江以北皆晋人，曰晋商”的局面。其中，活跃在江北各省经营典当业的山西商人主要是晋南、晋东南的平阳、蒲、绛、泽、潞等州商人，活动范围主要是在今天的山西、山东、河南、天津、河北及周边地区。

乾隆时期，山西省内的当铺数量达到历史最高水平。自嘉庆开始，山西省

---

① 张正明、［英］科大卫主编：《明清山西碑刻资料选》，第644—645页。

内当铺数量开始下降。越来越多的山西商人到省外经营典当业，省外晋商当铺数量迅速增长、分布范围不断扩大，晋中商人经营的典当业崛起，逐渐成为山西典商的主力军。值得注意的是，乾嘉以后省内当铺数量的减少是不是意味着晋商典当业整体实力、发展水平的衰退呢？回答这一问题，我们首先要清楚晋商典当业之所以广受世人关注不仅仅是因为山西是清代典当业最为发达的省份，更是由于大量山西商人到全国各地经营典当业，并对当时社会经济发展诸多领域产生了影响。正如前文所述，在经过康雍乾三朝的不断向外拓展后，晋商典当业在乾隆末年取代了徽商在江北各省的位置，基本上垄断了江北各省的典当业。这一时期，晋商典当业的发展重点已经不是在山西省内，而是到全国各地跨地域经营典当业。虽然我们目前无法估算山西省外到底有多少家晋商经营的当铺，但入清以来省外晋商当铺的数量一直处于增长状态，晋商当铺的分布范围不断扩大。如果说明末、康熙、雍正及乾隆早期山西典商的活动范围主要是山西省内以及北京、天津、河北、山东、河南等周边省份，那么乾隆之后山西典商的活动范围明显向四周扩大，经营范围扩展至新疆、四川、陕西、宁夏、内蒙古以及南方的湖北、江苏、安徽、江西等省。具体详见表 2–4。

表 2–4　乾隆至道光时期晋商典当业跨地域经营统计表①

年代	省份	经营地点	经营者	当铺信息	资料出处
乾隆	新疆	巴里坤	郑姓商人	当铺	《雪桥诗话续集》②
乾隆	四川		灵石商人	裕源当	《晋商史料全览・晋中卷》③
乾隆	陕西	河州		六合当	《乾隆三十七年（1772）十月初九日许本曜等三人出资入六合当合伙合同》④

① 此表仅为体现清代中期晋商典当业活动范围日趋扩大的发展趋势，河南、河北、天津、北京、山东等晋商传统活动区域活动情况不在此表统计范围之内。

② （清）杨钟义：《雪桥诗话续集》卷 7，北京古籍出版社 1991 年版，第 441 页。

③ 山西省政协《晋商史料全览》编辑委员会编：《晋商史料全览・晋中卷》，山西人民出版社 2006 年版，第 245 页。

④ 刘建民主编：《晋商史料集成》第 1 册《合约万金账股票》，第 10 页。

续表

年代	省份	经营地点	经营者	当铺信息	资料出处
乾嘉		长江各埠		四五百家	《晋商盛衰记》①
嘉庆	湖北	松滋县	王锡光等	信聚当	《嘉庆十四年（1809）正月十六日王锡光等八人合伙开设信聚当合约》②
道光	江西	河口	太谷商人	永合当、长宁当、恒昌当	《道光六年（1826）重修净信寺碑记》③
道光	宁夏	中卫县	太谷商人	存诚当等 15 家当铺	《道光六年（1826）重修净信寺碑记》④
道光	江苏	扬州	介休商人	隆裕典等 13 家当铺	《重修仪补葺彩绘碑记》⑤
道光	安徽	凤台县	沁水县商人	阜丰典等 9 家当铺	《重修仪补葺彩绘碑记》⑥
道光	内蒙古	归化	太谷商人	公合当等 6 家当铺	《道光六年（1826）重修净信寺碑记》⑦

可见，明末清初山西商人经营的典当业以晋南、晋东南的平阳、蒲、绛、泽、潞等州商人为主。入清之后，以平、祁、太为代表的晋中商人后来居上。经过清初百余年的发展，晋中商人日益成为山西典当商人的主力军。正如前文所述，天津粮店街山西会馆、锅店街山西会馆现存 8 通碑铭反映的内容，嘉庆以前旅津晋商主要是晋南的平阳府商人，乾隆二十年（1755）捐资修建晋都

① （清）李宏龄：《晋商盛衰记》，山西商业专门学校 1923 年版，第 45 页。
② 刘建民主编：《晋商史料集成》第 1 册《合约万金账股票》，第 22 页。
③ 《道光六年（1826）重修净信寺碑记》，参见史若民、牛白琳：《平、祁、太经济社会史料与研究》，第 446 页。
④ 《道光六年（1826）重修净信寺碑记》，参见史若民、牛白琳：《平、祁、太经济社会史料与研究》，第 441—442 页。
⑤ 《重修仪补葺彩绘碑记》，参见张正明、[英] 科大卫、王勇红主编：《明清山西碑刻资料选（续一）》，山西古籍出版社 2007 年版，第 79—82 页。
⑥ 《重修仪补葺彩绘碑记》，参见张正明、[英] 科大卫、王勇红主编：《明清山西碑刻资料选（续一）》，第 79—82 页。
⑦ 《道光六年（1826）重修净信寺碑记》，参见史若民、牛白琳：《平、祁、太经济社会史料与研究》，第 452 页。

会馆的存义当、□□当应该是平阳府商人开设的当铺。自嘉庆开始，晋中商人逐渐成为旅津晋商的主体，而汾州府商人善于经营典当业的特点也日趋明显。另外，以晋中的太谷县为例，《道光六年（1826）重修净信寺碑记》① 记录了捐资商号、布施者 1400 多户，分布在全国 40 多个地方。这些商号中明确是当铺的有 229 家，分布在今北京、河北、内蒙古、江西、陕西、河南、甘肃、宁夏、山西、天津等 12 个省份。其中，“本镇”募捐当铺仅有 7 家，分布在省外的当铺多达 222 家。虽然我们不能肯定这 229 家当铺是太谷商人开设的，但是至少可以确定这些商人均是晋中地区抑或平、祁、太一带商人开设的。对此，刘秋根利用净信寺碑刻整理了山西太谷商人在华北地区经营当铺情况，详见表 2–5。根据《道光六年（1826）重修净信寺碑记》记载，我们可以看出清中叶太谷籍商人经营省外当铺的数量远远超过当地当铺的数量，也不难看出太谷籍典当商人的经营实力之大以及活动范围之广都尤为瞩目。另外，嘉庆十七年（1812）旅津介休典商温锡五携介休典商董子智、张麟、封镇吴、黄树成，汾阳典商李廷辅、张士文，灵石典商梁明远以及郑州典商朱奎扬修建了当行公所。② 现存于山西介休县张壁村《道光十五年（1835）重修仪补葺彩绘碑记》记载了介休商人在江苏扬州经营 13 家当铺。③ 这两则资料亦表明清中叶介休典商在天津、扬州等地具有很强的经营实力和影响力。

表 2–5　道光六年（1826）山西太谷阳邑镇商人在华北各地开当情况表

编号	典当名称	化缘人及所去地方	页码
1	永益当、永增当、永丰当	杜士和从赤峰县化	第 436 页

① 史若民、牛白琳：《平、祁、太经济社会史料与研究》，第 432—474 页。

② 《嘉庆壬申十七年（1812）公所落成记》，参见许檀编：《清代河南、山东等省商人会馆碑刻资料选辑》，第 417 页。

③ 《道光十五年（1835）重修仪补葺彩绘碑记》，参见张正明、［英］科大卫、王勇红主编：《明清山西碑刻资料选（续一）》，第 79—82 页。

续表

编号	典当名称	化缘人及所去地方	页码
2	三合当、乾元当、常吉当、魁盛当、通裕当、永惠当、永隆当、丰亨当、庆长当、丰利当	杜楚兰等从塔子沟化	第 437 页
3	晋顺当、恒兴当、天盛当	王映山从房山化	第 438—439 页
4	恒兴当、永平当、德隆当、元吉当、天佑当、方生当、致和当、庆和当、天合当	杜赐麟从琉璃河化	第 439 页
5	德顺当、富新当、丰泰当、兴茂当、通泰当、咸丰当、源盛当、万盛当、万盛当、吉亨当、丰盛当 、万全当、丰益当、万聚当、源昌当 、庆昌当、久盛当、久昇当	杜士谦从承德府化	第 439—440 页
6	合和当、公兴当、公盛当、永庆当、公义当	杜能藩从成安县化	第 440—441 页
7	丰泰当	孔昭明从通州化	第 441 页
8	存诚当、东义当、义成当、天诚当、性诚当、长泰当、长泰当、恒顺当、广益当	石中宝从中卫县化	第 441—442 页
9	源茂当、义利当、近成当、万亿当	杜系昌从武安县化	第 443 页
10	元升当、阎宗典	杜璞等四人从张家口化	第 443 页
11	万合当、万源当、源顺当	禅房赵恭祖从通州化	第 444 页
12	美裕当、卞裕当、裕丰当、义和当、三发当、复新当、三和当、天顺当、隆顺当	杜尔顺从张家口化	第 444 页
13	五常当	白环等人从永年化	第 445 页
14	仁和当、恒庆当、洪升当、巨来当、百川当	杜金桥等从邯郸化	第 445—446 页
15	永合当、长宁当、恒昌当	杨景和等人从河口化	第 446 页
16	常泰当、三泰当、吉泰当、德兴当	杜楚兰从塔子沟化	第 446—447 页
17	大川当、大信当、义和当、大成当、义胜当、如川当、信成当、镇兴当、永顺当	王登科从新城化	第 447 页
18	德新当、常新当、日新当	贾三善从丰台镇化	第 448 页
19	隆泰当、久徵当、万顺当	杨天培从广平化	第 448 页

续表

编号	典当名称	化缘人及所去地方	页码
20	仁义当、昌盛当、三合当、广源当、宁元当	杜士振从归化城化	第 448 页
21	永合当、公合当	杨光荣从固州化	第 449 页
22	王成当、泰来当	杨景震从香河县化	第 450 页
23	义胜当、丰亨当	刘嘉乐等人从京都化	第 451 页
24	瑞和当、大顺当、双和当、大亨当、大来当、大川当、宁远当、仁和当、广裕当	杜士卓从绥远城化	第 451 页
25	公合当、永顺当、德合当、兴盛当、恒盛当、魁盛当	杜恕心从归化城化	第 452 页
26	大泉当、广泰当、涌隆当、广成当、亿恒当、广元当、广亿当、广丰当	杜大玉从诺尔化	第 452—453 页
27	吉亨当	杜有信从汤阴县化	第 453 页
28	永新当、复新当、德兴当	孔应贞从保安州化	第 453 页
29	天一当、天和当	杨大贞从武安县化	第 454 页
30	广元当、亿兴当、广德当、广裕当、广丰当、广来当、广泰当、涌隆当、广和当、广成当、大泉当、兴隆当、广亿当	乔泽深从兴化镇化	第 455 页
31	昌合当、世远当、万诚当、聚远当、复诚当、万源当	杜起泰从中卫化	第 445 页
32	当行、丰元当、广育当、公盛当、存仁当、合义当、东源当、广兴当	程宽从黎城化	第 445—446 页
33	聚丰当、宝聚当、长顺当、兴源当、同盛当、王昌当	王元德从清风县化	第 456 页
34	东升当、存诚当	杜大经从潞村化	第 456 页
35	恒德当、王顺当、聚成当、正兴当、德昌当	杜冠山等从陕西化	第 457 页
36	宁远当、隆泰当、万顺当、协和当、当泰当、保和当、广泉当、德盛当、五常当、宗贤当、宗义当、五合当、王合当、广承当、隆盛当、郭生当、永泰当、万庆当	杨效武从广平化	第 457—458 页
37	裕滋当、裕成当、德成当	贾三畏从京都化	第 458 页
38	天和当、王顺当	生员杜际泰从武功化	第 458—459 页

续表

编号	典当名称	化缘人及所去地方	页码
39	元升当、常泰当	监生杜焕龙从京都化	第 459 页
40	天佑当、恒隆当、永盛当	杨德魁等从扶风县化	第 459 页
41	常合当	马璞从延庆州化	第 460 页
42	三发当	程光辅从京都化	第 461 页
43	泰来当	杨得善从中卫化	第 461 页
44	文新当、公庆当、永安当、泰来当	张天培从天津化	第 462 页
45	兴裕当、通泰当、公益当、万成当、恒源当、恒裕当、会计当		第 462 页

资料来源：刘秋根：《中国典当史资料集》，河北大学出版社 2016 年版，第 22—24 页。表中“页码”一列指当铺名称、化缘人及所去的地方等信息在《平、祁、太经济社会史料与研究》中的具体出处。

清中叶，晋中商人崛起的同时，晋南、晋东南的平阳、泽、潞商人经营的典当业在一些地方仍旧具有举足轻重的位置，并没有体现出较大的发展颓势。如前文所述山东泰安地区的典当业至少在咸同之前基本上是以洪洞县商人为主的平阳府商人所垄断。经过康雍乾三朝的积累，晋商典当业的发展重点由省内转向省外，尤其是省外当铺数量不断增长、经营范围不断扩大。除了北京、天津、河北、山东、河南等传统活动区域外，山西典商的经营活动范围进一步拓展至内蒙古、新疆、陕西、宁夏、四川、湖北、江苏、安徽、江西等省。这一时期，晋中商人经营的典当业开始崛起，逐步发展成为晋商典当业的主力军，甚至垄断了一些地方的典当业。同时，晋北的忻州商人也开始走出山西，凭借地理之便在归化城、包头等地开展跨地域典当经营活动。如嘉庆四年（1799），山西忻州商人在归化城的察肃齐村、朱亥村经营了三家当铺。①

① 乌仁其其格：《18—20 世纪初归化城土默特财政研究》，民族出版社 2008 年版，第 210—214 页。

第二节　清末民国发展兴衰实证分析

清末民国时期，因政局动荡、战争、税捐繁重、币制混乱、经济凋敝以及不适应近代工商业发展等原因，传统典当业一直处于不断衰落过程之中。[①] 关于这一问题，学界已经多有探讨。[②] 需要注意的是，由于典当业受国家政策调整的影响以及“其在社会民生方面的作用而并未直线衰落下去，表现为一个缓慢、起伏的过程”[③]。就晋商典当业而言，其衰落大致开始于咸丰时期。之后，基本上就处于一种不断衰落的态势。不过在很长一段时间内，晋商典当业在很多地区仍旧有一定的势力，甚至还处于垄断地位。咸丰年间，归化城（今呼和浩特）至少有晋商经营的泰和当、纯和当、谦和当、泰亨利当、景泰当、大裕当、孟楼当、复全当、和盛当、双盛当、亨盛当、山盛当等 12 家当铺。[④] 同治年间，天津至少有源和当、永全当等 30 家晋商当铺。[⑤] 光绪年间，北京及以东地区至少有隆聚当、隆泰当、隆昌当、隆记当等近 30 晋商家当铺。[⑥] 光绪年间，汉口有山西介休商人开设的当铺有咸益当、福来当等 15 家晋商当铺；宣统年间，张家口至少有义和当、裕丰当、合裕当、光裕当等 12 家晋商当铺。[⑦] 民国二十年（1931），保定押当行同业各号向保定总商会提交的营业主、经理人名册中共有 229 人，其中山西灵石当商就有 107 人。[⑧] 以上例子均说明

---

① 刘秋根：《中国典当制度史》，第 275 页。

② 冯剑：《近代天津典当研究》，社会科学文献出版社 2017 年版，第 205 页。

③ 刘秋根、阴若天：《晚清典当业的几个问题》，《文化学刊》2011 年第 4 期。

④ 《雁门关归化城布施碑》，参见许檀编：《清代河南、山东等省商人会馆碑刻资料选辑》，第 529—532 页。

⑤ 《同治十年（1871）重修山西会馆碑文》，参见许檀编：《清代河南、山东等省商人会馆碑刻资料选辑》，第 393 页。

⑥ 《阳邑大社六义堂记》《重修南神庙记》，参见张正明、[英] 科大卫主编：《明清山西碑刻资料选》，第 38—48 页、第 591—598 页。

⑦ 《张家口布施碑》，参见许檀编：《清代河南、山东等省商人会馆碑刻资料选辑》，第 566 页。

⑧ 《保定押当行同业各号为设立同业公会请立案事呈保定总商会说帖》，参见姜锡东等编：《保定商会档案》第 1 卷（壹），河北大学出版社 2012 年版，第 87—101 页。

咸丰以来，在传统典当业日趋衰落的背景下，晋商典当业在其传统活动区域仍有一定的影响力。但自清末以来晋商典当业在很多地方的主导地位逐渐消失，影响力日趋下降。山东聊城，清代道光年间参与捐资修建山陕会馆的晋商当铺有义和典、正昌典、庆裕典、隆昌当、延庆当、协和当、星聚当、恩久当等8家；[①]同治年间，此地尚有文星当、协和当、兴聚当、意诚当、正立当等5家当铺；[②]至光绪年间，仅有文昌当、恒乾当2家当铺参与了会馆的修建工作。[③]上述当铺数量的变化虽然不能反映道光、同治、光绪等不同时期山东聊城晋商当铺的准确数量，但捐资修建山陕会馆晋商当铺的数量不断减少在一定程度上可以说明晋商典当业在山东聊城势力、影响力不断下降。在河南开封也出现了类似情况。道光年间，捐资重修开封山陕会馆的晋商当铺有福兴典、长庆典、永成典、仁裕典、恒裕典、天成典、公茂典、日隆典等8家当铺，至同治年间仅剩下公茂典1家当铺。[④]总的来讲，清末以来的晋商典当业在很多地方仍有一定的影响力，但其势力、影响力日趋降低；一些晋商当铺的资本即使有小规模的增长，但其收益率却不断下降。下面，以直隶大名府晋商当铺恒裕典为个案，具体分析清末以来晋商当铺的发展兴衰情况。

一、个案分析

因典当业长期以来在中国民间社会经济生活会中的特殊作用，太平天国之后清政府试图通过招徕典商的方式以恢复社会经济生活。据地方志记载："招来机户典商，事在（同治）三年（1864）十月，曾文正公示谕云：缎业用人较

---

① 《二十一年至二十五年众号厘金开列碑》《重修山陕会馆戏台山门钟鼓亭记》，参见张正明、［英］科大卫、王勇红主编：《明清山西碑刻资料选（续二）》，山西经济出版社2009年版，第438—447页、第476—486页。

② 《山陕众商会馆续拨厘金碑记序》，参见张正明、［英］科大卫、王勇红主编：《明清山西碑刻资料选（续二）》，第496—514页。

③ 《光绪二十年（1894）重建山门外石栏杆序》，参见许檀编：《清代河南、山东等省商人会馆碑刻资料选辑》，第352页。

④ 《道光十八年（1838）山陕会馆重修牌坊碑记》《同治三年（1864）重修后道院记》，参见许檀编：《清代河南、山东等省商人会馆碑刻资料选辑》，第7—10页。

多，使贫户有觅食之所，典商挟资较厚，使贫民有通财之处，无非借商之力以养农，借稍富之力，以养极贫之民。”①。当时《申报》亦有相关记载：

各省自兵燹以后，流离甫集，元气凋残，富商远徙未归，贫民无所通融。官乃亟亟焉以开当为善后要务，招集商人，民咸称便。始则省会郡城，推而至于各县乡镇，渐次开张……自同治三、四年至今亦越十七八年，地方之元气虽未尽复，而富商之营运日见兴隆。②

正如《申报》所言，清地方政府对典当业采取了扶持的政策，将招集商人经营典当作为恢复社会经济发展的要务。随着国家政策的调整，一些地区的典当业在战乱之后有所恢复、发展。不仅如此，其他地方商人经营的典当业开始与晋商典当业竞争。如直隶广平府（治今河北省邯郸市永年区）：

闻广平府城有高唐郝姓在彼新设当铺，三月开门。又府西南内黄县属亦有开当铺并质押当号二三家。照此相近新设，异日不免咱典、诚格当所有减。③

这则资料是同治十二年（1873）五月直隶大名府恒裕典掌柜郭子琴寄给山西介休东家的一封书信中的内容。分析这则材料，山东高唐商人在大名附近的广平府开始经营典当业，内黄县除新开设的当铺外还出现了质店、押店。④这说明山东商人在直隶开设当铺数量以及类别的增加，而这也意味着不同地域商人开设的当铺之间行业竞争的增强。为此，恒裕典掌柜郭子琴开始担忧新开设的当铺、质押会影响日后恒裕典的营业效益。这反映出当时社会对典当业的现实需求以及清代后期局部地区当铺数量的增长以及质铺、押店种类的变化。这一时期，一些晋商当铺的资本规模较之以前虽有小幅度的增长，但收益率却不断下降。同治年间，山西介休商人在直隶大名府经营的恒裕典为我们了解清末晋商当铺的发展提供了生动个案。

---

① （清）蒋启勋等修，汪士铎等纂：《续纂江宁府志》卷6《实政》，成文出版社1970年版，第54页。

② 《申报》，《论典当让利便民》，1881年12月15日第1版。

③ 刘建民主编：《晋商史料集成》第5册《信函·信稿4》，第109页。

④ 押店在近代逐渐走向公开、合法化。

同治以后，国内秩序大致稳定，自强运动开展，经济也渐趋好转，发商生息又渐行活跃，至光绪朝达到另一个高峰，而典当业自然是承领生息银两的重要行业。① 在这一背景下，直隶大名府晋商当铺恒裕典的资本规模体现出不断增长的发展趋势。恒裕典资本规模的增长，首先体现在“生息银两”的增长。同治元年（1862）、五年（1866），大名道先后两次将白银 1900 两发恒裕典、诚格当等当铺生息。同治元年（1862）祝垲任大名道：“捐廉一千两，复筹款捐纹银二千二百两，发恒泰当、诚格当各成本库平宝银八百两，锦云号、庆远号各成本库平宝银三百两，永兴号、重盛号、德盛号、丰泰号、际泰号各成本库平宝银二百两，俱二分行息，每月具得息六十四两……专以此项为生童膏火经费，不准提作他项支用。”② 同治五年（1866）十月，“复蒙道宪范大人发给制宪刘大人纹银三百两，仍交于诚格、恒裕两当，按二分行息”③。此外，同治十二年（1873）十月，恒裕典“现有领生息本钱一千吊，十年至今未满两载，共添领生息本钱五千余吊”④。分析以上资料，不到两年的时间，清政府向恒裕典发放的生息本钱增加至 5000 余吊。生息本钱的增长一定程度上也反映了政府对典当业的扶持。其次是恒裕典运用资本规模的增长。同治十二年（1873）恒裕典“至年终约存架本不过五万吊之谱，而存钱尚可有二万九三万吊”⑤。以此大概计算，同治十二年（1873）恒裕典当年的运用资本基本在 8 万吊左右。光绪元年（1875）“至四月廿五日，现存架本钱八万四千三百有零”⑥。据此可知，光绪元年（1875）恒裕典的运用资本至少为 8.43 万吊。光绪三年（1877）五月，郭子琴向东家汇报典务：“兹报咱典当号刻下收麦后当少回多，每天除当回余本利钱一百三四拾吊，至十八日净存架本八万二千一。如月内降落透雨，秋景望丰，而当号必不能甚多，次则奈时听看。现存银千余，无甚用处……笔下钱

---

① 潘敏德：《中国近代典当业之研究（1644—1973）》，第 55 页。

② 河北省大名县县志编纂委员会编：《大名县志》卷 9《书院》，第 107 页；卷 13《政绩》，第 172 页。

③ 河北省大名县县志编纂委员会编：《大名县志》卷 9《书院》，第 107 页。

④ 刘建民主编：《晋商史料集成》第 5 册《信函 · 信稿 4》，第 116 页。

⑤ 刘建民主编：《晋商史料集成》第 5 册《信函 · 信稿 4》，第 116 页。

⑥ 刘建民主编：《晋商史料集成》第 5 册《信函 · 信稿 4》，第 160 页。

价宝银一千五百六七，余不冗。”[①]按钱价一千五百六七计算，银千余两，大概为一千五百六七吊钱，光绪三年(1877) 恒裕典的运用资本大约为 83700 吊钱。由同治十二年（1873)、光绪元年（1875)、光绪三年（1877）恒裕典运用资本的变化来看，几年来恒裕典的资本规模有小幅度的增长，增幅在 0.5%左右。可见，同光之际恒裕典的生息资本以及运用资本规模均有一定的增长。

恒裕典的资本规模有一定的增长，但资本的收益率却在不断下降。恒裕典主要经营当衣业务，兼营信用放贷和存款，其收入主要是当衣赎取后收取的利息、估衣收益、信用放贷利息。根据《同光直隶大名府恒裕典东伙往来信稿抄本》反映的内容，我们对恒裕典的收益情况可作如下分析。

一是恒裕典当衣赎取情况不理想。除同治十二年(1873)、光绪元年(1875)恒裕典回赎尚可外，同治十三年（1874)、光绪二年（1876)、光绪三年（1877）恒裕典基本处于“架本难下”“回赎甚微”“得利减少”的状态。[②]

二是恒裕典的估衣收益逐年下降。从该信稿抄本反映的内容来看，恒裕典掌柜每年新正写给东家的第一次信中都会专门汇报当年应出估衣的基本情况。恒裕典估衣分为头盘（春盘)、二盘、三盘（秋盘)，并非学界所认为的春秋两盘[③]或是春秋两季[④]。就估衣数量而言，同治十二年通年估衣2000余吊[⑤]、同治十三年通年估衣 1700、1800 余吊，[⑥]光绪元年通年估衣 3500、3600 余吊，[⑦]光绪二年春盘估衣大钱 1900 余吊，[⑧]光绪三年头盘估衣 2700 余吊。[⑨]分析上述信息我们不难看出，同治十二年至光绪三年恒裕典的估衣量在逐年增长。同治十二年、十三年恒裕典估衣按照通年七分五，即每吊本加利钱七百五

① 刘建民主编:《晋商史料集成》第 5 册《信函 · 信稿 4》，第 204—205 页。
② 刘建民主编:《晋商史料集成》第 5 册《信函 · 信稿 4》，第 145、192 页。
③ 潘敏德:《中国近代典当业之研究 (1644—1973)》，第 304 页。
④ 杨肇遇:《中国典当业》，商务印书馆 1932 年版，第 23 页。
⑤ 刘建民主编:《晋商史料集成》第 5 册《信函 · 信稿 4》，第 106 页。
⑥ 刘建民主编:《晋商史料集成》第 5 册《信函 · 信稿 4》，第 122 页。
⑦ 刘建民主编:《晋商史料集成》第 5 册《信函 · 信稿 4》，第 154 页。
⑧ 刘建民主编:《晋商史料集成》第 5 册《信函 · 信稿 4》，第 176 页。
⑨ 刘建民主编:《晋商史料集成》第 5 册《信函 · 信稿 4》，第 195 页。

售与南乐廉冉衣铺，毛利润为 75%。[1] 之后，估衣销售日益困难，为了尽快降低架本、盘活资金，恒裕典只有不断降低加价才能与估衣铺达成定约。该信稿抄本第 38 号信提及：光绪元年“至于估衣，四月初七日定售于磁州豫成衣店，言明一年通贯，按四分加利，头盘出过货本大钱一千五百余吊”[2]。第 53 号信提及：光绪二年“至于头盘估衣，五月初一日卖与汤阴县福盛衣店，言定每本大钱一千文，作钱平干银六钱贰分，按刻下时价合钱不过九厘多钱”[3]。八月，当年二、三盘估衣“仍售与汤阴福盛衣店，照前六钱贰分。银庄彼时钱盘一千八百二三，合贯利一分贰厘有余”[4]。第 73 号信提及：光绪三年，“所有估衣一事，数月之间概无经纪、衣客来问，皆因景象屡年歉薄，以致农人手空而各行滞塞，不得贪做。设有来视咱货，弟等见勿论贯利亏本，定于出售”[5]。综合分析上述信息，恒裕典出售估衣加利由七分五，下降至四分、一分二厘、九厘等不同标准，估衣收益率由 75%不断下降至 40%、12%、9%，甚至“勿论贯利亏本，定于出售”。恒裕典估衣收益的不断下降是其盈利能力日趋降低的直接表现。

三是恒裕典信用放贷业务未能正常开展，无法让闲余资金进一步获取收益。信用放贷是恒裕典利用闲余资金进一步获取收益的方式之一，但受大名金融环境不断恶化的影响，恒裕典放贷业务日趋保守无法正常开展。如同治十二年（1873）十月初三日脚夫回介带去典第五次信：

> 兹报大名秋景丰收，麦苗种尽，兼之邻县景象与府属相符，雨水皆已不缺。所有咱典回赎至秋尾冬初以来甚可。皆因农人各粮涌存，售粮赎衣者多。谕还四维堂银二千两应为遵办。以此谕之，咱典今岁除上架外，余利钱一万余吊，而赔利实系不少，约稽来春上架较今岁虽望有盛。现在秋粮存积者多而各县麦苗普安，闻其乡庄人手中现钱活动，果照此传，而明

---

① 刘建民主编：《晋商史料集成》第 5 册《信函・信稿 4》，第 108、125 页。
② 刘建民主编：《晋商史料集成》第 5 册《信函・信稿 4》，第 160 页。
③ 刘建民主编：《晋商史料集成》第 5 册《信函・信稿 4》，第 179 页。
④ 刘建民主编：《晋商史料集成》第 5 册《信函・信稿 4》，第 187 页。
⑤ 刘建民主编：《晋商史料集成》第 5 册《信函・信稿 4》，第 208 页。

春之架岂能多涨。即或照今岁多当万吊，咱典之钱可够尽用。现有领生息本钱一千吊，十年至今未满两载，共添领生息本钱五千余吊。按视目下回赎至年终约存架本不过五万吊之谱，而存钱尚可有二万九、三万吊。似以晚等预筹，备存还四维堂本银三千两。除过此宗外，至年终二项共可有七万九、八万吊之数。除望多当衣物之外，余钱别的再无所贪。加之钱铺屡有坏事之家，以致街市滞塞，即或街面字号欲借者，咱实不敢贪放，莫如多还该外为善。①

分析这则材料，大名秋景丰收，农民出售粮食后赎取当衣的比较多，恒裕典回输资金顺利，铺内存有大量余钱。正常的情况下，恒裕典为了避免余钱"赔利"，可以通过放贷的形式以进一步获取实际收益。但此时恒裕典掌柜考虑到大名的金融环境，在即使存有大量余钱的情况下也不敢进行放贷。

虽然我们无法从信稿抄本中得出恒裕典收益变动的具体数额，但从以上对恒裕典主营业务、估衣收益以及信用放贷开展情况的分析，不难得出恒裕典实际收益率不断下降的基本认识。另外，民国年间湖北监利县新沟镇某晋商质铺执事向东家汇报当务时写道："所有具禀请示停歇，时下谅有明文批发矣。务祈遇便眷录一纸，是感。顺报去岁生意，架本虽未多上，而票利颇可。年终净存架本四万三千三百余串，共得票利一万四千二百七十串有零。若按生意而论颇为佳善，就是去岁土匪滋扰，大受影响，铺中陡下架本壹万数千，沙市钱价吊至四钱六分上下，以致赔失钱价，空倍月息下地又属入不敷出，两品净亏五百余串，殊属愧赧，有负诸东君之仰望耳。"②由此不难看出，该质铺票利"颇为佳善"，但由于各种不利因素，导致净亏五百余串，这也说明清末民初晋商当铺盈利能力的不断下降。

二、衰落原因的实证分析

关于晋商典当业的衰落原因，刘建生、燕红忠等人在其《山西典商研究》

① 刘建民主编：《晋商史料集成》第5册《信函·信稿4》，第116—117页。

② 刘建民主编：《晋商史料集成》第5册《信函·信稿4》，第710—711页。

一书中从军阀割据、政局动荡，币制紊乱、金融动荡，社会变迁、满货亏损，新式金融机构的替代，晋商衰落的连锁反应以及经营模式发生变化等方面进行了分析。[①] 该书主要利用民国时期的资料汇编、报刊等资料扼要分析了晋商典当业的衰落原因，观点陈述过多，资料分析及实证研究略显不足。显然，战乱、金融环境恶化、杂苛税捐、满货销售疲滞等原因是导致晋商典当业衰落最为直接的因素。下面，围绕以上四个因素对晋商典当业的衰落进行实证分析，以进一步丰富学界对该问题的认识。

一是战乱。毋庸置疑，连续不断的战争是导致晋商典当业日趋衰落最为直接的原因之一。太平天国运动、庚子年八国联军侵华、辛亥革命等连续不断的战争使得大江南北广大地区受到战乱影响，对包括晋商典当业在内的传统典当业造成了严重的破坏。咸丰年间爆发的太平天国运动使晋商典当业遭受到第一次重创。太平天国运动波及直隶、河南、山西、山东、湖北、湖南、江苏、安徽、浙江等十多个省份。这些省份中很多都是晋商典当业活动频繁的地区，河南、山东、湖北以及直隶等北方地区的典当业基本上都是晋商垄断经营的。受战争的影响，这些地区晋商经营的当铺受到了极大的影响。

山东泰安，“迨咸同年来，地方不靖，西当生意以次收回，庙中祀事并一切经历，遂仍为磋局专责”[②]。这说明由于咸同年间的战乱，自明末清初就开始垄断泰安地区典当业的平阳府洪洞县典商基本上退出了当地典当业的历史舞台。清代京师地区当铺历来比较多，晋商经营的当铺占据绝大部分。咸丰三年（1853），京师有当铺 159 家，晋商开设的当铺就有 109 家，占 68.55%。[③] 庚子之变使北京地区的当铺遭受重创。庚子之变后，“京城内外及大、宛地面税当二百零二座，多被抢夺，其未被抢及抢未尽者，仅余十座”[④]。京城的晋商当

① 刘建生、燕红忠等：《山西典商研究》，第 89—95 页。

② 《光绪二十一年（1895）关帝庙碑记》，参见许檀编：《清代河南、山东等省商人会馆碑刻资料选辑》，第 369 页。

③ 黄鉴晖：《中国典当业史》，第 31 页。

④ 刘建民藏《步军统领衙门、顺天府、五城御史会奏折》，转引自刘秋根：《中国典当史资料集》，河北大学出版社 2016 年版，第 399 页。

铺绝大数被抢劫无遗。为了获得官府的支持，光绪二十七年（1901），京城以及周边天津、保定的山西典当商人向官府呈送禀文，痛陈庚子之乱后典当业遭受的破坏及经营之艰难。现将呈文相关内容辑录如下。

窃顺属频年饥馑，加以兵荒，乡间民不聊生。去岁自春以来，无论贫富当者，到处接踵而来。各当铺以钱地两尽，无力支应，始一律止当。满望秋冬回赎，讵于八月保定府遭乱，时局尤艰，贫者糊口不遑，不能回赎。富者复虑被抢，不敢回赎，以致各当铺有出无入，万分拮据。①

嗣值庚子之变，京津两处各当典被抢者不一而足。商与族人朋合之业，资本为之一空。以典商而论，原入资本大钱八万有奇，并借外生息共有十四五万之谱。而数年以来，上架不多，开除不少，外号所借之款有经数年而不能归还者。以账目计算，不为不足，而综核实数亏空已愈大半。是以原入资本虽实若虚，每逢上架之期，现钱缺乏，周转甚难。②

由山西典商的呈文不难看出，北京、天津、保定及周边地区晋商当铺因战乱、匪灾、饥荒等原因已经难以为继，无法继续正常营业。晋商开设的星盛当，在北京、天津均设有连号。因庚子事变损失惨重，“计欠外四十万吊有零，另有官款银三千余两。而连号星盛聚外欠有七万余吊，如外仅有空房一所”。庚子事变使这家当铺损失惨重，致使东家“人亡家破，孤苦可怜”。③虽然庚子之乱后在清政府的整顿下，北京及周边的典当业有所恢复，但是晋商典当业从此在这一地区一蹶不振。光绪三十一年（1905），清政府统计当年秋季北京内城、外城共开设当铺数量为163座，绝大部分为顺天府商人开设，晋商开设的当铺仅有3座。④湖北地区是清代晋商从事典当业经营活动的重要区域。晋商不仅在汉口、沙市等沿江商埠开设当铺，还不断深入到湖北各县、乡镇经

① 刘建民主编：《晋商史料集成》第76册《诉状·呈文·著述1》，第93页。

② 刘建民主编：《晋商史料集成》第76册《诉状·呈文·著述1》，第105页。

③ 天津市档案馆编：《天津商会档案汇编（1903—1911）》（上册），天津人民出版社1989年版，第717—718页。

④ 刘建民藏《步军统领衙门、顺天府、五城御史会奏折》，转引自刘秋根：《中国典当史资料集》，第28—34页。

营典当业。清代流传于荆沙地区的《竹枝词》写道："典当生涯数老西，篾条花土尽黄帮。"① 这说明在清代荆沙地区，晋商当铺已是广为人知。民国《介休县志》记载："至邑人出外贸易者，在京则营当商、账庄、碱店，在津则营典质转账，河南、湖北、汉口、沙市等处，当商、印行邑人最占多数。"② 可见，湖北汉口、沙市等地是山西介休商人从事典当经营活动比较集中的区域。至迟在清乾嘉时期晋商就已经深入到湖北各县、乡镇经营典当业。嘉庆十四年(1809)，晋商王锡绅、王锡卿等人继承祖遗当业在湖北荆州松滋县朱家埠（今湖北松滋老城镇）开设当铺。③ 但辛亥革命之后，频发的匪乱、兵乱让湖北省的晋商损失惨重。刘建民收藏的这批晋商典当业信稿如实反映了民国初年晋商典当业所饱受的战争、匪患之苦。民国二年（1913），湖北松滋县合盛典收到来自沙市的书信："兹报荆沙所属各典当，因其反政以来伤耗太多，吃亏甚巨，加之纸洋取赎换元更为不了。现在生意寥寥，架不涌上，周转借贷月息一分二三，所进不敷所出，家家皆然，处处皆是，万一无耐"④"能做太平犬，不作乱世人，此言甚不谬耶。自从五月风潮大作，先是皂市竹根滩、周家矶等处退伍军队接连土匪拆墙入典，竟将首饰、现元、台票、现银、纸洋、零星什物相继毒抢。"⑤ 民国五年(1916)，湖北监利县新沟镇某介休当铺掌柜写给东家的书信更是较为详细地描绘了战争、匪乱对工商各行业造成的危害。

自民国成立以来，年年折耗，各股东均不悦愿。民国三年，更遭土匪抢劫壹万余缗，股东成本已折十之二三。四、五两年成本微少，银根又紧，每逢生意畅旺，认息太重。年底收入不敷出，办事时深愧郝，以致各

① 雷梦水等编：《中华竹枝词》，北京古籍出版社 1997 年版，第 2648 页。"西老"主要指山西、陕西商人，在湖北经商的山陕商人中，山西商人在茶叶、布匹、票号、典当等行业中占有绝对优势。

② 张赓麟等修，董重等纂：民国《介休县志》，第 300 页。

③ 《嘉庆十四年（1809）正月十六日王锡光等八人合伙开设信聚当合约》，参见刘建民主编：《晋商史料集成》第 1 册《合约 · 万金账 · 股票》，第 22 页。

④ 刘建民主编：《晋商史料集成》第 5 册《信函 · 信稿 4》，第 427 页。

⑤ 刘建民主编：《晋商史料集成》第 5 册《信函 · 信稿 4》，第 563 页。

股东事体稍好者情愿歇业，事体太差者屡请抽还原本。①

兹叙月之初二日监属分盐区左近发现匪党滋事，始而抢劫炮船柳关，复抢府场盐局。今于初十日早七点多钟，该匪三百余人由周老嘴突然来新，亦未抢劫，即与驻新军队相斗。该队伍人少力薄，难以抵敌，暂僻其锋。是以匪等大肆猖獗，用洋油在前后街纵火。幸耳风势颇微，约烧四拾家，而大生意未遭其害。正在危急之时潜江来兵两排才为击散，生擒匪党三名，枪毙八九名。所幸者匪等枪弹不多，易为击散。不然新市有不堪设想之势耳。至于潜江之兵，系昨日绅商等电禀师长，其回电速调兵救援。然亦通市大受惊骇，商民逃躲者十之六七。惟咱号蒙天默佑，人事平安，皆仰诸东君福庇。然众伙大受恐骇，不堪言状。但现在时世皆在锦腹，惟当业一行诚属危险。若此景象，弟恐难负其责任。②

分析这两则资料，不难看出连年的匪灾、战乱让当铺行业受害尤为严重，不仅股东成本损失十之二三，还时常面临被抢劫的危险，导致很多当铺被迫歇业，甚至抽本不做。

二是金融环境恶化。中国近代货币史上最引人注目的现象是货币发行流通的自由放任和分散，它在清代后期愈演愈烈，清末民国初年达到极致。无论何种货币，只要有市场，就能任意流通，政府很少干预。③ 除了战争引起的社会动荡之外，这种货币发行流通的自由放任也导致了近代以来金融环境不断恶化，货币贬值、物价腾贵，金融机构倒闭。混乱的金融环境对经营周期比较长的典当业而言无疑是一场灾难。从信稿资料反映的内容来看，山西典当商人非常关注各类货币之间的兑换关系、物价以及金融环境的变化情况，基本上每封晋商当铺掌柜、东家之间或者总号、分号的往来书信均会通报当地钱价、物价、当地金融机构以及货币种类等内容。可见，金融环境的优劣对晋商典当业经营管理是至关重要的。

《同光直隶大名府恒裕典东伙往来信稿抄本》第65号信详细反映了光绪二

---

① 刘建民主编：《晋商史料集成》第5册《信函·信稿4》，第702页。

② 刘建民主编：《晋商史料集成》第5册《信函·信稿4》，第651页。

③ 张宁：《中国近代货币史论》，湖北人民出版社2007年版，第16页。

年（1876）晋商当铺恒裕典，因大名府金融环境恶化，钱店歇业而遭受损失的基本情况。

大名街面钱缺，滞塞不通，挤关钱铺四家，南关雍和号关门，南关绅士保出应承今年发钱，咱典收存钱帖京钱四十七吊；龙王庙重德号关门，龙王庙绅士保出应承今年发钱，咱典收存钱帖京钱十五吊；南街元兴公关门，元兴公系重德值月字号，大名堂公不准伊歇业，今年许开，素与咱典往来账净欠京钱三百六十余吊，倘若开门，还可成钱。此三家俱未定妥，三项未撇。南街裕兴和关门，当时被抢，一无所有，咱典收存钱帖京钱五十八吊，难望发钱，年终撇出。此是世时所赶，人力无可如何。①

《道光湖北枣阳琚湾镇某典尺牍范本》第74号信亦有相关记载。

岁毕更始，气象一新。正兄台大人暨诸公财福并茂之时，曷胜欣贺、欣贺。新岁承赐瑶函业经办领。今着某伙送樊咱典合算十一年账单一纸，又寄众东清单七纸，望祈妥人带家是祝。咱典旧年获利甚微，该赔钱价一千余串。又春天架子正在涌上之时，陡然当头甚少，以致办就之钱存积太多，不但赔钱价，更兼出月息。复有屡年所起滞销贯利，是以虽获毛利钱一万串有奇，只共得净利银一千八百余两耳。②

分析这则资料可知，该当铺年获得毛利润有一万串余钱，但由于钱价变动、贴息以及估衣滞销等原因，实际获得利润仅为白银一千八百余两。这说明钱价的变动是导致该典实际收益下降的原因之一。另外，《光绪十三年（1887）湖北松滋合盛典书信底稿抄本》第8号信提及："今将清册开折呈电，若非申改钱价，可有三千一二百串之利，今止一千两百串有奇，每俸六十三千。足见弟之办事不力，甚觉无颜相对。草此奉候新安，并贺潭禧。不一。"这封书信的内容也说明由于钱价的变动导致合盛典当年盈利的降低。《民国二年（1913）湖北松滋合盛典来往信稿抄本》第70号信详细论述了台票③贬值对典当业的影响。"再叙台票行市目今奇低之故，皆因汉镇市面甚为不靖，在汉有事之家，

① 刘建民主编：《晋商史料集成》第5册《信函·信稿4》，第193—194页。

② 刘建民主编：《晋商史料集成》第73册《商业知识3》，第355页。

③ 清末湖北官钱局筹备期间由善后局发行的一种钱票，因准许在粮台兑款，故被称为"台票"。

不敢寄运台票下去，情肯帖汇水做汉票下去办事。除此而外，此刻台票再无销路，加之省垣屡有暴动，适有不测，将成废物。尚有谣言，即云纸洋、台票已有整顿之信，未识是何办法。所以钱店不敢存纳，故此将其市价奇低，其票极滞，此乃台票一时之运局也。”① 台票的贬值直接影响了合盛典的实际收益。“至于我典前者送沙之台票，但彼时因行市不佳，故未售出，必待稍涨，祈我号酌办。不期有此一惊，我号风闻惶恐，竟将典所存之票概行以五钱四八出卖矣。且云及恐其因小失大，脱祸求财等语。近者李脚沙返，亦尚道及台票有五钱五六之行市。由此观之，时势恍恍惚惚，令人皆无主裁耳。总之我典时运所致，每事必有打刻。今既如此出售，亦只好忍气吞声，吃此巨亏，岂能挽回乎。”② 民国六年（1917）正月，山西介休商人在湖北监利县新沟镇开设的某质铺执事向东家汇报当务开展情况：“惟叙铺中生意，去岁架本虽未多上，而得票利颇可，年终净存架本四万三千三百余串，共得票利一万四千二百七十余串。但逢此沧海桑田之世，百物无不数倍高昂，加之去年四月土匪滋扰，表面化费虽属五百串，而内容大受影响，彼时铺中陡下架本壹万数千，沙市钱价吊至四钱五分上下，所以大赔。钱价空倍月息，以致又属入不敷出，两品下地净亏五佰余串，殊属愧赧，有负诸东君之仰望耳。”③ 分析这封书信可知，该质铺虽然获得票利不少，但是有物价腾贵、钱价下跌、土匪滋扰等原因，导致亏损500余串。

三是苛捐杂税。清代顺治、康熙、雍正三朝均有征收典当税的具体规定。乾隆四十一年（1776），清政府进一步规定了各省典当税的定额。其中，云南每年每座当铺纳税银4两、贵州3两、奉天2.5两，其余各省每年每座当铺纳税银5两。④ 之后，各级政府基本上按照这一规定征收当税。每年纳税银5两，这对典当商人而言负担并不算沉重，但在光绪时期这一规定发生了变化。光

① 刘建民主编：《晋商史料集成》第5册《信函·信稿4》，第567页。

② 刘建民主编：《晋商史料集成》第5册《信函·信稿4》，第588页。

③ 刘建民主编：《晋商史料集成》第5册《信函·信稿4》，第707—708页。

④ 《光绪大清会典事例》卷245《户部九四·杂赋·牙帖商行当铺税》，《续修四库全书》第801册，上海古籍出版社2002年版，第898—899页。

绪二十三年（1897），户部建议："光绪十四年后新开各当自本年起每座征税银五十两，不得延托。"① 刘秋根认为清政府的这一举措遭到了一些地方的反对，"很可能除少数地方之外，最后因阻力重重，只从五两增加至二十五两，而不是五十两。"② 从刘建民收藏的信稿资料所反映的情况来看，当时的山西典商对清政府这次增税并没有表达出强烈的反对和不满。山西平遥商人在山东曲阜开设的增义典外事主管樊廷相在写给同乡的信中写道：

弟相再恳者有烦劳察询一事。七月下旬，敝县接奉大宪通饬奉准户部咨，具奏当商额税太轻，饬令各省一律加收并严汰陋规以重饷款，每座按年纳税银五十两。惟既加税额自应概裁陋规等因，奉旨依议，钦此钦遵在案。窃思当此上下交困之际，户部此奏诚为善举。弟愚昧之见，加纳税银，只有钦遵办理，惟陋规一节，当商仰赖地方官荫庇，亦未便概行裁革。但平昔规礼过重者，乘此机会或不免有请减之处。忝在爱末，敢烦劳费清神，向当商切近之家代为察询。或素日本无规礼，或有则数目若干，及现在有无请减之意，或侧闻他属有举意情形，并乞顺便示知。倘月内未得定局，俟后闻有规模，尤望续赐玉音，是祝是荷。③

从这封书信中我们不难看出，增义典对增加税银一事的态度并没有过多的不满及抱怨，而是遵照办理。但增义典认为应该利用此次增加税银的机会减少一直以来负担过重的规礼。为此，增义典执事、外事主管分别给同乡荫翁、冠臣刘世兄等人写信，请求帮忙打探消息，"向当商切近之家代为察询"。不仅如此，增义典还联系同籍官员兖州镇总兵田恩来帮忙通融办理"加增当税裁汰陋规"一事。④ 对于此次增加当税的态度，山东济南等地的当铺还联合起来向官府投递公禀，要求"趁此加增当税籍，以永免当捐"。⑤ 由此可见，包括晋

① （清）刘锦藻：《清朝续文献通考（一）》卷47《征榷十九》，浙江古籍出版社1988年影印版，考八〇一五。
② 刘秋根：《中国典当制度史》，第257—260页。
③ 刘建民主编：《晋商史料集成》第5册《信函·信稿4》，第344—345页。
④ 刘建民主编：《晋商史料集成》第5册《信函·信稿4》，第365页。
⑤ 刘建民主编：《晋商史料集成》第5册《信函·信稿4》，第353页。

商当铺增义典在内的山东典当商人关注的重点不是当税额度的增加，而是利用增加当税的机会尽可能地减少一些陋规或者是永远免去当捐。

清代后期，各类当捐日益成为典当业的一项沉重负担，典商按月、按年捐纳当捐逐渐演变成了一种变相的当税。从刘建民收藏的信稿资料来看，清代后期、民国初年的山西典当商人基本上遵照官府规定缴纳当税，很少抱怨当税负担沉重，反而对当捐、陋规抱怨重重，并一直努力通过多种方式尽可能地减少当捐以及陋规的数量、次数。《光绪山东曲阜增义典来往信稿抄本》第31封信后夹有山东布政司批给曲阜县署的一道札文："自光绪十一年起，详明每当每年捐银五十两，通饬遵办在案。查各州县均已按年催齐解司，惟该县应缴廿二、三年捐输银两迄今未据解到，殊属违延。"①由札文可知，自光绪十一年（1885）起，山东省规定每座当铺每年要缴纳捐银50两，高达应缴当税的10倍。为了减少日益增加的当捐负担，增义典积极交结藩司该房经承李若林，期冀李若林利用政府中的人际关系为其通融，减免当捐。光绪二十年（1894）十一月李若林寄增义典的信中写道："商办免捐棉衣及历年捐输一节……竭驽马之愚力，托贵典之鸿福，各处串托，始将棉衣历年免捐，捐输暂免一年。虽未能一举两得，而较之去年捐项，不啻有天渊之别。至所许免捐棉衣、捐输之费，每典应摊四十千文。他处均系五六十金，较之四数大相悬殊"。通过李若林的活动，增义典得以免去了历年捐衣的负担，捐输亦暂免一年。虽然作为活动经费，增义典须向李若林呈送摊费四十千文，但与他处呈送五六十金相较，增义典的数额最少。②

除每年固定的当捐外，晋商典当业还要经常性地承担一些专项捐助，如河（堤）工、赈灾、义捕（缉捕）、城守、纸洋贴补、牙厘、善后局捐、海防捐等项。这些捐项均是晋商典当业的沉重负担。现将信稿资料中的相关内容辑录如下。

1. 刻下郑州河决，河工新章开捐。本省江沔赈捐业派各属州县劝捐乐

---

① 刘建民主编：《晋商史料集成》第5册《信函·信稿4》，第357页。

② 刘建民主编：《晋商史料集成》第5册《信函·信稿4》，第295—297页。

输。正是前波未平，后波又起，未识我行可能逃免此两项捐款否。①

2. 前接手□委办捕厅、城守两项，事因众议未妥，固无即覆。其副爷一款已佃送礼钱若干，似无另陈。惟捕厅之款意在格外求索，欲就四拾串之数，是以大象未应悬待于今。嗣后副堂复邀绅耆鼎力周旋，犹不下贰拾串之款，即此明知常例我等尚未应允。今番又请某某二人等再三婉说，且言以重重苦况，全做帮助之举。每家派定一拾五串，伊家用请通市，某典来州迫于情面先已应允。但我等亦就不好推辞，只得曲徒其原愿。②

3. 今正奉呈肃红，恭候新禧，谅蒙青照。兹于客腊念间堂公来谕，原因善后局捐并两恕顺直赈捐之事，彼时急为查问，江陵并无此举。今堂公谕帖又到，刻日又察听江陵等处，尚无章程，敬烦阁下代为回复。③

4. 启因前次带来交海防捐项业已缴署，惟是外申色银五钱内除长平银二千，下欠银三钱。④

5. 体贤仁兄大人阁下：另启者细阅荆沙草稿，其中所陈各节我属万难跟用。如纸洋当赎一项以及义捐、缉捕、堤工、纸洋贴补各捐我松并无此害，焉敢胡陈。⑤

6. 至于发现之牙厘捐及印花税之事，前接天成永号函，云候大众到齐再为筹商。时下未得佳音。及咱号之事昨日复又致函，婉言拜托。但此件公事虽属旧例，自民国以来概未发现。现今忽依然发生，其内必有文章。及至二年，我同行所缴者，其收条未见，皆属含糊。即以今春缴讫亦未见收条，实难尽言。若此旧例未除而新捐节节丛生，同行若不早结团体，请位领袖堵御，将来受害无穷也。⑥

---

① 刘建民藏《光绪十三年（1887）湖北松滋合盛典书信底稿抄本》第 22 号信。
② 刘建民主编：《晋商史料集成》第 74 册《商业知识 4》，第 129—130 页。
③ 刘建民主编：《晋商史料集成》第 74 册《商业知识 4》，第 120 页。
④ 刘建民主编：《晋商史料集成》第 74 册《商业知识 4》，第 172 页。
⑤ 刘建民主编：《晋商史料集成》第 5 册《信函 · 信稿 4》，第 505—506 页。
⑥ 刘建民主编：《晋商史料集成》第 5 册《信函 · 信稿 4》，第 614 页。

7. 启者现奉面谕饬办晋帮捐输事谊。弟因贱躯欠适，不克分身。兹特着人持捧贡监各照前来，各位掌柜有愿意捐者即开明三代以便填写。如不愿捐纳，可将原照转卖他人，即为开明履历呈缴可也。但所需银两现今批办在急，务必先为垫出，恳祈将银如数措缴，所有价值呈单呈核，特此顺请财安。不一。①

分析以上资料，不难看出典当商人对于各种当捐、摊派的无奈以及担忧。

四是满货销售疲滞。满货处理是事关典当盈利与否的重大问题，如果满货过多，不能及时变卖，当铺便会亏本，甚至破产。晋商典当业抵押放贷业务主要是当衣业务，到期未赎而成为死当的各类皮棉、夹单被称为“估衣”。因此，估衣能否顺利销售成为影响晋商典当业盈利与否的重要因素。清末以来，晋商当铺兼营的估衣铺生意日渐清淡，估衣销售日益困难。从刘建民收藏的信稿资料反映的内容来看，清末民初晋商典当业估衣收益不断下降，甚至亏损。正如前文所述，直隶大名府晋商当铺恒裕典满货出售日益困难，估衣收益率由75%不断下降至40%、12%、9%，甚至“勿论贯利亏本，定于出售”。民国时期，介休商人在湖北监利县新沟镇经营的某质铺执事在写给东家、沙号的信中经常提及“至衣庄生意，门市仍属清淡”“惟衣号销售，已然疲滞”“衣铺亦属寥寥”等内容。②不仅如此，由于估衣生意迟滞，该质铺已经达成定约的估衣出售生意也无法正常开展。该信稿抄本第28号信提及：“再者衣号销售，甚属清淡。及怡成和前购定之估衣，迄今信音不通，恐有更变。日来霪雨绵绵，庄稼歉收，估衣以少贪为佳。代道周惠翁先生知之，代为问雇，此及。”③显然，满货销售疲滞是晋商典当业走向衰落的一个重要因素。

---

① 刘建民主编：《晋商史料集成》第74册《商业知识4》，第44、45页。

② 刘建民主编：《晋商史料集成》第5册《信函·信稿4》，第630、633、650、661、685、694、742页。

③ 刘建民主编：《晋商史料集成》第5册《信函·信稿4》，第650页。

小 结

民间历史文献资料有效弥补了各类传世文献对明清时期商业、金融业记载失之以简的不足。本章利用典当业信稿资料，结合商人会馆碑刻、方志、档案、诉状等资料的相关记载对明清以来晋商跨地域典当经营活动的基本情况进行了梳理。通过本章的分析，自明代中后期以来，晋南、晋东南地区的平阳、泽、潞商人率先到周边的山东、河南等地进行跨地域典当业经营活动。入清以后，传统典当业进入大发展时期，山西省逐渐成为全国典当业最为发达的省份之一。在这一基础上，越来越多的山西商人开始到省外跨地域经营典当业，山西商人到全国各地经营典当业在当时成为一个历史潮流，并对当时社会经济发展诸多领域产生了深远影响。大致在清代乾隆时期，晋商经营的典当业取代了徽商在长江以北各省典当业中的地位，形成全国之典肆“江以南皆徽人，曰徽商；江以北皆晋人，曰晋商”的格局。同时，善于经营金融业的晋中商人日益崛起，晋中商人经营的典当业逐渐成为晋商典当业的主力军。但由于战乱频仍、社会动荡、金融环境恶化、苛捐杂税、满货销售疲滞等多方面原因，清末以来晋商典当业虽然在全国很多地方尤其是在北方各省还有一定的影响力，但其主导地位正在逐渐丧失，总体衰落趋势不可挽回。具体而言，晋商典当业的衰落大致开始于咸丰时期，之后基本上就处于一种不断衰落的态势。在一些传统活动区域晋商当铺虽仍有一定实力，但其社会影响力、地位日趋下降，期间个别晋商当铺的资本虽有小规模增长，但其盈利能力明显下降。

第三章　清末民初晋商典当业的业务

传统典当业主要经营抵押放贷，兼营谷典、存款、信用放贷、发行私票、货币买卖等多种业务。[①] 就晋商典当业业务而言，学界利用民国时期的社会调查资料，探讨了晋商典当业的业务种类、存款业务的博弈分析以及业务的基本管理等问题。[②] 这些研究进一步丰富了学界对晋商典典当业业务的认识，但缺少实证研究，对直接反映晋商典当业业务的书信、账簿、清单等民间历史文献资料运用不够。本章主要利用晋商典当业信稿资料，结合其他方面文献记载，重点对晋商典当业的抵押放贷、存款、信用放贷、发行私票等业务进行实证分析。

第一节　抵押放贷

抵押放贷是典当业的主营业务，明清时期两个最大的地域性商人群体徽商和晋商经营的典当业均以抵押放贷为主。史若民收藏的一份山西平遥典商遗存的学徒教科书详细介绍了珠宝类、玛瑙类、铜器类、古瓷五大窑、新高磁窑、锡器类、木器类、金类、银类、英子类、毛毡毛绒类、绸缎绫丝绢闪锦罗类、绫罗绸缎绢绒类、纱类、闪缎类、夏布类、庄缎类、锦类、妆蟒缎类、绣衣类、朝衣类等 21 大类当物的鉴别常识和价格。[③] 分析这份典当业学徒教科书，

① 刘秋根：《中国典当制度史》，第 98—135 页。货币买卖，即银钱兑换业务。

② 刘建生、燕红忠等：《山西典商研究》，第 111—124 页。

③ 史若民、牛白琳：《平、祁、太经济社会史料与研究》，第 542—568 页。

我们可以看出晋商典当业收当的种类、鉴定常识、价格等方面的一些信息。然而，并非所有的晋商当铺都收当以上物品，当铺的资本规模、地理位置等均是决定当物种类的重要因素。显然，古玩、金银、器皿以及绫罗绸缎等物品只有大型当铺才有能力收当，对于数量占大多数的中小型当铺，“押入当物之种类，以衣服为大宗，金银首饰次之，农具木器又次之，其余各种物品则不甚普遍，或见于甲县而不见于乙县，或见于乡村而不见于城市”①。刘建生在研究晋商当铺当物种类时认为，晋商当铺当物以衣物为主，占80%以上，其次是农具、木器。② 从刘建民收藏的晋商典当业信稿资料反映的内容来看，在跨地域典当业经营活动中，晋商当铺抵押放贷业务主要是收当各类衣物。本节基于《同光直隶大名府恒裕典东伙往来信稿抄本》反映的信息，对晋商典当业的当衣业务进行实证分析。

从《同光直隶大名府恒裕典东伙往来信稿抄本》反映的内容来看，晋商当铺恒裕典主要收当皮棉、夹单，未见收当其他物品，服务对象主要是大名周边的乡民、庄户，基本上符合“春当秋赎”规律，三四月前后为收当衣物的高峰期，六七月为淡季，冬三月为赎当高峰期，三分行息，冬三月减为二分回赎。

一、收当

此信稿抄本具体反映了同治十二年（1873）至光绪三年（1877）五年来恒裕典当衣业务的开展情况。每年三四月为恒裕典收当皮棉、夹衣的高峰期，恒裕典掌柜向东家汇报收当情况的书信基本上都集中在三四月。③ 从恒裕典掌柜向东家汇报典务的情况来看，近五年恒裕典的当衣业务基本保持了逐年增长的发展态势。同治十二年（1873），恒裕典掌柜向东家汇报典务：“今春及夏，当号未见涌积”，收当高峰期日业务量在400、500余左右；④ 光绪元年（1875），

① 陆国香：《山西之当质业》，《民族》（第4卷）1936年第6期。

② 刘建生、燕红忠等：《山西典商研究》，第111页。

③ 刘建民主编：《晋商史料集成》第5册《信函·信稿4》，第108、109、125、127、153、157、179、198、200页。

④ 刘建民主编：《晋商史料集成》第5册《信函·信稿4》，第109页。

恒裕典掌柜致信东家："今春虽然雨水不缺，而当衣涌跃"，收当高峰期日业务量为七八百余号；[①] 同治十三年（1874）、光绪二年（1876）、光绪三年（1877）恒裕典当衣涌跃，日业务量有时高达1000余号，导致资金无法支持。为了避免资金链断裂，恒裕典被迫采取"去其皮棉，只当袷单"的措施，甚至直接停当候赎。[②]

从此信稿抄本反映的内容来看，恒裕典当衣业务的对象主要是大名府周边的乡民、庄户。[③] 天气变化、农作物丰歉以及农业生产的季节性变化都与恒裕典当衣业务联系较为紧密。同治十二年（1873）三月初十，恒裕典掌柜致信东家：

> 兹报晋豫两属之地并大名一代皆是好景，麦苗甚普……早晚落雨，皆望丰收。咱典开市后至今，当头不见甚涌，每天三百余四百号。[④]

同治十三年（1874）四月十九日，脚户回介带去典信第四次：

> 兹报咱典与诚格四月初八日暂为停止不当，皆因春间未落透雨，麦子干旱而秋苗尚不能普种，是以邻封当质者较比往年甚多，约计咱典钱地尚可支援收麦，而诚格实系不能再支。照此景款独咱一家碍难支应。俟望落雨晚苗安种，四外当质者亦可不拥，再行设法应当。[⑤]

上引两封书信说明，在年景好的年份恒裕典收当业务量减少，而在干旱少雨、农业歉收的情况下当衣业务增长迅速。这说明当衣业数量与天气变化、农作物丰歉之间的联动关系。此外，恒裕典的当衣业务还受其他多种因素的影响，具体包括以下几个因素。

一是"粮差额外催迫"。同治十三年（1874）三月，恒裕典掌柜向东家汇报典务："今岁粮差额外催迫甚紧，显见当衣完差者颇有。咱典每天当号

---

① 刘建民主编：《晋商史料集成》第5册《信函・信稿4》，第157页。
② 刘建民主编：《晋商史料集成》第5册《信函・信稿4》，第127、130、179、183、198、200页。
③ 刘建民主编：《晋商史料集成》第5册《信函・信稿4》，第112、116、127、138、145、173、182页。
④ 刘建民主编：《晋商史料集成》第5册《信函・信稿4》，第108页。
⑤ 刘建民主编：《晋商史料集成》第5册《信函・信稿4》，第127页。

六百余、七百不等。”[①] 显然，乡民当衣完差是导致恒裕典当衣数量增加的因素之一。

二是社会治安情况。光绪二年（1876）七月，“四乡皆不安静，成群结党，抢劫军粮，界连山东河南，大势皆然，股头纷纷，难以枚举，以致乡间富民大车小辆均往城中逃搬，记当衣物等项，两典[②] 实不能支，均于闰五月初九日停当”[③]。一般来讲，社会动荡不安不利于典当业的发展，但上引材料则说明在社会动荡不安的情况下，因乡间富民记当衣物而使恒裕典的业务量猛增。

三是流通资金是否充裕。光绪三年（1877）新正，恒裕典“去冬回赎见稀，架货少下，利钱少得”“生意平平，银钱缺短”。[④] 迫于资金压力，恒裕典“二月初四日开门，去其皮棉，只当夹单”[⑤]。可见，恒裕典迫于资金的压力，不仅推迟新春开当的时间，还被迫采取不当皮棉、只当夹单的措施。

四是各类灾害。同治十二年（1873）七月，“黄、漳、卫三河出岸，被淹之地较去岁有甚。府属四面皆受水害，加以阴雨绵长以阻乡民来城，不易投架质夏衣，回取见稀”[⑥]。一般来讲，遇到灾害年景，贫民百姓当衣质钱相对于平常年份应该会多一些，但水害反而影响了恒裕典的当衣业务，导致收当、赎当数量减少。

此外，新春开当时间推迟、遇有闰月等情况同样也是影响恒裕典当衣业务的因素。光绪元年（1875），“二月初六日开门应当，皆因更换票账，是以稍迟。乍开五七日，每天当号一千二三百号”。[⑦] 恒裕典推迟新春开当的时间，导致“咋开五七日”当衣业务猛增，而“今年加闰春长，当质必涌”则是恒裕典掌柜掌握的经营常识。[⑧]

---

① 刘建民主编：《晋商史料集成》第 5 册《信函 · 信稿 4》，第 125 页。

② “两典”指的是恒裕典、诚格当。

③ 刘建民主编：《晋商史料集成》第 5 册《信函 · 信稿 4》，第 182—183 页。

④ 刘建民主编：《晋商史料集成》第 5 册《信函 · 信稿 4》，第 194 页。

⑤ 刘建民主编：《晋商史料集成》第 5 册《信函 · 信稿 4》，第 198 页。

⑥ 刘建民主编：《晋商史料集成》第 5 册《信函 · 信稿 4》，第 112 页。

⑦ 刘建民主编：《晋商史料集成》第 5 册《信函 · 信稿 4》，第 153 页。

⑧ 刘建民主编：《晋商史料集成》第 5 册《信函 · 信稿 4》，第 176 页。

二、赎取

典当业获取收益的主要方式是当物赎取后收取的当息。因此，当物的赎取对于典当业而言至关重要。《同光直隶大名府恒裕典东伙往来信稿抄本》具体反映了恒裕典近五年来当衣的回赎情况。每年七月至第二年新正，恒裕典掌柜都会通过书信不定时向东家汇报当衣赎取情况。从该信稿抄本反映的内容来看，同治十二年（1873）、光绪元年（1875）恒裕典当衣回赎尚可，至年底架本降至5万多吊；① 同治十三年（1874）、光绪二年（1876）则“架本难下”“回赎见稀”“利钱少得”；② 光绪三年（1877），为了回赎资金，降低架本，恒裕典掌柜决定通年估衣“务论贯利亏本，定于出售”。③ 可见，五年来恒裕典当衣赎取情况并不十分理想，尤其是光绪元年（1875）之后，恒裕典的架本由5万多吊不断增长至8万多吊，且居高不下。

影响恒裕典当衣回赎的因素有粮食的销售情况、天气、社会治安以及经济发展等多种情况。一般来讲，秋天荒歉不利于典当业经营，秋天丰收，农户收入增加，有利于当铺回赎资本。同治十二年（1873）十月，“大名秋景丰收，麦苗种尽……雨水皆已不缺，所有咱典回赎，至秋尾冬初以来甚可，皆因农人各粮涌存，售粮赎衣者多”④。但并非所有的丰收年份都是如此。同治十三年（1874）十一月，“遵县传谕自十月十三日减息矣，大名年岁虽属丰稔，而四邻皆丰，粮食太贱，并无走路售主。乡间庄户有粮食不能变钱，是以架货不能多下，得利减少”⑤。可见，粮食的销售情况才是影响当物回赎的关键因素。此外，天气变化情况也是影响恒裕典架本变动的一个重要因素。在恒裕典东伙往来书信中经常有“天还未冷，刻下架货不下”⑥“天气和暖，咱典架货少下”⑦

① 刘建民主编：《晋商史料集成》第5册《信函·信稿4》，第120、173页。
② 刘建民主编：《晋商史料集成》第5册《信函·信稿4》，第145、192页。
③ 刘建民主编：《晋商史料集成》第5册《信函·信稿4》，第208页。
④ 刘建民主编：《晋商史料集成》第5册《信函·信稿4》，第116页。
⑤ 刘建民主编：《晋商史料集成》第5册《信函·信稿4》，第145页。
⑥ 刘建民主编：《晋商史料集成》第5册《信函·信稿4》，第185页。
⑦ 刘建民主编：《晋商史料集成》第5册《信函·信稿4》，第189页。

等内容。另外，社会治安、经济发展等情况在一定程度上也影响了恒裕典当物的回赎。如“四路皆好，米粮不贵，地方平静，人心安贴，所以下架颇可”①，而“街面各行生意俱属寥寥”的情况则“架货不下……当当人稀，不至掣肘矣”。②

从上述分析来看，恒裕典抵押贷款业务主要是收当皮棉、夹单等衣物。在刘建民收藏的其他信稿资料中有大量关于晋商当铺收当衣物的内容。如民国湖北监利县新沟镇某典掌柜向沙市总号掌柜汇报典务：“我号生意，似乎较前减色”的原因是“时值冬衣不能离身，只看天道晴暖如何”；③还担心由于“正值寻典春衣，恐有踊跃”而资金紧张，请求沙市总号帮助筹措资金以备不时之需。④可见，冬衣、春衣是决定该当铺生意踊跃与否、筹措资金的重要因素。《道光湖北枣阳琚湾镇某典尺牍范本》第111号信提及：“启者广文吴老师爷遼有急需，欲将衣物暂置尊典。特托弟转札老兄，望祈推爱，大照大概，多当数金，方敷所用。伊不日定当加利取赎，断不有负高谊也。”⑤另外，一些晋商当铺还经营估衣铺以专门销售成为死当的衣服。如湖北松滋县合盛典以及前文提及的湖北监利县新沟镇晋商当铺均开设了销售成为死当衣物的估衣铺。⑥

一般来讲，当铺收当的物品种类应该是十分丰富的。但从这批晋商典当业信稿资料反映的内容来看，晋商在山东、湖北、直隶等地区开展跨地域典当经营活动过程中，抵押放贷的物品种类相对单一，主要是收当各类衣物，涉及其他类别的当物不多，这应该是晋商开展跨地域典当经营活动的一个特点。在社会经济发展水平不高的传统社会，衣物是广大平民百姓的生活必需品。以各类衣物为主要收当对象可以确保晋商当铺较为稳定的收益来源。当然，这并不表示晋商典当业只进行当衣业务，不收押其他物品。《光绪山东曲阜增义典往来信稿抄本》中就有收当银器的内容：“兹有恳者前当银器等件本拟俟减息之际

① 刘建民主编：《晋商史料集成》第5册《信函·信稿4》，第173页。
② 刘建民主编：《晋商史料集成》第5册《信函·信稿4》，第190页。
③ 刘建民主编：《晋商史料集成》第5册《信函·信稿4》，第627页。
④ 刘建民主编：《晋商史料集成》第5册《信函·信稿4》，第630页。
⑤ 刘建民主编：《晋商史料集成》第73册《商业知识3》，第371页。
⑥ 《民国二年（1913）湖北松滋合盛典往来信稿抄本》《民国湖北监利新沟镇某典书信底稿抄本》等资料中有大量关于当铺开设衣庄、衣铺的内容。

再来取赎，特恐时届冬腊，事多紧要，不能前来。兹着家全某带呈本银壹佰柒拾金，息银壹拾两零贰钱，预日将原件取出，点交原手带回为幸。素叨爱末，谅区区小事，定能如之通融也。”[①]《道光湖北枣阳琚湾镇某典尺牍范本》中亦有地方官员向熟悉的晋商当铺质当“字绫账幅”等内容。[②] 通过书信沟通赎当事宜，显然这种收当、赎当是建立在一定社会关系基础之上的。

第二节 存款

清代典当业的存款业务得到了巨大发展，不但私人存款，大量官款及社会性质款项也经常存于当铺中。[③] 毋庸置疑，晋商典当业也开展了存款业务。从刘建民收藏的晋商民间历史文献资料反映的内容来看，晋商当铺的存款业务主要包括官款以及具有一定社会性质的事业经费存款、个人存款、工商业字号存款等三类。

一、官款及社会事业经费存款

清代虽然各类私人存款普遍存在，但是官款以及具有一定社会性质的事业经费存款的大发展才是其真正特色。[④] 晋商当铺由于“规模大、资本雄厚且信誉较高，因此朝廷拨款、地方政府之收入以及仓廪、善堂、学校等民间各种基金多存于取息，以满足官府、社会的各种日常费用”[⑤]。

刘建民收藏的一份《道光二十年（1840）宝盛义记四德堂禧算单》[⑥] 详细记录了各类官款以及具有一定社会性质的事业经费存款情况。这份禧算单明确

① 刘建民主编:《晋商史料集成》第 5 册《信函 · 信稿 4》，第 322 页。
② 刘建民主编:《晋商史料集成》第 73 册《商业知识 3》，第 374 页。
③ 刘秋根:《中国典当制度史》，第 110 页。
④ 刘秋根:《中国古代存款的演变》，《中国金融》2014 年第 9 期。
⑤ 刘建生、燕红忠等:《山西典商研究》，第 111 页。
⑥ 刘建民主编:《晋商史料集成》第 61 册《簿记 45》，第 598—608 页。

有“新当本”“旧在架本”等内容，由此可知“宝盛义记”应是一家当铺。该算单详细介绍了“宝盛义记”各项生息银的来源、用途。现将该算单“旧管”一类中有关生息银两的内容辑录如下。

1. 借普济堂生息银叁佰陆拾两。

2. 借缉匪经费生息银叁佰两。

3. 借苦缺差费生息银陆佰两。

4. 借军费生息银壹佰陆拾两。

5. 借盐店歇业普济堂生息钱肆佰千文。

6. 借菊潭书院生息钱贰千叁佰千文。

根据录文内容可知，“宝盛义记”的生息银两主要来自普济堂、缉匪经费、苦缺差费、军费、盐店歇业普济堂、菊潭书院等途径。其中，缉匪经费、军费明显具有官款性质，其余应为社会性质的事业经费存款。郭兆斌根据此份清单提供的数据，计算出这批生息银的年利率为15%，生息钱的年利率为12%。①

刘建民收藏的信稿资料中关于晋商典当业承担官款或者社会性质事业经费存款的内容非常多。为方便研析，现将相关内容制成表3–1。

表3–1　刘建民藏晋商典当业信稿资料所见承担官款或社会性质事业经费存款统计表

序号	时间	资金来源	数量（本、息）	利率	资料出处
1	道光十二年	兵差	银一十九两五钱		《道光湖北枣阳琚湾镇某典尺牍范本》第157号信②
2	光绪	清节堂			《光绪十三年（1887）湖北松滋合盛典书信底稿抄本》第18号信

① 郭兆斌：《清末民初时期晋商簿记报告研究——以编制方法为中心》，河北大学2017年博士学位论文，第208—212页。

② 刘建民主编：《晋商史料集成》第73册《商业知识3》，第390页。

③ 刘建民主编：《晋商史料集成》第74册《商业知识4》，第70页。

④ 刘建民主编：《晋商史料集成》第5册《信函·信稿4》，第415页。

⑤ 刘建民主编：《晋商史料集成》第5册《信函·信稿4》，第452页。

续表

序号	时间	资金来源	数量（本、息）	利率	资料出处
3	光绪	学田	本钱二千五百串		《光绪十三年（1887）湖北松滋合盛典书信底稿抄本》第22号信
4	光绪	书院		一分二厘取息	《光绪湖北枝江董市某质铺尺牍范本》第42号信[③]
5	民国二年	孤贫银	银五两一钱三分		《民国二年（1913）湖北松滋合盛典往来信稿抄本》第5号信[④]
6	民国二年	育婴堂	沙平银三两四五		《民国二年（1913）湖北松滋合盛典往来信稿抄本》第21号信[⑤]
7	民国二年	清节堂	息铜元十五千		《民国二年（1913）湖北松滋合盛典往来信稿抄本》第21号信[①]
8	民国二年	荆南书院	沙平银十一两一四		《民国二年（1913）湖北松滋合盛典往来信稿抄本》第63号信[②]

分析此表，可知除了前文《道光二十年（1840）宝盛义记四德堂禧算单》提到的普济堂、缉匪经费、苦缺差费、军费、盐店歇业普济堂、菊潭书院外，晋商典当业的生息银两还有兵差、清节堂、学田、育婴堂、孤贫银、荆南书院等多种来源和途径。息金的缴纳方式，除了上引第二条资料清节堂息款为“令该首士遣妥人执持印收往各典”外，其余均为当铺委托官府吏胥、钱铺及他人按年、季或月代交，利率主要有年利率一分五厘、一分二厘两种。[③]《民国二

① 刘建民主编：《晋商史料集成》第5册《信函·信稿4》，第452页。

② 刘建民主编：《晋商史料集成》第5册《信函·信稿4》，第541—542页。

③ 潘敏德认为清代发典生息利率以月利一分及年利一分为多，参见潘敏德：《中国近代典当业之研究（1644—1973）》，第47—65页；罗炳绵认为，清代生息银两政府收取利息每月一分至二分，参见罗炳绵：《清代的银两生息制度和民国后的农民借贷所》，《大陆杂志》1977年第3期。

年（1913）湖北松滋合盛典往来信稿抄本》第5号信中提及："所派笔资今奉赵祈收"来看，发典生息银钱并不是当铺主动招揽的业务，大多数情况下是官府下派的固定任务，以至于这些款项存入当铺时不称为"存"而称为"交""发"。如《同光直隶大名府恒裕典东伙往来信稿抄本》反映的晋商当铺恒裕典、诚格当，笔者在《民国大名县志》中找到直隶大名府向两家当铺"发""交"生息银两的相关记载。

（同治元年）大名道发恒泰当、诚格当各成本库平宝银八百两，锦云号、庆远号各成本库平宝银三百两，永兴号、重盛号、德盛号、丰泰号、际泰号各成本库平宝银二百两，俱二分行息，每月具得息银六十四两……专以此项为生童膏火经费，不准提作他项支用。①

（同治五年）复蒙道宪范大人发给制宪刘大人纹银三百两，仍交于诚格、恒裕两当按二分行息，所得息银奉宪命超特一生员各增添膏火二名。②

分析上引资料，直隶大名府发恒裕当、恒泰当、诚格当生息银两的次数、数量是最多的，按二分行息，息钱主要用于书院童生的膏火费用。另外，《同光直隶大名府恒裕典东伙往来信稿抄本》第10号信有"现有领生息本钱一千吊，十年至今未满两载，共添领生息本钱五千余吊""至年终约存架本不过五万吊之谱，而存钱尚可有二万九、三万吊"等内容。③据此可知，恒裕典新领生息本钱1000吊，承领生息本钱总数达5000余吊。我们以此推算，恒裕典当年流通资本应该在8万吊左右，官府生息本钱为5000吊，官府生息银两占恒裕典当年流通资本的比例为6.25%左右。官府生息银两所占比例虽然不高，但"按二分行息"是比较高的利率，恒裕典是很难通过这些生息本钱获得实际收益的。

实际上，这些具有官款或者社会性质事业经费存款是清末以来导致晋商当铺日趋走向衰落的重要因素之一。光绪二十七年（1901）正月，在直隶、京津

---

① 河北省大名县县志编纂委员会编：《大名县志》卷9《书院》，第107页；卷13《政绩》，第172页。

② 河北省大名县县志编纂委员会编：《大名县志》卷9《书院》，第107页。

③ 刘建民主编：《晋商史料集成》第5册《信函·信稿4》，第116页。

地区经营当铺的山西介休商人，因缴纳生息本钱导致亏损严重，不得已向政府呈文陈述苦衷。

去冬十一月，蒙札谕提缴龙岗书院生息成本。本无力措交，因赔洋款需用孔急，商等安敢藐视，致误大局。不得已俱向外一分五厘揭借抵还。此项业已开报东家。复蒙扎谕将前交之项变为借以七厘行息，原本提如未提，仍照旧行息等因。商等食毛践土，苟可勉强遵办，断不肯推诿。无如商等处极困之时，何堪此一本而两负重利，就令抵偿尚在二分三厘之多。是以公同商议实在无法再与东家开报，不得不将商等苦情沥陈禀渎。①

清代银两生息制度最初确立于雍正时期，之后历经乾嘉、道咸各朝得以继续发展，其中“发典生息”甚为普遍。政府将相关款项存入当铺以获取收益，可以扩大当铺的资本规模、缓解运营资本压力，但同时这种带有强制性的存款越来越成为当铺的一项固定任务，尤其是在同光之后清政府迫于财政压力，生息银两涉及的范围、规模不断扩大，“发典生息”日趋成为各地当铺一项沉重的任务。

二、个人存款

个人存款是晋商典当业存款业务的重要组成部分，也是扩大经营资本的重要方式，主要包括官员、吏胥的个人存款和东家、伙计的“余利借贷钱”两类。

首先，官员、吏胥的个人存款。晋商在客居地进行跨地域商业经营活动时势必与当地的各种社会关系进行互动、联系以维护经营环境，确保经营收益。地方官员、吏胥是晋商构建社会关系网络的重点对象，官员、吏胥向晋商当铺存款以获取收益是晋商典当业与客居地官府互动、联系的一种方式。光绪二十四年（1898）二月二十一日，山东兖州总兵田恩来致信增义典。

敬启者两承惠临，畅聆雅论，敬佩莫名。惟东道缺如，深为愧歉之

① 刘建民主编：《晋商史料集成》第76册《诉状·呈文·著述》，第93—94页。

至。想乡谊至厚，定多见原也。渥荷雅意，为敝友存款，同为心感。今差马良臣千戎送上库平足宝银贰千两，即希宝典从新过秤，均以尊处收付为准。外间务祈秘密勿宣，尤于公府中人万勿露出，千禧千禧。至息金应如何，亦希仁兄乡台大人照柜上诸兄商酌为感。手此敬布，祇颂新喜并请财安，贵同仁诸兄均此贺喜。再存款系锡寿堂润记，中人即书马良臣。①

清代，政府严禁官吏经商，与民争利。一些官员则以个人或堂名存款的形式将银钱存入当铺以谋取收益。② 此封书信中提到为朋友存款“库平足宝银贰千两”系锡寿堂润记，又特意叮嘱增义典执事“外间务祈秘密勿宣，尤于公府中人万勿露出”，说明这批银两很可能是假借朋友之名，实际是田恩来本人存入的款项。“再存款”说明田恩来在增义典的存款不止这一笔。田恩来向增义典存入银两以生息获利，显然是建立在与增义典之间的“乡缘”关系或利害相关者基础之上的。这种存款，一方面可以为存款人提供资金的安全和高额收益，另一方面对存款机构本身周转资金、改善经营也具有一定益处。从此书信内容来看，这项存款虽说是由增义典确定利息的高低，但并不是依据正常的商业利润、市场规范确定利率，更多是取决于增义典与田恩来之间权钱交易、利害关系所带来的收益高低。正如潘敏德所认为：“典当业的存款业务是有限定的对象，譬如典内员工亲友、股东亲友或者往来商号人员”③。这种建立在“亲缘”“乡缘”关系或利害相关者基础之上的存款，一方面可以为存款人提供资金的安全和高额收益，另一方面对存款机构本身周转资金、改善经营也具有一定益处。刘秋根认为，这种存款实际上“多在亲朋好友，宗亲旧戚或十分熟悉的行铺之间进行，被纯粹的人的关系严重束缚”④。在刘建民收藏的其他信稿资料中亦有相关记载。如《道光湖北枣阳琚湾镇某典尺牍范本》提及官员存款：

---

① 刘建民主编：《晋商史料集成》第5册《信函·信稿4》，第369—370页。

② 冯剑：《天津近代典当业资本的变迁》，参见朱英编：《近代史学刊》第16辑，社科文献出版社2016年版，第205页。

③ 潘敏德：《中国近代典当业之研究（1644—1973）》，第292页。

④ 刘秋根：《中国古代存款的演变》，《中国金融》2014年第9期。

"上冬一函，布悃谅入典签。兹岁毕更始，正亲翁大要官阶超升门庭叠庆之时，敬为遥贺、遥贺。因敝伙因事来毂，着其面叩起居。有小典所存阁下之项，其数年子金，除买物之外尚存五十余金。或乃仍存小典或欲使用，望为是知是祝。"①"数年子金"说明该官员向这家当铺已经连续多年存款。

其次，当铺东家、伙计的"余利借贷钱"。"余利借贷钱"指的是晋商当铺东家、伙计将账期分红后的"余利"，或其他私人银钱存典生息，也称为"积利本利银"。关于此类存款，《民国二年（1913）湖北松滋合盛典往来信稿抄本》有详细记载。

> 兹及前月望后接得董文翁来函，所云将咱典人力股俸，概按三年截清，以归一律。今已如信办毕，但足下应起之项另书一单，呈照鉴核是望。其钱项已照文翁来信，与棣台如数易银，放典生息矣。典事一切如昔，人位皆佳。至目下净有架本四万五千余吊，票利千吊之数，衣铺进钱亦然。泐此布复，并候夏安，统希珍卫。不既。②

> 体贤翁台大人阁下惠览，未奉麈教数月余。兹山川修阻，梦寐为劳，正拟耑函禀候。忽于本月初二日转到华札……兼知我典截算前三年东伙积利，承蒙与晚截出余利，作银放典生息，叨光良多，翁台厚爱，铭刻五内。③

分析这两封书信，合盛典执事任绩写信告诉步洲老棣台已将其人力钱俸作银放典生息，李成瀛则写信感谢合盛典执事将其"积利"截出"余利"放典生息。步洲老棣台、李成瀛的放典生息钱即"余利借贷钱"。在《同光直隶大名府恒裕典东伙往来信稿抄本》中也有"余利借贷钱"的记载。同治十二年（1873）十二月，恒裕典东家吩咐掌柜郭子琴："咱铺有干城兄十三年应起余利借贷钱贰百吊，即可于正月所班伙友回家时截出捎来。"④同治十三年（1874）十月，宋干城回介休，从典中"带银二百两"，"吩咐年终补账，教将伊明年典中应还

① 刘建民主编：《晋商史料集成》第73册《商业知识3》，第354—355页。
② 刘建民主编：《晋商史料集成》第5册《信函·信稿4》，第498—499页。
③ 刘建民主编：《晋商史料集成》第5册《信函·信稿4》，第545—546页。
④ 刘建民主编：《晋商史料集成》第5册《信函·信稿4》，第121页。

本利提补，其钱暂挂水牌[①]，至用日不行利钱，明年一并出账”。[②]材料中提及的应起“余利借贷钱”“应还本利”即为宋干城在恒裕典的存款，其本钱应为宋干城作为恒裕典掌柜的部分账期红利或个人的其他银钱，否则从典中“带银二百两”至用日不行利钱是绝对不会允许的。恒裕典东家的此类存款则比较多。恒裕典每年分两次向东家支付本利，除正月外，五月前后再寄付一次。光绪二年（1876）五月，“今随脚捎呈三四月总合贰折，众东余利借贷每俸按三百千，本利银包八个，花单八纸”[③]。光绪三年（1877）四月，“现在钱铺太少，易钱掣肘，是以将余利借贷每俸先还一半，按时价作银。今随脚捎去众东余利借贷银包八个，详单八纸”[④]。这种“余利借贷钱”也被称为“积利本利银”。光绪三年（1877）六月，“咱铺所捎众东积利本利银八宗，并花单八张，天锡堂白布、光裕福寿堂等物、典四月总合一折，均已按信收清，各为交代”[⑤]。

晋商当铺收存“余利借贷钱”“积利本利银”，一方面可以帮助晋商当铺进一步扩大运营资本，缓解资金压力，改善经营环境；另一方面还可以使东家、伙计利用闲余资金赚取一些利息。

三、工商业字号存款

清代各工商业字号的闲置资金一般情况下都是相互“浮存”，取薄息以资弥补。[⑥]就晋商而言，不仅各行商号之间亦是如此，票号、账局、钱庄、印局、当铺等金融机构之间同样有密切的资金联系。当铺的经营资本，除少数依靠直

---

① 李锦彰先生认为水牌是山西商人会计普遍应用的一种账簿辅助工具，其形状是一块两肩对称稍削、油漆的木制牌子。记账人员用毛笔在上面记录会计信息，定期根据流水账变化在合账日将原写信息除掉，重新记录变动后的信息。水牌是介于流水账与分类账、大账之间的一种工具，其作用是节省记账工作量，使账簿记录更准确、更整洁。水牌一般悬挂在柜台或账房墙壁上。

② 刘建民主编：《晋商史料集成》第 5 册《信函·信稿 4》，第 149 页。

③ 刘建民主编：《晋商史料集成》第 5 册《信函·信稿 4》，第 180 页。

④ 刘建民主编：《晋商史料集成》第 5 册《信函·信稿 4》，第 201 页。

⑤ 刘建民主编：《晋商史料集成》第 5 册《信函·信稿 4》，第 206 页。

⑥ 刘秋根：《中国古代存款的演变》，《中国金融》2014 年第 9 期。

接投资获得之外，大多数是依靠钱庄、银号放款这种间接投资形式获得。①《光绪湖北枝江董市某质铺尺牍范本》第43号信提及："小记连前所存核算共计银若干，今如数上来兑票一纸。十八日期付某号□用票，至望恳照兑为感。"②虽然我们不知此家"小记"的名称、行业，但可以确定的是这家商号连续多次向该质铺存款。类似的事例在《民国湖北省监利新沟镇某质铺书信底稿抄本》中也有所反映。新沟镇晋商质铺掌柜致信沙市东家："隆盛德宝号本月有到期票事一千两，烦劳贵同事统此致意。设如宝号有余项，如该号要收，务望代为归还，至敝同事月半后准定到沙，再为理处可也。"③"到期票事"指的就是隆盛德在晋商质铺的存款。此书信底稿抄本第11号信亦有相关内容："前日张裕隆索伙到铺，叙及铺存该号八百串之数，已接伊沙号之信，报及由沙收清，随即付揩注册，想系由沙妥交否。"④此书信中提及的"铺存该号八百串之数"指的是这家商号向新沟镇晋商质铺的存款。

存款作为一种负债资本，对扩大晋商典当业资本实力、周转资金、改善经营环境具有一定益处，但也具有一些局限性。晋商当铺承领官府的各类生息银两虽然可以加强与当地官府、各机构的联系，但这些官款或者社会性质事业经费存款也是导致晋商当铺日趋走向衰落的重要因素之一；基于"亲缘""乡缘"或其他利害相关者基础之上的存款被纯粹的人的关系严重束缚，存款利率难以依据正常的商业利润、市场规范确定，反而要取决于当铺与存款人之间权钱交易所带来的收益高低来进行确定。

第三节　信用放贷

信用放贷是典当业利用闲余资金进一步获取实际收益的重要方式之一。刘

---

① 周建波：《明清山西商人多层次金融体系的创新及其局限性》，《中国经济史研究》2017年第6期。
② 刘建民主编：《晋商史料集成》第74册《商业知识4》，第68页。
③ 刘建民主编：《晋商史料集成》第74册《商业知识4》，第672页。
④ 刘建民主编：《晋商史料集成》第74册《商业知识4》，第629页。

秋根认为，在宋辽夏时期信用放贷在典当业中就比较流行了。① 明清时期，随着商品经济的发展以及长途贩运贸易的兴盛，为满足各行业日益扩大的资金需求，信用放贷的社会化程度极大提高。在这一背景下，典当业的信用放贷业务得到极大发展。晋商以善于经营金融放贷业务著称，就晋商典当业而言，其信用放贷业务主要体现在向工商业字号放款、向个人放贷以及与放账铺的关系等三个方面。

一、向工商业字号放款

刘秋根认为至少从宋代开始典当业就开始向各行商人发放资本性放贷，明清以后典当业的这种资本性放贷更是十分普遍。② 这种资本性放贷不同于生活性放贷，主要是满足商人经营管理过程中的资金需要。刘建民收藏的这批晋商典当业信稿资料中有许多晋商当铺向工商业字号放贷的事例。《光绪湖北枝江董市某质铺尺牍范本》第41号信提及：

> 许久不晤，渴想殊深，正欲修函，致候暑安，辄瑶章降谕。内□脚全代佃，感激感激，其钱如命录簿。当斯时也，小记存项不多，欲向宝号挪假数百竿，犹恐仓促，致乎不便，特此早达，顺候福安，恭惟良鉴，不宣。③

虽然我们无法确定“小记”具体属于哪个行业，但向晋商质铺“挪假借数百竿”，即借钱数百千，这种挪借当属于晋商当铺对该商号的信用放贷。从“小记存项不多”等内容来看，这笔借款应该是用于该商号的日常经营，以缓解资金压力。再如《民国湖北监利新沟镇某质铺书信底稿抄本》第67号信提及：

> 附启信成后与同心福凭信兑去沙交我号台票二千串正，至日祈向瑄翁如数清收是妥。现在该号因汉口棉花未曾售出，需钱紧急，笔下已挪借咱号钱三千串之谱。除此兑款，尚欠千串之数。据星翁意，在多兑几千。棣台来信沙号所需无几，如若放出，诚恐铺存不足，若照去腊上首踊跃，而

① 刘秋根：《中国典当制度史》，第121页。

② 刘秋根：《关于中国早期银行业的几个问题——兼与黄鉴晖先生商榷》，《河北大学学报》1995年第4期。

③ 刘建民主编：《晋商史料集成》第74册《商业知识4》，第69页。

且开正之项亦要按置，庶免临时掣肘耳。①

分析这则资料，可知该质铺已向同心福放贷三千串之谱。因同心福执事星翁想再多借几千，沙号来信告知该质铺存钱不足，如果再进行放贷，担心腊月、明年正月因业务繁多而银钱掣肘。

复陈阚协和凭六次信兑来铺交我号之钱一千串正，张怡顺兑来二千串，二宗皆已上折。厚记两次所兑之项皆交清楚，惟庆记尚欠一千五百串，陆续催用，估约亦不能拖久耳。②

由此则资料可知，阚协和、张怡顺、厚记、庆记等商号均向该晋商质铺借款，仅有庆记一家尚欠一千五百串钱未还，其余借款均已偿还。不难看出，在一定地域范围之内，晋商当铺已经和一些商号形成了较为稳定的信用放贷关系。

至本月半，除义记还过去年借项八月半一千两，冬月底五百两，共本利沙平银一千五百四十三两七钱五外，又与典立借义记本平足银四千两，按月一分二行息。望见信逐宗验校，照注往来为是。③

根据此书信的内容，此处的“义记”指的是义盛典。从资料中可以看出，合盛典连续多次向义盛典放贷，而且借贷资金数量比较大，利率为月息一分二。

自违光仪，倏忽经年，念想之情，实深梦寐。兹当金风入暑，炎气蒸蒸。恭念老先生贵体康泰，诸事畅遂，以慰渴思，贺贺。启者因枣邑账物不能开消，是以奉恳。兹专人赴台端，务祈代为通济，即交来手带回。一俟回任后自当如数归款，不敢辜负雅意耳。④

这封书信中的借款表面看是一种个人借款。但借款原因为“账物不能开消”，显然借款目的不是为了个人的消费，而是为了确保商号经营活动的正常开展，这也是晋商当铺向工商字号放贷的一个实例。

---

① 刘建民主编：《晋商史料集成》第5册《信函·信稿4》，第696页。

② 刘建民主编：《晋商史料集成》第5册《信函·信稿4》，第725页。

③ 刘建民主编：《晋商史料集成》第5册《信函·信稿4》，第441—442页。

④ 刘建民主编：《晋商史料集成》第73册《商业知识3》，第366页。

所欠宝典之款本应早归结，奈弟所贷之期太急，外边所进各项追讨无门，故此迟至。今日不能如愿，敢请叨在乡戚之好，代为展限。①

这则资料说明由于“所贷之期太急”“所进各项追讨无门”等原因，导致无法按时归还该当铺的贷款。

以上资料均说明晋商典当业与各工商字号之间的信用放贷关系。因受资料的限制，我们目前尚无法判断上述字号具体从事何种行业。显然，这种贷款是收取一定利息的，工商字号向晋商当铺借款主要是为了满足商业经营活动的需要，具有一定的资本性、经营性功能，有的商号还与晋商当铺甚至形成了较为稳定的信用借贷关系。除了直接进行信用放贷外，有的晋商当铺还从事委托放贷业务，如光绪湖北枝江县晋商质铺在写给某字号信中提及：“兹因衣物一事，大约恐与某人杂错，候查明白，即为寄来。有委蜻蚨代放之事，刻无妥当，下家未放，胡为其钱尚在某号暂存，专此。伏惟光鉴。不宣。”②

二、向个人放贷

一般而言，典当业是禁止向个人发放贷款的。《典业须知录》明确规定：“柜友不得殉情信当”③。晋商商业读本《交易须知》亦有明确规定：“东伙不许在柜上出息借贷，亦不许浮挪暂借”④。《光绪山东曲阜增义典往来信稿抄本》有相关内容：“早年典中立有铺规，自总管以致诸伙，无论至戚厚友，不得挪借银钱。”⑤《道光湖北枣阳琚湾镇某典尺牍范本》某友人向该当铺借钱四十千文，该当铺回信写道：“兹来信云四十千文，弟如命奉去。但小典向无此例。兹系弟额外行事。”⑥“向无此例”说明该当铺一般情况下是禁止向个人放贷的。再如前文所引资料，同治十三年（1874）十月，恒裕典掌柜宋干城旋里，从典中

① 刘建民主编：《晋商史料集成》第 74 册《商业知识 4》，第 196 页。

② 刘建民主编：《晋商史料集成》第 74 册《商业知识 4》，第 105 页。

③ 《典业须知录》，哈佛大学汉和图书馆藏抄本，转引自曲彦斌主编：《中国典当手册副编》，辽宁人民出版社 1998 年版，第 962 页。

④ 山西省晋商文化基金会编：《交易须知》卷 1，中华书局 2013 年版，第 17 页。

⑤ 刘建民主编：《晋商史料集成》第 5 册《信函・信稿 4》，第 392 页。

⑥ 刘建民主编：《晋商史料集成》第 73 册《商业知识 3》，第 326 页。

"带银二百两"，"吩咐年终补账，教将伊明年典中应还本利提补，其钱暂挂水牌，至用日不行利钱，明年一并出账"。事后，恒裕典的东家给掌柜王从周写信申明号规，严斥这种挪借行为。

> 至于所云干城兄回时带银贰百两，虽系有伊借贷停利豫使。但此总含糊，实属不遵铺规。兄等当时即当提明铺规，以示警戒。但事已如此，干城兄既已下世，无须深究。嗣后东伙大众都当自重，不准相犯规条，即有不得已事，总要公信先为提明，再许挪借。①

但在实际经营过程中，受各种因素的制约，晋商当铺不得不向一些官员以及与当铺的经营管理来往密切或有一定利害关系的个人放款。如前文所引朱排长之款、吴国云之款均为当铺借款。吴国云的身份不详，但朱排长显然是当铺所在地的官员。在这批信稿资料中有很多官员借款的实例。民国初年，在湖北监利县晋商质铺给监利县县长的回信：

> 县长大人钧鉴：日前福星辱临，毫未伺应，顷奉函谕，反为言谢，捧诵之余，感愧交集，并承交来借款钱四百串，以及衣料钱贰拾串零贰百文，羊皮袍一件，当时点收清楚无讹。前之借字一纸，堤工局领条一纸，一并交贵队带转至，请查收为荷。只请德安，伏乞鉴照。不备。②

由此信内容可知，监利县县长向该质铺借款四百串。《民国二年（1913）湖北松滋合盛典往来信稿抄本》中松滋县典税房李石泉向合盛典借款："兹有恳者刻因医药浩繁，手中拮据，现需要款十六千付人，适值空乏无款应付，为此专函奉恳左钱十六千，即祈当面交付来人，是所拜祷。"③此外，向晋商当铺借款的还有一些山西籍的同乡官吏。《道光湖北枣阳琚湾镇某典尺牍范本》中"与伙友札"第11号信：

> 启者署印巡厅杨公莅任数月，名望显著，现在立碑挂匾可称盛事。昨二十四日，金公复任。卸事之后，只余清风两袖，眷口颇多，竟至无力起程。所谓名利难以兼收也。亲至小典，向弟云：前承各典雅爱，迄今铭

---

① 刘建民主编：《晋商史料集成》第5册《信函·信稿4》，第152页。

② 刘建民主编：《晋商史料集成》第5册《信函·信稿4》，第725页。

③ 刘建民主编：《晋商史料集成》第5册《信函·信稿4》，第592页。

感。意欲遣役投刺，邀请众台一叙，面恳乡戚之谊，真申求助之意。每典借凑七金，期在来春必偿，今日稍可得已亦不启齿等语。其言甚婉而其意甚切。弟窥其来情，似难坚却，与其多劳往返不若以扎婉商。弟愚见，每典送赆仪三两，或总送二十金，庶可不负所望耳。但系吾侪公事，弟不敢擅便，特此布达并候回音，幸勿迟滞是祷。附请近祺。不一。①

“面恳乡戚之谊”说明此官员与当铺经营者为同乡关系，借款原因是筹措卸任之后的路费。此外，一些同乡官员的亲戚也向晋商当铺借款，前文所引山东兖州镇总兵田恩来的胞侄田承祁②写信给山东曲阜增义典。

兹专恳者祁寄食伯氏，岁入甚微，而应酬极繁，用项甚钜。幸承恒顺典友人通挪，得以无虞。刻下计欠三四百金未能酌还，而祁仍挤不可支，不得已肃函奉干，务乞俯念桑梓谊重，商之贵东、贵同事，惠假库宝足银壹百金，以济燃眉之急，幸勿空函见却。该款一年归楚，决不食言，忝叨同乡，不揣冒昧奉恳，务希原谅，专此奉恳，敬请财安，惟希爱照。③

对于田承祁的借款要求，恒裕典外事主管樊廷相写信婉言拒绝。但事后觉得“此信固属不大好看”，于是派人送银，并附信一封抄后。

紫荆仁世兄乡台大人阁下：昨致覆函，谅邀青览……惟弟非惜此一言，实有为难情形，前已冒渎陈明，无敢赘述。弟于相好处竭力通融，仅措得库平锞银五拾金。兹着小价驰送台端，略尽微忱，未克仰副委命，统冀垂谅，希即莞存，望赐回玉是荷。④

这种放贷即使是收取一定的利息，但很多时候是无法按时收回的。如湖北监利县新沟镇某质铺对无法及时收回的官员借款写信催促还款：“抟万警官先生阁下升电，自驾由新回署，忽已匝月，仰慕光仪，时切溯回。敬维道随时泰，福德日增。兼公务畅遂，曷胜欣颂，敬启无别。缘前挪小记之款，蒙情俞

① 刘建民主编：《晋商史料集成》第73册《商业知识3》，第322—323页。

② 田承祁，田军门胞侄，参见刘建民主编：《晋商史料集成》第5册《信函·信稿4》，第390页。

③ 刘建民主编：《晋商史料集成》第5册《信函·信稿4》，第388—389页。

④ 刘建民主编：《晋商史料集成》第5册《信函·信稿4》，第393—394页。

允，是月半底挪付不误。但小记正值上架踊跃，沙市银根奇紧，月息高大，通融甚属掣肘。是以寄函，恳祈将此款清偿，以济缓急。”① 此外，与当铺经营管理来往密切的一些个人也经常晋商当铺借款。如裕隆号与湖北监利县新沟镇某晋商质铺银钱来往十分频繁，该号伙计“蔡先生廿七日来新，因需钱在急，挪去钱二百串。据伊所言，随后该号有兑”②。有的晋商质铺还向其房东放贷。《民国湖北监利县新沟镇某质铺书信底稿抄本》第101号信提及：“再房东该项一节，自余由沙返铺，伊即请陈、张、邓三位，云及若加房租才肯允许还债，余定要将所该之项还讫再说加租之言。是以中人来转数次，两边俱难进言。俟后伊亲来铺中面讲，若不加增房租，腾屋还钱，所以两下噪闹一次。延至今天，中人来铺解胶，每年扣钱一百六十串，房租加四十串，借铺六十串正，息内除钱廿串。只得看大众情面，从权了事耳。”③

这批信稿资料中晋商当铺向个人放款的例子非常多，这里不再逐一列举。从这批信稿资料反映的内容来看，晋商当铺向一些官员或者来往密切的个人放款大多数情况下是无息贷款，仅有少数情况下为有息放贷，如监利县新沟镇某质铺的房东从该质铺贷款则为有息贷款。向个人发放的无息贷款还不是严格意义上的经营业务，只有收取利息的放贷才属于业务范畴。除上述情形外，在光绪之后还出现了另外一种特殊的信用放贷形式——“息借商款”。“息借商款”与前文所述生息银两制度正好相反，是商人、商号对政府放贷，并收取一定的利息。④《民国湖北监利县新沟镇某质铺书信底稿抄本》中有晋商当铺对政府放贷以开办官地荒厂的事例。“宣统二年，刘公任内曾向八典各借款五百串文，以本年三月初一壹分起息。借此款开办官地荒厂，下秋本利俱还。”⑤ 但这宗放贷一直到了民国初年还没有收回本金和利息，可见晋商当铺与官府银钱往来所承担的风险和无奈。

---

① 刘建民主编：《晋商史料集成》第5册《信函·信稿4》，第647页。

② 刘建民主编：《晋商史料集成》第5册《信函·信稿4》，第675页。

③ 刘建民主编：《晋商史料集成》第5册《信函·信稿4》，第738页。

④ 罗炳绵：《清代的银两生息制度和民国后的农民借贷所》，《大陆杂志》1977年第3期。

⑤ 刘建民主编：《晋商史料集成》第5册《信函·信稿4》，第732页。

三、与放账铺的关系

晋商当铺与放账铺的关系也是信用放贷业务的具体体现。因资料的限制，长期以来学界对晋商经营的放账铺的关注十分不够，仅有刘秋根对清代放账铺作了一些初步性探讨。[①] 刘建民收藏的《光绪二十一年（1895）人地纲目》是一份山西灵石商人为了设立放账铺，或者是为了进一步扩大经营而对相关问题进行系统调查的商情报告。[②] 此报告为我们进一步认识晋商当铺与放账铺的关系提供了宝贵信息。首先，晋商典当业兼营放账业务。《光绪二十一年（1895）人地纲目》第一部分列举了一些分布在直隶各地城镇的字号名字。其中，有8家山西灵石商人开设经营的当铺，分别为公益当、万祥当、万升当、万成当、万庆当、万裕当、万隆当、万德当。根据刘秋根的推断，这些当铺也从事放账业务。[③] 在湖北荆沙地区经商的晋商向友人写信介绍荆沙典当业经营情况："当铺皆不请人，愧负所望，殊觉赧颜，再不覆甬，恐台悬怀……迩来荆沙虽暂平靖，而兵队时有风潮，常虑生变。各行生意不敢放瞻畅做，协昌永放账事已经收庄，现在只办当铺之事矣。"[④] 分析这则资料不难看出，由于战争引起的社会动荡，晋商当铺协昌永暂停了放账业务，只保留了抵押放贷业务。

其次，晋商典当业开办放账铺。在《光绪二十一年（1895）人地纲目》中有两条关于晋商当铺开办放账铺的记录。

崇庆生，霍州吉成当、府店崇太生朋，司事程明高。[⑤]

二十年安谦益昌，洛子堂张与平阳府当，典与韩国光□小股四俸，司

---

① 刘秋根最早注意到放账铺，先后发表《明清"京债"经营者的社会构成——兼论账局及放账铺》，《河北大学学报》2011年第2期；《清代前期账局、放账铺研究——以五种账局、放账铺清单的解读为中心》，《安徽史学》2015年第1期；《放账铺的经营与近代华北农村金融——〈人地纲目〉解读》，《新史学》2018年第3期等专题文章。

② 刘建民主编：《晋商史料集成》第78册《著述3》，第227—285页。

③ 刘秋根、杨帆：《清代前期账局、放账铺研究——以五种账局、放账铺清单的解读为中心》，《安徽史学》2015年第1期；刘秋根、张鹏：《放账铺的经营与近代华北农村金融——〈人地纲目〉解读》，《新史学》2018年第3期。

④ 刘建民藏《□学摘录》第12号信。

⑤ 刘建民主编：《晋商史料集成》第78册《著述3》，第245页。

事张吉元、张生荣。①

根据刘秋根对这两条资料的解读，可知崇庆生放账铺由霍州吉成当、府店崇太生合伙开办。谦益昌放账铺由洛子堂张与平阳府当合伙开设。晋商当铺开办放账铺在刘建民收藏的信稿资料中也有相关记载。同治六年（1867），山西介休商人在湖南津市开设的鼎泰典委托湖北沙市某票号打探在湖南常德设立当铺事宜。该票号回信写道："兹又启者，委弟在沙探询常德之举目。今鼎丰太执事者郭煜兄身染伤寒不便提叙，月内已往长沙湘潭（银处）设立放票生意。"②这家票号向鼎丰太执事探询设立当铺事宜，说明鼎丰太应该是一家当铺，鼎丰太到长沙、湘潭等地设立放账铺是独资还是合伙则不得而知。此外，《道光湖北枣阳琚湾镇某典尺牍范本》有两封向某当铺推荐伙计的书信：

> 兹缘敝友某人与弟世交，今闻宝典骏业峥嵘，忽投小号浼弟觅一栖身之所。恃蒙素好，陡荐台处录用。但伊向在账行，当铺一切未曾学习，尚望兄台指南车以就正教，俾伊有所矜式，不惟弟感厚德，伊举家共戴无既矣。③
>
> 仆才鲜浅识，谅素所知，此番一事，亦出于万不得已之间。今既伊因不谙当行章程，自觉食禄有愧，于心难安。即着伊回樊，另图他事可也。诸承先顾，曷敢谢言，惟有铭感五中矣。谨此奉候，伏惟心照。不宣。④

分析这两封书信，由于被推荐人只有账行工作经历，不谙当行章程，未被此家当铺录用。由此可知，晋商当铺与账局在工作内容、章程等方面还是有很大的区别的。相对而言，典当业与放账铺有很多相似之处。放账铺规模小，业务方面虽然也有对商人商号的放账，但更多针对的是农民，主要以铜钱为本钱，每次放贷的规模比较小。⑤放账铺与典当业至少有以下三个相似之处：业务对象以农民为主，本钱以铜钱为主，放贷规模比较小。这也是为何在《光绪二十一年（1895）人地纲目》中有很多当铺兼营放账业务，甚至开设放账铺的

---

① 刘建民主编：《晋商史料集成》第78册《著述3》，第268页。

② 刘建民主编：《晋商史料集成》第5册《信函·信稿4》，第80页。

③ 刘建民主编：《晋商史料集成》第73册《商业知识3》，第393页。

④ 刘建民主编：《晋商史料集成》第73册《商业知识3》，第393页。

⑤ 典当业的业务对象主要是城乡各类小生产者，农村当铺主要是服务于农民。

原因所在。另外，从事放贷业务的印局、印子铺与晋商典当业也有一定的信贷关系。据《申报》记载：光绪五年（1879），天津“有印子房者大都晋人开设，亦出帖子放印子钱，以权子母。津城典当其柜伙尽属晋人，印子房与之声气相通，其帖可以赎当”①。印局、印子铺发行的钱帖可以在晋商当铺赎当，由此可见晋商当铺与印局、印子铺之间建立了较为稳定的信用放贷关系。

晋商典当业的信用放贷业务在某种意义上可以讲也是一把双刃剑。一方面通过信用放贷业务可以利用闲余资金进一步扩大资本、获取收益，另一方面也为经营管理带来了一定的风险。因此，晋商典当业在进行信用放贷时一般采取较为谨慎的态度。如直隶大名府恒裕典，受大名金融环境不断恶化的影响，信用放贷日趋保守甚至停止对外放贷。同治十二年（1873）十月初三日，“脚夫回介带去典第五次信”。

> 兹报大名秋景丰收，麦苗种尽，兼之邻县景象与府属相符，雨水皆已不缺。所有咱典回赎至秋尾冬初以来甚可。皆因农人各粮涌存，售粮赎衣者多。谕还四维堂银二千两应为遵办，以此谕之。咱典今岁除上架外，余利钱一万余吊，而赔利实系不少。约稽来春上架较今岁虽望有盛。现在秋粮存积者多，而各县麦苗普安，闻其乡庄人手中现钱活动，果照此传而明春之架岂能多涨。即或照今岁多当万吊，咱典之钱可够尽用。现有领生息本钱一千吊，十年至今未满两载，共添领生息本钱五千余吊。按视目下回赎至年终约存架本不过五万吊之谱，而存钱尚可有二万九、三万吊。似以晚等预筹，备存还四维堂本银三千两。除过此宗外，至年终二项共可有七万九、八万吊之数。除望多当衣物之外，余钱别的再无所贪。加之钱铺屡有坏事之家，以致街市滞塞，即或街面字号欲借者，咱实不敢贪放，莫如多还该外为善。②

分析这则材料不难看出，大名秋景丰收，农民出售粮食后赎取当衣的比较多，恒裕典存有大量余钱。正常情况下，恒裕典为了避免余钱“赔利”，可以

① 《钱铺荒闭》，《申报》1879年12月22日第2版（第2388期）。

② 刘建民主编：《晋商史料集成》第5册《信函·信稿4》，第116—117页。

通过放贷的形式以进一步获取收益。但恒裕典掌柜考虑到大名持续恶化的金融环境，即使存有大量余钱也不敢进行放贷。

发放的贷款无法按时收回是晋商典当业亏损的原因之一。刘建民收藏的《光绪二十七年（1901）至二十八年（1902）介休典商冀家呈文留底七份》详细记录了晚清时期晋商典当业的经营艰难、连年亏损的基本情况。

> 嗣值庚子之变，京津两处各当典被抢者不一而足。商与族人朋合之业，资本为之一空。以典商而论，原入资本大钱八万有奇，并借外生息共有十四五万之谱。而数年以来，上架不多，开除不少，外号所借之款，有经数年而不能归还者。以账目计算，不为不足，而综核实数，亏空已愈大半，是以原入资本，虽实若虚，每逢上架之期，现钱缺乏，周转甚难。①

资料中提及的"外号所借之款，有经数年而不能归还者"指的就是信用放贷。可见，除了战争、动乱等原因，大量信用放贷无法收回是导致该当铺亏损的重要原因之一。民国时期湖北枝江县新沟镇某质铺执事在向东家汇报业务时也有类似感叹："回忆我号连年亏折，皆由挂欠久悬，多费月息，诸凡夹倍之故耳。"②

第四节　发行私票

私票也称为私帖，是指未经政府批准的由各金融、商业、企业机构以至于个人发行的，仅在固定地区流通的民间纸币或类似于纸币的价值符号。③私票、私帖兴起于宋代，明清时期得到进一步发展。④尤其是入清以来，一些传统金

---

① 刘建民主编：《晋商史料集成》第76册《诉状·呈文·著述1》，第105页。

② 刘建民主编：《晋商史料集成》第5册《信函·信稿4》，第741页。

③ 张宁：《中国近代货币史论》，第30—31页。

④ 缪坤和：《宋代信用票据研究》，云南大学出版社2022年版；谢秀丽、韩瑞军：《清代前期民间商业信用问题研究》，人民出版社2012年版；刘秋根：《明清民间商业信用票据化的初步发展——以汇票、汇兑为中心》，《中国钱币》2006年第1期；刘秋根：《清代前期钱铺银号银钱票》，《中国钱币》2019年第1期。

融机构或者有实力的商号在地方上发行钱票、私票，并替代货币在市场上流通，借此改善货币供应环境，扩大经营并赚取一定的利息。山西省晋中地区发现的"乾隆广兴乾记"帖版[①]以及晋南地区发现的乾隆"万镒盛"帖版[②]是已知年代最早的私帖实物帖版。

就典当业而言，一般认为大概在清代中叶便开始发行私票。前人在研究清代典当业的发行私票业务时主要引用以下两份资料。

> 清乾嘉间，晋商在长江各埠开设的四五百家典当，皆自出纸票，作现生息，因而有效地扩大了资本，每当资本只有四五万，而上架却多达二十余万。流通资金绰有余裕，无须向人借贷。[③]

> 晋省行用钱票，有凭帖、兑帖、上帖名目。凭帖系本铺所出之票，兑帖系此铺兑与彼铺，上帖有当铺上给钱铺者，有钱铺上给钱铺者。此三项均系票到付钱，与现钱无异，应听照常行使，无庸禁止。此外有别项铺户并非钱店所出之帖，亦曰上票；又有年节被债所逼索，自行开给钱票，盖用图章，以为搪账地步，俗名谓之壶瓶帖。言其装入壶瓶，并无实用，民间亦不甚流通。又期帖系易银时希图多得钱文，开写迟日之票，期到始能取钱。以上三项，均非现钱交易，应请禁止。[④]

这两份关于晋商当铺发行私票的资料以及晋中"乾隆广兴乾记"帖版的发现，均说明包括典当商人在内的山西商人善于发行、运用私票的经营特点，而这也是山西商人走出熟人社会，走向更为复杂、广阔的全国市场的现实需要。从晋商典当业信稿资料反映的内容来看，晋商当铺发行、运用的私票有短票、长票、兑票、小票、上票、下票等六种。下面，根据这批信稿资料提供的信息对晋商当铺发行的各类私票进行分析。

---

① 王雪农：《中国山西民间票帖》，《中国钱币》1999 年第 1 期。

② 李锦彰：《晋商老账》，第 132—133 页。

③ （清）李宏龄：《晋商盛衰记》，第 45 页。

④ 《道光十八年（1838）六月二十五日山西巡抚申启贤折——胪陈钱铺不能禁止及山西钞票流通情况》，转引自中国人民银行总行参事室金融史资料组编：《中国近代货币史资料》第 1 辑（上册），中华书局 1964 年版，第 130 页。

一、短票和长票

何为短票、长票，学界目前尚无专门研究。根据信稿资料反映的内容，清末民初时期在湖北地区从事典当经营活动的晋商发行使用了短票、长票。如道光年间，山西汾州府商人在湖北樊城、枣阳等地开设、经营质铺，在其来往书信中提及："又运来九九五、九九六钱三千串整，或作还七八月之票，或暂出短票至期扭还。愚想我典今春作借之钱，拉价钱平纹银总在七十二两四五钱。樊昨日下午钱价大宝仅在六十九两三四钱，纹银亦不过七十两之间。刻下月息缺提九五，樊号与我典立短票之息亦只八五之谱。至期以所得之息与我典赔钱价换算，尚不能两抵。"[①] 民国时期，湖北松滋县晋商当铺合盛典执事在商讨典务的书信中写道："迳启者前日世恩伙返埠，备道盛意，为咱朱典钱不敷用，而街典所存亦不甚余裕，得蒙鼎力周旋，设法转贷，足见古道照人……发来铜币十万元，并读华翰，遵数清收……惟来项以合盛而论，虽借长票月息较轻，然似属诸多不便，一再筹思，只好仍按短票立借，即以八月初一日起按月一分作借同盛钱壹千吊。俟先尽沙票还清，随后再还此项可也。"[②] 综合分析上述两则材料，所谓短票、长票，指的是晋商当铺在向其他商号、商人借款时开具的借款收据、凭证，两者的区别是短票借款时间短但利息高，长票借款时间长而利息比较低。因资料有限，我们目前无法得知短票、长票是晋商当铺运用的某种票据的俗称，还是当时商人们普遍运用的一种私票。

二、兑票

兑票指的是当铺与各商号之间互相开具的代币票据、支取凭证。尤其是异地之间的资金往来，由于资金不足或者携带不便，持资金往来对象开具的兑票可随时或按指定日期到异地结算、取现。

同治六年（1867），沙市某票号委托湖南津市怡复兴当铺代购典钱、街市

---

① 刘建民主编：《晋商史料集成》第 73 册《商业知识 3》，第 328 页。

② 刘建民主编：《晋商史料集成》第 5 册《信函 · 信稿 4》，第 607—608 页。

钱各一千串，所需银钱“理应随脚发伙，奈片刻不便，乞宝号调剂，给掷兑票，来沙随到随交，绝不致误。恳乞将钱办就即觅妥舟运沙，随原□赐一确信，劳神之处，铭刻五内”①。可见，该票号未直接付现钱，而是给怡复兴当铺开具了一张可随时到沙市提现的兑票，随书信一并寄送给怡复兴当铺。当然，一般情况下怡复兴当铺是不可能持兑票到沙市提现的，而是将此兑票随信寄送给沙市总号或联号代其提现。除了随时可以提现的兑票外，有的兑票按照规定的日期兑现。如《光绪湖北沔阳某典尺牍范本》第 54 号信提及：“上月某日信脚来州接阅十二次信，内情均领。致某翁之信皆已转递，勿为计念。带来某先生之物二色俱如数交代。所云打来某字号兑票若干，到日按期缴给，尚祈无计。目下天道有雨，当取微稀，刻今当取若干号，除当净回钱若干而已，至月底合存架本钱若干，共得票利钱若干。”②“打来某字号兑票若干，到日按期缴给”，说明此兑票是按期兑现的兑票。

三、小票

陈其田认为山西票号自行发行一种银票，也称之为“小票”，凭票付款不记名。③ 从刘建民收藏的晋商典当业信稿资料的内容来看，晋商典当业同样发行这种“小票”。这种“小票”是晋商典当业开给质当者的一种代币票据，以此缓解资金压力，扩大运营资本，改善资本环境。晋商典当业发行的这种“小票”有一百、二百、三百等不同额度的币值。如湖北监利县新沟镇某晋商质铺所发行的就是一百、二百、三百的小票。该质铺执事在写给沙号的信中提及：

> 所印小票于廿三日又印来三百一万五四贰张。笔下铺存现台票四千串。两次所来一、二、三百小票，共存有九千串之谱。铺中诸凡平善，勿劳挂念。今逢林板主赴沙之便，特此奉申，顺请刻安，暨礼斋棣台安好……再及共来一、二、三百小票四千九百余串。今又托星翁再印

---

① 刘建民主编：《晋商史料集成》第 5 册《信函 · 信稿 4》，第 73 页。

② 刘建民主编：《晋商史料集成》第 74 册《商业知识 4》，第 185 页。

③ 陈其田：《山西票庄考略》，山西人民出版社 1990 年版，第 134 页。

一百一万张、二百二万张，贰共计数五千串，大约可以够用。①

根据“一百一万张、二百二万张，贰共计数五千串”来计算，可推算“一百”代表一百枚制钱的币值，“二百”代表二百枚制钱的币值，“三百”代表三百枚制钱的币值。从这封信中我们还可以看出该质铺所印小票的规模高达一万八千九百串之多，远远超出正规官票“台票”的规模。根据笔者对该质铺原有资本规模的估算，其资本规模大致为16250串至32500串左右，该质铺发行钱票的规模与原有资本的比最高时可达116%，最低时也有58%。② 可见，发行小票对于晋商典当业经营管理的重要性。

清末民初，“湖北各府州县城乡市镇，不惟制钱短缺，即粗恶薄小之钱现亦不多，惟以一纸空虚线条互相搪抵，民间深以为苦而无如之何，通省情形相同。”③ 面对上述情景，在湖北经营典当业的山西典商无奈地发出“现在铜元缺乏，若不用小票，百行难以贸易矣”④ 的感慨。货币短缺推动了私票的发行，然而私票发行者的能力毕竟有限，如果过度发行，一旦银根紧缩或社会动荡，便会有挤兑的风险，进而加剧社会的动荡。因此，官府经常禁止私票的扩张。光绪年间，山西介休商人在湖北松滋县开设的合盛典执事在写给协盛典的信中提到：“伊即风言散语，声称要告我行使用私票等情。去岁抽用数次，今一不随意则反面无情，是此等无义小人。如伊去各典取钱，只可照数发给，似乎无须优加款待，未知各位尊意以为何如。盖此次抽用本不当应承，碍于李观臣情面，况伊小人，亦不足与较。”⑤“声称要告我行使用私票等情”说明私票主要是在商人之间私下使用，官府对此是禁止的。山西介休商人在湖北监利县新沟镇经营的一家质铺执事向沙号汇报当务时也曾提及：“惟小票一节，上峰正在严禁。”但是由于典当业与小生产者的生产、生活息息相关，“刻值农界正在春

① 刘建民主编：《晋商史料集成》第5册《信函 · 信稿4》，第722页。
② 详见本书第四章第一节资本组织方式及资本规模。
③ 《光绪十九年（1893）八月十九日湖广总督张之洞等折——请准在鄂铸造银元》，转引自中国人民银行总行参事室金融史资料组编：《中国近代货币史资料》第1辑（上册），第680页。
④ 刘建民主编：《晋商史料集成》第5册《信函 · 信稿4》，第700页。
⑤ 刘建民藏《光绪十三年（1887）湖北松滋合盛典书信底稿抄本》第39号信。

耕之际，乡下买牛买种向以典质为主，如该质等收歇，与市面大有妨碍。加息一节，各县均无章程，小票尚可勉行。然而该典等自出，恐其兑换复有争论，不若仍立商会名目，将数目议定，每典不过壹万五仟串之数，令该典等自出票费，商会另立兑换处照兑，每年出点薪水而已，始为定局。”① 可见，考虑到典当业的特殊性，监利县官府允许当地典当业发行小票，但对发行额度进行了限制，规定每家不得超过一万五千串。

晋商典当业印制小票主要是开给质当人的代币票据，以减少日常流动资金的需求压力。在其他方面，晋商典当业对小票的使用一般是采取谨慎的态度。如监利县新沟镇晋商质铺与怡顺、协和等商号的资金往来，“亦可与该号言明，全用台票，不许夹带小票为妙。不然咱号因用台票在急，恐渠等复交小票难以推辞耳”②。另外，在钱价下降时，晋商典当业会趁机购买官票，以减少对私票的依赖，尽可能减少私票的负面效应。监利县新沟镇晋商质铺执事在写给沙号的信中提及“趁钱价松跌，祈购台票二千串带铺，以备更换小票使用”③。

四、上票和下票

在《光绪湖北枝江董市某质铺尺牍范本》中多次出现了“上票”“下票”。现将相关资料摘录如下。

> 前月叨光，所兑沙色银票二张，共计三百一十二两正，荷蒙关切，赐顾良深。今遇信舟陈卜康，带去大生茂上票若干，又贵镇庄票若干，祈为验收。下剩之钱或有来董取，当即上小记不拘多寡，或沙上小记之票亦可。不然节后装现钱赴江，专此申知。顺候财安。④
>
> 某翁大兄大人阁下电：并请福安，生意顺遂。敬启者月前来信，内云上票一事，奈董并无兑项。今特着信舟陈卜康赴江，祈发典钱数百串，倘能关切，必如弟原愿，本不当启唇，曾奈春当甚涌，是以恳祈，顺候财

① 刘建民主编：《晋商史料集成》第 5 册《信函・信稿 4》，第 714 页。
② 刘建民主编：《晋商史料集成》第 5 册《信函・信稿 4》，第 740 页。
③ 刘建民主编：《晋商史料集成》第 5 册《信函・信稿 4》，第 742 页。
④ 刘建民主编：《晋商史料集成》第 74 册《商业知识 4》，第 55—56 页。

安，伏惟光鉴。不宣。①

昨接台函，内云章字几号件数不符，祈将原号付便带来，清查所有某人并某人兑用之钱业已照信收账，前几打去上票一张，计钱若干，望祈慨发长用。宝号之钱，嗣后再为奉赵。特此复候财安。不一。②

敬启者前接沙号来翰，云宝号于六月杪交下票钱一千串，除此新旧欠钱二千七百余串，另开结单统呈。嗣后未知又交与否。如其未交，望即如数交清。③

逢恩翁台大人阁下赐鉴：前此寄去之信谅可第次接阅矣。兹于初十日后当头渐长，逐日净上钱百余串或一百二三十串。刻下存钱千串之谱，代□盛聚大兑数未交者不足二千之数，窃思沙账存钱虽多，皆系司复盛交下票钱。若专脚函致各典饬言究竟，忝在治属，多叨庇荫。④

上引资料中的“上票”“下票”显然也是晋商典当业运用的一种私票，但仅依据上述信稿资料我们无法知晓其具体含义。笔者在《中国近代货币史资料》中找到关于“上票”的一些介绍，认为“上票”是非钱商的一般商号发行的私票，信用度较差一些。⑤ 前文所引山西巡抚申启贤奏折也认为非钱店所出之帖亦曰上票。关于“上票”“下票”我们期待更多新资料的发掘以探究其真正含义，这里暂且存而不论。

综合上述，晋商当铺发行、运用的私票种类十分齐全，功能也可以满足不同情况的资金需求，不仅有不同面值的代币票据、支付凭证，还有借贷时间长、利息低的长票，借贷时间短、利息高的短票。这种发行资本的规模甚至还超过了当铺的原有资本规模。在一定程度上，晋商当铺通过发行各种私票进一步扩大了运用资本规模，缓解了资金压力，提高了自身的竞争力。

---

① 刘建民主编：《晋商史料集成》第74册《商业知识4》，第40—41页。

② 刘建民主编：《晋商史料集成》第74册《商业知识4》，第33—34页。

③ 刘建民藏《光绪十三年（1887）湖北松滋合盛典书信底稿抄本》第3号信。

④ 刘建民藏《光绪十三年（1887）湖北松滋合盛典书信底稿抄本》第28号信。

⑤ 《道光十八年（1838）六月二十五日山西巡抚申启贤折——胪陈钱铺不能禁止及山西钞票流通情况》，转引自中国人民银行总行参事室金融史资料组编：《中国近代史货币史资料》第1辑（上册），第130页。

第五节　其他兼营业务

典当业作为最为传统的金融机构与社会各阶层的联系最为密切，在其经营活动中与各类工商业字号产生了一定的联系，进而从事一些诸如汇兑、担保等商业行为。就晋商典当业而言，这些商业行为严格意义上虽然不属于典当业的业务范畴，但有助于完善人际关系网络、降低经营成本、提高实际收益。

一是开展地方性、小额汇兑业务。入清以来，长途贩运的迅速发展使商品在更广的范围内大规模流通，商人对货币在异地之间的调拨与流通需求量日趋增大。虽然山西商人创办了票号，将汇兑这一业务专门化、网络化，满足了货币在异地之间流通的需求。但票号的出现并没有商导致号利用自身条件兼营汇兑业务的消失。晋商当铺、杂货铺、账局等各行商号凭借自身的信用、商业网络都兼营汇兑业务。这批信稿资料就反映了晋商当铺协助票号完成地方性、小额汇兑业务。如山东曲阜晋商当铺增义典与新泰厚济南分号是增义典“多年相交”① 商号。增义典多次帮助新泰厚济南分号完成由上海、福建等地到曲阜的地方性汇兑。光绪二十一年（1895）七月十三日，新泰厚济南分号曹子英致信增义典：

> 兹有恳者现有敝连号新泰厚由上海汇来在曲阜县交孔春如老爷规平规银壹百两。内除由上海汇济费银贰两，净九十八两，再除小平按九卅一五扣济平足银九拾两零七钱五分。另有汇银底信壹书随此统呈，至祈收阅，代为照信妥交。交后务望讨一收条回信寄下，将银暂记敝号之账，容后统算。②

光绪二十四年（1898）七月十一日，新泰厚济南分号养翁致信增义典：

> 兹有恳者刻有敝连号新泰厚由福建省汇来在曲阜县凭底信交王□□老爷原库平足银贰百两，共扣宝号平二百两零七六，无票砝。有伊寄来汇银底信

① 刘建民主编：《晋商史料集成》第5册《信函·信稿4》，第304页。

② 刘建民主编：《晋商史料集成》第5册《信函·信稿4》，第300页。

壹封，随此统呈。至祈收阅，连银并信一并妥交，交后务望讨一收条回信，便中寄下，是所切祷。需银仍祈暂记敝号之账，俟后统算可也。①

分析这两则资料，新泰厚济南分号上述两笔汇到曲阜县的业务都委托增义典先代为垫付银两，记入专账，俟后统算还钱。这说明增义典的此类代办业务早已有之，并一直遵循固定的程式。增义典帮助平帮票号新泰厚济南分号完成汇兑是否收取费用，收费标准是多少我们不得而知，但这种合作关系显然是建立在"地缘""乡缘"关系基础之上的。

二是担保。明清时期，建立在"乡缘"关系之上、以社会关系网络为主的担保制度是晋商在商业、金融业领域取得辉煌业绩的重要因素之一。除了人事方面的担保外，担保制度在晋商之间的银钱往来方面同样发挥着一定的作用。如账局的放贷业务，基本上每一笔业务都需要商号进行担保。②李锦彰《晋商老账》介绍了一份《□□□借贷账》。③这份借贷账是晋商账局或钱庄在直隶地区开展借贷活动的账簿。晋商当铺恒裕典④在《□□□借贷账》所记载的借贷中充当了担保人的角色。为方便研析，现将相关内容摘录如下。

1. 十二年十二月廿七日借与恒裕公立五百两借约一张月利壹分。

传绳正堂本银二百五十两。

旧号自十二年十二月廿七日起至本年年终止贴出三天利银贰千五分。

新号自十三年正月初一日起至十二月廿七日止付贰个月二十七天利。银卅十贰两贰千五分。

2. 十三年正月初一日借与恒裕公立一千吊整借折一个。

月利一分对年期。

修德堂本京钱五百千文。

---

① 刘建民主编：《晋商史料集成》第5册《信函·信稿4》，第395—396页。

② 石兴荣：《清代账局研究——以七份账本为基础》，河北大学2017年硕士学位论文，第23—24页。

③ 李锦彰：《晋商老账》，第215—218页。

④ 此恒裕典即直隶大名府晋商当铺恒裕典。

十二月十九日。

还本京钱五百千文。

付利京钱六十五千文。

根据李锦彰的解读，传绳正堂向该账局或钱庄借银250两，恒裕典为第三方担保人，担保金额为银500两；修德堂向该账局或钱庄借京钱500千文，恒裕典为第三方担保人，担保金额为1000吊钱。以上两宗借贷记录中，恒裕典的担保金额均是借贷金额的2倍。该账局或钱庄放贷时要求债务人与第三方担保人共同签订借约，并由第三方进行担保。由此可见，恒裕典的这种担保应该是一种负有清偿债务的责任，恒裕典从中也会获取一定的收益。

三是兼营估衣铺。估衣铺是晋商典当业非常通行的一种兼营业务。一方面通过估衣铺可以尽快销售成为死当的满货以尽快回笼资金，另一方面也可以通过销售估衣增加一部分收益。民国年间，湖北松滋县合盛典执事在写给介休总号掌柜的信中经常汇报估衣铺营业情况，该信稿第68号信提及："至端阳后当头寥寥，笔下仅在架本钱四万九，票利一千六百千有奇，衣铺售进钱一千三百三十千。"① 第84号信："约至七月底可圆架本五万四千吊之谱，票利一千八百千，衣庄流水一千四百千。"② 可见，合盛典兼营的估衣铺在处理满货、回笼资金方面具有重要作用。除了销售自身当铺成为死当的衣物外，还收购其他当铺的估衣进行销售以进一步获得收益。湖北监利县新沟镇某质铺执事致信同兴典执事文垣先生："今着傅、梁二伙奉上官票五百串正，祈为验收兼出宝典秋季估衣，望祈先照印回是荷。"③ 该信稿抄本第121号信提及："惟福顺典估衣一节，见信后即与郁翁面叙。始末情形，据郁翁开口即云已应许我号一半，何以临时更变乎。"④ 这两则材料说明，该质铺兼营的估衣铺分别收购了同兴典、福顺典的估衣。

① 刘建民主编：《晋商史料集成》第5册《信函·信稿4》，第556页。
② 刘建民主编：《晋商史料集成》第5册《信函·信稿4》，第600—601页。
③ 刘建民主编：《晋商史料集成》第5册《信函·信稿4》，第763页。
④ 刘建民主编：《晋商史料集成》第5册《信函·信稿4》，第761页。

小结

本章对清末民初晋商典当业的业务进行了实证分析。通过分析不难看出，晋商典当业主要经营抵押放贷业务，服务对象主要是城乡小生产者，同时还兼营存款、信用放贷、发行私票等业务。晋商在山东、湖北、直隶等地区开展跨地域典当经营活动一个较为明显的特点是抵押放贷主要收当各类衣物，以此确保当铺较为稳定的收益来源。存款作为一种负债资本，对扩大晋商典当业资本实力、周转资金、改善经营环境具有一定益处，但也有一些局限性，尤其是官款或者社会性质事业经费存款是导致晋商当铺日趋走向衰落的重要因素之一，基于"亲缘""乡缘"或其他利害相关者基础之上的存款被纯粹的人际关系严重束缚，存款利率难以依据正常的商业利润、市场规范确定。信用放贷是晋商典当业适应商品经济的发展及长途贩运贸易的兴盛，不断满足各行业日益扩大的资金需求，利用闲余资金进一步获取实际收益的重要方式之一。晋商典当业通过发行私票扩大运用资本规模，缓解资金压力，提高自身的竞争力。与此同时，晋商典当业还从事一些诸如汇兑、担保、估衣铺等兼营业务。基于上述对晋商典当业业务的分析，晋商当铺基本具备了早期银行业的一些特征，主要体现在以下三个方面：一是晋商典当业俨然成为以经营抵押放贷为主，兼营存款、放款、汇兑等多种业务的综合性金融机构；二是存款、发行私票作为一种负债资本在晋商典当业资本中占有了一定的地位；三是典商向工商业字号的资本性、经营性放贷，在其放贷业务中占有重要地位。①

① 关于早期银行业的特征参考了刘秋根：《关于中国早期银行业的几个问题——兼与黄鉴晖先生商榷》，《河北大学学报》1995 年第 4 期。

第四章　清末民初晋商典当业的资本

资本是典当业经营管理中的一个核心问题，也是传统典当业学术研究关注的重点内容。① 就晋商典当业而言，目前学界对其资本来源、利息、利润以及资本总量等问题作了初步分析，对资本组织方式、资本规模、负债资本、日常资金管理以及联号经营等问题关注还不够。② 本章主要利用晋商典当业信稿资料，结合其他方面文献记载，对上述学界关注不够的几个问题作进一步考察。

第一节　资本组织方式及资本规模

资本组织方式指的是商业、金融业活动所需资本由谁出资，归谁所有。刘秋根认为中国古代典当业资本组织方式有独资、合资、领本经营、合伙、合股以及近代股份公司等六种方式。③ 晋商当铺在开设初期一般都是通过独资或合

---

① 潘敏德研究了近代典当业的资金来源、资本量、利率、放款成本及其利润等问题，参见潘敏德：《中国近代典当业之研究 (1644—1973)》，第 283—319 页；刘秋根研究了传统典当业的资本组织方式和经营体制问题，参见刘秋根：《中国典当制度史》，第 53—97 页；郑小娟、周宇研究了徽商典当业的资本传承方式及其对徽商发展的意义，参见郑小娟、周宇：《15—18 世纪的徽州典当商人》，第 202—227 页；王裕明研究了徽州典当业的资本来源、规模、组织方式、经营方式、营业状况及分配制度等问题，参见王裕明：《明清徽州典商研究》，第 292—358 页。

② 刘建生、燕红忠等：《山西典商研究》，第 139—182 页。

③ 刘秋根：《中国典当制度史》，第 54—75 页。

资的方式筹措资本，但随着时间推移、资本规模不断扩张以及经营范围日益扩大，独资或合资经营大都会转变为合伙经营，尤其是通过家族析产方式形成的合伙经营十分普遍，而领本经营本身就是合伙经营的早期形态。① 总的来讲，晋商典当业的资本组织方式主要是合伙经营，并主要体现为在晋商中十分盛行的股俸制。关于晋商股俸制，学界重点关注了票号的股俸制，对晋商从事其他行业的股俸制尚未进行深入研究。② 本节探讨晋商典当业股俸制的一些细节以及晋商当铺的资本规模，以期进一步完善学界对晋商资本组织方式及股俸制的认识。

一、资本组织方式

从这批信稿资料反映的内容来看，直隶大名府恒裕典、湖北松滋县合盛典等晋商当铺的资本组织方式都是股俸制。同治十三年（1874）十二月，恒裕典东家在写给掌柜王从周的信中提及伙计李承曦的人俸如何核算："伊在铺一应使过之项，并伊本身人俸，望即算至十三年底，开一清单与伊结来。"③ 光绪元年（1875）十二月，恒裕典东家致信掌柜王从周："众东因宋二兄在铺竭力劳心，且账期即在眼前，因议俟五年期满再为截算。兹已时值年终，可于宋二兄五年人俸一应该有之项截清算起，暂存咱典。"④ 这两封书信提及已故伙计李承曦和掌柜宋干城的人俸如何处理，说明恒裕典的掌柜、伙计在铺内享有一定的人力股，这表明恒裕典的资本组织方式应为股俸制。民国初年，湖北松滋县合盛典执事在写给介休总号的信中提及："再咱典账期向以四年为率，今与诸东既以三年起结，且有所抽钱股。但不知兄等人股名下亦该一律以三年截算否，抑仍候四年再算。若仍候四年，而义记之人股已按三年算清，未免于账上前后不齐。或无论钱、人股俸均按三年照算以归一律，而介号亦无此项明文，究当如何办理，即祈将先后所问情形，剀切指陈，早赐详信，以便遵办，是为至

① 刘秋根：《中国典当制度史》，第 57 页。
② 张正明：《清代晋商的股俸制》，《中国社会经济史研究》1989 年第 1 期。
③ 刘建民主编：《晋商史料集成》第 5 册《信函・信稿 4》，第 147 页。
④ 刘建民主编：《晋商史料集成》第 5 册《信函・信稿 4》，第 174 页。

祝。”① 合盛典执事向“介号”请示账期由四年改为三年后，钱股、人股如何结算。可知，松滋县合盛典的资本组织方式是股俸制。此外，这批信稿资料中还有一些关于股俸制的一些零散记载。如“今请命诸位伙计，或谈除却弟之俸股，或谈认雇劳金之费，或谈行顶替之权。奈弟疾之全愈，惟所诸位尊裁定夺，弟断不敢一毫傲犯也”②。“众东会议清算大账，已经议定东众等应支以若干开支，所叙阁下人力仍照前规”③。以上资料均说明晋商典当业的资本组织方式主要是股俸制。

股俸制中的银股是东家投入商号的开设资本，在一定的时间内可以抽出、补进或增添新的股东。银股变动要在账期结束之后才能进行变更，账期内银股一般情况下是不可以撤资的。在实际经营过程中，由于种种原因，在账期未满的情况下晋商当铺东家抽股是经常发生的。如前文所引资料，按照惯例合盛典的账期“向以四年为率”，“今与诸东既以三年起结”，“钱、人股俸均按三年照算以归一律，而介号亦无此项明文”。但由于合盛典股东积善、恕忍两堂临时抽取钱股，东家商议将账期提前一年结算，账期由四年改为三年。民国初年，湖北监利县新沟镇某晋商质铺，由于经营不善，社会动荡，致使该质铺“年年折耗，各股东均不悦愿”，“股东曹寿山堂、曹文翰堂及本街王三槐堂、张裕兴堂皆屡请抽本，弥缝家计耳”。④ 之后，股东寿山堂则直接致信该质铺“要将股本抽出五厘，弥补债害而活举家”⑤。

晋商人力股持有者的股份可以随着在号内工作年限的增长而不断提高，但人力股不能继承。人力股持有者去世后仍可以在一定年限内参与分红，根据职位以及持有股份的多少可以继续享受不同年限的分红。张正明认为，经理去世后大致可以享受 8 年的分红，顶身股八九厘不到一分者可享受 6 年的红利等，对商号经营有特大功绩者还可增加一、二个账期的分红。⑥ 但是从信

---

① 刘建民主编：《晋商史料集成》第 5 册《信函 · 信稿 4》，第 458—459 页。

② 刘建民主编：《晋商史料集成》第 73 册《商业知识 3》，第 319 页。

③ 刘建民主编：《晋商史料集成》第 74 册《商业知识 4》，第 65 页。

④ 刘建民主编：《晋商史料集成》第 5 册《信函 · 信稿 4》，第 703 页。

⑤ 刘建民主编：《晋商史料集成》第 5 册《信函 · 信稿 4》，第 765 页。

⑥ 张正明：《清代晋商的股俸制》，《中国社会经济史研究》1989 年第 1 期。

稿资料反映的内容来看，很多晋商当铺并没有详细规定具体享受几年或者是几个账期的红利。晋商当铺掌柜去世后，人力股分红要等到账期结束时按满期进行结算，持有人力股的伙计一般是在去世当年的年底按整年结算。同治十三年(1874) 七月初三日，直隶大名府恒裕典伙计李承曦因病在典去世。① 当年十二月二十六日，恒裕典东家致信掌柜王从周："启者介邑公费银钱，兹已开折随脚寄去。内有李承曦兄家用过银，系天锡堂平干银四十九两二五，可将此项拨在伊本身账上。伊在铺一应使过之项并伊本身人俸望即算至十三年底，开一清单与伊结来。"② 同治十三年（1874）十一月初七日，恒裕典掌柜宋干城在介休病故。③ 光绪元年（1875）十二月二十八日，恒裕典东家致信掌柜王从周："覆者明春咱典又届账期，干城宋二兄人俸一事照铺旧规应将十三年底算明截出。但众东因宋二兄在铺竭力劳心，且账期即在眼前，因议俟五年期满再为截算。"④ 由此可知，按照恒裕典的铺规，宋干城去世后的人俸均应在当年年底结算。但是考虑到宋干城"在铺竭力劳心"，恒裕典东家商议将宋干城的人俸延迟至账期满期结算。当铺的银股、人力股情况要写入合伙合同，持有人力股的伙计去世后当铺要与去世伙计的家人开具分拨合同。如《同光直隶大名府恒裕典东伙往来信稿抄本》第35号信提及："惟有故伙李承曦兄清单一事，前启信时未为交付，故亦未曾叙及。今已于月之初三日，郭二兄同宋晖兄往赴伊家，同伊堂兄李承霖将伊清单逐件告明交付清楚，伊于是日即与典中立下分拨暂存敝处，待郭二兄出铺，即可带去矣。"⑤

除账期分红外，银股、人力股持有者每年还可以向当铺支取规定数量的应支钱。《道光九年（1829）马鸣鸾等五人合伙设立涌泉永字号当铺杂货铺合同》有相关规定："每壹厘壹年禁支使钱贰千文，如有多支使者，每壹千罚钱贰千，

① 刘建民主编：《晋商史料集成》第5册《信函·信稿4》，第133、135页。
② 刘建民主编：《晋商史料集成》第5册《信函·信稿4》，第147页。
③ 刘建民主编：《晋商史料集成》第5册《信函·信稿4》，第147页。
④ 刘建民主编：《晋商史料集成》第5册《信函·信稿4》，第174页。
⑤ 刘建民主编：《晋商史料集成》第5册《信函·信稿4》，第155—156页。

下股份壹厘。”[①] 在《同光直隶大名府恒裕典东伙往来信稿抄本》中，恒裕典掌柜经常向介休捎寄“支使银包”“应支银包”。[②] 这些“支使银包”“应支银包”即恒裕典股东的应支银钱。湖北松滋县晋商当铺合盛典也经常通过“沙号”将诸东应支、支使汇交介休东家。[③] 郭兆斌利用晋商当铺裕庆协记的分红清单资料计算出该当铺股俸持有者每年可以支取的应支钱为 240 千文，并指出从历年的分红清单来看裕庆协记股俸持有者的应支钱是固定的。[④]

人力股是对伙计的一种激励，同时发挥了一定的管理作用。一般情况下，持有人力股伙计的股份会根据贡献大小、工作年限等条件不断增加股份。但对违反铺规的伙计、掌柜而言人力股则发挥了约束、管理的作用。道光九年(1829)，涌泉永字号当铺杂货铺合同中就对人力股伙计做了若干约束。

> 财东人力不到铺办事，每年作工钱拾仟文。每壹人壹年回家贰次，出盘用钱贰佰文。每壹厘壹年禁支使钱贰千文，如有多支使者，每壹千罚钱贰千，下股份壹厘。有回家过壹月不来者罚神烛壹斤，过两月不来者下尽股份逐出铺外，绝不容情。慎之慎之，以免后悔。[⑤]

道光年间，湖北枣阳某典铺持有人力股的伙计因未能按时返回典铺上班致信伙友。

> 今岁弟正拣点起身之际，不期敝族有讼事挂累，无可如何，拖延半载有余矣。延至秋毕，意决往铺，不意陡发某疾之厄，行走甚难，鞍马不能乘也，奈何奈何！今特修字以顾自情之理，以来无功受禄，寝食不安。安守在家，岂有坐地分财之理。生意行中，伙计规矩，未闻此说也。今请命诸位伙计，或谈除却弟之俸股，或谈认雇劳金之费，或谈行顶替之权。奈弟疾之全愈，惟所诸位尊裁定夺，弟断不敢一毫傲犯也。[⑥]

---

① 刘建民主编:《晋商史料集成》第 1 册《合约·万金账·股票》，第 27 页。

② 刘建民主编:《晋商史料集成》第 5 册《信函·信稿 4》，第 113、137、146、165、187 页。

③ 刘建民主编:《晋商史料集成》第 5 册《信函·信稿 4》，第 484、497、544 页。

④ 郭兆斌:《清末民初时期晋商簿记报告研究——以编制方法为中心》，第 203 页。

⑤ 刘建民主编:《晋商史料集成》第 1 册《合约·万金账·股票》，第 27 页。

⑥ 刘建民主编:《晋商史料集成》第 73 册《商业知识 3》，第 318—319 页。

这则资料说明，减少人力股股份或者取消持有人力股资格是晋商典当业管理铺内伙计的一种方法，并明确写入了合伙合同。在一些特殊情况下，晋商当铺会暂时取消所有伙计的人力股而改为辛金制。《民国二年（1913）湖北松滋合盛典往来信稿抄本》第29号信介号致信合盛典："附叙介号算账之事，罗惠元堂缠绵不决，甚为棘手。廿七日王总司等赴南庄会东，粗定铺事，暂以阴东三堂书立草合同一纸，原曰人力股俸暂以客俸，俟后如有新东朋合，再立正式合伙。"① 之后合盛典回信写道："兹所示介号因大局尚未妥定，股俸暂改客俸，各情聆悉，并教将咱典人力股俸概按三年截清，与前次所办共归一律，以情理而论，自当如此办法。今已将兄等各人力应起积利如信办理，各收各账。"②"股俸暂改客俸"即由顶身股制改为辛金制。从介号与合盛典的来信中可知，股俸改为客俸的原因是账期算账后财东抽股，在新财东入股签订合伙合同之前所有人力股暂时领取辛金而不享有人力股。

二、资本规模

关于传统典当业的资本规模问题，彭信威、刘秋根等学者均有精当论述。彭信威认为，清代乾隆时期开办一家乡镇当铺所需资本为1000余两白银，在中等城市开办一家小当铺需要4000余两白银。到了咸丰年间，在北京开设一家小型当铺需要白银2万余两，开办一家中型当铺约需要白银3万至4万余两，开办大型当铺则需白银4万至5万余两。③ 刘秋根认为，明清时期资本在2000至3000两白银左右的当铺为小型当铺，资本在万两乃至数万两白银的当铺为中型当铺，资本在10万两以上的当铺为大型或者巨型当铺了。④ 总的来讲，入清以来开办当铺所需资本是以往历代所不能比拟的。这批晋商典当业信稿资料反映了一批晋商当铺的架本规模情况，这为我们考察晋商当铺的资本规模提供了详细数据。

---

① 刘建民主编：《晋商史料集成》第5册《信函·信稿4》，第467页。
② 刘建民主编：《晋商史料集成》第5册《信函·信稿4》，第494—495页。
③ 彭信威：《中国货币史》，上海人民出版社1958年版，第640页。
④ 刘秋根：《中国典当制度史》，第44—45页．

资本规模是衡量典当业营业状况的重要指标，也是典当业社会地位和发展兴衰的重要体现。潘敏德、刘秋根等学者均认为典当业的资本规模与架本有一定的比例关系。潘敏德认为，清末民初时期典当业的架本规模应为资本规模的 2 倍至 2.5 倍。① 刘秋根则认为，典当业的运用资本即架本规模会达到原本的 2 倍、3 倍甚至 4 倍。② 因此，根据架本规模我们可以大致估测典当业的资本规模。下面，利用这批信稿资料提供的数据，对晋商当铺的资本规模进行个案分析。

第一，根据《同光直隶大名府恒裕典东伙往来信稿抄本》提供的架本数据，我们对晋商当铺恒裕典的资本规模进行测算。恒裕典架本数据见表 4–1。

表 4–1　同光年间直隶大名府恒裕典架本统计表（1873—1877）

第 × 号信	时间	架本数额	备注
12	同治十二年十一月	五万三千三百零	
10	同治十二年年终	约五万吊之谱	
17	同治十三年三月	六万五千五百余吊	
19	同治十三年四月	七万七千五百有零	
30	同治十三年十一月	六万二千一百有零	
36	光绪元年三月	八万三千有零	
38	光绪元年四月	八万四千三百有零	
40	光绪元年七月	八万一千三百有零	
42	光绪元年九月	七万八千零	
46	光绪元年十月	七万一千三百有零	
48	光绪元年十一月	五万九千三百有零	
64	光绪二年十二月	六万五千上下	
71	光绪三年五月	八万二千一	
73	光绪三年七月	八万一	

资料来源：刘建民主编：《晋商史料集成》第 5 册《信函 · 信稿 4》，商务印书馆 2018 年版，第 104 页—209 页。

① 潘敏德：《中国近代典当业之研究 (1644—1973)》，第 296 页。

② 刘秋根：《明清民国时期典当业的资金来源及资本构成分析——以负债经营问题为中心》，《河北大学学报》1999 年第 4 期。

分析此表不难看出，同治十二年（1873）至光绪三年（1877），恒裕典架本规模由最低的5万余吊增加至8万多吊，呈现一个小幅度的上涨趋势，这表明恒裕典几年来资本规模的小幅度上涨。

根据潘敏德的观点，典当业的架本应为资本规模的2—2.5倍。如果按照2倍关系来估算，同治十二年（1873）至光绪三年（1877），恒裕典的资本规模由2.5万余吊增长至4万余吊。按2.5倍关系估算，则为2万余吊至3.2万余吊。按照前文彭信威对当铺规模的划分，无论是按照最低的2倍关系还是最高的2.5倍关系，恒裕典均属于一家小型当铺。按照刘秋根的观点，架本与原本2倍至4倍的倍数关系来估算，恒裕典的资本规模同样属于一家小型当铺。按照2倍关系估算，同治十二年（1873）至光绪三年（1877），恒裕典的资本规模由2.5万吊增长至4万余吊。按照4倍关系来估算，恒裕典的资本规模则更少，为1.25万吊至2万吊。因此，我们推测恒裕典应该是一家小型规模的当铺。

这里需要注意的是，恒裕典的东家在直隶大名府并非只开设了一家当铺。根据该信稿资料反映的信息，恒裕典东家在大名府还开设了诚格当。另外，恒裕典东家还分别在岗上（今河北石家庄市藁城区岗上镇）、宁晋（今河北宁晋县）两地各开设了一家恒裕当。[①] 上述三家当铺如果均按大名府恒裕的规模来估算，恒裕典东家开设典当业的资本规模至少也要有6万余吊，最高可能会有16万吊之多，其运用资本在最高时更是达到32万吊之多。可见，虽然恒裕典当铺的资本规模并不是很大，但是其东家用于经营典当业的资本规模足够开设一家大型甚至是巨型当铺了。

第二，合盛典、协盛典、义盛典、同盛典等“松滋四典”是山西介休商人在湖北松滋县开设的四家当铺。根据《光绪十三年（1887）湖北松滋合盛典往来书信底稿抄本》《民国二年（1913）湖北松滋合盛典往来信稿抄本》提供的信息，统计合盛典的架本规模。详见表4–2、4–3。

---

① 参见本书第六章第二节金融机构及同乡友人。

表 4–2　光绪十三年（1887）湖北松滋合盛典架本统计表

第 × 号信	时间	架本数额	备注
4	光绪十二年（1886）前后	一万八千串有奇	存一万零七百余串
10		三万零七百串	存钱无多
19		三万二千一	
20		三万八千串	存现钱伍百余串
24		三万四千钱串	
25		二万三千四佰串	余现钱一万一千伍百有奇
33		二万六千串有奇	存现钱五千串之谱
33		三万二千二百余串	
35		二万四千一百七十余串	存现钱一万二千串有奇
39		三万一千数百串	存现钱千串

资料来源：刘建民藏《光绪十三年（1887）湖北松滋合盛典书信底稿抄本》。

分析表 4–2，架本 3.4 万串为合盛典架本的最高规模。但该信稿抄本第 41 号信提及：架本为 24170 余串，另存现 1.2 万串有奇，两项之和为 3.6 万多串。因此，光绪十二年（1886）前后合盛典的运用资本至少有 3.6 万多串。按照这一数字，参照上文恒裕典的估算方法，我们可估算光绪年间合盛典的资本规模最少不会低于 9000 多串，最高为 1.8 万余串。可见，光绪年间的合盛典资本规模属于一家小型当铺。

表 4–3　民国二年（1913）湖北松滋合盛典架本统计表

第 × 号信	收信、寄信时间	架本数额	备注
1	民国二年二月二十七日	二万七千二百千之谱	
7	三月初八日	三万串之谱	
23	四月初四日	三万九千吊之谱	存现元一万七千吊有奇
31	四月十六日	四万二千一百千有奇	存铜元一万三千吊之数
35	五月初二日	四万四千九百千谱	
40	五月初四日	四万四九	
41	五月初四日	四万五千吊谱	

续表

第 × 号信	收信、寄信时间	架本数额	备注
55	五月末	四万七千吊有奇	现元八千三百千之谱
56	六月初一日	四万七千一二百千	
61	六月初十日	四万七二	现元八仟二百千
64	六月十八日	四万七千九百千之谱	
68	六月二十八日	四万九	
69	六月二十八日	四万八五	现存元五仟八
71	七月初四日	四万九千余吊	
79	七月十五日	净五万二二	存现元叁千吊之谱
82	七月二十六日	五万三千五百千有奇	
85	八月初三日	五万四千一百零九千八	
87	八月初九日	五万五千之谱	

资料来源：刘建民主编：《晋商史料集成》第 5 册《信函 · 信稿 4》，商务印书馆 2018 年版，第 403—611 页。

表 4–3 为我们提供了关于合盛典架本规模较为详细的资料。由此表可知，民国二年(1913) 二月至八月合盛典的架本规模逐渐增长，由“二万七千二百千之谱”增长至“五万五千之谱”。除架本外，从该统计表可以看出，不同时期合盛典的存现情况，架本和存现之和才是合盛典运用资本的最大规模。按此计算，民国二年四月初，架本为 3.9 万吊之谱，存现 1.7 万吊有奇，两者之和为 5.6 万多吊，此为该信稿抄本提供的合盛典运用资本的最高数字。按照 5.6 万吊估算，根据上文的计算方式，可得民国初年合盛典的资本规模至少也要有 1.4 万多吊，最高为 2.8 万余吊。可见，民国初年合盛典的资本规模比光绪时期有所提高，但从其资本规模来看仍是一家小型当铺。

《民国二年（1913）湖北松滋合盛典往来信稿抄本》还反映了义盛典、协盛典、同盛典的架本情况，详见表 4–4。通过此表不难看出，义盛典的架本变动情况与合盛典较为接近，同盛典、协盛典的资本规模应该要略低于合盛、义盛两典的资本规模，但是不会相差太大。我们姑且按照合盛典的资本规模估算介休总号在松滋县经营四家当铺所需总资本规模至少需要 5.6 万吊钱，最高时可能会达到 11.2 万多吊。

表 4-4　民国二年（1913）湖北松滋“南三典”架本统计表

第 × 号信	收信、寄信时间	架本数额	备注
2	民国二年二月二十九日	三万三	义盛典
45	民国二年五月初五日	三万八六有奇	义盛典
57	民国二年六月初四日	四万零之谱	义盛典
74	民国二年七月初六日	四万二八	义盛典
3	民国二年二月二十九日	二万二千八百	同盛典
11	民国二年三月十二日	二万三五	同盛典
4	民国二年二月二十九日	二万一千八百	协盛典
25	民国二年四月十二日	二万四千一百千	协盛典
38	民国二年五月初三日	二万六千吊有奇	协盛典

资料来源：刘建民主编：《晋商史料集成》第 5 册《信函·信稿 4》，商务印书馆 2018 年版，第 403—611 页。

第三，根据《民国湖北监利新沟镇某质铺书信底稿抄本》提供的数据，考察湖北监利县新沟镇某质铺的资本规模。民国四年（1915）十一月至民国六年（1917）九月该质铺的架本情况详见表 4-5。

表 4-5　民国湖北监利某质铺架本统计表（1915—1917）

第 × 号信	收信、寄信时间	架本数额	备注
2	民国四年腊月二十二日	三万一千六	
3	腊月二十六日	三万六千六	
6	民国五年新正二十三日	四万五千八	
20	三月十七日	六万之数	
29	四月十一日	六万二千一百七十串	
33	四月二十一日	五万五千五百串	
43	六月初八日	五万四千串	
46	八月初八日	六万五千串之数	
48	八月十八日	六万四千七百串之数	
51	九月初七日	六万串	
58	十月初六日	五万四千六百串	
73	腊月十六日	三万七千有奇	

续表

第 × 号信	收信、寄信时间	架本数额	备注
74	腊月二十五日	四万零四百串	
75	民国六年新正初六日	四万三千三百余串	
79	二月二十六日	四万一千八百余串	
104	四月二十一日	五万六千余串	
114	六月初十日	五万八千七百余串	
115	六月二十日	五万九千五百串	
116	六月二十六日	六万贰千之数	
117	七月初八日	六万四五余串	
118	七月二十六日	六万	

资料来源：刘建民主编：《晋商史料集成》第 5 册《信函 · 信稿 4》，商务印书馆 2018 年版，第 613—772 页。

从此表提供的数据来看，该质铺架本一般在每年的七八月份达到高峰，最高时达到 6.5 万多串，其资本规模并不低于上文论述的松滋四典。按照该质铺的架本为 6.5 万串进行估算，该质铺的资本规模大致为 16250 串至 32500 串左右。此家质铺为“沙号”在监利县开设的一家分号，遗憾的是因资料有限我们难以进一步估测“沙号”的资本总量。

总而言之，传统商业、金融业的资本组织方式形式多样，但股俸制是晋商从事跨地域典当经营活动中普遍采用的一种资本组织方式。本节利用信稿资料提供的信息，梳理了晋商在跨地域典当经营活动中股俸制的实际运用情况，并对晋商典当业的资本规模进行了估算。通过估算我们不难发现，晋商用于经营典当业的自有资本的规模非常庞大，如恒裕典、“松滋四典”财东单就投资于典当业的资本就达 10 多万吊钱。但资本雄厚的山西典当商人在进行跨地域典当业经营活动过程中并没有集中资金开设一些大型当铺，反而是善于开设多家中小型典当。① 这些当铺规模小，所需资金少，开设成本低，经营风险也低于

① 为了能够更加深入地研究晋商的跨地域典当经营活动情况，笔者搜集到了近 600 家不同时期晋商在省外经营的晋商当铺的字号，并统计了这些当铺的具体位置以及经营者的籍贯等问题。在搜集、整理这些当铺字号信息的过程中，笔者发现在同一个府县有很多名称十分相近的字号。这些名称相近的字号应该是同一财东、总号设立的多家分号或职号。

一些大型当铺。刘秋根认为，晋商之所以开设中小型当铺，“最大的可能是晋商基本上实行的是无限责任制。因此为了规避风险，多设立中小规模店铺而不设大规模店铺”①。毋庸置疑，晋商在北京、天津等大都市以及张家口、汉口、沙市等商业繁荣的城市开设了一些规模较大的当铺，但是还有更多数量的晋商深入全国各省的府县、乡镇开设了大量中小规模的当铺。这些中小规模的当铺深入社会基层，与基层民众的生活、生产最为接近，更容易发挥典当业的社会功用。这应该是晋商典当业较为鲜明的经营特点，也是晋商当铺为何广受世人关注的原因之一。

第二节　日常资金管理及负债经营

日常资金管理指的是对流动资金及日常财务收支进行管理，以保证各项资金的收支平衡。刘建民收藏的这批信稿资料中，有大量关于晋商典当业的日常银钱往来、资金调度的内容，这些内容反映了晋商典当业日常资金管理、日常财务收支以及负债经营等问题的实际情况。因资料的限制，学界对上述问题的探讨尚未开展。本节主要对晋商典当业的日常资金管理以及负债经营问题作初步考察。

一、日常资金管理

晋商典当业的日常资金管理，第一，体现在建有一套完备的账簿组织体系。刘建民收藏的《立账簿头绪》介绍了近20种晋商典当业会计账簿的记账方法以及6种记账规则，反映出晋商典当业账簿组织具有种类多、分工细，设置科学，体系完备，贴近经营实际，灵活适用的特点以及“逢事设账，无账不立”的经营习惯和契约意识。②其中，架本账、出入换银钱账等营业账簿为营

---

① 刘秋根、张鹏：《放账铺的经营与近代华北农村金融——〈人地纲目〉解读》，《新史学》2018年第3期。

② 王萎萎、王中良：《清代晋商典当业会计账簿组织探析——基于〈立账簿头绪〉》，《财会月刊》2018年第3期。

业账簿，涉及收当、赎取以及银钱兑换等业务的不同环节；流水账、借外账、外借账、暂记账等为普通账簿，主要围绕银钱出入、往来进行设置；营业账簿、普通账簿均以“五合日”为时间核算单位，进而形成十合账、月总账、积总账（年算单）、万年总账（年算单的汇总）以及万倍财源账（万金账）等不同种类的账簿，从而形成一套设置科学、体系完整、自成一体的账簿体系。这一账簿体系遵循日清日结，五日或十日一合，一月一总，逐年开具算单等记账原则，确保资金收支的清晰无误、平衡准确。

第二，晋商典当业有分工明确的资金管理制度。根据笔者对晋商典当业东伙关系的分析，晋商典当业东家在人事安排、资金调动以及重大事项等方面起着决定性作用，掌柜主要是具体负责当铺的运营管理，包括业务开展、日常资金管理以及一般伙计的人事安排等内容。晋商典当业东家、掌柜之间并非学界所认为的“所有权与经营权分离”，而是东家、掌柜相互合作、各司其职，共同完成对恒裕典的经营管理。在资金管理方面，晋商当铺的资金往来主要是由东家决策，掌柜仅负责具体落实。如前文所述湖北监利县新沟镇某质铺日常资金管理，主要是由“沙号”根据东家或者总号的指令进行调配的。如民国五年（1916）正月，该质铺执事向“沙号”汇报当务：“至此铺中净存铜元台票三千串之数，估约月内可以够用。惟系出月之钱，亦在紧要，祈阁下早为布置。”① 民国五年（1916）二月十六日，“沙号”根据总号的资金调度安排，给该质铺回信写道：“所有我号存款目刻尚有八千五六百之数。如天气晴暖，农业兴工，正值寻典春衣，恐有踊跃。弟之愚见，意欲与阚协和，再兑本月底三四仟串，大约铜元仟串之数，以备出月之需。不然，庆记所兑之项，屡次催用，至此尚欠三千五百串。”② 在这批信稿资料中相关类似的内容比较多，这里不再逐一列举。通过分析，我们可以看出晋商典当业的资金调配工作主要是由财东或者总号负责，掌柜或分号主要是负责提出或者具体落实资金需求。这在一定程度上体现了晋商典当业资金管理权与资金使用权的适度分离，是晋商典当业股俸制

① 刘建民主编：《晋商史料集成》第5册《信函·信稿4》，第622页。

② 刘建民主编：《晋商史料集成》第5册《信函·信稿4》，第630—631页。

"所有权与经营权的适度分离"在资金管理方面的集中体现。

第三，在日常资金收支方面，晋商经常运用一种"过账"制度以代替现银、现钱结算。"过账"也称为"过局"。从信稿资料反映的内容来看，晋商典当业经常通过"过账"结算以减少现银、现钱的使用。如《光绪湖北枝江董市某质铺尺牍范本》第62号信："敬启者委办小记往介汇银一事，业已遵命汇回沙平银若干，外帮费银若干，几月底在介钱店交银，系交令伙某兄手收转送各府。如伊起身来南，交伊弟手转，钱价六千三分，合九八钱若干，祈过往账是祝。"①这封书信说明该质铺委托某小记往介休汇兑的银两并没有交给某小记现银，而是通过"祈过往账"的方式结算。光绪二十三年（1897）四月，山东曲阜增义典派伙计到平邑县办理"误典贼赃"事宜，该伙计在平邑的"现花小费"也是以"过账"的方式付给复盛昌号的。②此外，一些相对固定的费用支出，如"脚费""生息息银"也是以过账的形式结算。在这批信稿资料中相关内容较多，现举两例：

1. 信成数日，未见舟子来取，今改邮寄再上。月杪葛六儿由家抵沙，算去我典正月底捎行李二块，共重一百七十一斤一钱，合脚费十七两一钱，望见信过账是妥。③

2. 兹报与我典缴过荆南书院春夏两季息内有申水银六分，共沙平银十一两一四，至希过账是荷。④

由此可见，晋商当铺通过"过账"的方式进行资金结算已十分普遍。据《绥远通志稿》记载：为解决银钱短缺，方便商贸往来，山西商人在归化城运用"谱银"和"拨兑钱"周转资金，往来拨账。⑤这种谱银、拨兑钱与"过账"十分相似，即不使用现银、现钱而完成商号之间的银钱结算，其区别则是谱银和拨

① 刘建民主编：《晋商史料集成》第74册《商业知识4》，第37—38页。

② 刘建民主编：《晋商史料集成》第5册《信函·信稿4》，第342页。

③ 刘建民主编：《晋商史料集成》第5册《信函·信稿4》，第429页。

④ 刘建民主编：《晋商史料集成》第5册《信函·信稿4》，第542页。

⑤ 绥远通志馆编纂：《绥远通志稿》卷32《金融·清代本省金融概况》，内蒙古人民出版社2007年版，第660—672页。

兑钱并非是单纯的信用借贷，而是有相当价值之货物作为抵押，否则钱行是不予互相转账。从信稿资料反映的内容来看，晋商当铺“过账”则是单纯的信用借贷关系，因为运用“转账”进行结算的当铺、商号一般都是同乡商号。另外，从上文列举的“过账”事例来看，晋商典当业“过账”银钱的金额相对比较小，大都为几十两的小额银钱往来或者是一些“现花小费”，一些大宗银钱往来晋商典当业是不通过“过账”进行结算的。除了商号之间“过账”外，晋商当铺有时也通过钱铺进行“过账”以免去现银结算的麻烦。如民国时期湖北监利县新沟镇某晋商质铺通过义丰祥钱店拨交银钱：“再者由义丰祥钱店拨交永记之项，未知该号去腊何日坏事。若系过局以后被灾，此款焉得不交，祈阁下咨问是祷。”① 此书信中提及的“过局”，即资金收支从使用现金改为借助钱庄进行汇划。② 这种资金划拨，在一定程度上可以减少对现银、现钱的依赖，提高经营管理效率。当然这种资金划拨需要坚实的信用基础。

第四，在银钱核算方面，重视钱价、汇费变动对银钱核算所产生的影响。在这批晋商典当业信稿资料中几乎每一封商号书信都会报送当地的钱价（即银钱兑换关系）③、汇费的变动情况。可见，钱价、汇费等信息是晋商典当业经营管理过程中必须重点关注的商情信息。清代货币政策的一个特点就是“自由放任”，尤其是晚清以来“自由放任”政策达到令人吃惊的地步。这就导致形形色色的货币种类寻找各自的生存空间。④ 除白银、制钱外，单就这批信稿资料反映的货币就有京钱、大钱、铜元、纸洋、台票、官票、上票、下票、兑票、长票、短票、小票等数种货币种类和私家发行的各类私票。这就意味着，除了白银、制钱之间的兑换关系外，其他货币、私票之间的兑换关系也影响着晋商典当业的经营和实际收益。《道光湖北枣阳琚湾镇某典尺牍范本》中“与伙友札”

---

① 刘建民主编：《晋商史料集成》第5册《信函·信稿4》，第626页。

② 高美红、李桂鸽：《晋商信用与过账制度分析》，《第五届“金明池经济史学论坛——晋商万里茶陆史料整理与研究”会议论文集》，2017年，第88页。

③ 明清时期白银和制钱不是主币和辅币的关系，而是并行使用的两种货币。因此，白银和制钱之间呈现的并不是“比价关系”，而是“兑换关系”。

④ 张宁：《中国近代货币史论》，第83—88页。

第 21 号信：

愚想我典今春作借之钱拉价钱平纹银总在七十二两四五钱。樊昨日今午钱价大宝仅在六十九两三四钱，纹银亦不过七十两之间。刻下月息缺提九五，樊号与我典立短票之息亦只八五之谱。至期以所得之息，与我典赔钱价换算尚不能两抵。愚与某人商议，此钱暂存樊号，俟钱价稍提即为寄信，再作理会可也。①

根据典当业的营业规律，春季是收当的高峰期，也是资金压力最大的时间。一般情况下，典当业会在春天筹措资金以应对收当业务。此封书信反映了该典铺春天筹措资金时充分考虑到“钱价”变动对其实际利益的影响。民国六年(1917) 正月，湖北监利县新沟镇某晋商质铺执事向东家汇报业务开展情况。

惟叙铺中生意去岁架本虽未多上，而得票利颇可，年终净存架本四万三千三百余串，共得票利一万四千二百七十余串。但逢此沧海桑田之世，百物无不数倍高昂，加之去年四月土匪滋扰，表面化（花）费虽属五百串，而内容大受影响，彼时铺中陡下架本壹万数千，沙市钱价吊至四钱五分上下，所以大赔。钱价空倍月息，以致又属入不敷出，两品下地净亏五佰余串，殊属愧赧，有负诸东君之仰望耳。至算书等等，不日亲赴贺新，面为奉呈，兼叨一铺务，一切附报。②

分析这封书信，该质铺虽然获得票利不少，但是因物价腾贵、钱价下跌、土匪滋扰等原因，导致亏损 500 余串。另外，晋商当铺还利用钱价的变动规律筹集收当资金。《民国湖北监利新沟镇某质铺书信底稿抄本》第 103 号信提及“目下虽然进钱，无奈铺存台票无多，所出三百小票，在外难以久存。商会不时即来兑换台票，是以难得预备壹贰仟串官票应兑耳。趁此钱价松跌，见信祈买台票贰千串带铺为妥”③。晋商当铺不仅十分关注钱价的变动情况，甚至在资金往来过程中还会详细规定用何种货币进行结算。如《民国二年（1913）湖北松滋合盛典往来信稿抄本》第 24 号信：

① 刘建民主编：《晋商史料集成》第 73 册《商业知识 3》，第 328 页。
② 刘建民主编：《晋商史料集成》第 5 册《信函·信稿 4》，第 707—708 页。
③ 刘建民主编：《晋商史料集成》第 5 册《信函·信稿 4》，第 740 页。

所与诸东开回之单，应起积利及抽股各款共钱九千余吊之数。在介作银，与典结出沙平银五千余两。而令典即接银数，交沙号收账，亦并未叙明在家作银，原由按何钱价亦未提来。今照银钱两数逐细猜核，似在五钱四分左右。然虽大谱如斯，又难两相吻合，不无少数之差。①

这封信反映了由于介号没有详细规定以银结算还是以钱结算，导致沙号、合盛典之间出现了银钱两数不合的情况，而导致两数不合的主要原因是钱价的变动。

除钱价外，汇费也是晋商典当日常资金往来过程中关注的重要商业信息。为了进一步降低经营成本、节省汇费，晋商当铺一般都是选择本帮票号进行资金汇兑。如山西平遥商人在山东曲阜经营的增义典异地之间的银钱往来主要是通过平帮票号新泰厚济南分号来负责汇兑的。光绪二十一年（1895）七月十七日，增义典致信新泰厚济南分号曹子英。

兹有恳者小号约于九月间有汇兑晋平之项，其数不过三千有余，期以到济付银之日，至两月在平取用。久叨契末，用敢沥陈鄙衷。汇费如得照先年之例，俯允办理，顺便望赐玉音。②

八月二十二日，新泰厚济南分号曹子英回信写道：

宝号九月间有汇平银叁千余金，询汇费可否照旧年之式。若按现在行市，收平之款，每千两非叁拾两不可。与宝号多年相交，原不敢以行市较论，即照旧规，有何不可。③

同治年间，山西介休商人在湖南、湖北等地开设的当铺主要是通过湖北沙市介休商人开设的票号完成异地之间的银钱汇兑。《同治湖北沙市某票号致隆泰典等当铺书信底稿抄本》记载了该票号与湖南津市隆泰典、津市文元义、津市怡复兴记、文安寺全泰典、永定县鼎泰典、后港日升典、汉镇日升恒记等同乡当铺的往来、互动情况。该票号在写给同乡当铺的信中经常提及：“如有汇

① 刘建民主编：《晋商史料集成》第5册《信函·信稿4》，第458页。
② 刘建民主编：《晋商史料集成》第5册《信函·信稿4》，第302页。
③ 刘建民主编：《晋商史料集成》第5册《信函·信稿4》，第303—304页。

介之款，无须全数兑沙伊号，敝号书一草券、文均可。”①“是日，豫成亨代交来沙钱平□银一千两项，即补函致照敝介号期限，遵谕以七月在敝介号交兄手收介平纹银一千零四十两整。各凭各信所云每千两贴费十两……刻下同行之钱每千贴至三十两。”②“除是月初三日汇介一千零四十两外，今又委补汇介钱平一百二十两，于十八日卯期随接相达敝号矣。”③“委汇介贵伙任儒秀兄介钱平纹银三十两加平四千二二，贴费六千，敝号共该收沙平三十一两零二二。现已知照雷文钦兄已于初五日卯期如数汇介。”④这些内容均说明在湖北、湖南开设当铺的介休商人主要是通过介休票商汇兑银钱的。这不难看出“乡缘”关系是晋商当铺利用票号汇兑银钱的重要考虑，以按照低于行市的“旧规”以及较低的“贴费”汇兑银两，可以节省汇费，降低经营成本。

二、负债经营

当铺运营资本⑤之所以能够达到原有资本规模的2倍、3倍甚至4倍，这反映了典当业负债经营的发展，充分利用负债经营也是晋商典当业日常资金管理的特点之一。晋商典当业负债经营主要体现在其资本构成方面，即通过吸收存款、借款和发行钱票等三种方式扩大资本规模。

存款作为一种负债资本，对扩大晋商典当业资本实力、改善经营环境具有一定益处。入清以来，典当业不但吸收个人存款，大量官款及社会性质款项和工商业字号存款也经常存入当铺。晋商典当业的存款主要来源于三个方面，即官款以及具有一定社会性质的事业经费存款、个人存款和工商业字号存款。至迟在清代中叶，传统典当业就开始发行钱票。从刘建民收藏的这批信稿资料反映的内容来看，晋商典当业发行、运用的钱票有短票、长票、兑票、小票、上票、下票等六种。这些钱票方便携带使用，对典当业而言则可以扩大资本规模，

① 刘建民主编：《晋商史料集成》第5册《信函·信稿4》，第65页。
② 刘建民主编：《晋商史料集成》第5册《信函·信稿4》，第83页。
③ 刘建民主编：《晋商史料集成》第5册《信函·信稿4》，第84页。
④ 刘建民主编：《晋商史料集成》第5册《信函·信稿4》，第95页。
⑤ 典当业的运营资本大致相当于架本。

缓解资金压力，改善经营环境，甚至还可以赚取一定的利息。

借款经营是晋商典当业为进一步扩大资本规模、缓解资金压力、改善经营环境的方式之一。入清以后，典当业从私人或者商铺、银号、账局等金融机构借款进行经营活动的事例逐渐多起来。① 道光年间，在湖北枣阳经营典当业的晋商在其往来书信中提及："持报樊月息，各票号、钱店皆无存项，市虽七五，其银甚缺。倘附近之典生意发动，俱来樊作借，恐有八厘之市。" ② 这封书信说明，在收当高峰时晋商当铺通过借款筹措资金，以缓解资金压力，并在一定程度上影响了当地的利率市场。可见，借款经营在当时典当业中不仅是一种较为普遍的筹款方式，还对当地资金市场产生了影响。刘建民收藏的一份《道光二十四年(1844) 某账局账本》③ 共记录了 153 宗放款记录，其中有 78 宗放款记录是晋商当铺向该账局的借款记录。此账本中提及的晋商当铺主要分布在直隶、河南、山东、山西等省的相关府县、村庄，有的晋商当铺还不止一次向该账局进行借贷，如永茂当、聚锦当、会锦当、庆升当、隆泰当、庆隆当均有 2 次借贷，宗盛当有 3 次借贷。借贷利率随着时间推移，还体现了一些有规律的变化，八月以 4.5 厘为主，九月 6 厘息大约占 50%，十月以后全部为 6 厘。不难看出，这家账局与一定地域范围内的晋商当铺之间已经建立了较为稳定的资金借贷关系，甚至也形成了受各种因素制约的，抑或约定俗成的利率市场。此外，票号也是晋商当铺的借款对象。《咸丰二年（1852）日升昌票号清江浦分号总结账》④ 便有日升昌票号向当铺放贷的记载：

外该借贷处

丰兴典二年四月初五日借去本平库宝银 4000 两（年七厘对年还）。

裕泰典二年四月二十三日借去本平库宝银 1000 两(月六厘十二月还)。

---

① 刘秋根：《明清民国时期典当业的资金来源及资本构成分析——以负债经营问题为中心》，《河北大学学报》1999 年第 4 期。

② 刘建民主编：《晋商史料集成》第 73 册《商业知识 3》，第 360 页。

③ 此账本介绍参见石兴荣：《清代账局研究——以七份账本为基础》，第 12—13 页。

④ 中国人民银行山西省分行、山西财经学院《山西票号史料》编写组，黄鉴晖编：《山西票号史料（增订本）》，第 618 页。

此外，在这批信稿资料中有很多晋商当铺向同乡商号借款经营的事例。光绪年间，湖北沔阳某晋商当铺致信同乡商号："启因小号目下应当在急，需用刻限。奈钱钞之备甚不广耳。因念与宝号交情在素，故敢陡然告急，祈助大钱若干运州以济急需，谅必见受。今着某伙请步台阶，面请赐光，则小号叨蒙多多矣。"① 光绪年间，湖北松滋县朱家埠晋商当铺合盛典致信协盛典："惟据韩先生云曾见宝库充足，向兄请再通融，蒙许再商。今接同盛来信，亦许筹助一千。因仍着韩先生随船前往，道经宝典，令其面请，为克践前言，祈再假千贯以资不足。"② 在《民国二年(1913) 湖北松滋合盛典往来信稿抄本》中也有合盛典与协盛典、义盛典、同盛典之间互借资金以周转资金的记载。③ 上述与晋商当铺有资金往来的商号基本上是同乡工商字号，这种建立在"乡缘"基础之上的资金借贷关系体现了传统金融机构之间资金往来的局限性。

《同光直隶大名府恒裕典东伙往来信稿抄本》具体反映了恒裕典的负债经营情况。下面，以恒裕典为例对晋商典当业的负债资本进行个案分析。

恒裕典的借贷资金主要是来自股东的垫资。④ 根据前文考证，恒裕典东家有天锡堂、四维堂、恒聚堂、尊五堂、衍庆堂、福寿堂、积德堂、德厚堂、光裕堂、二益堂、守业堂、宝三堂、光禧堂、庆余堂等。同治十一年（1872）至光绪三年（1877），向恒裕典出借资金的东家主要是天锡堂和四维堂。同治十一年（1872）十二月，恒裕典东家吩咐掌柜宋干城："天锡堂借贷银四宗，仍照每月七厘行息原转，至于旧票定于郭二兄明春捎去。"⑤ 之后，郭二兄于第二年二月十九日由介休起程去大名，带去天锡堂旧文券四张。⑥ 同治十二年（1873）三月，掌柜郭子琴致信恒裕典东家："今随干城二兄旋里带去天锡等堂

---

① 刘建民主编：《晋商史料集成》第 74 册《商业知识 4》，第 125—126 页。

② 刘建民藏《光绪十三年（1887）湖北松滋合盛典书信底稿抄本》第 10 号信。

③ 刘建民主编：《晋商史料集成》第 5 册《信函 · 信稿 4》，第 509、510、607 页。

④ 股东垫资与股东投资的开设资本不同。开设资本不计利息，收取盈余。股东垫资与私人借款相同，收取利息，但不参与分红。

⑤ 刘建民主编：《晋商史料集成》第 5 册《信函 · 信稿 4》，第 105 页。

⑥ 刘建民主编：《晋商史料集成》第 5 册《信函 · 信稿 4》，第 107 页。

二千七百五十两新文券四张。"[①]可见，恒裕典向东家天锡堂借款二千七百五十两，按照月息七厘行息，旧文券换取新文券则说明这一借贷至少在两次以上。同治十三年（1874）四月，恒裕典东伙之间又一次互换"天锡堂借贷二千七百五十两"新旧文券。[②]除借天锡堂二千七百五十两外，恒裕典向四维堂借款数量更是多达七千余两。同治十二年（1873）十月，恒裕典掌柜向东家汇报当务："信成后四维堂至典，咱已还过本银三千两，下余四千两仍照七厘转票。"[③]由此可知，同治十二年（1873）恒裕典向东家天锡堂、四维堂借入银两至少有9750两。在没有更为准确的计算之前，我们以同治十二年（1873）为例，分析股东垫资在恒裕典资本构成中所占比例。同治十二年（1873）十月初三日，恒裕典掌柜向东家写信："按视目下回赎，至年终约存架本不过五万吊之谱，而存钱尚可有二万九三万吊。"[④]按此书信提供的数据计算，同治十二年（1873）恒裕典的流动资本在8万吊左右。根据恒裕典东家规定："今众东共商又定为四维堂借贷并生息借贷均按一千九作钱价"。[⑤]钱价按一千九计算，7000两本银合钱13300吊。天锡堂等堂借贷银2750两，也参照一千九作钱价，合钱5225吊。按此计算，四维堂、天赐等堂垫资共计白银9750两，合钱18525吊，占恒裕典当年流通资本的23.2%。恒裕典至少有14个东家，那么为何只有四维堂、天锡堂垫资呢？潘敏德认为，典当业股东有融通资本的责任，通常是值月股东负责调度资金。[⑥]四维堂、天锡堂是否为恒裕典值月股东不得而知，但应该是介休李氏家族中的主事成员。

除股东垫资外，恒裕典的负债资本还包括一部分存款。从信稿资料反映的内容来看，恒裕典的存款至少包括官府生息本钱和余利借贷钱。下面，以同治十二年（1873）为例，分析恒裕典的存款。

① 刘建民主编：《晋商史料集成》第5册《信函·信稿4》，第108页。
② 刘建民主编：《晋商史料集成》第5册《信函·信稿4》，第126—128页。
③ 刘建民主编：《晋商史料集成》第5册《信函·信稿4》，第118页。
④ 刘建民主编：《晋商史料集成》第5册《信函·信稿4》，第116页。
⑤ 刘建民主编：《晋商史料集成》第5册《信函·信稿4》，第119页。
⑥ 潘敏德：《中国近代典当业之研究（1644—1973）》，第287—288页。

同治十二年（1873），官府发恒裕典生息本钱达5000吊。[①] 同治十三年（1874）正月，恒裕典掌柜致信东家："今随骑骡下班诸伙，随脚捎去典付诸东利钱共计拾三宗。"[②] 由此可知，同治十二年（1873）在恒裕典存有余利借贷钱的东家有13人。为方便计算，我们姑且参考光绪二年（1876）"众东余利借贷每俸按三百千"[③] 计算，同治十二年（1873）股东余利借贷钱为3900吊。关于掌柜伙计的余利借贷钱，书信中仅看到宋干城余利借贷钱200吊。[④] 按照上述计算，同治十二年（1873）存款总额约为9100吊，占当年流通资本总量的11.4%。

在发行钱票方面，从信稿资料反映的内容来看，恒裕典并没有发行钱票以扩大资本规模。但在经营过程中，恒裕典使用、收存大名府钱铺发现的钱票以扩大流通资本。同治十二年（1873）七月，郭子琴在给东家的信中写道：

> 唯钱铺近年来甚不平稳，屡有出票关门塌众之家，以致街市银钱滞塞，有银换钱难而买银不易……究其原本皆系京钱一二三千吊，本微票多，必然受挤。再则人心不古，诓众欠短，视为常情。遇有不察，亏众肥衔……柜上回取陆续，收票之忧难以更免。[⑤]

同治十三年（1874）八月，宋干城在给东家的信中写道：

> 练军执取本号钱帖，聚众拥集取钱，稍不随欲，藉端滋闹，是以钱店不敢出帖，以致各行生意不能周行。两典正在回赎之时，赎当者现钱多而钱帖少，似以显然忙急。终属练军在城各行生意均皆难做，此达。[⑥]

分析上述两则材料可知，钱铺发行的钱票、钱贴已经在大名府街面各行生意中流通使用，赎当者持钱票可到恒裕典赎取衣物。由于钱铺"本微票多"以及练军的干扰，钱铺倒闭或者不敢出票，致使大名街市银钱滞塞，各行生意难

---

① 刘建民主编：《晋商史料集成》第5册《信函·信稿4》，第116页。
② 刘建民主编：《晋商史料集成》第5册《信函·信稿4》，第123页。
③ 刘建民主编：《晋商史料集成》第5册《信函·信稿4》，第180页。
④ 刘建民主编：《晋商史料集成》第5册《信函·信稿4》，第121页。
⑤ 刘建民主编：《晋商史料集成》第5册《信函·信稿4》，第112—113页。
⑥ 刘建民主编：《晋商史料集成》第5册《信函·信稿4》，第136页。

以周转资金。而恒裕典掌柜的"收票之忧"在之后得到验证，乡民赎当时恒裕典收取的钱票无法正常向钱铺兑换银钱。光绪三年(1877) 丁丑新正月十一日，"牲口回介诸伙下班带去第吉次信"。

去腊廿五六日，大名街面钱缺，滞塞不通，挤关钱铺四家。南关雍和号关门，南关绅士保出应承今年发钱，咱典收存钱帖京钱四十七吊。龙王庙重德号关门，龙王庙绅士保出应承今年发钱，咱典收存钱帖京钱十五吊。南街元兴公关门，元兴公系重德值月字号，大名堂公不准伊歇业，今年许开，素与咱典往来账净欠京钱三百六十余吊，倘若开门还可成钱。此三家俱未定妥，三项未撇。南街裕兴和关门，当时被抢一无所有，咱典收存钱帖京钱五十八吊，难望发钱，年终撇出。此是世时所赶，人力无可如何。①

分析此则材料，由于雍和号、重德号、元兴公等三家钱铺关门，裕兴和钱铺被抢，导致恒裕典收存的480吊京钱钱帖无法正常"成钱"。480吊钱数量虽然不是很大，但表明大名地方金融市场的持续恶化，也说明由于钱铺自身不足以及社会动荡等原因，"私人钱庄发行的银票或钱票还是不能充分弥补银钱的不足"。② 受此影响，恒裕典融资管道变窄，无法凭借钱票扩大资金规模，也难以向其他金融机构、商号获取资金，而只能依靠股东垫资的方式缓解资金压力。如同治十三年（1874）十一月，"天锡堂兹有新加借贷宝银二百五十两，系宝三堂出借之项，立票注账，即写宝三堂为妥"③；光绪三年（1877）二月，"四维堂送来银三千两，迟写一月作为三月借，月利七厘"④。

通过对恒裕典负债资本的分析可以看出，恒裕典没有发行钱票，主要是通过吸收存款和股东垫资来筹集资金。就同治十二年（1873）的恒裕典负债资金规模而言，存款和股东垫资至少占流通资本的三分之一多。这也体现了恒裕典经营管理的一个局限性，即难以凭借地方金融市场进一步扩大资金规模、提高

① 刘建民主编:《晋商史料集成》第5册《信函·信稿4》，第194页。
② 林满红:《银线: 19世纪的世界与中国》，江苏人民出版社2012年版，第7页。
③ 刘建民主编:《晋商史料集成》第5册《信函·信稿4》，第142—143页。
④ 刘建民主编:《晋商史料集成》第5册《信函·信稿4》，第200—201页。

资金使用效率，而主要是依靠股东自身的力量缓解资金压力。

与直隶大名府恒裕典不同，湖北监利县新沟镇某晋商质铺的负债资本很大一部分来自自身发行的钱票。该质铺是湖北沙市“沙号”在监利县开设的一家分号，其日常资金大都是由“沙号”负责调度、安排。民国五年（1916）新正，该质铺执事致信“沙号”：“至念日合，实存架本四万五千八。念二三日天道稍晴，两日共出钱玖百串之谱。张怡顺约交二千之款，已挑来铜元一千串正。吴锦翁浮存之项，尚未用去。至此铺中净存铜元台票三千串之数，估约月内可以够用。惟系出月之钱亦在紧要，祈阁下早为布置。”① 该质铺致信“沙号”请求筹措资金的内容在此信稿抄本中非常多，这里不再逐一列举。民国六年（1917）闰二月二十五日，该质铺执事致信“沙号”：“所印小票于廿三日又印来三百一万五四贰张。笔下铺存现台票四千串。两次所来一、二、三百小票共存有九千串之谱。铺中诸凡平善，勿劳罣念。今逢林板主赴沙之便，特此奉申，顺请刻安，暨礼斋棣台安好……再及共来一、二、三百小票四千九百余串。今又托星翁再印一百一万张、二百二万张，贰共计数五千串，大约可以够用。”② 根据“一百一万张、二百二万张，贰共计数五千串”来计算，可推算“一百”代表一百枚制钱的币值，“二百”代表二百枚制钱的币值，“三百”代表三百枚制钱的币值。据此计算，该质铺所印小票的规模高达 1.89 万串之多。结合前文论述，该质铺架本最高时有 6.5 万串之多，发行小票的规模占该质铺运用资本的比例高达 29%。

通过本节分析，不难看出晋商典当业围绕日常资金管理建立了一整套账簿组织体系和分工明确的日常资金管理制度，以此确保各项资金收支的清晰无误、平衡准确。具体而言，通过“过账”缓解对现银、现钱的依赖，提高日常资金管理效率；积极运用“钱价”“汇费”变动规律筹措资金，缓解资金压力；通过吸收存款、借款和发行钱票等方式，以负债经营的方式扩大资本规模，缓解资金压力，改善经营环境，提高行业竞争力。

---

① 刘建民主编：《晋商史料集成》第 5 册《信函・信稿 4》，第 622 页。

② 刘建民主编：《晋商史料集成》第 5 册《信函・信稿 4》，第 722 页。

第三节 联号经营——以“松滋四典”为个案

商人广设联号开展商业、金融业经营活动是中国经济史研究中比较重要的一个问题。[①] 所谓“联号”即“因出资之关系，使两个或两个以上之独立商号在业务上签订互相联络之契约曰联号。此种组织之起源，由于资本家因欲减少危险，并增加信用。以其财产分别投资于数种事业或同种事业之数店，各该店会计完全独立，只于业务上互为联络”[②]。实际上，在不同地域以及不同行业中，商人联号的类别、名称、内涵都体现出各自不同的特点。如张晓辉认为近代香港与内地的华资联号主要分为并列型、分支型、复合型三类；[③] 卢忠民认为民国北京五金行联号主要分为分支型、网络型两种类型，且与连号、分号、支号是同一概念。[④] 晋商联号经营指的是财东对所经营的各地不同行业的商号以子母形式进行管理的体制。各商号独立核算，并在上一级商号的领导下经常交换信息，在物资采购与销售上互相支持，在财务方面互相协助，从而形成一个强有力的商业集团。[⑤] 学界对晋商的联号经营关注已久，张正明[⑥]、孔

① 学界对此问题已作了一些专题研究。如张晓辉研究了近代粤港、沪港、渝港华商联号：《近代香港与内地华资联号研究》，广西师范大学出版社 2011 年版；《民国时期的渝港华资联号企业》，《西南大学学报》2012 年第 2 期；《近代澳门的华商海内外联号》，《澳门理工学报》2013 年第 3 期；《民国时期香港与广州的华商联号》，《安徽史学》2014 年第 4 期。卢忠民研究了民国北京五金行联号经营：《民国北京五金行联号经营模式分析——以万和成联号为中心》，《首都师范大学学报》2015 年第 4 期。王颖研究了近代联号企业的内部关系、组织制度、权威机制等问题：《近代联号企业：关系性契约和个别性契约的融合》，《学术探索》2009 年第 5 期；《近代联号企业与企业集团组织制度的差异》，《青海师范大学学报》2009 年第 6 期；《权威、权威机制与近代家族联号企业》，《兰州学刊》2009 年第 12 期；《近代联号企业非企业集团的组织制度安排及原因》，《江西财经大学学报》2010 年第 2 期。综观以上论著，不难看出学界对商人联号经营的研究还比较薄弱。

② 陈稼轩编：《实用商业辞典》，商务印书馆 1935 年版，第 1107 页。

③ 张晓辉：《近代香港与内地华资联号研究》，第 6—18 页。

④ 卢忠民：《民国北京五金行联号经营模式分析——以万和成联号为中心》，《首都师范大学学报》2015 年第 4 期。

⑤ 张正明：《明清山西商人概论》，《中国经济史研究》1992 年第 1 期。

⑥ 张正明：《明清山西商人概论》，《中国经济史研究》1992 年第 1 期。

祥毅[①]、唐力行[②]等学者在研究其他问题时论及晋商联号制的特点以及票号的联号制。但因资料匮乏，目前学界尚未对其进行专题研究。晋商当铺合盛典、义盛典、同盛典、协盛典分别位于湖北松滋县的朱家埠、街河市、西斋、纸厂河，是山西介休商人在湖北恒松滋县经营的四家联号当铺。刘建民收藏的《光绪十三年（1886）湖北省松滋合盛典书信底稿抄本》《民国二年（1913）湖北省松滋合盛典往来信稿抄本》[③]反映了“松滋四典”的联号经营情况，为学界分析晋商典当业的联号经营方式提供了研究个案。

一、个案分析

《光绪十三年（1887）湖北松滋合盛典书信底稿抄本》有完整书信47封、残信9封，共13400余字。经考证，此信稿是光绪十三年（1887）湖北松滋县朱家埠（今湖北松滋市老城镇）晋商当铺合盛典的寄出书信底稿抄本。《民国二年（1913）湖北松滋县朱家埠合盛典往来信稿抄本》有书信88封，总计33800余字。经考证，此信稿是民国二年（1913）湖北松滋县朱家埠晋商当铺合盛典与各种社会关系的往来书信抄本。两份信稿抄本反映了合盛典围绕“松滋四典”的经营管理与介号、沙号、“南三典”以及官府吏胥等社会关系的互动情况。根据信稿抄本提供的信息，结合湖北松滋县地方志资料，可以确定“松滋四典”分别是松滋县朱家埠合盛典、街河市（今湖北松滋市街河市镇）同盛典、西斋（今湖北松滋市沲水镇）义盛典、纸厂河（今湖北松滋市纸厂河镇）协盛典，“南三典”是同盛典、义盛典、协盛典。[④]综合分析两份信稿抄本的内容，可以得出更为详细的信息。

第一，介号位于山西介休县。民国二年（1913）三月二十一日，合盛典

① 孔祥毅：《金融票号史论》，中国金融出版社2003年版，第174、175、351、352页。

② 唐力行：《商人与中国近世社会》，商务印书馆2003年版，第63—66页。

③ 两份信稿介绍参见本书第一章第一节新见信稿资料考证。

④ 据《松滋县志》记载：民国六年（1917）松滋县朱家埠合盛典、街河市同盛典、西斋义盛典、纸厂河协盛典等四家当铺还在营业。参见湖北省松滋县志编纂委员会编：《松滋县志》，第520页。

收到介号来信："兹报晚从沙二十日搭江和轮船，念三日未刻至汉，次日上火车，念五日抵石家庄，次日改车行至榆次，廿七日由陆道觅车，廿九日平顺到舍……其与文桥掌柜之信及我翁委捎寄纸包并诸伙友信札物包，于月初二、三两日亲身各送各府。"① 分析此信，榆次位于山西中部，近临介休县。20世纪初，京汉铁路、正太铁路通车以后，在湖北经商的山西商人除了沿汉水北上经河南回山西外，还会选择从汉口上车经京汉铁路至石家庄下车，然后转正太铁路进入山西，在榆次站下车回介休。由此判断，此信提及的"到介"指的是到达山西介休县。此外，民国二年（1913）四月十四日，介号致信合盛典："附叙介号算账之事，罗惠元堂缧绵不决，甚为棘手。廿七日，王总司等赴南庄会东粗定铺事。暂以阴东三堂书立草合同一纸，原曰人力股俸暂以客俸，俟后如有新东朋合，再立正式合伙。"② 综合分析"介号算账之事""赴南庄会东""阴东三堂书立草合同一纸"等信息，介号东家极有可能是山西介休县龙凤镇南庄村阴氏商人。③

第二，"松滋四典"是介号在湖北松滋县开设的四家当铺。合盛典执事在写给介号的书信中经常提及："外奉诸东清册，信启望为代呈"④"东伙谊深，弗敢□申"⑤ 等内容。据此可知，合盛典执事与介号东家是东伙关系。因信稿抄本提供的信息有限，我们无法直接考证义盛典、协盛典、同盛典与介号的关系。但合盛典通过"南三典公信"指导义盛典、协盛典、同盛典办理当息、填报资本、缴纳当税等事，义盛典、协盛典、同盛典三典执事则经常向合盛典汇报业务开展情况，一些经营事务更是"无不从命"于合盛典执事。⑥ 因此，义盛典、协盛典、同盛典应该也是介号在湖北松滋县开办的一家当铺。另外，民

① 刘建民主编：《晋商史料集成》第5册《信函·信稿4》，第436—437页。
② 刘建民主编：《晋商史料集成》第5册《信函·信稿4》，第467页。
③ 介休县龙凤镇南庄村是"国家级传统古村落""山西省历史文化名村"，村内现在还保留清代当铺遗存，当地有"张家十八堂、阴氏一杆旗"之说，张、阴是南庄村最大的两个姓氏，参见《品味介休南庄的古村落文化》，《晋中日报》2016年5月26日。
④ 刘建民藏《光绪十三年（1887）湖北松滋合盛典书信底稿抄本》第6号信。
⑤ 刘建民藏《光绪十三年（1887）湖北松滋合盛典书信底稿抄本》第27号信。
⑥ 刘建民主编：《晋商史料集成》第5册《信函·信稿4》，第578页。

国二年（1913）六月十九日，介号致信合盛典："前月望日庞祚翁抵梓，尚未晤面。念一日孟志翁安抵，廿四日在介号会面。"① 此信提及的庞祚翁、孟志翁是协盛典、同盛典的执事。② 根据晋商的营商习惯，掌柜、伙计返乡后要到总号或东家府上汇报工作。庞祚翁、孟志翁回乡后均去介号汇报工作，由此来看，推断庞祚翁、孟志翁与介号财东应是东伙关系应该是成立的。

第三，沙号是介号在湖北沙市开设的一家商号。《光绪十三年（1887）湖北松滋合盛典书信底稿抄本》中有两封书信提及沙号、介号："晚思如此含糊成何局面，即定不候介号之信而沙号不能不赐明信"③，"如定不候介信，亦要以沙号示信为凭，不然晚不敢冒接其事也"④。这说明合盛典要依据介号的书信办理相关事宜，在介号没有来信的情况下要以沙号来信为凭办理相关事宜。另外，沙号还专门负责"松滋四典"的银钱往来、资金调拨等事宜。民国二年（1913）三月二十五日，沙号致信合盛典："兹报近接介号来信，内报我典由介汇出交过诸东积利并抽股沙平银四千三百八十五两七……年底如数拨交沙号。"⑤ 沙号在接到介号书信后照数付过典账，并以书信方式告知合盛典。合盛典则经常向沙号汇报"咱典"架本、业务开展等经营情况。⑥ 沙号还代表"松滋四典"与荆沙地区各典当商帮联系，以获取当地典当业发展的相关讯息。⑦ 综合上述，沙号应该是介号开办的一家商号。⑧ 两份信稿抄本中多处提及荆门、枝江、宜昌等地名，据此推断沙号位于湖北沙市（今湖北荆州市沙市区）。

介号分别在湖北沙市开设沙号，在湖北松滋县经营"松滋四典"。介号、沙号、合盛典均在"松滋四典"的经营过程中发挥了重要作用。

一是介号与"松滋四典"的经营管理。从信稿抄本反映的内容来看，介号

① 刘建民主编：《晋商史料集成》第5册《信函·信稿4》，第545页。
② 刘建民主编：《晋商史料集成》第5册《信函·信稿4》，第404、409、412页。
③ 刘建民藏《光绪十三年（1887）湖北松滋合盛典书信底稿抄本》第4号信。
④ 刘建民藏《光绪十三年（1887）湖北松滋合盛典书信底稿抄本》第31号信。
⑤ 刘建民主编：《晋商史料集成》第5册《信函·信稿4》，第441页。
⑥ 刘建民主编：《晋商史料集成》第5册《信函·信稿4》，第499—501、543、544、557—559页。
⑦ 刘建民主编：《晋商史料集成》第5册《信函·信稿4》，第426—429、486、489、525、526页。
⑧ 沙号主要负责银钱汇兑、结算，极有可能是一家票号。

主要负责“松滋四典”的人事安排、资金调拨、股俸结算等事宜。光绪十三年（1887）二月，合盛典执事荣午公“因小恙未愈，诣沙调治”，欲将典务委托某伙计协办。[①] 三月十七日，该伙计致信介号：“兹晚来时曾面请明训，承命专候介号之信，别无他言。是以荣午兄数次交代，晚未敢接手。”[②] 合盛典执事因病欲将典务交给某伙计协办，因没有介号来信指示，该伙计不敢贸然接办。光绪十三年（1887）八月十八日，合盛典致信沙号：“子京兄于十六日突然告辞回里，晚再三诘问何故，不肯吐实，只云接家信有要事，执意告辞，不日已许其回去，随身带有寄介号之信。准辞不准，权在介号，晚未敢擅准。”[③] 这两封书信直接说明介号负责合盛典的人事管理。在资金调拨方面，光绪十三年（1887）春，合盛典致信介号：“谨呈去岁满年清册，望为察核。其钱价即遵来谕旧发，照旧五八，余三款按沙市腊月平钱价六四四合典六三扣算，设有不安，祈即指示。”[④] 这表明合盛典的银钱调拨、核算等事宜要按照介号来信指示办理。民国二年（1913）四月十四日，介号致信合盛典。

日前松年与弟谈叙咱典至上年底众东钱股应分积利，暨积善、恕忍两堂抽之钱股之项。前者与阁下有信，此款饬即如数交拨沙号。今次令弟往典达信，可将众伙人力股至上年底应分积利一并注账，是为至嘱。圭峰、世恩应得之项，在外听其自便。步洲之项，求弟与阁下致函，相恳与渠将钱作银，仅数叨光，在典出放。其弟应分之款亦望作银如数汇介，俾弟整理房舍，小女出嫁之需，是嘱是荷。铁想已应结之钱暂与伊作银存注，俟后商定如何，奉函知照。[⑤]

分析此信内容可知，账期结算、股俸变动、应分积利等各类营业决算都是在介号的安排下逐一落实。

二是沙号与“松滋四典”的经营管理。围绕“松滋四典”的经营管理，沙

---

① 刘建民藏《光绪十三年（1887）湖北松滋合盛典书信底稿抄本》第3号信。
② 刘建民藏《光绪十三年（1887）湖北松滋合盛典书信底稿抄本》第4号信。
③ 刘建民藏《光绪十三年（1887）湖北松滋合盛典书信底稿抄本》第15号信。
④ 刘建民藏《光绪十三年（1887）湖北松滋合盛典书信底稿抄本》第5号信。
⑤ 刘建民主编：《晋商史料集成》第5册《信函·信稿4》，第467、468页。

号主要负责落实银钱往来、资金调拨等事宜。光绪十三年（1887），沙号致信介号："在沙接读介号并三典在家诸执事公信。因钱价一事令明正开清册，旧管仍照旧开，其新收开除实存，均以腊月十五日沙市钱价围合。协、同二典仍比合盛下一分开算，查沙市十五日之钱价六四四，合盛定以六三开算。来信命□知照二公，谨将其原信统呈，望照办可也。"① 此信说明，沙号根据介号、三典执事的"公信"进行银钱核算，并将核算具体落实情况通过书信告知合盛典。再如民国二年（1913）四月初一，沙号致信合盛典。

兹报日前与典缴过育婴堂春季沙平银三两四五、清节堂春季息铜元十五千，义盛典在沙交过我典铜元二百千，又步洲兄代世恩兄由家汇来沙平银十一八六，又葛六儿在沙向弟乞售所剩麦酱卅二斤二四合银七两六钱八，又世恩兄在沙买物用过银九两五、铜元三百六十千。望见信一并照过往来为是。②

分析此信，包括各类生息银钱本息、银钱汇兑及其他日常财务往来均由沙号具体负责落实。民国二年（1913）六月十八日，合盛典致信沙号："今将递过禀稿随信函呈台鉴，再随即信照前次乔伙带去诸东上半年支使一枳，请如数汇介是祝。"③ 六月二十八日，合盛典致信沙号："另函去与诸伙汇项一折，至希逐宗磕介，内有六吉堂趸项一宗，可否省点汇水，尽凭酌夺为是。再另与任永年汇介平足银廿两，代补平汇水，统归沙平银若干，即以行市作钱，如数付录钱账，回信示明以便按数照收可也。"④ 这两封书信表明，合盛典异地间的银钱汇兑主要由沙号负责办理的。

此外，沙号还与荆沙地区当行联系互动，为"松滋四典"搜集商情信息。民国二年（1913）三月十二日，沙号致信合盛典。

兹报荆沙所属各典当，因其反政以来伤毫（耗）太多，吃亏甚巨，加之纸洋取赎换元更为不了，现在生意寥寥……日前当行值年全义、元隆请

① 刘建民藏《光绪十三年（1887）湖北松滋合盛典书信底稿抄本》第 12 号信。
② 刘建民主编：《晋商史料集成》第 5 册《信函 · 信稿 4》，第 452 页。
③ 刘建民主编：《晋商史料集成》第 5 册《信函 · 信稿 4》，第 544 页。
④ 刘建民主编：《晋商史料集成》第 5 册《信函 · 信稿 4》，第 559 页。

大众在东璧园聚首会商，拟定荆沙所属共有卅几家紧结团体，举办典息仍复三分，并请更改月日期限，出进纸洋善策。公请代表详拟节略，历陈苦款，挨次抄呈。各属先投各处自治知事，在沙会投商会。如事有济，更为妥善，若无成效，定准赴省。各属皆已认可，都书允字。每家先摊公费钱卅千，事毕多退少补。弟想事关公益，难推赞成，随声附和，冒书允字，钱已佃出，代表尚未请定，望见信静候。随后寄到节略底，仿照他处举办为是。如或不宜，速来教章未为晚也。①

分析此信，沙号通过书信告知“松滋四典”荆沙地区典当业的发展情况，代表“松滋四典”参与荆沙地区典当业维护自身权益的活动。

三是合盛典与“松滋四典”的经营管理。合盛典与“南三典”均是介号在湖北松滋县开办的当铺，但合盛典在“松滋四典”的经营管理中居主导地位。

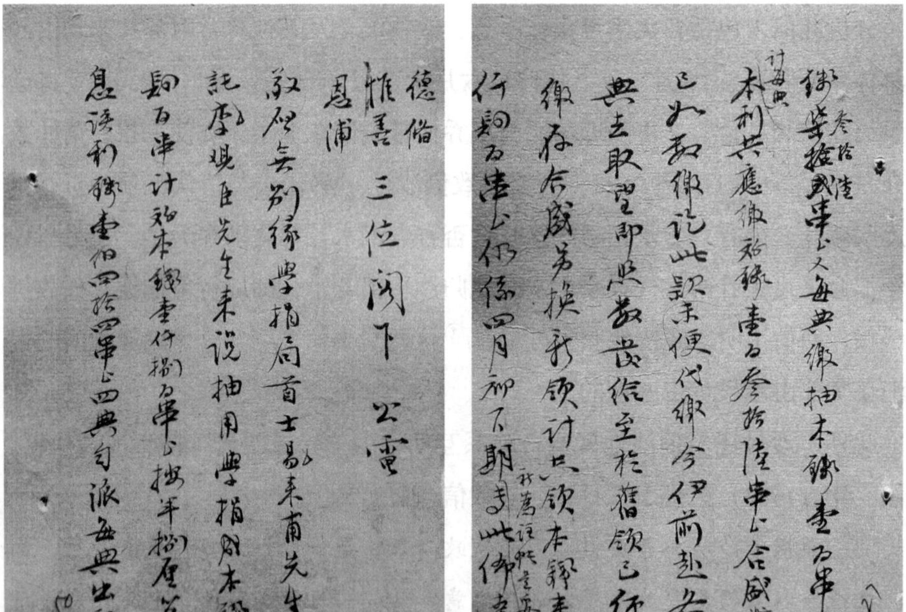

图 4-1 《光绪十三年（1887）湖北松滋合盛典书信底稿抄本》第 7 号信（刘建民 藏）

① 刘建民主编：《晋商史料集成》第 5 册《信函·信稿 4》，第 427—429 页。

两份信稿抄本中有 10 封合盛典“致南三典公书”，其内容主要是合盛典将相关事宜的处理结果或者处理方式告知“南三典”去执行。光绪十三年（1887），合盛典致信“南三典”安排缴纳学捐生息本钱、利息等事宜。

德备、惟善、恩浦三位阁下公电：敬启无别，缘学捐局首士易来甫先生托李观臣先生来说抽用学捐成本钱四百串，计九五本钱一千八百串正，按年八厘算息，该利钱一百四十八串正，四典匀派，每典出利钱三十七串正。又每典缴抽本钱一百串正，计每典本利共应缴九五钱一百三十七串正。合盛业已如数缴讫，此款未便代缴，今伊前赴各典去取，望即照数发给。①

再如民国二年（1913）二月二十七日，合盛典致“南三典公书”。

兹我行填表一事，据文光兄由荆门、枝江等地转来，云各处办法无非以多填少，不约而同。祚（昨）接李四兄来函，云署中因此一事已两次催促。今特着龚价前往各处催取，所填表格并随信呈去前与文光兄在□商酌按我四典各情形草就表稿一纸，照稿填注，或无不可。惟协盛略有不同，即照前与祚翁谈过，资本金额可以五千元填注外，其当出、赎入两额似可照合盛三分之二填之，各户存款亦必须在万元左右方觉相符也。②

分析以上书信内容，不难看出“松滋四典”向官府报送营业额、资本总额以及缴纳学捐局生息本钱等事宜均是在合盛典的主导下进行。合盛典还通过“公书”向“南三典”传递当税、当捐、办理涨息等商情信息，并召集各典执事商讨应对策略。民国二年（1913）六月，荆沙当商联名向官府呈文，请求“涨月息、缩期限”。为此，合盛典致信“南三典”：“我等四典似可趁此举动，不宜再作观望。否则恐荆沙同行訾议我等推缩不前，岂非自招。想兄等才识兼优，此事亟应如何布置，自当胸有成竹。即请于初四五日，务须群贤毕至，公同商酌。”③

此外，合盛典还代表“松滋四典”与松滋县典税房吏胥李石泉保持联系，以办理当税、规礼等事宜。民国二年（1913）三月二十六日，合盛典致信李石泉胞弟李香波协调“松滋四典”当税事宜。

---

① 刘建民藏《光绪十三年（1887）湖北松滋合盛典书信底稿抄本》第 7 号信。

② 刘建民主编：《晋商史料集成》第 5 册《信函 · 信稿 4》，第 404、405 页。

③ 刘建民主编：《晋商史料集成》第 5 册《信函 · 信稿 4》，第 529—531 页。

兹示以署内催缴当税一层，令兄既不在府，但此款非办现银不可，尚得着人赴沙办银，一刻碍难措缴，准定阴历四月内备缴不误。祈将此情向署内一叙为盼。且往年催缴此款，必有与四典公论一件。完缴之后另与四典各给印收为凭。想此大概情形阁下，亦必早在洞悉也。率此奉答，用请近佳，诸希雅照。不宣。①

在规礼方面，民国二年（1913）四月初二日，合盛典致信李香波："昨午贵价送到罗知事寿帖四合，妥收勿念。今援旧谱，各典仍以八两送之，共银卅贰两正。"② 七月初六日，李香波致信合盛典："今晚署内发下四典秋季规礼请帖四合，弟是以不敢殊忽，接过之后，当即函封完好，交袁足顺便代呈，祈为查收是荷。"③ 可见，送与当地官吏的寿礼、规礼等事宜均由合盛典代表"松滋四典"与官府吏胥进行接洽。

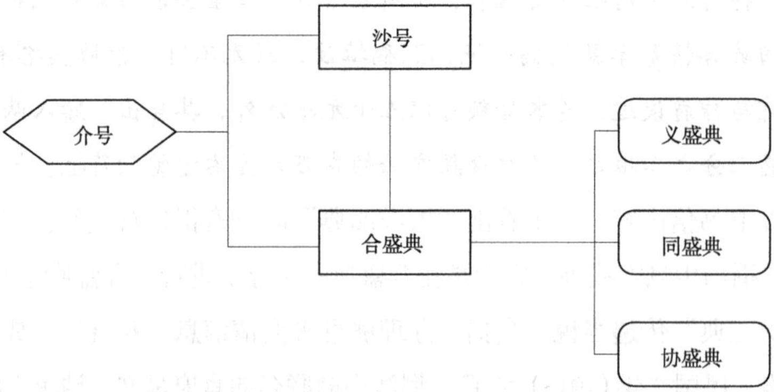

图 4-2 "松滋四典"复合型联号示意图

综合以上分析，不难看出围绕"松滋四典"的经营管理，介号、沙号、合盛典、"南三典"构成了一个具有三个层级结构的复合型联号④ 经营模式。介

---

① 刘建民主编：《晋商史料集成》第 5 册《信函 · 信稿 4》，第 450、451 页。

② 刘建民主编：《晋商史料集成》第 5 册《信函 · 信稿 4》，第 454 页。

③ 刘建民主编：《晋商史料集成》第 5 册《信函 · 信稿 4》，第 576 页。

④ 复合型联号，指融并列、分支组织于一体的联号，多为跨行业的大型联合企业，这种早期的综合性联号经营以山西商人最具特色，参见张晓辉：《近代香港与内地华资联号研究》，第 11 页。

号通过这种复合型联号经营，在湖北沙市、松滋县设立分支机构，共同完成对“松滋四典”的经营管理。具体而言，介号掌握人事、资金等方面的决定权，沙号负责银钱核算、资金调拨等事宜，合盛典负责指导“南三典”开展经营活动。此外，合盛典、同盛典、义盛典、协盛典作为四家并列联号，店名“犹如弟兄名字的排行一样，三字名的店名中两字相同”①，在资金、信息等方面互相支持，较之于一般商号的关系更为密切。

二、特点和作用

笔者在研究晋商的跨地域典当经营活动过程中，搜集了大量可以明确具体位置和经营者籍贯的晋商当铺字号。经整理，发现一个十分普遍的现象，即在同一地域经常出现多家经营者籍贯相同、名称相近的字号。如道光年间，承德有太谷典商经营的源盛当、万盛当、松盛当、旺盛当、丰盛当、久盛当；②光绪年间，天津有汾州商人经营的万兴当、万通当、万益当、万顺当、万德当。③上述当铺是否都是联号当铺需要进一步分析，但这一现象背后的制度性选择应是我们理解晋商群体发展、行业发展的一个关键因素。下面，以“松滋四典”复合型联号为个案，考察晋商当铺联号经营的特点、作用。

（一）“松滋四典”联号经营的特点

综合分析两份合盛典稿抄本反映的内容，“松滋四典”复合型联号体现出以下三个特点。

1.凭借书信确保联号有效运行

晋商商业读本《交易须知》指出，做生意要设立“往来书札账”，与伙计在外办事者往来书信因某事何日捎去，书写此账内，或与东家或铺家朋友。但要事

---

① 笔者还注意到一种经营模式，即同一东家或总号在不同地域开设多家字号名称完全一致的当铺。如大名（今河北大名县）、宁晋（今河北宁晋县）、藁城岗上镇（今河北石家庄藁城区岗上镇）等地均有名为恒裕典、城格当的晋商当铺。经考证，上述三地的恒裕典、城格当均是山西介休商人开设的当铺，参见王中良：《清代至民国初年晋商典当业研究——以刘建民藏书信资料为中心》，第165—167页。

② 史若民、牛白琳：《平、祁、太经济社会史料与研究》，第440页。

③ 许檀编：《清代河南、山东等省商人会馆碑刻资料选辑》，第395—397页。

俱要写此账内，日后一看便知何日有书因某事托某人捎的。[①] 此外，该读本还详细介绍了书信格式、注意事项等内容，并将商人在经商过程中使用的书信分为探问外地生理书信、买货书信、借银书信、远地讨银书信、辞伙友书信等不同类型进行了详细介绍。[②] 可见，书信是晋商完成商业经营活动的重要凭借，并且这一问题已引起学界的关注。如张正明认为："信件是明清山西商人上下联系、业务交流、互通情报的重要工具，在电讯尚未发明前，它的作用尤为明显。"[③] 孔祥毅指出，晋商书信"起着沟通、报告、请示、指示的作用，并在一些情况下起着会计票据的作用，与会计账簿共同构成了一个完整的、严密的、科学的业务运作体系"。[④] 孟伟认为，山西商人凭借书信完成商业经济活动，借此走向辉煌，以及与之对应的"书信时代"迄今为止尚未被世人真正认识，更未被一百多年来的学术研究所深刻揭示。[⑤]

从信稿抄本反映的内容来看，书信是介号、沙号、"松滋四典"为满足经营管理、监督审计、传递信息等需求而实际运用的一种重要凭借，编号书信、"公书"是其主要表现形式。晋商对书信进行编号是将其作为营业核算的凭证、依据和行商备案。《民国二年（1913）湖北松滋朱家埠合盛典往来信稿抄本》合盛典寄给沙号的书信均是编号书信，如民国二年（1913）"六月廿八日与沙号第十二次信"：

> 今接委燕玉凤伙赴沙送去台票三百七十千，照收请如数作银注账。另函去与诸伙汇项一折，至希逐宗磕介，内有六吉堂趸项一宗，可否省点汇水，尽凭酌夺为是。再另与任永年汇介平足银廿两，代补平汇水，统归沙平银若干，即以行市作钱，如数付录钱账，回信示明，以便按数照收可也。附报咱典至前合净存架本四万八五，现存元五仟八。似此当首寥寥，

① 山西省晋商文化基金会编：《交易须知》卷1，第39页。

② 山西省晋商文化基金会编：《交易须知》卷2，第138—188页。

③ 张正明：《山西商人信件述略》，参见穆雯瑛主编：《晋商史料研究》，第90页。

④ 孔祥毅：《晋商书信说》，《山西日报》2015年7月29日。

⑤ 孟伟：《书信时代：山西商人书信在明清商业史研究中的学术价值——以皮张商人王富堂为例的明清汾阳商人考论》，参见刘秋根、唐晔主编：《晋商契约文书研究》（上），第111—175页。

约可绰绰有余矣。典事安常，勿劳绮念。①

分析此信，沙号要根据合盛典的“第十二次”来信进行相应的资金结算。对当铺而言，这些编号书信则是进行五合、月总、年算等营业核算的凭证，而这也是晋商将书信称为“信稿账”②的原因所在。此外，如前文所述，两份信稿抄本资料中有10封合盛典“致南三典公书”，其内容主要是合盛典将相关事宜的处理结果、处理方式告知“南三典”去落实，并向“南三典”传递当税、当捐、办理涨息等信息，召集“南三典”执事商讨应对策略。显然，这些编号书信、“公书”超越了普通书信互通信息、互致问候的基本作用，进而体现出一定的商业性、经营性功能，是“松滋四典”联号经营信息传递以及反馈机制的核心要素之一。

2. 以地缘关系为联号的联结纽带

明清时期传统经济的大发展使商业信息的不对称成为市场活动中的常态，并由此导致经营活动中的不确定性增加。如何应对日趋增加的不确定性是以徽商、晋商为代表各地域商帮能否顺利完成长途、跨地域经营活动的关键。不同于徽商依靠血缘关系构建制度模式，晋商选择了地缘关系去构建制度模式以支撑更大规模、更广范围商业活动的经营活动。进一步讲，地缘关系是晋商制度模式的基本内容和主要特征，并内涵于晋商经营管理与商业发展的各个侧面。③

明清时期，客居他乡的晋商广建商人会馆，结交晋籍官员，积极构建以地缘关系为联系纽带的社会关系网络，并在经营管理过程中发挥了重要作用。不仅如此，晋商还建立了一系列基于地缘关系的“与之相配套的经理负责制、学徒制和股份制”④等管理制度，以此确保经营活动顺利开展。从信稿抄本反映

---

① 刘建民主编：《晋商史料集成》第5册《信函·信稿4》，第559页。

② 《立账簿头绪》是一份专门介绍晋商典当业账簿种类、记账注意事项、簿记编制方法的资料。该资料详细介绍了20种晋商当铺账簿，其中包括一种特殊的账簿“信稿账”，参见王萎萎、王中良：《清代晋商典当业会计账簿组织探析——基于〈立账簿头绪〉》，《财会月刊》2018年第3期。

③ 燕红忠：《明清晋商制度的基本模式与实现方式——自我实施与集体主义惩戒机制》，《中国社会经济史研究》2011年第3期。

④ 唐力行：《商人与中国近世社会》，第63—66页。

的内容来看，介号、沙号、“松滋四典”的经营管理者均是山西介休人，并以股俸制将其联结为一个十分紧密的利益联合体。民国二年（1913）四月初六日，合盛典致信介号管事文乔：“再咱典账期向以四年为率，今诸东既以三年起结，且有所抽钱股。但不知兄等人股名下亦该一律以三年截算否，抑仍候四年再算。”[①]分析此信，合盛典致信介号管事文乔请示其在当铺的人力股如何结算，这说明介号管事文乔享有合盛典的人力股。总号管理者同时持有分号的人力股，这就将总号、分号经营管理者的利益充分联结起来，进而构建了一个基于地缘关系的利益联合体。

3. 按照层级结构管理联号

西方学者认为，东西方企业在发展中逐渐形成了各自独特的运营方式，西方公司完全依靠层级结构管理，中国企业完全依赖社会关系网络。[②]毋庸置疑，社会关系网络是东方企业经营过程中不可或缺的重要因素，但实际上中国历史上相关行业的经营模式同样具有了层级管理的特点。

正如前文所述，介号、沙号、合盛典、“南三典”构成了一个具有三个层级结构的复合型联号经营模式。介号作为总号是第一管理层级，一般不直接过问“松滋四典”的具体业务，但掌握资金调度、重大事项、人事安排的决定权。沙号根据介号指令和“松滋四典”的经营需求，专门负责落实银钱往来、资金核算等事宜，是第二管理层级。合盛典与“南三典”均是介号开办的当铺，但合盛典在“松滋四典”的经营管理中居主导地位，不仅代表“松滋四典”与各种社会关系联系、互动，还负责指导“松滋四典”开展实际经营活动，同样属于第二管理层级。“南三典”作为第三管理层级，在以上两个管理层级指导下开展具体经营活动。这种经营模式体现了“松滋四典”所有权与经营权的适度分离，抑或各个层级结构合作完成对四家当铺的经营管理，这不同于学界所认为的“所有权与经营权分离”[③]。进一步讲，这种所有权与经营权的适度分离

① 刘建民主编：《晋商史料集成》第5册《信函·信稿4》，第457—460页。

② ［美］卡历南：《西方学界最近40年对中国企业史研究的述评》，《经济社会史评论》2018年第4期。

③ 张正明：《清代晋商的股俸制》，《中国社会经济史研究》1989年第1期。

关系体现了晋商典当业的行业特殊性，即总号对当铺经营管理的干预比其他行业要多一些。沙号、合盛典一并作为第二管理层级，在“松滋四典”的经营管理过程中发挥了各自重要作用，这在一定程度上也体现了晋商跨行业联合经营的特点。此外，合盛典、义盛典、同盛典、协盛典均隶属于介号，以“松滋四典”的名义在湖北松滋县开展典当经营活动，四家当铺是并列关系的联号。但合盛典负责指导“南三典”开展实际经营活动，代表“松滋四典”与各种社会关系联系、互动，合盛典与“南三典”又是统属关系联号。

（二）“松滋四典”联号经营的作用

入清以来，晋商当铺之所以广受世人关注，不仅是因为山西是清代典当业最为发达的省份之一，更主要的原因是晋商到全国各地开设当铺，并对社会经济发展产生了影响。显然，联号经营在其发展过程中发挥了重要作用。

1. 扩张资本，占领更多市场

资金雄厚的晋商不仅在一些大都市、商业重镇开设当铺，还善于深入各省府县、乡镇开设中小规模当铺。从信稿抄本反映的内容来看，介号在松滋一县就开设了合盛典、义盛典、同盛典、协盛典等四家联号当铺，其经营范围基本上覆盖了松滋县各个区域。这些当铺资本规模小，开设成本不高，经营风险也低于大型当铺，而且与基层民众的生活、生产最为接近，更容易发挥当铺的社会功能。以这种方式开设当铺应是晋商典当业发展过程中的一种理性选择。一方面，在各地开设多家中小规模当铺是典当资本扩张的具体表现形式，以此规避无限责任制带来的经营风险；① 另一方面，通过联号经营可以迅速占领市场，扩大经营范围，将当铺开设在距离基层民众更近的地方，以此获取更多业务、利润，这也是晋商当铺备受世人关注的原因所在。

2. 降低成本，提高运营效率

在“松滋四典”联号经营中，沙号负责介休、松滋两地的银钱往来以及满足“松滋四典”经营管理实际需要的资金调拨、垫付等事宜，这在一定程度上

---

① 刘秋根、张鹏：《放账铺的经营与近代华北农村金融——〈人地纲目〉解读》，《新史学》2018年第3期。

实现了资金的集中、统一管理，利于降低管理成本，提高使用效率。不仅如此，沙号的垫付资金、代缴生息利钱以及“摊费”等费用，“松滋四典”以“过账”[①]方式代替现银、现钱与沙号结算，这样就减少了现银、现钱使用，可进一步降低资金成本，提高资金使用效率。此外，客居地的社会关系是晋商典当业经营网络中不可或缺的关键要素，对维护经营环境、降低经营成本具有重要作用。合盛典代表“松滋四典”与松滋县各种社会关系联系互动，以办理减免税捐、涨月息、生息钱、规礼等事务，这在一定程度上可降低信息成本、交易成本，进而提高“松滋四典”的经营效率。

3. 维护整体权益，提高行业竞争力

在传统社会没有专门的商人组织代表典当商人出面协调社会各个层面以及向官府提出行业诉求，以维护典商的经营权益。典当商人只能通过诸如构筑社会关系网络、成立商人会馆等方式维护行业整体利益，以此应对经营过程中遇到的困难。其中，联号经营也是商人维护自身权益的一种重要方式。就合盛典信稿抄本反映的内容来看，介休典商在松滋一个县就设立了四家相互扶持的联号当铺，这不仅有利于扩大经营范围将经营活动延伸至各个乡镇，还有利于提高介休典商在行业中的影响力和竞争力。沙号代表“松滋四典”与汉口、荆沙等地典当商帮联系互动，获取商情信息，参与行业维权活动。合盛典代表“松滋四典”与松滋当地各种社会关系联系互动，以争取经营权益，应对经营难题，进而维护“松滋四典”的整体利益。

小　结

本章对前人关注较为薄弱的晋商典当业资本组织方式、资本规模、日常资金管理、负债经营以及联号经营等问题进行了探讨。通过本章的分析，我们进一步梳理了晋商在跨地域典当经营活动中股俸制的实际运用情况，丰富了学界

---

① “过账”也称为“过局”，即商家的资金收支从使用现金改为借助金融机构进行账面划拨。

对晋商股俸制的认识；归纳了资本雄厚的山西商人在进行跨地域典当业经营活动过程中，善于深入各省的府县、乡镇开设多家中小规模当铺的经营特点；分析了晋商典当业围绕日常资金管理建立了一整套账簿组织体系和分工明确的日常资金管理制度，以确保各项资金收支的清晰无误、平衡准确，通过“过账”缓解对现银、现钱的依赖，提高日常资金管理效率，运用“钱价”“汇费”的变动规律筹措资金，通过负债经营扩大资本规模、缓解资金压力。同时，以“松滋四典”为个案，研究晋商当铺凭借书信、依靠层级管理结构、以地缘关系为联结纽带构建了具有三个层级结构的复合型联号经营模式。其中，书信是晋商联号经营信息传递、反馈机制的核心要素，层级管理结构体现了晋商当铺所有权与管理权的适度分离，以地缘关系为联结纽带是晋商群体发展的显著特点。这种联号经营方式是晋商完成跨地域商业、金融业经营活动理性选择，也是晋商群体发展、行业发展的一种制度性保障，有利于进一步扩张资本、占领市场，降低经营成本、提高管理效率，增强抵御风险能力、维护行业整体利益。

第五章　清末民初晋商典当业的营业制度

明清以来，晋商在从事商业、金融业经营活动中创造了一系列独具特色的营业制度。如何准确认识这些营业制度，更为清晰、系统地探讨晋商的整套经营制度，是商人商帮、明清商业金融史乃至中国传统企业史研究的应有之义。典当业作为最为古老的传统金融业在其发展过程中逐渐形成了一套完整的营业制度。① 其中，晋商典当业的营业制度体系完备、特色鲜明，被称为"西典古法"。然而因资料的限制，目前学界尚未对晋商典当业的营业制度进行专门研究。本章利用晋商典当业信稿资料，结合其他方面的文献记载，对其营业制度进行考察，主要包括开停当、估衣处理、账簿组织、营业报告等内容。

第一节　开当、停当

开当、停当是传统典当业经营管理过程中非常重要的一个环节。围绕开当、停当，晋商典当业形成了一系列制度性经营活动。一般来讲，自年底停当至第二年新春开当这一段时间，晋商当铺掌柜均要整理腊月以及全年账务，算明腊月月总和年算单，安排伙计下班轮休，向东家呈送年算单以及安排新年开当各项准备工作。除此之外，在资本入不敷出时，晋商典当业一般也会选择停当候赎以减少资本压力。晋商典当业还经常利用"停当候赎"作为与官府博弈的资本，以尽可能为当铺的经营赢得一个良好的经营环境。

---

① 刘秋根：《中国典当制度史》，第 142—191 页。

新年“开门应当”是当铺的一项重要工作。一般情况下，当铺掌柜会提前或者最迟在开张当天写信给东家，汇报开门应当时间及相关准备情况。如直隶大名府晋商当铺恒裕典掌柜在历年新正写给东家的第一封书信都会详细汇报新年开当情况。为方便研析，现将相关内容进行统计，具体见表 5-1。

表 5-1 同光直隶大名府晋商当铺恒裕典开当时间统计表（1873—1877）

第 × 号信	书信时间	年份	开当时间	备注
2	新正月十贰日随脚带介第吉次信	1873	正月十七	
14	甲戌新正月初八日随典伙短盘带介第吉次信	1874	正月初八	
21	七月十六日脚户回介带去典信第五次	1874	五月二十一	因当质甚多，碍难支应，四月初八停当
32、34	乙亥新正月初八日随典伙短盘带介第吉次信；二月廿六日扣班刘纲脚户回介带第贰次信	1875	二月初六	同治驾崩，年号变动，致使延后
50	丙子新正十一日随典伙带去典第吉次信	1876	正月二十六	
58	八月二十日脚户回介带去典第五次信	1876	八月初一	记当衣物，实不能支，闰五月初九停当
67	三月初三日脚户回介寄去典第二次信	1877	二月初四	因置修房屋，暂定二月十三开当。后因总督到大名看兵，提前开当

资料来源：刘建民主编：《晋商史料集成》第 5 册《信函 · 信稿 4》，商务印书馆 2018 年版，第 104—209 页。

分析此表可知，同治十二年（1873）、十三年（1874）、光绪二年（1876）恒裕典开当时间均在正月。光绪元年（1875），因同治帝驾崩，年号变动，致使恒裕典开当时间推迟至二月。光绪三年（1877），由于置修房屋，恒裕典暂定于二月十三开门应当，后因总督到大名看兵，恒裕典原定二月十三日开门应当提前至二月四日。民国四年（1915）、五年（1916），湖北监利县新沟镇某质铺的开门时间也是在正月。[①] 由此可见，晋商当铺新年开门应当的时间一般都是在正月，但受其他因素的影响偶尔会提前或延后。

年底何时“关门停当”在这批信稿资料中没有具体体现。杨肇遇认为，典当业阴历除夕需通宵达旦营业。[②] 潘敏德在研究当铺营业时间时指出：“在每年旧历除夕前数日典当业向例是没有营业时间的限制，通常都要通宵营业以应顾客赎当之需。”[③] 冯剑在研究天津典当业时指出，天津德典当业的经营特点属于晋商模式，除夕时当铺年终减息的最后一天，也是一年中最为忙碌的一天。[④] 据此推理，晋商当铺年底关门停当的时间最晚应该在除夕当天。除夕停当至正月开当这一段时间，掌柜要算明去年腊月月总、年算，安排伙计下班轮休以及各项新年开当准备等工作。在业务量增加，估衣滞销，资金紧张，社会动荡等特殊情况下，晋商当铺也会采取暂时停当，随后再择机开当的方式以避免出现资金链断裂、拥当等情况。同治十三年（1874）四月初八，直隶大名府晋商当铺恒裕典“皆因春间未落透雨，麦子干旱而秋苗尚不能普种，是以邻封当质者较比往年甚多”而停当，之后在当年五月二十一开当。[⑤] 光绪二年（1876）闰五月初九，因社会动荡，抢劫军粮，乡间富民往城中逃搬而记当衣物，晋商当铺恒裕典“实不能支”而被迫停当。[⑥] 民国初年，湖北松滋县晋商当铺义盛典因“纸洋属重，善款甚多，入不敷出，请暂息业”[⑦]。民国年间，湖北监利县某晋商质铺执事致信东家：“兹叙初六日筵请乡街绅首，沥陈我号连年折耗，无力支持。及之近来缴费数倍曩昔，公债、印花层见叠出，铜元较台票每串坐赔壹百余文。似此种种掣肘，万难再贸，将此困难布告街乡，停当候取。”[⑧] 此外，晋商当铺还将“停当候赎”作为与官府博弈的资本，以尽可能为当铺的

① 刘建民主编：《晋商史料集成》第5册《信函 · 信稿4》，第619、711页。

② 杨肇遇：《中国典当业》，第23页。

③ 潘敏德：《中国近代典当业之研究(1644—1973)》，第144页。

④ 冯剑：《近代天津典当研究》，第109、131页。

⑤ 刘建民主编：《晋商史料集成》第5册《信函 · 信稿4》，第127页。

⑥ 刘建民主编：《晋商史料集成》第5册《信函 · 信稿4》，第182—183页。

⑦ 刘建民主编：《晋商史料集成》第5册《信函 · 信稿4》，第504页。

⑧ 刘建民主编：《晋商史料集成》第5册《信函 · 信稿4》，第712页。

经营赢得一个良好的经营环境。湖北松滋协盛典执事王捷三致信合盛典："至于暂行停当候赎云云，亦不过要求之意，以期必准于纸洋一物，不令典质吃亏也。"①可见，停当主要是为了办理纸洋之事，确保当铺不吃亏。再如民国湖北监利新沟镇某晋商质铺，为了办理"加息三分"和"行用小票"，停当候赎，并联合当地商号、绅首向监利县县长呈送公禀。②最终，在新沟镇绅首、监利县商会的协调下，考虑到"刻值农界正在春耕之际，乡下买牛买种，向以典质为主，如该质等收歇，与市面大有妨碍"，监利县府答应当铺可以自行发行小票，但未允许加息，并催促质铺尽快开当营业。③

第二节　估衣处理的方式、规模及其收益

按照传统典当业的规定，到期不赎取的死当物品被称为满货，当铺通过变卖满货抵充当本和利息被称为满货处理。如满货过多而不能及时变卖，当铺便会亏本，甚至破产。由此可见，满货的处理情况是关乎典当业盈利与否的重大问题。一般来讲，满货处理的方式有零星变卖、雇人销售、设立专门机构销售、批发给商人等几种形式。④刘建生等认为，山西典商习惯于春秋两季各出一次当，具体方法各当铺不一，有"滚架子"和按件论价两种出售方式。⑤遗憾的是，他对此未作深入研究，亦未提供相关佐证资料。除此之外，目前学界尚无专文介绍晋商典当业的满货处理问题。就这批信稿资料反映的内容来看，晋商典当业的满货主要是成为死当的皮棉和夹单等衣物，在资料中统称为"估衣"。下面，以晋商当铺恒裕典为例，分析晋商典当业的满货处理。

① 刘建民主编：《晋商史料集成》第5册《信函·信稿4》，第518页。
② 刘建民主编：《晋商史料集成》第5册《信函·信稿4》，第710—713页。
③ 刘建民主编：《晋商史料集成》第5册《信函·信稿4》，第714页。
④ 刘秋根：《中国典当制度史》，第191页。
⑤ 刘建生、燕红忠等：《山西典商研究》，第107页。

一、处理方式、时间

从《同光直隶大名府恒裕典东伙往来信稿抄本》反映的内容来看，晋商典当业处理估衣的方式主要是与衣店签订定约，以每吊本加若干利钱的方式将全年估衣一次性出售给估衣铺。为方便研析，现将该信稿资料中的相关内容摘录如下。

1. 同治十二年三月，今岁应出估衣已照通年按七分五售与南乐廉冉衣铺。①

2. 同治十三年三月，应出估衣已卖与廉兴号，每吊本仍加利钱七百五讲售。②

3. 光绪元年四月，定售于磁州豫成衣店，言明一年通贯，按四分加利，头盘出过货本大钱一千五百余吊。③

分析以上材料，恒裕典同治十二年（1873）、十三年（1874）连续两年按通年七分五加利，将成为死当的衣物售予南乐县廉冉衣铺；光绪元年（1875）按四分加利“一年通贯”售予磁州豫成衣店。“七分五”的含义是衣店除了要承担估衣的当本之外，每吊钱要加利钱七百五，即估衣毛利润率为75%，“四分加利”即毛利润利为40%。由此可见，按照这一标准处理估衣的利润还是十分高的。在估衣行情迟滞的情况下，恒裕典一般会降低加利，分批售出估衣。光绪二年（1876）五月，掌柜向东家汇报典务。

> 至于头盘估衣五月初一日卖与汤阴县福盛衣店，言定每本大钱一千文，作钱平干银六钱贰分，按刻下时价合钱不过九厘多钱。衣客只买一盘，二、三盘随后再讲。今年估衣实在迟滞，察听衣店生意，去年家家存货赔折，所以今年客少。福盛客来如要不卖，恐其再无别客。现已五月，概无透雨，只得因时出售头盘货本大钱一千六百余吊，所剩二、三盘随后

---

① 刘建民主编：《晋商史料集成》第5册《信函·信稿4》，第108页。

② 刘建民主编：《晋商史料集成》第5册《信函·信稿4》，第125页。此处廉兴号即南乐廉冉衣铺。

③ 刘建民主编：《晋商史料集成》第5册《信函·信稿4》，第160页。

再定。①

由此书信内容可知，由于去年衣店生意赔折，恒裕典未能像往常一样将全年估衣一次性售卖，仅是将头盘估衣卖给汤阴县福盛衣店。

恒裕典处理估衣的时间主要是在春季三月、四月前后。如前文所引材料，同治十二年（1873）三月、同治十三年（1874）三月，恒裕典连续两年将通年估衣出售给南乐廉冉衣铺。在估衣滞销或者衣客违约等特殊情况下，恒裕典估衣偶尔会拖延至五月、八月甚至第二年春天再行出售。同治十三年，恒裕典将通年估衣卖给南乐廉兴号，“不料南乐廉兴号衣客不顾脸面，出了两盘，将秋盘剩下”，秋盘估衣只能“俟今春（光绪元年）别处衣客来，一仝售卖”②。光绪二年（1876），由于估衣行情迟滞，恒裕典“头盘估衣五月初一日卖与汤阴县福盛衣店”，“二、三盘估衣八月廿六日仍售与汤阴福盛衣店”。③恒裕典估衣的销售对象主要是出售给与恒裕典有业务来往的估衣铺，有南乐廉冉衣铺、汤阴福盛衣店、磁州豫成衣店等店铺。④一般情况下，估衣铺会在每年的二月份到恒裕典商谈购买估衣相关事宜。如光绪元年（1875），恒裕典掌柜在写给财东的书信中提及：“今年估衣通年三千五六百千，二月中旬汤阴、磁州两处客来，俱递三分余钱，俟济宁客来再定。”⑤按照往年惯例，二月中旬南乐廉冉衣铺、磁州豫成衣店到恒裕店收购估衣，因三分加利过低，恒裕典掌柜未将估衣卖给两家衣店。光绪二年新正，恒裕典掌柜致东家：“至于春盘估衣大钱一千九百吊上下，行情迟滞。二月客来，因时定售。”⑥光绪三年（1877）新正，恒裕典致信介休东家：“今年头盘估衣大钱贰千七佰余吊，俟二月衣客到来，随时售卖。”⑦由此可见，一般情况下估衣店都是在二月到恒裕典收购估衣。自光绪二年开始，估衣行情

① 刘建民主编：《晋商史料集成》第5册《信函·信稿4》，第179—180页。
② 刘建民主编：《晋商史料集成》第5册《信函·信稿4》，第149—150页。
③ 刘建民主编：《晋商史料集成》第5册《信函·信稿4》，第179页。
④ 刘建民主编：《晋商史料集成》第5册《信函·信稿4》，第108、149、154、160、179页。
⑤ 刘建民主编：《晋商史料集成》第5册《信函·信稿4》，第154页。
⑥ 刘建民主编：《晋商史料集成》第5册《信函·信稿4》，第176页。
⑦ 刘建民主编：《晋商史料集成》第5册《信函·信稿4》，第195页。

迟滞，估衣铺到恒裕典购买估衣的时间不断推迟，导致当年头盘估衣五月初一才售出。[①] 光绪三年七月，恒裕典掌柜在写给东家信中提及："所有估衣一事，数月之间概无经纪、衣客来问，皆因景象屡年歉薄，以致农人手空而各行滞塞，不得贪做。"[②] 此则材料表明，在估衣销售困难的情况下，恒裕典有时也会委托经纪人商洽估衣事宜。

二、规模及其收益

晋商典当业销售估衣的收入称为"估衣利钱"，这项收入是其经营收益的重要组成部分。《同光直隶大名府恒裕典东伙往来书信抄本》详细反映了同治十二年（1873）至光绪三年（1877）恒裕典销售估衣的数量、收益等基本情况。恒裕典掌柜每年新正写给东家的第一次信中都会专门汇报当年应出估衣的基本情况。从该信稿抄本反映的内容来看，恒裕典的估衣分为头盘（春盘）、二盘、三盘（秋盘），并非学界所认为的春、秋两盘。[③] 该信稿资料所反映的恒裕典估衣数量变动情况详见表 5–2。

表 5–2　同光直隶大名府恒裕典估衣数量统计表（1873—1877）

时间	数量	资料出处
同治十二年（1873）	通年估衣 2000 余吊	第 2 号信[④]
同治十三年（1874）	通年估衣 1700、1800 余吊	第 14 号信[⑤]
光绪元年（1875）	通年估衣 3500、3600 余吊	第 34 号信[⑥]
光绪二年（1876）	春盘估衣大钱 1900 余吊	第 50 号信[⑦]
光绪三年（1877）	头盘估衣 2700 余吊	第 65 号信[⑧]

① 刘建民主编：《晋商史料集成》第 5 册《信函 · 信稿 4》，第 179 页。
② 刘建民主编：《晋商史料集成》第 5 册《信函 · 信稿 4》，第 208 页。
③ 潘敏德：《中国近代典当业之研究 (1644—1973)》，第 304 页。
④ 刘建民主编：《晋商史料集成》第 5 册《信函 · 信稿 4》，第 106 页。
⑤ 刘建民主编：《晋商史料集成》第 5 册《信函 · 信稿 4》，第 122 页。
⑥ 刘建民主编：《晋商史料集成》第 5 册《信函 · 信稿 4》，第 154 页。
⑦ 刘建民主编：《晋商史料集成》第 5 册《信函 · 信稿 4》，第 176 页。
⑧ 刘建民主编：《晋商史料集成》第 5 册《信函 · 信稿 4》，第 195 页。

通过此表我们不难看出，同治十二年至光绪元年（1875）恒裕典的估衣量在逐年增长。光绪二年（1876）、三年（1877），估衣数量更是不断增加，仅头盘的数量就达到或者超过往年通年估衣数量。为了尽快降低架本，盘活资金，恒裕典只有通过不断降低加价才能顺利将估衣卖给估衣铺。光绪元年，"至于估衣，四月初七日定售于磁州豫成衣店，言明一年通贯，按四分加利，头盘出过货本大钱一千五百余吊"①。光绪二年，"至于头盘估衣，五月初一日卖与汤阴县福盛衣店，言定每本大钱一千文，作钱平干银六钱贰分，按刻下时价合钱不过九厘多钱"②。八月，当年二、三盘估衣"仍售与汤阴福盛衣店，照前六钱贰分。银庄彼时钱盘一千八百二三，合贯利一分贰厘有余"③。光绪三年，"所有估衣一事，数月之间概无经纪、衣客来问，皆因景象屡年歉薄，以致农人手空而各行滞塞，不得贪做。设有来视咱货，弟等见勿论贯利亏本定于出售"④。分析上述材料，恒裕典出售估衣加利由最初的七分五，不断下降至四分、一分二厘、九厘等不同标准，估衣毛收益率由最初的75%逐渐下降至40%、12%、9%，甚至"勿论贯利亏本，定于出售"。估衣收益的持续下降是恒裕典经营收益降低最为直接的表现。

上述分析以晋商当铺恒裕典为个案，探讨了晋商典当业的估衣处理问题。除此之外，在其他信稿资料中也有一些关于晋商典当业处理估衣的一些内容。如《光绪湖北枝江董市镇某质铺尺牍范本》第18号信："敬覆者，小记估衣之事，承情关照，究属同行之谊，较他人霄壤之别。而估衣客岁系某字号代售，今春盘市，虽未作定，实因月分不深，故弟欲迟延秋季再售。如伊仍然辞却，肃褚奉请台驾面订可也。特覆，敬候近安，伏乞丙鉴，不宣。"⑤此书信说明，委托销售也是晋商典当业处理估衣的方式之一。再如《民国湖北监利新沟镇某质铺书信底稿抄本》第21号信："兹叙铺中生意，十六七日当首甚涌，两天出

① 刘建民主编：《晋商史料集成》第5册《信函·信稿4》，第160页。
② 刘建民主编：《晋商史料集成》第5册《信函·信稿4》，第179页。
③ 刘建民主编：《晋商史料集成》第5册《信函·信稿4》，第187页。
④ 刘建民主编：《晋商史料集成》第5册《信函·信稿4》，第208页。
⑤ 刘建民主编：《晋商史料集成》第74册《商业知识4》，第100—101页。

钱一千串有余。十八日天道陡变，风雨交加，以致当、取均无多事。照此而看后首恐有踊跃。惟衣庄之事，十五日怡成和之伙胡姓执信到铺，谈叙一切有意购办。是以将我号所存棉夹单衣卷一并购定。我号之货已按五百六而定，聚义之卷按六百而贯，共计本利二千零六十余串，言明不日交钱下货。”① 由此信可知，该晋商质铺自己开设估衣铺专门售卖估衣，售卖方式与恒裕典相同，按每吊本加利钱的方式出售估衣。

第三节 账簿组织的种类、记账方法及特点

唐代的质库账历是迄今为止我们所能见到的最早的传统典当业账簿。② 自唐以后，传统典当业账簿体系不断发展完善，大体在清中叶达到中国传统典当业账簿制度的最高峰。其中，徽商、晋商典当业账簿分类科学、体系完备、功能齐全、特点鲜明，是中国旧式账簿组织发展水平的集中体现。王裕明曾对徽商典当业账簿组织的相关问题作了较为深入的研究。③ 因资料匮乏，目前学界对晋商典当业账簿组织的学术研究还十分薄弱。④

---

① 刘建民主编：《晋商史料集成》第5册《信函·信稿4》，第642—643页。

② 刘秋根：《中国典当制度史》，第173页。

③ 王裕明利用徽州文书对徽州典商账簿组织进行了个案研究：《光绪振成典钱翔实存簿浅析》，《江海学刊》1999年第4期；《清末民初典当业当簿剖析》，《中国社会经济史研究》1999年第3期；《晚清上海德安押当票》，《安徽史学》2003年第6期；《近代典当业质铺德经营特点——光绪皖南黟城用和质个案报告》，《学海》2004年第3期；《明清商业经营中德回利制——基于徽州文书的分析》，《安徽史学》2018年第5期；《明清徽州典商研究》，第47—186页。

④ 管见所及对晋商账簿做专门研究的成果有以下几种：张建朋：《晋商裕庆当账簿研究——以会计史为中心》，《会计之友》2012年第28期；刘秋根、王丽彦：《民国时期华北农村银钱借贷分析——基于五本借贷账本之上》，《古今农业》2012年第3期；刘秋根、杨帆：《清代前期账局、放账铺研究——以五种账局、放账铺清单的解读为中心》，《安徽史学》2015年第1期；马文静：《小的却是全面的：一个普通山西商号的账册分析》，山西大学2006年硕士研究生学位论文。

刘建民收藏的《立账簿头绪》① 详细总结了晋商典当业的账簿种类、记账方法以及簿记编制等内容，为中国会计史、商业史以及典当业史的学术研究提供了宝贵的新资料。《立账簿头绪》为白棉纸书写，装订成册，长 95 厘米、宽 141 厘米，共 24 页、4700 余字，夹杂在刘建民收藏的《精选杂信录》② 中。《精选杂信录》的内容非常复杂，大致分为五部分，分别是一批晋商书信、尺牍抄本，一部小说稿本，清代官员服饰介绍，“立账簿头绪”和各地平码介绍等内容。其中，在“晋商书信、尺牍抄本”有一条插注：“光绪二十一年抄完吴县管士俊笔耕斋尺牍”。据此，大致可做两种判断：一是《立账簿头绪》创作于光绪二十一年（1895）前后，二是《立账簿头绪》在光绪二十一年之前已经成书，《精选杂信录》的抄写者在光绪二十一年将其抄录下来。《立账簿头绪》中有“架本账”“票利钱”“估衣利钱”“当本钱”“架本钱”“典铺出进繁多”等内容，由此可知《立账簿头绪》介绍的是晋商典当业的账簿体系。《立账簿头绪》由八个部分构成，分别是：一立账簿头绪、二（缺）、三辩字意以分出进、四定五合以考遗忘、五截众账以归一本、六安四柱以算总清、七明升垫以坐钱价、八起积撇以断纠缠，其内容主要是介绍晋商典当业的账簿种类、记账方法、记账规则。下面，以《立账簿头绪》为主体资料，结合其他方面的文献记载，对晋商典当业的会计账簿组织进行专门探讨。

一、种类

传统典当业账簿一般分为营业账簿和普通账簿两大类。营业账簿主要围绕当铺日常经营的各个环节进行设置的，具体包括收当、取赎、挂失等环节，体现了典当业的行业特点。普通账簿主要围绕日常银钱核算、往来进行设置，与其他行业的账簿设置差别不大。晋商典当业账簿基本上也分为营业账簿和普通账簿两类。《立账簿头绪》介绍了 20 种晋商典当业账簿。为方便研析，现将相关内容辑录如下。

---

① 刘建民主编：《晋商史料集成》第 40 册《簿记 24》，第 594—623 页。

② 刘建民主编：《晋商史料集成》第 40 册《簿记 24》，第 594—624 页。

1. 出入流水账：上下分作两行，每日将入某若干写于上行，出某若干写于下行，不可遗误。俟五日照此另登各账。

2. 各号往来账：每页右首大字写某字号以后分则上下两行，五合日从流水登来如收若干写于上行，付若干写于下行，或欠或存上边画一小码以便改牌，此不过大账。如与来往多少家账本总宜多空几页，方接别家，免致用完又要重立。

3. 借外账：五合日从流水登来如借某号的于前一行低二格，先写某年某月某日借字空二格写月息若干，可画□，不可大写，再空二格写某月期或有约无约，随下注明，然后另行顶格写大字某字号某平银钱若干，旁边写小字，长短平若干。如已归还则于挨身后二行低二格分中写某月某日，一行还本银若干，一行写付利银若干。前行有约下批抽约二字。凡此总要空二行方接别家以为批还本付利之地，此要过大账。借来列于进字之下，还出列于出字之下，所付月息列于用字之下，一定之法。

4. 外借账：五合日从流水登来如某号借银或借钱亦照借外之式写，惟借字写在某号之下，不在年月日之下，此亦过大账。借去列出字下，还来列进字下，得利列利字之下。

5. 出入换银钱账：五合日从流水登来，分则上下二行，入换写于上行，出换写于下行。此要过大账，入换列进字，出换列出字。

6. 暂记账：众伙零用□人名来往暂记于此。每页右首大字写某人，以后分则上下行，五合日从流水登来。如收若干写于上行，付若干写于下行，或存或欠上边画小码，以便登牌，此不过大账。账要多空几页，再接别人□□银钱列于上行，付某伙银钱列于下行，照钱账注账，用银或欠辛金账牌，如若存银，照用若干，付过此账，不过大账，以后出辛金一齐再过大账。

7. 家倨（具）账：如系陆续添置已出用账者不在此列。若另行出账，五合日从流水登来买某物用钱若干列于大账出字之下，若要撇除列于用字之下，前已走过出字，又要从进字提来方能从用字撇除。

8. 众伙辛金账：此账各家规矩不同，或年终或分四季，亦有陆续出者，法无一定，均列用字则不能改易。凡列此账于每页右首大字写某人，下空数格写某号某人存来若干，年月日进铺后另行写□定满年辛金若干，以后挨次写历年所定辛金。

9. 东伙支使账：此亦年终出账。每页右首大字写某人下小字写股俸若干，挨次另行写某年支使若干。此项列于大账出字之下，算账开俸之时仍从进字提来方从用字开俸。

10. 官费账：从正中以及左二各衙门每季规礼若干，随封若干，每节节礼若干，随封若干，每生日寿礼若干，并照一切杂费若干均注明晰。如伊等支用，已出大账即要登抄此账以备日后查考。

11. 房租账：开首将租房约据抄存，以后每年□过房租已出大账即注此账，如有长用等项均要记清。

12. 架本账：每月当取除取净实本钱挨次登此以对大账实存之架本之钱。

13. 十合账：逢十将内账出进算清再加外账五日流水存项核对相符方登于此名为大账。

14. 月总账：每月将六次五合总共登此。

15. 积总账：每月挨次相加积至年终以为开算单之底稿。

16. 万年总账：每年将算单照式抄此以备后来起算积利查此。

17. 万倍财源账：开首将本铺合同照式抄存，以后每页右首大字写某人下小字写股俸若干，先东后伙。如历年开俸则于后写某年开俸若干，大账列于用字下。如有出铺之人，即将起去积利若干，批注明白。

18. 信稿二册：一登往来应酬之信底，一登来往号信之书底。

19. 大水牌一面：往来各号所欠之钱总登于此，每五合日照底账登来某号欠钱若干，逐一注明于牌脚书一总码。

大水牌一面：人名下所欠钱总共登此，每五合日照底账登来某人欠钱若干，逐一注明于牌脚书一总码。

大水牌一面：各号人名所存钱存银总登于此。

20. 小水牌一面：上横写现、欠、外、用、存五字。

大水牌一面：上横写原、进、回、利、足、当、出、用、耗、存十字，每五日算账按款登此，算对后再写账。

大水牌一面：写式同前，均写十字。一面登月总，一面登接总。算对登写各账。

分析以上内容，《立账簿头绪》介绍的20种账簿分别是：出入流水账、各号往来账、借外账、外借账、出入换银钱账、暂记账、家倨（具）账、众伙辛金账、东伙支使账、官费账、房租账、架本账、十合账、月总账、积总账、万年总账、万倍财源账、信稿二册、大水牌、小水牌。除了出入换银钱账和架本账属于营业账簿范畴外，其余18种账簿属于普通账簿范畴。另外，李锦彰在《晋商老账》中介绍了11种晋商典当业营业账簿，分别为典账、日清账、架本账、当总簿、盒账、草销账、挂号账、留取簿、估衣账、卖估衣首饰账、出入换银钱项川换账（易换宝账）。① 综合《立账簿头绪》《晋商老账》的记载，我们可知晋商典当业的账簿种类至少有29种之多。具体如下。

营业账簿（11种）：典账、日清账、架本账、当总簿、盒账、草销账、挂号账、留取簿、估衣账、卖估衣首饰账、出入换银钱账(出入换银钱项川换账、易换宝账)。

普通账簿（18种）：出入流水账、各号往来账、暂记账、傢倨（家具）账、众伙辛金账、东伙支使账、官费账、房租账、借外账、外借账、十合账、月总账、积总账、万年总账、万倍财源账、信稿（2）、大水牌（5）、小水牌。

这里需要注意的是《立账簿头绪》提及的两册信稿以及五面大水牌、一面小水牌所记录的内容各不相同。因此，在晋商典当业实际经营过程中至少使用了34种不同的账簿。

二、记账规则和方法

关于记账方法，《立账簿头绪》对每一种账簿均有详细说明。除每一种账簿均有特定的记账方法外，从《立账簿头绪》的内容中还可以总结一些通行的

① 李锦彰：《晋商老账》，第181页。

记账方法。如账簿中的“入”要写于上行，“出”要写于下行”，这体现了“上收下付”的基本记账方式；账簿中的“某号、某人”都要大写于每页右首，涉及银钱、股俸则要于某人、某号下小字书写；账簿中的“或存或欠”上边均要书一小码以便改牌或登牌；账簿涉及股东、伙计，要“先东后伙”。

《立账簿头绪》对记账过程中何时要“空二行”“低二格”“多空几页”等记账细节均有说明。此外，《立账簿头绪》还介绍了几种记账注意事项，抑或是需要遵循的记账规则。下面笔者对这几种记账注意事项逐一说明。为方便研析，现将其内容辑录如下。

辨字意以分出进

字意不辨则出进难分，账务必至有舛误之弊。今将逐字详释于左。

原：始初开张原本若干即系存头。如属旧事，上年终存头即下年头原头，上月尾存头即下月始原头，上五合存头即下五合原头，最易明晓。

进：此字所包甚广，稍不明晰，必致错误。进与出对今日进来异日必要出去。前日出去，后日仍要进来。进非利比利，则一得属已进，则假借于人。如入换银钱、借外银钱、外还银钱、或家俱(具) 修理支使、塌账，前已走过出字，今要撇除，必将原数从此提来。然后由用字再撇。如来出大账尚挂牌欠不在此例，或出多入少，难立存头，亦须从此浮借或从他业抽来资本均归此字，余可例推。

回：此系逐日取赎之项。五合日照外账登来，如出估衣之期，估衣本钱若干亦须注此。

利：利者我之所得也。五合日将外账所得票利登此。凡外借得来月息，估衣得来贯利，钱价得来盈余，他业得来积利，并已前撇过之项，今又收起，以及算账大期将外账之项，算至年终，未得月息，均要归入此字。

足：足与利同。银则长平，钱则日足，照账登此。

当：此系逐日当出之项，五合日照账登此。

出：此字当与进字参看。今日出者，异日必要进来。前日进来，后日必要出去。出与用字混乱用则一去不返，出则去而复来。如出换银钱，外借银钱，还外银钱，家倨（具）房屋修理有房东者，不在此例。支使押租或新顶之业，所买架本或他处之业所入资本，以及还前日浮，均要归入此字，余可例推。

用：用者日之所用也。如当税、官费、戏费、房租、月息、短利、辛金、下班东伙开俸、伙食、杂使、人情布施、船钱脚力、补数钱价赔累以及算账大期将借外之项算至年终，未付月息、或陆续修理添置家倨（具）、或新顶之业所佃架利并以前走过出字家倨（具）修理支使、塌账，全要撇除，均归此字，余以类推。

耗：耗与用同。银则短平，钱则日耗，照账登此。

存：实存之项也。先从原头若干，历加进、回、利、足，除讫当、出、用、耗，即为实存。

分析“辨字意以分出进”可知，晋商当铺将经营过程中的各类银钱核算、账务往来共细分为 8 种情况，在账簿中以“原、进、回、利（足）、当、出、用（耗）、存”等 8 个记账专用字进行概括，并对每一个记账专用字的内涵均作了具体解释，以此确保银钱核算、财务往来不出现错误。

定五合以考遗忘

五日不合则日久必要遗忘。故定期五日一合，每月一总，一月一接，今详开于左。

凡遇五合日，先将出入流水账所注入某若干出某若干，按款另登各账，用印色押一过字，再将各字号并人名存欠各牌改正清白，然后将各牌总码登记……要与现欠外用存水牌上所余存头相符为准，即要细心检查切勿含糊了事，核对无错照牌登注大账……若干加上本月当头若干，除讫本月取赎若干□□，实存架本若干，亦登牌上。然后登注月总，再将月总挨次相加，登注接总，以为年终开算册之鉴。

晋商以“五日”作为最基本的银钱核算时间单位，每逢五日要求记账人员将流水账中的银钱出入、各类存欠、外账“回利足当用”、内账“出进利用”等项目细心核算，形成五合账，核对无错后再登注大账，以避免账目遗忘。五合账以“五日”为账务往来以及银钱核算的时间单位，进而形成十合账、月总账、积总账（年算单之底稿）、万年总账（年算单的汇总）以及万倍财源账（万金账）等不同种类的账簿，从而构成了一套自成一体的账簿体系。晋商当铺的这种账簿体系遵循日清日结、五日一合、十日一合、一月一总、逐年开具算单等记账原则，以此确保各项资金收支的清晰无误、平衡准确。

截众账以归一本

码头既多，账目繁杂，使不归于一本则将来开算总清何所措手，是非截之不可。今将其式开左。

凡各码头办事之伙交来账簿，总要将伊账细核一遍，共入若干共出若干，除出净存若干。看与伊之存头符与不符，存头既符，然后将各号来往折则或结单发条宗宗与账照对，如有不同之件，必要咨询明白，恐有错误……如此截法账目虽多，无不归于一本，至典铺出差之伙非比别行，既不发买货物，虽以明三暗四，惟出放短月之息出入换之，时买易生弊端。所以各号来往折、结单、清单、买物发单均要过细核对，以杜蒙混。

不同于其他地域商帮，晋商总号、分号以及各联号的账务都是独立核算的，但各个分号、联号要定期向总号汇报经营情况，总号汇总后定期向财东报告营业情况。“截众账以归一本”即“总号—分号”或联号经营在账务管理方面的体现。首先，总号要对各分号、联号的“入换、出换、借外、外借、还外、外还以及得来月息短利、付出月息短利”等日常资金变动情况均要逐一登注流水账，然后再从流水账登入各账；其次，分号水牌存钱、诸项杂费、存头、欠项以及“出、进、利、用、足、当、耗”均要写入五合流水账，再加上“回、利、足、当、用、耗”，还要与大账存头、现欠外用存牌存头的金额相一致；最后，总号仔细核对各分号、联号上报的来往折、结单、清单、买货发单以防蒙混，确保各项资金准确无误。

安四柱以算总清

四柱不安，则总清何由而算，势必脱此漏彼，舛误必多，故欲开总清必先安四柱，今备列于法左。

某年新正月吉日开算上年刻本字号图章清单大吉

旧管

一宗原资本或银钱若干。此照万倍财源账所注资本登来，有写原本银若干。

一宗某年至某年积利若干。此照万年总每年天赐获利总共登此。

一宗借外银若干。此照借外账所借共总登来银钱各列一行印本，将办按本铺钱价合银，钱本将银按本铺钱价合钱。

以上几宗共银钱若干。

新收

一宗票利钱若干（画横码），本年钱价（画码）合银若干，正写。

一宗作衣利钱若干（画横码），本年钱价合银若干，写真字。

……

以上数宗共得银若干，写真字。

开除，此内均照接总账上用字登来。

一宗付外利银若干，写真字。

……

以上十九宗共除银若干，写真字。

一应除讫。

蒙天赐获利银若干。此系新收内除讫开余净余之项，写真字。

实存有写在也

一宗架本钱若干，本年钱价合银若干。此照架本账总共登来，写真字。

一宗傢俱（家具）钱七百六十九串七，本年钱价合银。此照傢俱（家具）账总共登来，写真字。

……

以上数宗共存银若干，写真字。

附报满年流水。

原存架本钱若干。此照上年年总净存架本登来。

共当本钱若干。此照接总账当字登来。

……

右为开写算单之式，凡银本均以银算账，所有钱之数目上书横码下以本铺钱价归银。如系钱本均钱算账，所有银本之数目上书横码下以本铺钱价归钱，此一定不易之理，其总算之法扣除新收除讫开除即是天赐获利，再加实存共合若干除讫旧管，再除天赐获利若干，无有一毫盈亏即为无错。

“安四柱以算总清”反映的内容进一步印证了晋商典当业一般采用的是四柱结算法。① 四柱结算法的基本结算公式为：旧管 + 新收 - 开除 = 实在。但是为了更为精准地计算盈亏、避免错讹，晋商当铺在实际经营过程中衍生出了“新收 - 开除 = 实在 - 旧管”这一计算方式，即“安四柱以算总清”提及的“总算之法扣除‘新收除讫开除’即是天赐获利，再加‘实存共合若干除讫旧管’再除天赐获利若干，无有一毫盈亏即为无错”。晋商典当业采用的这种衍生的四柱结算法，不仅可以充分掌握结算盈亏情况，还可以进一步检查账目是否存在问题。

明升垫以坐钱价

典铺出进繁多，自有一定钱价，其资本充足者更有坐钱价以留日后地步。然不明升垫之法，则于何处措手，今开列于左。

凡作钱价，或原以六钱合今要下为五钱几分，或原以五钱合今要下为四钱几分，总要明递坐之法。如系银本，将旧管所列借外钱先以原钱价合银，再以今钱价合银……共入银若干，共出钱若干，除出净入银若干，除入净出钱若干，一一算清。如系银本，将此净出之钱照本铺钱价合银，与净入银对除。若是钱本，将此净入之银照本铺钱价合钱，与净出钱对除，入多出少为盈，出多入少为亏。

钱价（银钱兑换）是晋商典当业经营管理过程中必须重点关注的商情信息，也是影响其盈利情况的重要因素之一。清末以来，政府的货币政策愈加“自由放任”，导致制钱、银两之间并没有固定的兑换比率。面对不同时期变化不一

① 郭兆斌认为多数非金融类商号使用的是包括捞锅底式簿记报告在内的三柱式簿记报告。由于受到银钱兑换关系、不同机构之间的转账等因素的影响，铺、账局、票号等金融类机构不适合捞锅底式簿记报告期末盘存抵减负债的计算方法，使用的主要是四柱结算费或龙门账等较为先进的办法。参见郭兆斌：《清末民初时期晋商簿记报告研究——以编制方法为中心》，第 39 页。

的银钱兑换比率，晋商当铺在记账过程中如何准确核算银钱之间的兑换即此处所说“升垫之法”，并将此作为判断盈亏的重要标准之一。

起积撇以断纠缠

算账大期必起积利，至诸东抽垫，众伙出进，其已前撇除诸项应起者仍当提来，按股派分。否则日后纠缠，即要费事，今将其式开列于左。

提来某年至某年积利若干。此照万年总账历年天赐获利共总登来。

按几十几分，每股应分若干。此照万倍财源账每年股俸若干，细心分派，万不可含糊。

年终在架本钱若干，按几升贯利若干。此照架本账算起总共登来。

借外银若干，按几升钱价利若干。此系钱本当初佃过钱价，今要提出借外银，除去外借银，然后按几升贯利再以时价合钱。

架本若干，按几升钱价利若干。此系银本当初佃过钱价今要提出□利。

有初行开贸已失资本东家将使登项撇除者即始初少伙亦不能分此，俱一定不易之理，其临时变动在人之心领神悟。若举一隅耳不以三隅，反则纸上陈完及何裨益于人也哉。

按照晋商的经营惯例以及股俸制相关规定，每逢一个账期结束之后各商号都要进行分红结算，抽出、补进或增添新的股东。“起积撇以断纠缠”就是将这一规定具体落实到账簿上，要求在账簿上详细列出股东、伙计的变动情况，以此作为“积利”“撇除”的依据，防止日后账目纠缠不清。

三、特点

20世纪30年代，杨肇遇最早关注了清末典当业的账簿问题，宓公干则以浙江、广东两省为例详细介绍了清末以来典当账簿的基本情况。① 王裕明、封越健利用新发现的一些账簿资料，探讨了徽商典当业的账簿组织。② 潘敏德按

① 杨肇遇：《中国典当业》，第29—38页；宓公干：《典当论》，商务印书馆1936年版，第118—133页。

② 王裕明：《明清徽州典商研究》，第47—186页；封越健：《十八世纪徽商典铺的经营管理与典当制度——以休宁茗洲吴氏典铺为中心》，《近代史研究所集刊》2012年第78期。

照区域划分，分别介绍了广东地区、长江下游地区以及包头地区的典当业的账簿种类。① 在这些成果的基础上，笔者将晋商典当业账簿与徽州、浙江、广东等地方商人的典当账簿进行了对比。详见表 5–3。

表 5–3　清末民初各地域商帮典当业账簿种类对比表

商人群体	营业账簿		普通账簿	
	当簿、柜上草簿、挂号簿、留取簿、留利簿、当总簿、架总簿、存箱簿	8	流水簿、股本簿、往来簿、兑换簿、各项开支簿	5
浙江、广东商人	大账、柜上草簿、草赎簿、归钱簿、留取簿、日清簿、卖账、当总簿、架本簿、存箱簿、挂号簿、查失票簿	12	流水簿、股本簿、往来簿、兑换簿、各项开支簿、轧清簿、存款簿、暂记簿	8
徽商	当簿、号簿、脚帖、栈簿、誊清簿、挂号簿、汇赎簿、并栈簿、赎取簿、架总簿	10	平色簿、钱账、米油账、匠工草账、食米账、买油经折、月总、年总、股本簿、流水簿、盘存簿、员工收支簿	13
晋商	典账、日清账、架本账、当总簿、盒账、草销账、挂号账、留取簿、估衣账、卖估衣首饰账、出入换银钱账（出入换银钱项川换账、易换宝账）	11	出入流水账、各号往来账、暂记账、傢俱（家具）账、众伙辛金账、东伙支使账、官费账、房租账、借外账、外借账、十合账、月总账、积总账、万年总账、万倍财源账、信稿、大水牌、小水牌	18

分析此表可以看出，除了一些称谓方面的差异外，如晋商的典账，徽商称之为当簿，浙江、广大商人则称之为大账，晋商典当业营业账簿与徽商、浙江商人、广东商人典当业营业账簿的设置基本类似，大都有 10 种左右，涉及当铺收当、赎取、挂失、满货处理等各个经营环节。但是个别营业账簿的名称差异也反映出不同地域商帮经营业务的不同。如徽商典当业一般都兼营栈房，专门收当米麦等粮食作物，即谷押业务。上表所列徽商典当营业账簿中的“栈簿”“并栈簿”即是反映徽州典当业从事谷押业务的专用账簿。对谷押业务单

① 潘敏德：《中国近代典当业之研究（1644—1973）》，第 166—173 页。

独立账，这说明谷押是徽商典当业非常重要的业务之一，晋商当铺则很少从事谷押业务。晋商典当业的当物种类“以衣服为大宗，金银首饰次之，农具木器又次之，其余各种物品则不甚普遍，或见于甲县而不见于乙县，或见于乡村而不见于城市”①。上表所列晋商典当业的“估衣账”“卖估衣首饰账”充分说明收当衣服、首饰是晋商典当业最主要的业务。此外，晋商典当营业账簿中的“出入换银钱账”是反映银钱买卖、兑换的一种专用账簿，说明货币买卖、银钱兑换是晋商典当业从事的重要业务之一。晋商典当业账簿组织的特点主要是体现在普通账簿的设置方面，这些特点亦是晋商账簿组织特点在典当行业中的集中体现。

第一，晋商典当业普通账簿种类最多，分工最细。浙江、广东两省典当普通账簿仅有 8 种，徽商典当有 13 种，晋商典当则有 18 种之多，这体现了晋商“逢事设账，无账不立”的经营习惯和契约意识。第二，晋商典当业普通账簿设置科学，体系完备。例如所有流水账、借外账、外借账、暂记账等草流账簿均以“五合日”为时间核算单位，进而形成十合账、月总账、积总账（年算单之底稿）、万年总账（年算单的汇总）以及万倍财源账（万金账），从而构成了一套遵循日清日结、五日一合、十日一合、一月一总、逐年开具算单等记账原则的账簿组织体系，充分确保各项资金收支的清晰无误、平衡准确。第三，晋商典当业普通账簿的设置贴近经营实际，灵活实用。如晋商当铺的“往来应酬之信底”和“来往号信之书底”是其业务链条上不可或缺的环节，起着沟通、报告、请示、指示的作用，在一些情况下还起着会计票据的作用。这种信稿账的设置显然是出于经营实际的客观需要，超越了一般商人家信、商人友人往来信范畴，从而具有了一定的商业经营性特征，体现了晋商非常鲜明的经营特点。

第四节　营业报告

除了营业账簿、普通账簿之外，营业报告也是典当业账簿组织的重要组成

---

① 陆国香：《山西之当质业》，《民族》1936 年第 4 卷第 6 期。

部分。[①] 营业报告是掌柜向东家负责以及总号了解各分号、联号实际运营情况的账务报告，也是一份了解当铺盈亏的营业决算清单，主要包括月总、年总两种。就晋商典当业而言，在月总、年总之外还有一种较为特殊的营业报告形式——商号书信。杨肇遇[②]、区季鸾[③]、宓公干[④]、潘敏德[⑤]等人曾简要介绍典当业营业报告的基本情况。但因资料匮乏，目前学界尚未对典当业营业报告进行深入研究。刘建民收藏的晋商当铺账簿、信稿资料为研究晋商当铺的营业报告提供了新资料。本节利用刘建民收藏的月总账、年算单、书信等资料，探讨清末民初晋商当铺营业报告。

一、月总账

月总账是一种按月对当铺的资金变动情况进行总结、核算的账簿资料，并根据股东数量抄录，逐月报送给财东、总号，也被称为“月总”“月总簿”。杨肇遇、宓公干等人认为典当业的月总无固定格式，多用四柱法记账，分收、支、存、该等四项。笔者在刘建民收藏的晋商民间历史文献资料中看到一批晋商典当业月总账，这为我们进一步了解晋商当铺的月总账提供了新资料。现列举三种，以方便研析。

1.《光绪十二年（1886）立达顺记五合月总账》[⑥]

二月总

原架本　银叁佰捌拾壹两五千。

　　　　钱壹万捌千伍百伍拾壹千贰百叁拾文。

原存　　银玖百捌拾壹两肆千叁。

　　　　钱壹仟伍百伍拾壹千捌百玖拾文。

---

① 宓公干：《典当论》，第 118 页。

② 杨肇遇：《中国典当业》，第 37—38 页。

③ 区季鸾编述：《广东典当业》，文雅印务局 1934 年版，第 27—32 页。

④ 宓公干：《典当论》，第 122 页。

⑤ 潘敏德：《中国近代典当业之研究（1644—1973）》，第 166—173 页。

⑥ 刘建民主编：《晋商史料集成》第 39 册《簿记 23》，第 363—364 页。该账簿收录了全年的月总，此处以二月总为例进行研析。

进　　银外还本叁仟两。

　　　钱换柒百捌拾文。

取　　钱壹仟贰百贰拾肆千捌百文。

利　　银票利伍千贰。

　　　外利壹百两正。

　　　钱壹百捌拾贰仟叁百捌拾文。

当　　钱壹仟零柒拾伍千玖百伍拾文。

用　　银杂使壹两。

　　　行费伍拾柒两肆千叁分。

　　　钱杂使叁拾千文。

出　　银换伍千贰分。

　　　外借本叁仟壹百捌拾两。

　　　钱还外本壹仟吊文。

现存　银捌百肆拾叁两正。

　　　钱捌百伍拾叁仟玖百文。

现架本　银叁百捌拾壹两伍千。

　　　钱壹万捌仟肆百零贰千叁百捌拾文。

2.《清宣统三年（1911）正月立三和永记月总账》①

原　银七佰壹拾五两壹钱八分。

　　钱叁佰四拾壹千壹佰陆拾玖文。

进　银柒佰零玖两。

　　钱壹千零壹拾五千六佰文。

回　钱壹千四佰玖拾八千七佰五拾文。

利　钱壹佰五拾五千六佰贰拾文。

当　钱壹千贰佰玖拾五千六佰五拾文。

出　银壹千贰佰壹拾五两叁钱叁分。

① 刘建民主编：《晋商史料集成》第40册《簿记24》，第4—5页。

钱壹千叁佰四拾捌千八佰六拾六文。

用　钱壹拾四千五佰壹拾六文。

存　银贰佰零捌两八钱五分。

钱叁佰五拾贰千壹佰零七文。

实存架本　银贰千零玖拾七两五钱。

钱贰万零柒佰贰拾五千六佰八拾文。

3.《中华民国六年（1917）七月初一日至二十九日月清》①

原　外借月本银壹万贰仟陆佰叁拾六两玖钱。

外借转本银柒仟叁佰柒拾四两零壹分。

存　银壹仟零壹拾柒两叁钱肆分。

收　外还月本银伍拾贰两。

外还转本银肆拾叁两捌钱四分。

利　得陈银伍两捌钱。

用　房租银肆两贰钱。

日用杂使银贰拾玖两肆钱。

现存 银壹仟零捌拾伍两叁钱捌分。

共借外本银壹万伍仟伍佰壹拾五两伍钱。

共在账架本银月壹万贰仟五佰捌拾四两玖钱。

转柒仟叁佰叁拾两零壹钱柒分。

七月内净不敷银贰拾柒两捌钱。

分析上述三份资料，晋商典当业的月总也被称为“总合”“月清”。三份月总的内容虽然存有一些差别，但基本上都是按照“原、进、回、利、当、出、用、存”原则对当铺每月的资金变动情况进行总结、核算，这与杨肇遇等人所认为的“收、支、存、该”更加细化、明确。此三份月总的格式大致相同，将五日流水账中的银钱出入、各类存欠、外账“回、利、足、当、用”、内账“出、进、利、用”等项目进行核算，形成以月为时间单位的营

① 刘建民主编：《晋商史料集成》第32册《簿记16》，第216—217页。

业报表。《同光直隶大名府恒裕典东伙往来信稿抄本》反映了月总账在晋商当铺经营管理过程中的实际运用情况。从该信稿抄本反映的内容来看，自新正至腊月恒裕典掌柜逐月向介休东家进呈月总折，详细汇报旧账的实存架本、现存银钱以及当月入账、出账、实存架本、现存等资金变动的详细情况。自同治十一年（1872）十二月至光绪三年（1877）年七月，恒裕典掌柜先后进呈了53个月的月总。进入民国之后，随着典当业经营环境的不断恶化，一些晋商当铺财东、总号为了加强对当铺的经营管理，开始用“五合”替代“月总”作为其营业报告。如民国年间介休商人在湖北监利县新沟镇开办的一家当铺向沙市总号、东家呈送的营业报告主要是五合单和年总账，并没有涉及月总账。①

二、年总账

年总账也被称为“年算单”“年总结”“年清”，是掌柜、分号向东家、总号负责的重要形式之一。掌柜、分号通过年总账向东家、总号汇报当铺一年的经营业绩，东家、总号通过年总账了解当铺一年来的经营状况。与月总账的性质相同，年总账既是一种了解当铺实际运营情况的账务报告制度，也是一份掌握当铺盈亏的营业决算清单。

按照晋商的经营习惯，每年新正掌柜、分号都要“算明去岁财务，进呈算册”，向财东、总号汇报当年营业情况。从《同光直隶大名府恒裕典东伙往来信稿抄本》反映的内容来看，历年掌柜致财东的“新正第吉次信”②对此都有详细的说明。同治十二年（1873）新正月十二日，随脚带介第吉次信提及：“新正吉日，将典账务算明，着随下班伙友进呈算册贰本”③。同治十三年（1874）新正月初八日，随典伙短盘带介第吉次信写道：“呈报咱典今于新正吉日将去

① 《民国湖北监利新沟镇某质铺书信底稿抄本》中该质铺执事在写给总号、财东的书信中经常提及“另具五合单登览”，参见刘建民主编：《晋商史料集成》第5册《信函·信稿4》，第613—772页。

② 第吉次信即第一封书信。

③ 刘建民主编：《晋商史料集成》第5册《信函·信稿4》，第106页。

岁账目算明，抄去清册贰本，客冬腊月总折二个”①。光绪元年(1875) 乙亥新正月初八日，随典伙短盘带介第吉次信提及：“今于新正吉日将典去岁账目算明，抄呈算册二本，冬腊月总合折二个”②。光绪二年(1876) 丙子新正十一日，随典伙带去典第吉次信提及：“今于新正吉日将去岁账目算明，抄呈算册贰本，冬腊月总合折贰个。”③光绪三年（1877）丁丑新正月十一日，牲口回介诸伙下班带去第吉首次信提及：“今于新正吉日，将去年账目算明，抄呈算册一本，十二月总合折一个”④。分析上述材料不难看出，历年“新正吉日”恒裕典掌柜要算明“去岁账目”，并随新年第一封信“呈送去岁算册”贰册。年算的时间、方式、册数较为固定，是新年的第一项重要工作，也是恒裕典历年“新正吉日”的常规、必做工作。

刘建民收藏的《立账簿头绪》中有“安四柱以算总清”⑤，专门介绍了晋商典当业开写年总的格式、方法及注意事项。为方便研析，现将录文辑录如下。

某年新正月吉日开算上年刻本字号图章清单大吉

旧管

一宗原资本或银钱若干。此照万倍财源账所注资本登来。有写原本银。若干。

一宗某年至某年积利若干。此照万年总每年天赐获利总共登此。

一宗借外银若干。此照借外账所借共总登来银钱各列一行印本将办按本铺钱价合银，钱本将银按本铺钱价合钱。

以上几宗共银钱若干。

新收

一宗票利钱若干（画横码），本年钱价（画码）合银若干，正写。

一宗作衣利钱若干（画横码），本年钱价合银若干，写真字。

---

① 刘建民主编:《晋商史料集成》第5册《信函·信稿4》，第122页。

② 刘建民主编:《晋商史料集成》第5册《信函·信稿4》，第148页。

③ 刘建民主编:《晋商史料集成》第5册《信函·信稿4》，第175页。

④ 刘建民主编:《晋商史料集成》第5册《信函·信稿4》，第192页。

⑤ 刘建民主编:《晋商史料集成》第40册《簿记24》，第594—623页。

一宗得外利银若干，写真字。

……

以上数宗共得银若干，写真字。

开除，此内均照接总账上用字登来

一宗付外利银若干，写真字。

一宗厨役工钱若干，本年钱价合银若干，写真字。

一宗上年五二钱今按五千□亏，钱价银若干，写真字。

以上十九宗共除银若干，写真字。

一应除讫。

蒙天赐获利银若干。此系新收内除讫开余净余之项，写真字。

实存，有写在也

一宗架本钱若干，本年钱价合银若干。此照架本账总共登来，写真字。

一宗家倨（具）钱七百六十九串七，本年钱价合银，此照家倨（具）账总共登来，写真字。

……

以上数宗共存银若干，写真字。

附报满年流水。

原存架本钱若干。此照上年年总净存架本登来。

共当本钱若干。此照接总账当字登来。

共回本钱若干。此照接总回字登来。

从这份资料中我们可以大致了解晋商典当业年总账的书写格式及每一部分书写方法。其中，“旧管”由三部分组成：原本、护本①、借贷资本。“新收”部分体现了当铺的收益途径、来源。其中，票利钱、估衣利钱是当铺的主要利润来源，外利银、外利钱是当铺信用放贷收取得利息，钱价利银是当铺银钱兑换

① 根据晋商的经营习惯，每逢分红、结算时不会将所有净得利润分完，而是从收益中提取一部分作为护本，即清单中的积利若干。

业务的收益，日足钱具体是何种收益无法判定。“开除”部分主要列明的是当铺的各类支出事项。“实存”主要体现的是当铺架本、现存银钱等内容。围绕以上四项内容，晋商当铺分别报告当年的资金变动情况，并以“旧管+新收=开除+实在”为结算公式而编辑年总报告。不仅如此，为更精准地计算盈亏，核对账目是否存在问题，晋商当铺还衍生出“新收-开除=实在-旧管”计算方式，即此处所言总算之法：扣除“新收除讫开除”即是天赐获利，再加“实存共合若干除讫旧管”，再除天赐获利若干，无有一毫盈亏即为无错。这种衍生的四柱结算法不仅可以掌握盈亏情况，还可以检查账目以防疏漏。

三、商号书信

黄鉴晖在研究晋商票号营业报告制度时指出，晋商票号的营业报告主要是信报制度。① 李锦彰则认为，晋商的经营性报告主要是通过商业类书信和会计账册去完成的。② 可见，信报制度是晋商会计账簿组织中的一种营业报告。此外，晋商凭借书信完成商业、金融业经营管理活动也引起了部分学者的关注。如孔祥毅较为全面地论述了专业类书信在晋商商业活动中发挥的作用。他认为，晋商专业类书信“起着沟通、报告、请示、指示的作用，并在一些情况下起着会计票据的作用，与会计账簿共同构成了一个完整的、严密的、科学的业务运作体系”，并进一步提出“信报是与月清账和年总结账一样重要的会计凭证”。③

依据往来对象，晋商书信大致可分为家信、友人往来信以及商号书信三类。其中，商号书信也被称为专业书信、商业书信，主要是指东家与掌柜，总号与分号之间的往来书信，也包括隶属于同一东家的掌柜之间以及隶属于同一总号的分号之间的往来书信，其内容主要是围绕当铺的资本组织、人事安排、利益分配、运营管理以及信息报送等内容。显然，信报制度主要指的是与经营

---

① 中国人民银行山西省分行、山西财经学院《山西票号史料》编写组，黄鉴晖编：《山西票号史料（增订本）》，第627页。

② 李锦彰：《晋商老账》，第90页。

③ 孔祥毅、李怡农：《晋商书信说》，《山西日报》2015年7月29日。

管理密切相关的商号书信，与家信、友人往来书信关系不大。根据笔者统计，刘建民收藏的晋商典当业信稿共有763封书信，具体包括373封“往来应酬之信”、374封“来往号信”，仅在一些尺牍范本中夹杂了16封家信。[①] 由此可见，晋商典当业在其经营管理过程中运用了大量的商号书信。下面，利用信稿资料探讨晋商典当业商号书信的营业报告功能。

首先，从书信格式方面分析晋商典当业商号书信的营业报告职能。就格式而言，晋商当铺东家与掌柜，分号与总号之间的往来书信都严格遵循一定的格式规范，具有鲜明的商业书信范式，其刻板程度与票号书信十分相似。《同光直隶大名府恒裕典东伙往来信稿抄本》是一份典型的晋商典当业商号书信抄本。该信稿抄本共有73封书信，其中72封是东家、掌柜之间的往来“号信”“公函”。现列举一封书信，以更直观地认识上述格式。同治十二年（1873）十一月初八日，脚夫抵典带来介第五次信。

子琴郭二兄诸伙友均鉴：十月廿贰日脚夫到介，接阅典信。因知大郡年岁甚丰，及咱典还四维堂借贷均妥，兼之诸伙平安抵典，兄台等俱各安好，遥慰奚如。所捎天锡堂四宗利银二百五十两零二五，公费银卅两，干城兄手还干银三两，守业堂白布贰匹，七、八、九月总合三折，光禧堂熏鸡十只，均已按信验收，各为交付。前书所云众东借贷按一千八五作银之事，即所说四维堂生息之借贷。今众东共商，又定为四维堂借贷并生息借贷，均按一千九作钱价。且同干城兄商酌，将恒聚堂房钱十三年按六佰串钱作赁价，所有佃过钱盘修房之钱系恒聚堂借。咱县雪雨不尽，目下尖面行情每佰斤纹银六两，谷米每石四千四五，香油每个一千三五十上下，钱价一千九二三。天锡堂托捎熏鸡，前信已为提过，待再捎时再与天锡堂捎白鸭五只。即此顺候冬安并问诸伙友均吉。[②]

分析此封书信，我们不难看出财东致信掌柜书信具体包括以下几方面内容。

---

① 详见本书第八章第一节《刘建民藏晋商典当业信稿资料统计表》。

② 刘建民主编：《晋商史料集成》第5册《信函·信稿4》，第118—119页。

1. 报告之前来信接受时间、方式、内容及相关事宜的处理情况，即“复报”；

2. 报告本次去信原因、内容、要求等情况，即“正报”；

3. 报告近期天气、作物生长以及商业状况；

4. 报告近期物价、银钱兑换价格、铜元行市等情况；

5. 报告其他情况，并问诸伙友均吉等词语。

现以该信稿抄本第 6 号信为例，帮助我们认识掌柜致东家信稿格式。同治十二年（1873）五月初二日脚夫回介带去第三次信。

> 敬启者于前月十九日脚户抵典，带来公函，内云知详。兹报大名属处并邻邦夏景皆可，于三四月间降落时雨数次，秋苗普安，只看后日变动如何。至于今春及夏，当号未见涌积，只算平平，每天均有四百余五百号，除回净出钱二百余吊。夏麦指日收割，即或有当添架，不过一千余二千之数耳。闻广平府城有高唐郝姓在彼新设当铺三月开门。又府西南内黄县属，亦有开当铺并质押当号二三家。照此相近新设，异日不免咱典诚极当所有减。今岁应还人钱俸借项，今已逐宗还出。四月典众东随脚寄回脚力酒资在典付讫，按典平均价一千八二。另有花单八张，银包八个外，尊五、天锡堂棉线布俱注单内，随信抄呈。三四月总合贰张，至日一并验收。其典事并诸伙安吉，勿须锦念，余不冗。专此敬报，恭请夏安。①

分析掌柜写给东家的书信格式，“1. 报告上次来信情况；2. 报告上次东家来信交代事宜完成情况”类似于票号的“复报”，“3. 报告本次去信原因、内容、要求等情况”类似于票号的“正报”，其余部分类似于票号的“叙事者”，同样没有“附报”内容。

根据以上分析，我们可以看出晋商典当业商号书信基本由“复报、正报、叙事”三部分构成，没有类似于票号的“附报”内容。另外，《民国湖北监利新沟镇某质铺书信底稿抄本》《民国二年（1913）湖北松滋合盛典往来信稿抄本》有一些分号、总号之间的往来书信，这些书信基本上与上述掌柜、东家之间的

① 刘建民主编：《晋商史料集成》第 5 册《信函 · 信稿 4》，第 109 页。

往来书信格式大致相同，没有票号书信严格地按照“正报、复报、附报、叙事”进行书写，有的书信仅有“复报、叙事”，有的仅有“正报、复报”。可见，典当业书信在格式方面具备了一些商业书信的格式要求，但与票号书信相比欠严谨、规范。从上引资料也可以看出，典当业书信稍微有一些生活细节，如帮忙捎寄物品等，票号书信报告的内容全部是公务，绝对不会涉及私事。另外，晋商典当业商号书信还有一种“另启者”“再启者”书信格式。“另启者”“再启者”书信是附在正信之后的附带性信件。在交代、报告以及处理好典务之后，一些私人性质或者其他内容则以“另启者”“再启者”的形式进行报告。

其次，从内容方面分析晋商典当业商号书信的营业报告职能。可以讲，商号书信的营业报告职能是对月总、年总营业报告职能的一种补充。如果说月总、年总是掌柜向东家、分号对总号的单向负责、报告形式的话，那么信报则是一种双向报告形式，进一步完善了当铺的信息交流、报告机制。月总、年总报告的内容主要是一定时期内的当铺资金往来情况，以便于东家、总号了解当铺的资金运营以及盈亏情况。因此，月总、年总既是一种账务报告，也是一份营业决算清单。除了资金出入外，当铺的其他事务主要是通过书信进行报告。根据现有信稿资料反映的内容，可以将“信报”的内容概括为以下三种情况：一是与经营管理密切相关的一些金融数据、信息，包括银钱兑换价格、物价、农业收成、天气以及与当地钱铺、当铺有关的金融环境的变动情况；二是业务开展、估衣销售、架本变动等实际情况；三是人事安排、资金调动、社会往来及在经营管理中出现的一些其他情况。以前文所引第6、11号信为例，我们分析恒裕典东家、掌柜互相报告了哪些信息。

在报告金融数据、信息方面，这两封书信报告的钱价有大名钱价“按典平均价一千八二”、介休钱价“一千九二三”、当铺内部结算钱价“一千九”；物价有“尖面行情每百斤纹银六两”“谷米每石四千四五”“香油每个一千三五上下”等内容；还报送了“三四月间降落时雨数次、秋苗普安”等天气、农作物情况以及“府西南内黄县属亦有开当铺并质押当号二三家，照此相近新设，异日不免咱典、诚极当所有减”等当地金融环境变动的情况。在报告当赎开展、架本变动方面，恒裕典掌柜向东家报告“当号未见涌积，只算平平，每天均有四百余五百号，除回净出钱二百余吊。夏麦指日收割，即或有当添架，不过一千余二千之数耳”。恒裕典掌柜写给东家的书信中几乎每一封书信都报告最近一段时间当、赎业务的开展情况以及架本的变动情况。不仅如此，恒裕典的人事安排、资金调动以及其他临时性事宜也是通过“信报”来进行的。人事安排方面，如恒裕典掌柜致信掌柜郭子琴：“王从周兄在铺年久，办事亦甚熟悉妥当。当即教王从周兄明年顶班管事，再上一班，亦不须请人矣。”① 在资金调动方面，如恒裕典掌柜向东家报告：“备存还银三千两，钱平均价一千七九十余，归典平一千八零八。今随脚捎去付介天锡堂等四宗利宝银二百五十两零二五，又寄公费典平干银卅两。”② 上述情形在《民国二年（1913）湖北松滋合盛典往来信稿抄本》《民国湖北监利新沟镇某质铺书信底稿抄本》等信稿资料中也多有体现，这里不再赘述。

小　结

本章对晋商典当业的开停当、估衣处理、账簿组织、营业报告等制度进行初步研究。通过分析，不难看出这些营业制度既有一些制度性的经营活动，也有较为完善的制度体系，并在晋商当铺的经营管理过程中发挥了各自独特的作用。具体而言，开当、停当是晋商典当业经营管理过程中一个非常重要的经营环节，围绕开当、停当晋商典当业形成了一系列制度性经营活动，并将“停当候赎”作为与官府博弈的资本，以尽可能为当铺的经营赢得一个良好的经营环境；处理估衣的方式体现了晋商典当业的特色，也是晋商典当业盈利的重要途径，但是由于清末以来社会环境的恶化，晋商典当业的衰落最为直接的体现即是估衣收益的日益下降，甚至亏损。此外，晋商典当业在经营管理过程中建立了一套行之有效的账簿体系，具有账簿种类齐全、设置科学，体系完备、贴近

① 刘建民主编：《晋商史料集成》第 5 册《信函 · 信稿 4》，第 169 页。

② 刘建民主编：《晋商史料集成》第 5 册《信函 · 信稿 4》，第 117 页。

经营实际、灵活实用等鲜明的特点。《立账簿头绪》不仅是晋商典当业账簿组织、记账方法的经验总结，更是对中国会计史上中式簿记的一次理论总结，改变了以往中式簿记师徒口耳相传的传授方式，是研究中国会计史、商业史以及典当史难得的新材料。月总账、年总账是一种单向财务报告形式；商号书信作为一种双向报告形式，是对月总、年总的重要补充，能够进一步完善晋商典当业的信息交流及报告机制。囿于资料限制，本章对晋商典当业营业制度的研究还较为薄弱，这也是今后笔者努力的方向。

第六章　清末民初晋商典当业的社会关系

入清以来，广大晋商到省外进行跨地域典当业经营活动成为当时十分引人注目的一种社会现象。在这一过程中，晋商凭借地缘、业缘关系与客居地的社会各界建立了广泛而密切的联系，并将这些社会关系作为构建自身经营网络的关键要素。因此，以社会关系为视角，对晋商的跨地域典当业经营活动进行考察，必将有助于进一步深化学界对晋商典当业的认识。[①] 从刘建民收藏的信稿资料所反映的内容来看，晋商典当业的社会关系极为广泛，与各类官吏、同乡商人、工商字号、金融机构以及客居地基层社会各种社会关系联系最为紧密，互动也最为频繁。本章以晋商典当业信稿资料为主体资料，结合其他方面的文献记载对晋商典当业的社会关系及其互动情况进行专题考察。

第一节　政府管理部门吏胥、同乡官员、地方官员

传统社会商人与官府及其代理人之间虽然存在严重的不平等关系，但是他

---

① 笔者曾利用刘建民收藏的《光绪山东曲阜增义典往来信稿抄本》对晋商典当业的社会关系网络进行了个案考察，参见王中良、王菱菱：《清代山东地区晋商当铺社会关系探析——以光绪曲阜增义典信稿抄本为中心的解读》，《中国社会经济史研究》2018 年第 4 期。除此之外，管见所及学术界目前尚无这方面的专门研究，与之相近的研究有：刘秋根：《清代典商的经营及与地方社会的互动——以乾嘉两份典商诉状为中心》《人文杂志》2014 年第 6 期；王裕明：《明清徽州典商研究》，第 457—470 页；马勇虎：《徽州钱号与地方社会的互动——以咸同年间万隆、志成账簿为中心》，《安徽师范大学学报》2011 年第 1 期。

们之间的互动行为具有较为明显的契约性质。[①] 对于商人而言，与官府及其代理人之间的联系、互动甚至已经发展成为某种制度性的经营活动。一方面，通过官商之间的联系、互动，可以节约交易成本，规避经营风险；另一方面，这种官商互动也是传统商人走向衰落的因素之一。因其行业的特殊性，典当业在经营管理过程中向来重视与各类官员的联系、互动。从刘建民收藏的信稿资料反映的内容来看，晋商典当业与之联系最为密切的是政府管理部门的吏胥、同乡官员和客居地的地方官员。

一、政府管理部门吏胥

藩司以及各府州县是清政府管理典当业的主要部门，这些部门中负责办理文书案牍事务的吏胥在典商与政府的博弈过程中发挥了一定作用，并影响着典当业的正常发展。据《申报》记载：

> 虽近来藩宪刊刷严禁索扰典当章程，颁发通省有典之各府州县，在上宪体恤下情，亦可谓无微不至。然而有典之各府州县其陋规等情，仍属丝毫不减，其故何也。良有各典商多年习惯，而经承等又专司各衙门陋规代为收解。诚以衙门陋规一减，而经承之年规解费亦随之而减也。安得良有司俯念典商近年疲困情形，于陋规送进时摒却不受，斯经承等亦不得藉此名目苛派典商，召父杜母之风，庶几再见于今乎。[②]

分析《申报》的这段资料，我们可以看出除文书案牍等事外，藩司经承[③]还具体负责收解衙门的各类规费，而这也间接导致了政府严禁索扰典当的相关章程难以真正落到实处。可见，藩司经承在典当业经营管理过程中的位置非常特殊，是典当业社会关系网络中不可或缺的重要组成部分。晋商典当业则将藩司吏胥作为重点结交的社会关系之一。《光绪山东曲阜增义典往来信稿抄本》详细反映了山东曲阜晋商当铺增义典为了办理减免当捐、减息时限等事务与山

---

① 王志东、燕红忠：《晋商与政府结合的原因及其影响——关于传统官商关系的一个“合约”分析》，《浙江社会科学》2010年第7期。

② 《论典业利弊情形》，《申报》4839号（上海版），1886年10月4日，第1页。

③ 清代各级衙门中承担书写文稿等事务吏胥的总称，亦名承差。

东藩司经承李若林及其家叔李乃兰之间的联系、互动情况。

清末以来，各类当捐日益成为典当业的一项沉重负担。除赈灾、军饷等临时性捐助外，按月、按年缴纳的各类当捐、捐助，逐渐成了一种变相的当税，日益成为典当业经营管理的沉重负担。《光绪山东曲阜增义典往来信稿抄本》中夹有山东布政司批曲阜县的一道札文。

> 自光绪十一年起，详明每当每年捐银五十两，通饬遵办在案。查各州县均已按年催齐解司。惟该县应缴廿二、三年捐输银两，迄今未据解到，殊属违延。①

由此札文可知，光绪十一年（1885）之后，山东省内的当铺每年要缴纳固定捐银50两，是正常当税的10倍。② 为了减少日益增加的当捐负担，晋商当铺增义典通过呈送摊费、润笔等形式，委托山东藩司该房经承李若林各处串托以达到减免当捐的目的。光绪二十年（1894）十一月，山东藩司该房经承李若林致信增义典执事："商办免捐棉衣及历年捐输一节……竭驽马之愚力，托贵典之鸿福，各处串托，始将棉衣历年免捐，捐输暂免一年。虽未能一举两得，而较之去年捐项，不啻有天渊之别。至所许免捐棉衣、捐输之费，每典应摊四十千文。他处均系五六十金，较之四数大相悬殊。"③ 可见，通过李若林的四处串托，恒裕典免去了历年的捐衣负担，捐输则暂免一年。作为回报，增义典则向李若林呈送摊费四十千文。此外，对于一些没有获准减免的欠捐，藩司经承也会设法帮助减免。如上引官府札文所言光绪二十二年（1896）、二十三年（1897）欠捐银两，李乃兰④ 在给增义典的信中写道："再廿二年捐输，亦即缓解。倘有隙可乘，叨在至契，再为设法办理。"⑤ 显然，为了能够尽可能减

---

① 刘建民主编：《晋商史料集成》第5册《信函·信稿4》，第357页。

② 清代的典当征税制度经历了一个逐步完善的发展过程。顺治、康熙、雍正三朝均有征收典当税的具体规定。乾隆四十一年（1776）官府进一步详细规定了各省当税定额，其中云南每年每座当铺纳税4两、贵州3两、奉天2.5两，其余各省每年每座当铺纳税银5两。

③ 刘建民主编：《晋商史料集成》第5册《信函·信稿4》，第295—296页。

④ 李若林因事绊身，不能在署当差，所有公事均交由其四叔李乃兰承办，参见刘建民主编：《晋商史料集成》第5册《信函·信稿4》，第359页。

⑤ 刘建民主编：《晋商史料集成》第5册《信函·信稿4》，第359页。

少不必要的当捐负担，晋商典当业向政府主管部门吏胥寻求帮助，以维护自身利益。

除了办理当捐外，增义典与山东藩司经承还围绕减息问题进行了联系、互动。光绪二十一年（1895）十一月，山东藩司该房经承李若林致信增义典。

敬启者，为贵典隆冬减息一节，只因抚台大人札饬藩司，本年减息无论三分二分，均照历城四个月减息一分五厘办理。不顾商力之厚薄，地方之丰歉，通省一律刊刷告示，永为定例，不准各州县率请更张。此案始终情形，谅已早入洞鉴。敝房伙友俱为束手，随即竭尽心力，婉托各处主政，许以重资，始克延前半月，截后半月，仍归三个月，至正月十五日为止。此种办法，非顾当前，只图后步易办，所得利息不无少有参差，而所许各处费项，较前更重。欲恳阁下格外摊凑，实碍难启齿，欲尽为赔垫，实力有未逮。今年办理此案，其中掣肘为难之处，笔难罄述。务祈阁下见信推情原谅，垂怜弟系一介寒吏，无力偿还欠款，自可照旧掷下，使弟稍为赔垫，即感德无极矣。①

之后，在光绪二十一年（1895）十二月增义典回信。

敬覆者，减息一节，先年敝典出费每年不过卅余金，彼此稍为两益。嗣后屡有增加，兼之近年生意萧条，敝典实属无益。敝东早致责言，令裁此费。弟念与吾兄多年交谊，虽觉此费无益，而率由旧章，未便一旦矫情，是以数年来弟甘受其责而尚未肯裁革也……减息虽仍归三个月，而提前半月，则病于商者多矣。但更定章程，系出抚宪之意，人则无能为力。况敝东久有裁汰此费之言，已蒙藩宪刊制告示，只可遵示而行。函称提前半月，系吾兄调剂之力。大凡调剂情事，愿否自应函商，前者未蒙寄函商酌，殊不知提前半月，非徒无益而又害之。弟再四思维，此费实难向敝东报销，违命之愆，伏祈原谅。②

分析增义典与李若林之间的往来书信可知，增义典历年向藩司经承李若林

① 刘建民主编：《晋商史料集成》第5册《信函·信稿4》，第309—310页。

② 刘建民主编：《晋商史料集成》第5册《信函·信稿4》，第311—312页。

呈送规礼银30两以办理冬三月减息事宜是双方相延多年的惯例。这一惯例已经相延多年，应该是增义典减少交易成本的一种制度性安排，也是与藩司经承李若林之间的某种合约选择。但光绪二十一年（1895），李若林为增义典办理减息之事，以“所许各处费项，较前更重”为由要求增义典增加规费。对此，增义典婉言拒绝了藩司该房经承李若林增加规礼的要求。究其原因，一方面由于生意萧条，收益下降，增义典东家有意裁革一些不合理的费用支出；另一方面则是藩司该房经承李若林的“各处串托”并没有为增义典的经营提供帮助，甚至是适得其反。正如增义典执事在写给李若林的信中提及：“减息虽仍归三个月，而提前半月，则病于商者多矣。”一般情况下，增义典通过结交藩司经承是能够减免部分当捐的，在应对冬三月减息问题上也得到了一些益处。但是如上文所述，李若林擅自增加规费，打破了相延多年的惯例，让增义典执事陷入被动地位。不仅如此，增义典与藩司经承之间的互动关系有时还变成了一种勒索。光绪二十三年（1897），户部建议：“光绪十四年后新开各当自本年起每座征税银五十两，不得延托。”[①]在这一背景下，各地典当业尝试通过各种方式以减少这一政策对典当业的影响。该信稿抄本资料对这一情况有所反映：“历邑当商会通济属各典，藉增当税禀请永免当捐”[②]，“至所需花费，仍俟妥日另为均匀分摊”[③]。在没有经得增义典同意的情况下，藩司该房经承李若林的四叔李乃兰以“使再差函致，恐往返不及”的理由致信增义典，告知“已将宝当入会禀矣”，并索要润笔费50两以及“每岁酬五金”。[④]对此，增义典只能无奈接受，并在其回信中写道：“顾无论联名与否，此禀一具，通省沾光，自是实情……大约敝伙于十月初旬晋省，定当趋谒台阶，觌面商办可也。”[⑤]另外，敬送“茶敬”“世仪”等规礼银也是增义典维系与藩司经承李若林之间日常联系的方式之一。从该信稿资料反映的内容来看，增义典分别在光绪二十二年

---

① （清）刘锦藻：《清朝续文献通考（一）》卷47《征榷十九》，考八〇一五。

② 刘建民主编：《晋商史料集成》第5册《信函·信稿4》，第355页。

③ 刘建民主编：《晋商史料集成》第5册《信函·信稿4》，第353页。

④ 刘建民主编：《晋商史料集成》第5册《信函·信稿4》，第359页。

⑤ 刘建民主编：《晋商史料集成》第5册《信函·信稿4》，第361—362页。

(1896)十一月、光绪二十三年(1897)九月向李乃兰奉上茶敬六金。① 李若林舍弟娶亲，增义典则恭奉世仪六金。②

《民国二年(1913)湖北松滋合盛典往来信稿抄本》中有16封书信是合盛典执事任体贤与松滋县典税房李石泉及其胞弟李湘波之间的往来书信。从该信稿资料所反映的内容来看，湖北省松滋县典税房李石泉与晋商当铺合盛典联系、互动最为频繁。合盛典与典税房李石泉及其胞弟李湘波之间的联系主要是围绕“松滋四典”③ 的当税、规礼、生息利钱以及办理涨息、“填表”④ 等事宜。

关于催缴当税，民国三年(1914)三月二十六日，合盛典接到松滋县典税房李石泉胞弟李湘波的来信。

> 敬启者，因家兄至沙就医，尚未旋里。刻下署内著人催缴当税，其中一切琐事，弟不甚详。本宜候家兄返舍，以资熟手，必能合法。奈伊催缴在急，弟是以不敢隐瞒，只得裁笺上达，可否祈阁下自行校夺。如在必缴之期，即请专贵价送来以销此案。余不多渎，既希见原，顺候阖号财安。⑤

在接到此信的当日，合盛典执事任体贤回信写道：

> 兹示以署内催缴当税一层，令兄既不在府，但此款非办现银不可，尚得着人赴沙办银，一刻碍难措缴，准定阴历四月内备缴不误。祈将此情向署内一叙为盼。且往年催缴此款，必有与四典公论一件，完缴之后，另与四典各给印收为凭。想此大概情形，阁下亦必早在洞悉也。率此奉答，用请近佳，诸希雅照。不宣。⑥

由这两封往来书信的内容可知，“松滋四典”缴纳的当税并不是直接交

① 刘建民主编:《晋商史料集成》第5册《信函·信稿4》，第329、356页。

② 刘建民主编:《晋商史料集成》第5册《信函·信稿4》，第316页。

③ “松滋四典”是晋商在湖北松滋县联号经营的四家当铺，分别是合盛典、协盛典、义盛典、同盛典。

④ “填表”指向官府填写表格呈报营业额、存款等资金情况，以此作为征收当税、缴纳当捐的依据。

⑤ 刘建民主编:《晋商史料集成》第5册《信函·信稿4》，第449—450页。

⑥ 刘建民主编:《晋商史料集成》第5册《信函·信稿4》，第450—451页。

到松滋县署，而是委托该县典税房李石泉代交。民国三年（1914）五月初二日，合盛典致"南三典公信中"也曾提及："我行今年应完当税，及彭月前归朱，已经李四兄来典亲收交纳。"① 委托典税房李石泉代交当税应该也是"松滋四典"的一种制度性选择、安排，以此规避经营管理过程中出现的一些风险。不仅如此，"松滋四典"向松滋县各级官吏交纳的规礼银、生息利钱也是通过典税房李石泉或其胞弟李湘波代办。该信稿抄本第22号信合盛典执事致信李石泉胞弟："昨午贵价送到罗知事寿帖四合妥收勿念。今援旧谱，各典仍以八两送之，共银卅贰两正。按近日沙地钱市五钱七分有奇，只以五钱七作该钱五十六千一百四，另有换条。又缴本月孤贫息银五两一三，两项并交弊役贺正荣走送台端，尚祈劳神照拂，统交县署是为至盼。"② 该信稿抄本第50号信合盛典执事致信李石泉："今日幸得少晴，然泥泞没足，殆所不免，特着敝役正荣送去罗知事夏季规礼一书，并大小随书门印各宗，一如旧法炮制，悉照银数按市价从厚以五钱七作钱，另录换条一纸，统祈费神照理，妥交县署是祝。"③ 由以上书信内容可知，"松滋四典"送给当地各级官员的寿礼、夏季规礼以及按月上交的孤贫息银等银钱都是通过典税房李石泉代办的。

另外，民国二年（1913）二月二十七日，合盛典执事致"南三典公信"。

兹我行填表一事，据文光兄由荆门、枝江等地转来，云各处办法无非以多填少，不约而同。祚（昨）接李四兄来函，云署中因此一事已两次催促，今特着龚价前往各处催取，所填表格并随信呈去前与文光兄在□商酌，按我四典各情形草就表稿一纸，照稿填注，或无不可。惟协盛略有不同，即照前与祚翁谈过，资本金额可以五千元填注外，其当出、赎入两额似可照合盛三分之二填之，各户存款亦必须在万元左右，方觉相符也。拙见如斯，以供遵裁。祈各填毕统交去价携来，以便汇送县署是盼。④

① 刘建民主编：《晋商史料集成》第5册《信函·信稿4》，第479页。李四即李石泉。

② 刘建民主编：《晋商史料集成》第5册《信函·信稿4》，第454页。

③ 刘建民主编：《晋商史料集成》第5册《信函·信稿4》，第513页。

④ 刘建民主编：《晋商史料集成》第5册《信函·信稿4》，第404—405页。

由此信可知，“松滋四典”应对官府“填表”时往往都是“以多填少”，弄虚作假。但合盛典执事担心松滋县署“盘根究底”，于是致信李石泉请求帮忙应对官府的盘问：“今特着弊价送去各典填就表格四页，敢请妥阅汇缴县署是祝。想如此填法，盖不致盘根究底乎。或果盘诘，亦只好答之曰四家皆多年老典，近皆因生意清淡，开派日多，历年以来不无赔折。言似近理，或无不信。此虽彭一己之私见，想亦大家所公认者也。质之阁下，当不识少合钧意否？否则应当作何酬对，谅必有以教我也，仰之望之。”[①]随后，李石泉回信写道：“送到表格四纸，遵示一一验讫，拟于明日送署，谅不致别有盘诘。假令稍有挑驳，弟亦必设言酬对，幸释廑念，请勿挂怀。”[②]“松滋四典”为办理涨息而向官府呈送的禀文，同样是委托李石泉代写。民国二年（1913）六月初十日，合盛典邮“沙号”第十次信提及：“兹我典所办涨息公事，因于日前已知会南三典，现在齐集合盛，筹商进行方法。于日昨着人进城知会典税房之李石泉，而此君数日内身犯旧疾，俟其稍爽亦即来朱斟酌主稿，妥行举办。”[③]综合上述，“松滋四典”与松滋县典税房吏胥李石泉保持了十分密切的联系及互动。“松滋四典”委托李石泉代办诸如减免当捐、办理涨息、撰写呈文、代缴规礼银以及生息利钱等具体事务，李石泉显然成为“松滋四典”应对官府的代理人。遗憾的是我们无法知晓李石泉实际从“松滋四典”获得了哪些具体益处，仅在该信稿抄本第80号信有李石泉向合盛典借款的内容：“兹有恳者，刻因医药浩繁，手中拮据，现需要款十六千付人，适值空乏无款应付，为此专函奉恳左钱十六千，即祈当面交付来人，是所拜祷。”[④]但是从李石泉写给合盛典的书信可知，李石泉是受益颇多的。如“弟庸碌无识，一无所长，伏处枥下，虚延岁月，豚犬不肖，手足凋零，幸赖各典青顾，始能苟谋衣食，乃蒙夸奖逾恒，益增惚汗矣”[⑤]。

---

① 刘建民主编：《晋商史料集成》第5册《信函·信稿4》，第414—415页。

② 刘建民主编：《晋商史料集成》第5册《信函·信稿4》，第417—418页。

③ 刘建民主编：《晋商史料集成》第5册《信函·信稿4》，第538页。

④ 刘建民主编：《晋商史料集成》第5册《信函·信稿4》，第592页。

⑤ 刘建民主编：《晋商史料集成》第5册《信函·信稿4》，第417页。

二、同乡官员、地方官员

正如费孝通所言："地缘是从商业里发展出来的社会关系"①。明清时期，晋商依托"地缘"关系修建了大量的商人会馆②，并在商业活动中发挥了积极作用。不仅如此，客居他乡的山西商人还利用"地缘""乡缘"关系积极结交山西籍的地方官员，借此应对经营管理过程中的一些问题。

田恩来，山西省阳曲县人，光绪十五年(1889)任山东兖州镇总兵一职。③在《光绪山东曲阜增义典往来信稿抄本》中，有8封书信是增义典执事与田恩来本人的往来书信，4封书信是增义典执事与田恩来胞侄田承祁之间的往来书信。这些往来书信具体反映了增义典以"情殷桑梓"的关系向田恩来请求帮助应对曲阜县署的勒索和不合理的陋规等事宜。该信稿抄本第36号信之后有一处插注，详细介绍了增义典与田恩来的交往情况。为方便研析，现将此插注辑录如下。

> 廿三年正月，相诣镇台处拜贺年节，问及县署一年规礼若干，相答以七百两上下。以为闲谈，并不介意。到六月间，镇台六旬寿辰，亲趋祝寿，又问及规礼，相仍照前对。伊言如此之多，不能减少么？相对以向来之例，相沿已久，且现任县守情形，更不易办，亦以为闲谈之话。今正拜年适有县署勒索情事，遂即面陈，并将上年七月间奉到部文加征当税裁汰陋规等因叙明，恳求在本府可否通融办理。即蒙慷慨允诺，言咱们同乡，应当关照，此事易办云云。初七日晋省，十七日回署，相于十九日敬持恳请府尊裁减规礼禀稿呈阅。当面阅过，吩咐即日呈递可也，我当再为通融等语。遂即呈递挂号，花费京钱二千五。即日回铺，嘱托该房送批。不料廿日该房来信，此禀未收。相即刻晋府探听，据该房云，稿案门传示，大人见禀，吩咐陋规本是私事，此禀未便批示，是以不收。又门政云，大人亦收属员节寿礼，此事甚不易办。相因夜晚不便请谒镇台，一面嘱该房

---

① 费孝通：《乡土中国》，生活·读书·新知三联书店2013年版，第94页。

② 据孟伟先生初步统计，明清时期山西商人创建的会馆（关帝庙）已发现有1000余处。

③ 叶志如编：《光绪朝朱批奏折》第41辑《军务·人事》，第179—190页。

在门口花些小费，再行递禀；一面于廿一日谒见镇台，面叙情节。据镇台言：十三季裁减七季，似觉太多，不如改为裁减五季，即属平允。我即日达信本府，嘱以批示可也。相将禀改写敬送八季，未刻复递。①

分析此处插注内容，增义典外事主管樊廷相凭借同乡关系，利用拜年、祝寿等机会向田恩来反映了增义典受曲阜县署勒索以及裁汰陋规等事宜，并恳求田恩来给予帮助。正是在田恩来的帮助下，增义典每年送给曲阜县署的规礼由十三季裁剪为八季。关于曲阜县署勒索一事，在樊庭相写给田恩来的书信中提及："晚庸碌依人，幸逢知己，将典中被勒情事，缕陈颠末，原不敢妄冀非分，乃昨日新县尊门政传云，将蒙府尊面谕委员，将前任门丁勒索之项，即行追缴。经新令门政调停其间，退还百金，余作赙仪致送，当即了结。"② 由此可见，增义典被县署勒索一事在田恩来的帮助下也得到圆满解决。为了答谢田恩来的关照，樊廷相"亲诣军门，馈以狐服皮袄套二、兰缎海流皮马褂、白狐皮女氅衣四件"。③ 此外，从此插注的内容中我们还可知，增义典仅是向官府呈送裁减陋规呈稿就需要花费京钱二千五百文，这就更加凸显了在传统社会各行商人努力结交各级官府及其代理人、构建特定社会关系网络的必要性。

另外，清代典当业的存款业务在康雍之后得到巨大发展，至清代后期当铺接受存款已经成为一种常规。④ 增义典与同乡官员田恩来的交往、互动在其存款业务方面也有所体现。⑤

各级地方官员与晋商典当业经营管理的关系也是十分紧密。催缴当税、当捐以及办理涨息、缩期限，甚至停当候赎都要得到府县地方官员的批准。因此，府县的各级地方官员也是晋商典当业人际关系网络的重要组成部分。

《光绪山东曲阜增义典往来信稿抄本》第 21、22 号信有"弟樗栎之才，虽在东省有年，照此邻封起赃之件似觉少见，揆之于情，当地官长但得庇护

---

① 刘建民主编：《晋商史料集成》第 5 册《信函·信稿 4》，第 365—367 页。
② 刘建民主编：《晋商史料集成》第 5 册《信函·信稿 4》，第 371—372 页。
③ 刘建民主编：《晋商史料集成》第 5 册《信函·信稿 4》，第 383 页。
④ 刘秋根：《中国典当制度史》，第 110—111 页。
⑤ 相关论述参见第三章第二节"个人存款"。

一二，亦必不至于掣肘难行”[①]“当铺一业误当赃衣乃为常事，总赖本属县尊保护，则我商即可万安”[②]等内容。分析上引材料，可知地方官长、本属县尊等地方官员在处理“误当赃衣”方面能够影响当铺的实际利益。正因为如此，增义典在处理“误当赃衣”时首先是到曲阜县署恳请曲阜县署出具公文。增义典派伙计手持曲阜县署出具的公文到费县顺利领回被没收的“误当赃衣”。[③]作为回馈，增义典则定期向曲阜县署呈送规礼。如前引第36号信之后的插注就曾提到增义典每年向曲阜县署呈送规礼银多达700多两。即使如此，增义典还会经常受到曲阜县署的勒索。前文提及增义典遭曲阜县署勒索规礼银之事，在同乡官员兖州镇总兵田恩来的帮助下，增义典每年向曲阜县署呈送的规礼银由十三季裁减为八季，勒索之事也得到顺利解决。民国初年，湖北松滋县晋商当铺合盛典与松滋县知事[④]之间也有类似互动。松滋县罗知事通过下发谕贴的方式要求“松滋四典”尽快缴纳当税、购买印花税等事宜。[⑤]“松滋四典”向松滋县知事递送禀稿，请求“举办典息，仍复三分，并请更改月日期限，出建纸洋善策”[⑥]，通过李石泉向罗知事以及松滋县署“大小随书门印”等人呈送规礼银，以争取更好的经营环境。[⑦]

湖北监利县新沟镇某晋商质铺与监利县知事、县长之间更是保持较为密切的联系。民国五年（1916）闰二月二十六日，该质铺执事向总号汇报当务：“日前新知事时姓号者也，系山东曹县人，因看挽月堤来新，在铺住有三天。”[⑧]民国五年四月十八日，该质铺执事致信监利县县长：“日前福星辱临，毫未伺应，顷奉函谕，反为言谢，捧诵之余，感愧交集，并承交来借款钱四百串以及衣料

① 刘建民主编：《晋商史料集成》第5册《信函·信稿4》，第335页。
② 刘建民主编：《晋商史料集成》第5册《信函·信稿4》，第337页。
③ 刘建民主编：《晋商史料集成》第5册《信函·信稿4》，第338—339页。
④ 辛亥革命之后，各地废府、州，改设县，并设知事作为一县的行政长官，国民党政府时期改为县长。
⑤ 刘建民主编：《晋商史料集成》第5册《信函·信稿4》，第464、584页。
⑥ 刘建民主编：《晋商史料集成》第5册《信函·信稿4》，第428页。
⑦ 刘建民主编：《晋商史料集成》第5册《信函·信稿4》，第513页。
⑧ 刘建民主编：《晋商史料集成》第5册《信函·信稿4》，第723页。

钱贰拾串零贰百文，羊皮袍一件，当时点收清楚无讹。前之借字一纸，堤工局领条一纸，一并交贵队带转，至请查收为荷。”①晋商当铺办理各类加息、缩短期限、发行私票、印花税、当税、当捐，甚至停当候赎等与典当业经营管理息息相关的事项均需要府县行政长官的批示。因此，在构建社会关系网络时，晋商当铺不得不将各地方官员作为重点交接对象，并通过呈送各类规礼的方式向地方官员输送利益。从上引材料来看，新任时知事、县长在该质铺留宿，还主动将400吊钱借款呈送新任县长，这也说明了晋商当铺在与各类官员交往过程中的许多无奈和不平等关系。

第二节　金融机构及同乡友人

明清以来，商品经济以及长途贩运贸易得以快速发展，但受地域差异、融资渠道、信息不对称等因素的影响，商人主体地位以及各类正常的市场行为仍旧缺乏制度性保障。为确保经营活动的顺利开展，基于地缘关系的信息沟通、资本互助等市场行为是传统社会商人们的首要选择。与此同时，社会经济的发展也引起了金融机制的变动，促使针对不同服务对象的专业化金融机构陆续出现，并与原有的金融机构发生密切联系。在这批晋商典当业信稿资料中有大量晋商典当业与各类金融机构、同乡工商字号的掌柜、伙计之间的往来书信。《光绪山东曲阜增义典往来信稿抄本》具体反映了晋商当铺增义典与新泰厚票号济南分号、复盛昌号、宝和典等同乡工商字号之间的互动情况；《民国湖北监利新沟镇某质铺书信底稿抄本》反映了湖北监利县新沟镇某晋商质铺与阚协和、义丰祥钱店、同心福、协和祥等晋商商号的资金往来情况；《同治湖北沙市某票号致隆泰典等当铺书信底稿抄本》反映了湖北沙市某票号则与津市隆泰典、津市文元义、津市怡复兴记、文安寺全泰典、永定县鼎泰典、后港日升典、汉镇日升恒记等同乡当铺之间较为固定的互动情况。从以上信稿资料反映的内容

① 刘建民主编：《晋商史料集成》第5册《信函·信稿4》，第725页。

来看，晋商典当业与同乡工商字号之间的联系主要是围绕资金筹措、互报商情信息、推荐伙计、商讨经营方略以及应对经营难题等内容。

一、金融机构

票号是清代中叶以来随着商品经济的大发展，特别是适应国内外长途贩运贸易的发展、具有商品集散性质市镇的兴起以及汇兑业务专业化需求而产生的主营汇兑、存放款业务的专业性金融机构。目前，学界主要研究了票号与钱庄、银号的关系，认为“钱庄、银号为票号经理出纳”。[①] 因资料的限制，学界对晋商典当业与票号之间的联系、互动情况关注得还不够。[②] 平遥中国票号博物馆藏有一份《宝丰隆票号在成都客户资信调查》[③]。此客户资信调查分别用了“好”“平”“空平”“盈实”“实”“生意平平”“生意甚好”“底不旺”等不同评价标准，概括了56家客户的资信情况，其中就包括23家晋商当铺。这份资信调查也充分说明典当业与票号之间同样有着密切的联系和互动。从这批信稿资料反映的内容来看，晋商典当业与票号之间的联系互动不仅涉及信息共享、资金互助，甚至还有一些业务方面的合作、互助。

晋商典当业帮助票号拓展、招揽汇兑业务。《同治湖北沙市某票号致隆泰典等当铺书信底稿抄本》中有34封书信的寄信对象为晋商当铺。该票号的开办者是山西介休商人，同治六年(1867) 正月由旧址迁移至湖北沙市老巡司巷。在迁到新址之前，该票号通过书信联系津市隆泰典、津市文元义、津市怡复兴记、文安寺全泰典、永定县鼎泰典、后港日升典、汉镇日升恒记等同乡当铺，告知该票号将“择吉日于新正中旬迁移老巡司巷元茂栈内”，邀请各当铺执事、掌柜到沙市“宽住几日，以便聚晤”，请求各当铺“遇有汇介之款务期各位吹嘘，

---

① 中国人民银行山西省分行、山西财经学院《山西票号史料》编写组，黄鉴晖编:《山西票号史料（增订本)》，第159页。

② 学界一般认为晋商早期经营的当铺、钱庄、银号、账局等金融机构为票号的兴起积累了大量经营管理经验，培养了大批专业人才。

③ 中国人民银行山西省分行、山西财经学院《山西票号史料》编写组，黄鉴晖编:《山西票号史料（增订本)》，第1219—1221页。

多揽几宗”[①]。由此可见，同乡当铺对于此票号经营管理的重要性。

票号一般都设立在通都大埠和重要的码头，小城镇一般不设庄。[②]清代湖北省沙市因便利的水路交通条件，吸引了大量外地客商从事商业经营活动。据沙市地方志资料记载：“沙市向称繁荣，以其为南北要道也。”[③]正因为如此，山西介休商人将其经营的票号迁移到湖北沙市老巡司巷。为了进一步拓展汇兑业务，该票号执事通过书信联系分布在各地介休同乡开办的当铺，请求在当铺所在地招揽汇兑业务。该票号在写给津市文元义记的书信中提及：“附报敝号择日于新正中旬迁移至巡司巷元茂栈内，与贵庄同街。莲塘兄指日于沙，以便聚晤。兹又恳启者一遇有汇介之款务期格外吹嘘，多揽几宗，素叨挚爱，用敢直陈。”[④]除津市文元义记外，此票号还专门致信津市隆泰典、津市怡复兴记、文安寺全泰典、永定县鼎泰典、后港日升典、汉镇日升恒记等晋商当铺，内容与写给津市文元义记的书信基本相同。这些晋商当铺均是与此票号交往比较密切的同乡商号。同治六年（1867）八月三十日，该票号在写给津市隆泰典的书信中提及：“福隆厚宝号兑来沙平老银[⑤]二百七十两。二十八日适接华函敬悉并委寄府。”[⑥]“寄府”指的是将二百七十两老银汇到山西介休。与沙市相比，除了汉镇商业发展水平比较高之外，津市、永定县、后巷等地相对而言位置比较偏远，商业发展水平低。在这些位置偏远、商业发展水平不高的县镇，票号虽然没有设立营业点，但在同乡当铺的帮助下，票号商人可以将汇兑业务拓展至偏远地区。从该信稿资料反映的内容来看，此家票号至少与8家当铺保持密切联系，形成了一个以“乡缘”为纽带的商业经营网络。票商利用这一经营网络进一步拓展经营范围、招揽汇兑业务，不仅节省了运营成本，还将汇兑业务进一步

---

① 刘建民主编：《晋商史料集成》第5册《信函·信稿4》，第64—67页。

② 中国人民银行山西省分行、山西财经学院《山西票号史料》编写组，黄鉴晖编：《山西票号史料（增订本）》，第69页。

③ 湖北沙市地方志编纂委员会编：《沙市志略校注》，第13页。

④ 刘建民主编：《晋商史料集成》第5册《信函·信稿4》，第66页。

⑤ 老银是清代荆沙地区银两的俗称。

⑥ 刘建民主编：《晋商史料集成》第5册《信函·信稿4》，第88页。

扩展至地理位置相对较为偏远的地区。

晋商典当业协助票号完成一些地方性小额汇兑业务。为了满足客户的汇兑要求，一般情况下在没有设庄的地方票号会委托当地钱庄代办。① 但从这批书信反映的内容来看，晋商当铺也是票商完成地方性、小额汇兑业务的合作伙伴。《光绪山东曲阜增义典往来信稿抄本》中有 13 封书信是晋商当铺增义典执事与平遥帮票号新泰厚济南分号曹子英、荫翁、养翁等人之间的来往书信，新泰厚济南分号与增义典是"多年相交"② 的关系。在此信稿中，多次提及增义典帮助新泰厚济南分号完成由上海、福建等地到曲阜的地方性汇兑。光绪二十一年（1895）七月十三日，新泰厚济南分号曹子英致信增义典。

> 兹有恳者现有敝连号新泰厚由上海汇来在曲阜县交孔春如老爷规平规银壹百两。内除由上海汇济费银贰两，净九十八两；再除小平按九卅一五扣济平足银九拾两零七钱五分。另有汇银底信壹书，随此统呈，至祈收阅，代为照信妥交。交后务望讨一收条回信寄下，将银暂记敝号之账，容后统算。③

光绪二十四年（1898）七月十一日，新泰厚济南分号养翁致信增义典。

> 兹有恳者刻有敝连号新泰厚由福建省汇来在曲阜县凭底信交王□□老爷原库平足银贰百两，共扣宝号平二百两零七六，无票砝。有伊寄来汇银底信壹封，随此统呈。至祈收阅，连银并信一并妥交，交后务望讨一收条回信，便中寄下，是所切祷，需银仍祈暂记敝号之账，俟后统算可也。④

分析上引两封书信，新泰厚票号从上海、福建等地汇兑到山东曲阜的业务都是先汇至新泰厚票号济南分号，再由济南分号委托增义典完成汇兑业务。增义典帮助平帮票号新泰厚济南分号完成这些地方性汇兑的数额都是一二百两的小额汇兑，还帮助新泰厚票号垫付汇兑银两。这种合作是否收取费用，收费标

① 中国人民银行山西省分行、山西财经学院《山西票号史料》编写组，黄鉴晖编：《山西票号史料（增订本）》，第 69 页。

② 刘建民主编：《晋商史料集成》第 5 册《信函·信稿 4》，第 304 页。

③ 刘建民主编：《晋商史料集成》第 5 册《信函·信稿 4》，第 300 页。

④ 刘建民主编：《晋商史料集成》第 5 册《信函·信稿 4》，第 395—396 页。

准是多少我们不得而知，但显然是建立在“地缘”“乡缘”关系基础之上的合作。通过这种方式，新泰厚票号不仅将汇兑业务扩展至没有设庄的偏远地区，还凭借“乡缘”关系由同乡商号垫付汇兑银两，这在一定程度上可以缓解资金压力，提高汇兑效率。

晋商典当业通过票号完成异地间的银钱往来。在晋商从事跨地域典当业经营过程中，在客居地距离山西不远的情况下，客居地与山西老家异地之间的银钱往来基本上是通过专业脚夫或者铺内掌柜、伙计捎送。如同光年间，山西介休商人在直隶大名府经营的恒裕典，大名和介休之间的银钱往来基本上为脚夫或铺内掌柜、伙计捎送。而当铺所在地与山西之间的距离较远，异地间的银钱往来主要是通过票商汇兑来完成的。光绪年间，平遥典商在山东曲阜经营的增义典异地之间的银钱往来主要是通过平帮票号新泰厚济南分号来负责汇兑的。光绪二十一年（1895）七月十七日，增义典致信新泰厚济南分号曹子英：“兹有恳者小号约于九月间有汇兑晋平之项，其数不过三千有余……汇费如得照先年之例俯允办理，顺便望赐玉音。”① 八月二十二日，新泰厚济南分号曹子英回信：“宝号九月间有汇平银叁千余金，询汇费可否照旧年之式，若按现在行市，收平之款每千两非叁拾两不可。与宝号多年相交，原不敢以行市较论，即照旧规有何不可。”② 由这两封书信可知，山东曲阜晋商当铺增义典汇往平遥的银钱基本上都是通过新泰厚济南分号来完成的。在湖南、湖北两省的晋商当铺大都是通过湖北沙市的票号完成异地之间的银钱汇兑。如在《同治湖北沙市某票号致隆泰典等当铺书信底稿抄本》中有很多相关记载。该票号在写给多家晋商当铺的书信中经常提及：“如有汇介之款，无须全数兑沙伊号，敝号书一草券、文均可”③“是日豫成亨代交来沙钱平□银一千两项，即补函致照敝介号期限，遵谕以七月在敝介号交兄手收介平纹银一千零四十两整。各凭各信所云每千两贴费十两……刻下同行之钱每千贴至三十两”④“除是月初三日汇介一千零四十

---

① 刘建民主编：《晋商史料集成》第 5 册《信函 · 信稿 4》，第 302 页。

② 刘建民主编：《晋商史料集成》第 5 册《信函 · 信稿 4》，第 303—304 页。

③ 刘建民主编：《晋商史料集成》第 5 册《信函 · 信稿 4》，第 65 页。

④ 刘建民主编：《晋商史料集成》第 5 册《信函 · 信稿 4》，第 83 页。

两外，今又委补汇介钱平一百二十两，于十八日卯期随接相达敝号矣”①“委汇介贵伙任儒秀兄介钱平纹银三十两加平四千二二，贴费六千，敝号共该收沙平三十一两零二二。现已知照雷文钦兄已于初五日卯期如数汇介”②。上引书信均是该票号与各晋商当铺沟通汇兑业务的内容，涉及汇兑银钱数量、日期、汇费等内容。在湖北枝江县董市镇经营质铺的晋商也是选择湖北沙市的票号完成汇兑异地银两。该质铺执事致信沙市某票号汇兑养家银：“字奉老翁兄台大人阁下青照。忽别未久，渴念殊深。迩想畅居沙处，玉体清宁，诸务顺怀以欣为慰。启者缘晚等欲汇养家银一项，故修寸褚专奉台鉴。恳祈翁台或在某号与晚等汇足银若干，贴费外加，祈汇在某兄名下。今随信统去呈某兄开口信一封，至日祈阅毕封口，转寄勿误，是祷诸费清神，一切容晤再谢，余不赘。”③这里需要注意的是，增义典和新泰厚票号均为山西平遥商人开办，湖南津市隆泰典等晋商当铺与沙市某票号均为山西介休商人开办。不难看出，“乡缘”关系是影响晋商当铺选择哪一家票号完成异地之间银钱汇兑的重要因素，而以按照低于行市的“旧规”的汇费和较低的“贴费”汇兑银两，可以节省汇费，降低经营成本。

除了上述内容，晋商典当业与票号在其他方面也保持着联系互动。搜集、整理相关市场信息是商人开展经营活动的重要前提，尤其是在信息不对称的传统社会，为获取信息而支付的成本是经营成本的重要组成部分，各行商人都会选择最经济、最高效的途径获取各类商业信息。票号一般都位于大都市、繁华商埠以及重要的商业码头，相对于遍布府县、市镇的当铺更易于获取各类商情信息。从这批信稿资料反映的内容来看，晋商典当业经常通过票号搜集商业信息。位于山东曲阜县的晋商当铺增义典则是委托新泰厚票号济南分号执事搜集一些关于当捐、规礼等方面的信息，以此作为开展商业活动的重要参考。光绪二十一年（1895）四月，新泰厚票号济南分号帮助增义典搜集捐助军饷方面的信息：“据云山东通省只有新泰县当典一家捐过银叁百两，其余再无捐者。后

① 刘建民主编:《晋商史料集成》第5册《信函·信稿4》，第84页。

② 刘建民主编:《晋商史料集成》第5册《信函·信稿4》，第95页。

③ 刘建民主编:《晋商史料集成》第74册《商业知识4》，第95页。此处“某号”为一家票号。

蒙抚宪批准，各属当商愿否捐输，听其自便，令下藩宪照批通饬各属。”①此外，增义典还委托新泰厚济南分号打探向官员呈送规礼方面的信息：

弟相再恳者，有烦劳察询一事……惟陋规一节，当商仰赖地方官荫庇，亦未便概行裁革。但平昔规礼过重者，乘此机会或不免有请减之处。忝在爱末，敢烦劳费清神，向当商切近之家代为察询，或素日本无规礼，或有则数目若干及现在有无请减之意，或侧闻他属有举意情形，并乞顺便示知。倘月内未得定局，俟后闻有规模，尤望续赐玉音，是祝是荷。②

从《同治湖北沙市某票号致隆泰典等当铺书信底稿抄本》反映的内容来看，该票号向津市文元义记、津市隆泰典、津市怡复兴记、文安寺全泰典、永定县鼎泰典、后港日升典、汉镇日升恒记等晋商当铺提供的商业信息更为详细，涉及沙市、介休两地的市场利率、钱价、天气、社会环境等多种商情信息。此底稿中上述内容非常多，暂将第9号书信“二月初七日寄津市鼎泰典”相关内容辑录如下。

肇栎三兄大人阁下：启者月之十一日谨承丹函……目下沙镇月息一二五、一三，钱价涨至六五钱。近闻捻逆已窜于漂河，地面兼沙人心俱已安贴，希勿动怀。日前接得介号来信，咱地于正月初间下雪三四寸，应兆华稔，倘贵津如有汇介之项，望兄鼎力吹嘘。兹因顺鸿，肃此布达，恭候迩安。不宣。③

分析此信，该票号的这封书信向津市鼎泰典通报了沙市的利息、钱价、社会治安情况以及介休的天气情况，这些信息与典当业的经营管理息息相关。

晋商票号一般与官府、达官显贵的来往十分密切。因此，晋商当铺经常委托票商帮助代捐官职。如同治年间，湖北沙市某票号帮助津市晋商当铺鼎泰典东家办理捐纳事宜。在该票号写给鼎泰典的信中写道：“弟细加推勘，今将在京、省报捐各款另单呈览，尽凭令东酌定主见，必要将原照三代存殁，妥为寄

① 刘建民主编：《晋商史料集成》第5册《信函·信稿4》，第299页。
② 刘建民主编：《晋商史料集成》第5册《信函·信稿4》，第344—345页。
③ 刘建民主编：《晋商史料集成》第5册《信函·信稿4》，第69页。

沙，弟当遵谕办理可也。”①

入清以后，典当业从私人或者商铺、各类金融机构借款进行经营活动的事例逐渐多起来。② 在这一历史背景下，票号显然也是晋商当铺的借款对象。票号的主营业务是汇兑，但是也兼营放贷业务，其放款原则是：“以钱庄为多，商号与官吏次之，平常人无论如何有利绝少允许。”③《咸丰二年（1852）日升昌票号清江浦分号总结账》④ 便详细记载了该票号向晋商当铺放贷的情况：

外该借贷处

丰兴典　二年四月初五日借去本平库宝银四千两（年七厘对年还）。

裕泰典　二年四月二十三日借去本平库宝银一千两（月六厘十二月还）。

“外该借贷”指的就是票号对外的放贷业务，不管是年利七厘，还是月利六厘都是非常高的利息。此外，笔者还发现了票号入股晋商当铺的一些记载。民国元年（1912），祁帮票号合盛元奉天分号倒闭，外债办结后，合盛元奉天分号撤走所有伙计。民国四年（1915）三月初五日，原合盛元奉天分号的一个伙计以私人资格来到奉命天，私自将合盛元奉天分号入股晋源当二厘股款共计五千吊移到高宅庆余堂名下占为己有。为此，合盛元祁县总号经理郝耀庭呈明奉天商会，要求知照晋源当将高宅庆余堂名下的五千吊股款注销。⑤

综合以上论述，晋商典当业与票号有着较为密切的联系。晋商当铺不仅帮助票号拓展、招揽汇兑业务，协助票号完成一些地方性小额汇兑业务。票号则帮助晋商当铺完成异地之间的银钱汇兑，并为晋商当铺提供一些商业信息以及信用贷款，还帮助晋商当铺代办捐纳等事宜。

账局是清末民初时期存在的一种主要从事信用放贷业务的金融机构，对当

---

① 刘建民主编：《晋商史料集成》第 5 册《信函 · 信稿 4》，第 80 页。

② 刘秋根：《明清民国时期典当业的资金来源及资本构成分析——以负债经营问题为中心》，《河北大学学报》1999 年第 4 期。

③ 史若民、牛白琳：《平、祁、太经济社会史料与研究》，第 62 页。

④ 中国人民银行山西省分行，山西财经学院《山西票号史料》编写组，黄鉴晖编：《山西票号史料（增订本）》，第 618 页。

⑤ 中国人民银行山西省分行，山西财经学院《山西票号史料》编写组，黄鉴晖编：《山西票号史料（增订本）》，第 1274 页。

时城乡各阶层人们的生产、生活以及工商各行业的运行发挥了重要作用。① 黄鉴晖、刘秋根等学者均认为典当业与账局有一定的资金往来关系。② 清代中期白话小说《俗话倾谈》记载："山西当商多在江南金陵大城放官赈，结党为之。有一放赈客，系姓关者，亦山西人，在金陵大闹烟花，折去资本，所得白银二百两。思得一计，专放私债。" ③ 此处所言官赈即官吏债，这是账局的主要业务之一。刘建民藏《道光二十四年（1844）某账局账本》④ 为我们了解晋商典当业向账局借款经营的基本情况提供了信息。根据该账本提供的信息，现将晋商典当业向该账局的借款情况制成表 6–1。

表 6–1 《道光二十四年（1884）某账局账本》所见晋商当铺借款情况统计表

序号	当铺名称	地点	借款时间	借款额度	利率（厘）
1	福隆当	大留村	八月二十二日	镜宝银三百两	4.5
2	德顺当	换马店	八月二十七日	镜宝银一百两、干银一百两	4.5
3	□□当		八月十八日	镜宝银四百两	5.5
4	全义当		八月十九日	镜宝银一百两、干银二百两	4.5
5	升隆当	巨鹿	八月十八日	镜宝银二百两	4.5
6	陆成当	赵州	八月二十八日	镜宝银五十两、干银一百两	4.5
7	宗贤当	固城	八月二十八日	镜宝银七百两	4.5
8	宗盛当		八月二十九日	镜宝银二百两	4.5
9	永茂当		八月二十六日	镜宝银三百两	4.5
10	义盛当	高阳	八月二十日	镜宝银四百两	4.5
11	永茂当		八月二十八日	镜宝银五百两	4.5
12	永源当	魏村	八月二十六日	镜宝银四百五十两	4.5

① 账局和放账铺是同一类金融机构。账局资本规模大，业务对象主要是商人工商业字号。相对而言放账铺规模小，业务方面虽然也有对商人商号的放账，但更多针对的是农民，放贷的规模比较小。二者有时候很难区分，放账铺也被称为小账局。参见刘秋根：《清代前期账局、放账铺研究——以五种账局、放账铺清单的解读为中心》，《安徽史学》2015 年第 1 期。

② 黄鉴晖：《清代账局初探》，《历史研究》1984 年第 4 期；刘秋根：《明清民国时期典当业的资金来源及资本构成分析——以负债经营问题为中心》，《河北大学学报》1999 年第 4 期。

③（清）邵彬儒：《俗话倾谈》，春风文艺出版社 1994 年版，第 44 页。

④ 参见石兴荣：《清代账局研究——以七份账本为基础》，第 12—13 页。

续表

序号	当铺名称	地点	借款时间	借款额度	利率（厘）
13	广源当	保府	八月初十日	镜宝银四百两	4.5
14	源长当		八月二十三日	镜宝银二百两	4.5
15	聚锦当	高邑	九月初七日	镜宝银四百五十两、干银五十两	5
16	会锦当	赞皇	九月十二日	钱五百千文	5.5
17	某益当	南孟	八月二十八日	镜宝银四百两	4.5
18	广丰当	曹州府	八月二十日	镜宝银一千三百两	5.4
19	升隆当	巨鹿	九月初九日	镜宝银五百两	5
20	亿中当	博野	九月初一日	镜宝银二百两	5
21	源隆当	大辛庄	九月初十日	镜宝银三百两	5
22	兴隆当	保府	八月二十五日	镜宝银三百两	4.5
23	公顺当	祥钧湾	九月初十日	镜宝银二百两	5
24	恒庆当	赵庄		镜宝银六百两	5
25	敬胜当	元氏	九月十一日	镜宝银四百两	5
26	聚锦当	高邑	九月二十七日	钱二百千文	5.5
27	会锦当	赞皇	九月十五日	镜宝银四百两	6
28	宗盛当	广府	八月二十五日	镜宝银四百两	4.5
29	懋昭当	南和	九月初五日	镜宝银四百两	5
30	大成当	任县	九月初一日	镜宝银三百两、干银一百两	6
31	元吉当		九月初一日	镜宝银四百两、干银一百两	5
32	恒裕当	宁晋	九月二十日	镜宝银四百两	6
33	义和当	宁晋	九月二十日	镜宝银四百两	7
34	福隆当	大留村	九月二十二日	镜宝银二百两	6
35	恒盛当	倪家庄	九月十四日	镜宝银四百五十两、干银五十两	5
36	广成当	藁城	九月二十七日	镜宝银二百两	6
37	庆隆当	零店	九月二十日	镜宝银五百两	6
38	某全当	宁晋	九月二十七日	钱二百千文	5.5
39	景发当	沙口	九月二十九日	镜宝银三百两	6

续表

序号	当铺名称	地点	借款时间	借款额度	利率（厘）
40	公顺当	祥钧湾	九月初一日	镜宝银二百两、干银一百两	5
41	广隆当	北堡	九月二十日	镜宝银五百两	6
42	庆隆当	某店	九月二十九日	镜宝银三百两	6
43	某盛当	赵州	十月初二日	取钱三百千文	5.5
44	庆裕当	任县	九月十五日	镜宝银一百两	6
45	来盛当	邯郸	九月二十五日	镜宝银二百两	6
46	升隆当	小巨鹿	十月初六日	干银一百五十两	6
47	庆升当		十月初二日	镜宝银二百两	6
48	恒茂当	巨鹿	十月初六日	镜宝银四百五十两、干银五十两	6
49	庆升当	某阳	十月十一日	镜宝银一百两	6
50	益协当	滑县	九月二十九日	镜宝银三百两	6
51	庆和当	曲沟	九月十六日	镜宝银五百两	6
52	恒裕当	岗上	十月十二日	镜宝银五百两	6
53	宗义当	固城	九月二十六日	镜宝银三百两	6
54	隆泰当	广平	九月十四日	镜宝银四百两	5
55	隆泰当	广平	九月二十六日	镜宝银四百五十两、干银五十两	6
56	公泰当	磁州	十月初八日	镜宝银五百两	6
57	公盛当	临漳	十月十四日	镜宝银三百两	6
58	六合当	盛村	十月二十七日	镜宝银四百两	6
59	聚顺当	保府	十月二十日	镜宝银四百两	6
60	某盛当		十月二十二日	镜宝银一百两	6
61	宗盛当	广府	十月十九日	镜宝银一百五十两	6
62	万和当		十月初四日	镜宝银二百两	6
63	益隆当		十月十三日	镜宝银三百两	6
64	义聚当	邯郸	十月初七日	镜宝银四百两、干银一百两	6
65	懋昭当	南和	十月十四日	镜宝银二百两	6
66	德全当	宁晋	十月十七日	镜宝银四百两	6

续表

序号	当铺名称	地点	借款时间	借款额度	利率（厘）
67	公盛当	临漳	十月十四日	镜宝银五百两	6
68	德昭当	赞皇	十月二十九日	镜宝银三百两	6
69	和庆当		十月初十日	镜宝银二百五十两、干银一百两	6
70	永庆当	刘家集	十月十三日	镜宝银三百两、干银一百两	6
71	天宝当		九月初十日	镜宝银二百五十两	6
72	恒庆当	赵庄	十月十九日	镜宝银四百两	6
73	诚格当	大名府	十月二十六日	镜宝银四百两	6
74	庆裕当	任县	十一月初一日	镜宝银四百两	6
75	裕成当		十月二十八日	镜宝银四百两	6
76	广源当		十月二十八日	镜宝银二百两	6
77	裕成当		十月十九日	镜宝银九百两	6
78	德昭当		十二月十四日	镜宝银五百两	6

资料来源：刘秋根藏《道光二十四年（1844）某账局账本》，账本译数据，转引自石兴荣：《清代账局研究——以七份账本为基础》，河北大学 2017 年硕士学位论文。

由此表不难看出，《道光二十四年（1844）某账局账本》中的借款主要使用的是镜宝银、干银和制钱，并以镜宝银为主。据此，我们可大致推测此家账局的经营者应是山西祁县、太谷以及周边府县的商人。① 此账本共有 153 宗放款记录，其中向典当业放款记录为 78 宗。虽然我们目前无法准确判断这些当铺经营者的籍贯，但这些当铺绝大部分应该是晋商当铺。传统金融机构开展业务“多基于某种人的关系或者说人的信用，故而未能形成以经营过程中的某种产品，或某种资产为抵押的，为生产及流通服务的资金链条”②。显然，同乡关系相对而言是最为牢靠的社会关系之一。因此，上述当铺的经营者绝大部分应该是来自山西平、祁、太及周边地区，账本中提及的恒裕当、诚格当应该是山

① 清代各地周行银色、平码均有一定差异和特点。其中，山西太谷、祁县等地主要使用镜宝银，参见卫聚贤：《山西票号史》，经济管理出版社 2008 年版，第 46—48 页。

② 刘秋根、柴英昆：《明清的钱铺、钱庄与银号——以白话小说记载为中心》，《石家庄学院学报》2010 年第 2 期。

西介休商人开设的当铺。具体考证如下。

刘建民收藏的《直隶大名府恒裕典东伙往来信稿抄本》主要反映了同治十一年（1872）至光绪三年（1877）山西介休商人在直隶大名府经营的恒裕典、诚格当东家、伙计之间的往来情况。[①]《道光二十四年（1844）某账局账本》中提及大名府诚格当一次，提及宁津恒裕当、岗上恒裕当各一次。《同光直隶大名府恒裕典东伙往来信稿抄本》中的恒裕典、诚格当与《道光二十四年（1844）某账局账本》中的恒裕当、诚格当应是同一财东在不同地域开设的两家当铺，其依据有三：一是《同光直隶大名府恒裕典东伙往来信稿抄本》中的恒裕典、诚格当是晋中地区的介休商人开设的，《道光二十四年（1844）某账局账本》中的恒裕当、诚格当经营者的籍贯最有可能是晋中地区平、祁、太及周边地区各县；二是两份资料均能明确断定诚格当位于直隶大名府；三是两份资料中的两个当铺均与“四维堂”有往来关系。《道光二十四年（1844）某账局账本》一宗诚格当、两宗恒裕当借贷有一个相同的中保人——四维堂。现将《道光二十四年（1844）某账局账本》中的相关内容辑录如下，以方便研析。

32．恒裕当，宁晋

九月二十日，四维堂，取镜宝银四百两，六,九月还。

二十五年九月十九日收利银二十八两八钱，改，

52．恒裕当，岗上

十月十二日，四维堂，取镜宝银五百两，六,十月还。

二十五年十月十八日收利银三十六两，改。

73．诚格当，大名府

十月二十六日，四维堂，取镜宝银四百两，六,十月还。

二十五年十一月二十一收利银二十八两八钱，改。

下面，以“73．诚格当，大名府”为例进行说明。根据石兴荣对该账局账本的解读，“73．诚格当，大名府”的详细解读为：道光二十四年（1844）十月二十六日，大名府恒裕当借款镜宝银四百两，中保人为四维堂，六厘行息，

---

① 此信稿抄本基本信息参见本书第一章第一节新见信稿资料考证。

下年十月还。道光二十五年（1845）十一月二十一日，该账局收取恒裕当利息二十八两八钱，本金继续收取利息。①“取”字意思为向外放款；“改”字意思只收取利息，本金继续放贷收息。可见，此三宗放贷的中保人均为四维堂。而“四维堂”在《同光直隶大名府恒裕典东伙往来信稿抄本》中出现了 11 次，详见表 6–2。

表 6–2　《同光直隶大名府恒裕典东伙往来信稿抄本》所见四维堂统计表（1872—1877）

第 × 号信	时间	内容	往来地点
9	同治十二年九月十八日脚夫抵典带来介第四次信	1. 启者，咱典四维堂借贷约于今年归还二千两，未知目下情形能还与否。	介休寄大名
10	同治十二年十月初三日脚夫回介带去典第五次信	2. 谕还四维堂银二千两，应为遵办。 3. 似以晚等预筹，备存还四维堂本银三千两。除过此宗外，至年终二项共可有七万九、八万吊之数。 4. 另及信成后，四维堂至典，咱已还过本银三千两，下余四千两仍照七厘转票，诚格还伊本银一千两，达知。	大名寄介休
11	同治十二年十一月初八日脚夫抵典带来介第五次信	5. 咱典还四维堂借贷均妥。 6. 前书所云众东借贷按一千八五作银之事，即所说四维堂生息之借贷。 7. 今众东共商，又定为四维堂借贷并生息借贷均按一千九作钱价。	介休寄大名
26	同治十三年拾月初三日随脚带回典第七次信	8. 典借四维堂本银，业已照票原转。	大名寄介休
45	光绪元年十月初七日琴已回里带去典第七次信	9. 四维堂借贷，照旧原转。	大名寄介休
62	光绪二年十一月廿日脚户回介带去典第七次信	10. 栾城四维堂借项十月到典，原利转票。	大名寄介休

① 石兴荣：《清代账局研究——以七份账本为基础》，第 70—73 页。

续表

第 × 号信	时间	内容	往来地点
69	光绪三年四月十六日脚户回介带去典第三次信	11. 二月十七日，四维堂送来银三千两，迟写一月作为三月借，月利七厘。现在钱铺太少，易钱掣肘，是以将余利借贷每俸先还一半，按时价作银。	大名寄介休

资料来源：刘建民主编：《晋商史料集成》第 5 册《信函 · 信稿 4》，商务印书馆 2018 年版，第 104—209 页。

综合上述可知，《同光直隶大名府恒裕典东伙往来信稿抄本》提及的恒裕典、诚格当与《《道光二十四年（1844）某账局账本》》中的恒裕当、诚格当应该是同一财东分别在大名府（今河北大名县）、宁晋（今河北宁晋县）、岗上（今河北石家庄市藁城区岗上镇）等地开设的当铺。

分析表 6–1，我们可以看出这家账局的放贷业务基本覆盖了直隶、河南、山东、山西等省的一些州、府、县甚至乡镇的晋商当铺，有的当铺还不止 1 次向该账局借贷，如永茂当、聚锦当、会锦当、庆升当、隆泰当、庆隆当等当铺均有 2 次借贷记录，宗盛当有 3 次借贷记录。借贷利率随着时间推移具有规律性变化，如八月份以 4.5 厘为主，九月份 6 厘息大约占 50%，十月份以后全部为 6 厘。可见，清代账局与一定地域范围内的晋商典当业之间已经建立了较为稳定的资金借贷关系，甚至形成了受各种因素制约的，抑或约定俗成的利率市场。当然，这种资金借贷关系是建立在“乡缘”基础之上的，这体现了传统晋商金融机构之间资金往来的局限性。但这种局限性在一定时期内并没有对传统晋商金融机构之间的资金往来造成负面影响，反而对晋商金融机构拓展业务范围、扩大经营规模发挥了一定的积极作用。以晋商当铺恒裕当、诚格当为例，自道光年间就以四维堂作为中保人向账局筹措资金。由表 6–2 可知，在同治十二年（1873）至光绪三年（1877）期间，四维堂仍在帮助恒裕当、诚格当筹集资金，资金数额由道光年间的几百两提高至同光年间的几千两。资金需求的日益提高，在一定程度上也表明了恒裕当、诚格当资本规模、业务量的不断提高。

此外，账局还经常吸收晋商当铺的存款以弥补自有资金的不足，进而扩大资本规模。刘建民藏有 15 封山西平遥宝汇通记写给恒益典的书信。经陈添翼考证，宝汇通记是一家位于山西平遥县的账局，恒益典位于山西文水县石永镇。[①]这 15 封书信具体反映了账局吸收晋商当铺的存款以扩张经营资本的实际情况。宣统二年（1910）六月初三日，在宝汇通记给写给恒益典的书信中提及："启缘小记所需秋标一款，近日以来生意敝鲜，出贷甚艰，以致此标余项甚巨，故而冒渎聪聪以期本利奉还。"[②]之后，宝汇通记于六月初七日再次给恒益典写信："启缘需宝号秋标一款，乃近日以来运筹不易，出贷尤艰，所以余项甚巨，以期子母清归。故而月内芜函上渎聪听，谅早赏视否，抑或遗失耶。然标期临尔，不得不再为奉呈，俾其预而筹放两有裨益。"[③]由这两封信我们可知，宝汇通记账局吸收恒益典的存款是主要为了夸大营业资本，但由于时势不济，生意不好，放出款项较少，大部分资金无法正常放出而导致余项太多，存款反而成为其负担。为此宝汇通记欲将恒益典的存款连本带利一并归还。另外，宝汇通记还致信恒益典："籍悉种种，所委宝号本冬标满加一竿[④]，随开利下二两，放明春标满加[⑤]，应即遵照办理，祈登注账目是幸。"[⑥]据此可知，恒益典在宝汇通记账局的存款有 1000 两，秋标时存入，按满加利行息至冬标。由于冬标到期恒益典并不打算取回。为此，恒益典写信给宝汇通要求其按冬标所开满加利行情少二两行息，继续齐转续存至明年春标。

由此可见，账局也是晋商典当业社会关系网络的重要组成部分。晋商典当业与专门从事信用放贷的账局之间建立了较为稳定的资金借贷关系。这种借贷关系既有长期、短期的信用借贷，也有相对较为稳定的吸收存款关系，甚至还

① 陈添翼：《清末民初时期账局研究》，河北大学 2020 年博士学位论文，第 87—88 页。

② 刘建民主编：《晋商史料集成》第 5 册《信函 · 信稿 6》，第 3 页。

③ 刘建民主编：《晋商史料集成》第 5 册《信函 · 信稿 6》，第 4 页。

④ 一竿，即 1000 两，清代山西晋中地区的商业行业用语。

⑤ 满加利是清代山西晋中地区金融市场行业用语。李锦彰先生认为：满加利是晋商在为了解决商户之间资金头寸余缺而创设的一个与标期制相适应的金融产品。"满"是指一个标期，"加利"即借贷 1000 两白银应付的利息。在春、夏、秋、冬四标的任一期内可以随时随地借款，即可标期初日借，也可到标期到前一日借，但必须按标期还。参见李锦彰：《晋商老账》，第 139 页。

⑥ 刘建民主编：《晋商史料集成》第 5 册《信函 · 信稿 6》，第 40 页。

形成了受各种因素制约，抑或约定俗成的利率市场。

钱庄兴起于明代中叶，也被称为钱店、钱铺、钱行，是一种主要经营银钱兑换业务的传统金融机构。大致在清乾隆中期，为适应商品货币关系的进一步发展，钱庄逐渐发展成为从事信贷活动的金融机构，在银钱兑换基础上增加了存、放款以及汇兑等业务。[①] 从这批信稿资料反映的内容来看，钱庄在晋商典当业的经营管理过程中发挥了一定作用。下面以直隶大名府晋商当铺恒裕典为例，探讨晋商当铺与钱庄的互动情况。

收存、运用钱庄发行的私票是晋商典当业扩大运用成本的重要方式。《同光直隶大名府恒裕典东伙往来信稿抄本》反映了晋商典当业收存、使用当地钱铺钱贴的详细情况。同治十三年（1874）八月二十三日，恒裕典掌柜向东家汇报当务："练军执取本号钱帖，聚众拥集取钱，稍不随欲，藉端滋闹，是以钱店不敢出帖，以致各行生意不能周行。两典正在回赎之时，赎当者现钱多而钱帖少，似以显然忙急。终属练军在城，各行生意均皆难做。"[②] 此封书信说明，包括恒裕典、诚格当在内的直隶大名府各行商号在日常经营过程中均使用了大名府当地钱店所发行的钱贴。另外，该信稿抄本第 69 号书信提及："现在钱铺太少，易钱掣肘，是以将余利借贷每俸先还一半，按时价作银。今随脚捎去众东余利借贷银包八个，详单八纸，公费典平银二十两，与天锡堂办布八匹，棉被二张，裹银一并捎回。"[③] 由此可见，由于大名府钱铺数量太少，导致恒裕典运营资本不足，东家的余利借贷钱即存款只好暂时偿还一半，以暂时缓解恒裕典"易钱掣肘"的窘境，这也表明晋商典当业依靠钱庄得以扩大运营资本。正因为大名府钱铺对于恒裕典、诚格当经营管理的重要性，恒裕典掌柜经常向东家汇报大名府钱铺的具体情况。该信稿抄本第 8 号信提及："唯钱铺近年来甚不平稳，屡有出票关门塌众之家，以致街市银钱滞塞，有银换钱难而买银不易，似以钱价出入悬隔无定。在城除闭门之外，虽系三家而不时谣传拥挤。究其原本皆系京钱一、二、三千吊，本微票多，必然受挤。再则人心不古，诓

① 李飞等编：《中国金融通史》第 2 卷，中国金融出版社 2003 年版，第 19 页。

② 刘建民主编：《晋商史料集成》第 5 册《信函・信稿 4》，第 136 页。

③ 刘建民主编：《晋商史料集成》第 5 册《信函・信稿 4》，第 201 页。

众欠短，视为常情。”① 第10号信提及：“加之钱铺屡有坏事之家，以致街市滞塞，即或街面字号欲借者，咱实不敢贪放，莫如多还该外为善。备存还银三千两，钱平均价一千七九十余，归典平一千八零八。”② 分析两封书信，恒裕典东家、掌柜时刻关注大名府钱铺的经营情况，并将此作为开展经营活动的重要依据。在中国传统社会，钱票的流通和使用是钱庄信贷活动进一步发展的重要标志。③ 从这批信稿资料反映的内容来看，钱铺与晋商典当业之间建立了较为密切的资金信贷关系。光绪三年（1877）正月十一日，直隶大名府晋商当铺恒裕典掌柜致信东家。

> 去腊廿五六日，大名街面钱缺，滞塞不通，挤关钱铺四家。南关雍和号关门，南关绅士保出应承今年发钱，咱典收存钱帖京钱四十七吊，龙王庙重德号关门，龙王庙绅士保出应承今年发钱，咱典收存钱帖京钱十五吊；南街元兴公关门，元兴公系重德值月字号，大名堂公不准伊歇业，今年许开，素与咱典往来，账净欠京钱三百六十余吊，倘若开门，还可成钱。此三家俱未定妥，三项未撇。南街裕兴和关门，当时被抢，一无所有，咱典收存钱帖京钱五十八吊，难望发钱，年终撇出。此是世时所赶，人力无可如何。④

由此信可知，恒裕典与大名府南关雍和号、南街元兴公、龙王庙重德号、南街裕兴和号四家钱铺保持着长期的银钱往来关系。恒裕典收存南关雍和号、龙王庙重德号、南街裕兴和号等钱铺的钱贴应该是这三家钱铺在大名当地发行的私票，这是恒裕典与大名钱铺信贷关系的一种体现。由于这种信贷关系缺乏信用基础，需要当地士绅提供担保。南街元兴公“素与咱典往来，账净欠京钱三百六十余吊”，显然这是恒裕典对该钱铺的一种信用放贷。大名府钱铺不仅在一定程度上影响了恒裕典的运营资本，甚至还影响了恒裕典业务的开展。如上引资料中，由于大名府钱铺甚不平稳，经常有关门塌众之家，以致街市银钱

---

① 刘建民主编：《晋商史料集成》第5册《信函·信稿4》，第112—113页。

② 刘建民主编：《晋商史料集成》第5册《信函·信稿4》，第117页。

③ 李飞等编：《中国金融通史》第2卷，第20页。

④ 刘建民主编：《晋商史料集成》第5册《信函·信稿4》，第193—194页。

滞塞，影响了恒裕典的赎当以及信用放贷业务的开展。

通过以上分析我们可以看出大名府钱铺在融通资金、资金周转等方面所发挥的重要作用，包括晋商典当业在内的各行各业均与钱铺有较为密切的资金往来关系，这在一定程度上形成了一个以钱铺为中心的区域性金融市场。清中叶以来，随着商品经济的不断发展，这种区域性金融市场不断增多。钱庄、当铺均是在这些区域性金融市场的重要金融机构，他们之间的银钱往来十分频繁。《道光湖北枣阳琚湾镇某典尺牍范本》"与伙友札"第83号信提及："某翁老先生台启：持报樊月息，各票号、钱店皆无存项，市虽七五，其银甚缺。倘附近之典，生意发动，俱来樊作借，恐有八厘之市。"①这说明在以湖北樊城为中心的区域性金融市场中，票号、钱庄均是这种区域性金融市场中的重要金融机构，附近的当铺均要通过票号、钱庄等金融机构融通资本。

晋商典当业还与钱庄合作，通过账面划拨方式清算债务以免去现银结算的麻烦。民国时期，湖北监利县新沟镇某家晋商质铺通过丰祥钱店拨交银钱。"再者由义丰祥钱店拨交永记之项，未知该号去腊何日坏事。若系过局以后被灾，此款焉得不交，祈阁下咨问是祷。"②此信提及的"过局"也被称为"过账"，即各商家的资金收支从使用现金改为借助钱庄进行汇划。③这种资金划拨可以减少对现银、现钱的依赖，提高经营管理效率。当然这种资金划拨方式需要坚实的信用基础，该质铺与义丰祥钱店均是山西商人经营的商号。银钱兑换（买卖）、鉴定银两成色是钱庄的基本业务，这批信稿资料也反映了晋商典当业通过钱庄买卖银两、鉴定成色等内容。《同光直隶大名府恒裕典东伙往来信稿抄本》第4号信提及："惟带宝银一定，去岁系在本城钱铺买寄，今已向伊更换，未耗其色"④；第43号信提及："承志东银内元宝成色甚低，曾教数家钱店细看，

① 刘建民主编：《晋商史料集成》第73册《商业知识3》，第360页。

② 刘建民主编：《晋商史料集成》第5册《信函·信稿4》，第626页。

③ 高美红、李桂鸽：《晋商信用与过账制度分析》，《第五届"金明池经济史学论坛——晋商万里茶陆史料整理与研究"会议论文集》，2017年，第88页。

④ 刘建民主编：《晋商史料集成》第5册《信函·信稿4》，第108页。

非加色银三四两难以使用”①；第 64 号信提及：“惟于前次捎来天锡堂银内有宝银五十两，据钱行人看银色甚低，在介难使，明春咱典伙友下班时祈即捎来宝银五十两，以为调换。”②以上内容均说明晋商典当业的日常管理与钱庄的联系十分密切。

综合上述，晋商典当业与票号、账局、钱庄等各种金融机构之间的联系十分密切，包括业务互助、信息共享、汇兑、吸收存款、信用放贷、发行私票、资金划拨等各种信贷、资金往来关系。当然，晋商典当业与各类金融机构的联系、互动也存一定局限性，即绝大多数资金信贷关系都是基于“乡缘”关系。同时，我们还可以看到晋商典当业不断加强与客居地各类金融机构的联系，也是各地区域金融市场的重要组成部分。

二、同乡友人

各类同乡友人也是晋商典当业社会关系网络的重要组成部分。在晋商的跨地域商业活动中，由于各种原因掌柜、伙计主动辞职回乡，或者下班回里后第二年则不再返回商铺上班的情况非常普遍。《道光湖北枣阳琚湾镇某典尺牍范本》中“与伙友札”第 44 号信提及：“俾弟旋里，一行已经数月，理宜早赴急公。奈家母年高，连年心意不遂，兼之目下累手甚多，家务纷纭，一言难尽。当此之际，有非弟不能调停者。兹以母命，拙守桑梓之邦，是以区区不能效力于铺事。似此一言，有负二公一片热忱。弟碌碌庸才，无一足录，谬承雅爱，不弃鄙陋，数年以来尽心竭力。正为此也，伏祈兄台另请他人，早为之计，弟实不愿出门矣。”③该信稿抄本“与伙友札”第 102 号信提及：“弟鄙人耳，前在贵庄多蒙雅爱，兼领教益，至今佩服不忘。迩来弟多病，自揣不克胜任，已辞馆旋里矣。”④《民国湖北监利新沟镇某质铺书信底稿抄本》第 110 号信提及：“范钧因路途受热，伊私服芒硝、大黄以致水泻，不料伊辞贸不做，留之不住，今已

---

① 刘建民主编：《晋商史料集成》第 5 册《信函 · 信稿 4》，第 166 页。

② 刘建民主编：《晋商史料集成》第 5 册《信函 · 信稿 4》，第 191 页。

③ 刘建民主编：《晋商史料集成》第 73 册《商业知识 3》，第 341 页。

④ 刘建民主编：《晋商史料集成》第 73 册《商业知识 3》，第 368 页。

与吴永富仝伴回里矣。”[1]之后在第111号信中，该质铺执事致信“沙号”将范钧辞职的事情转告范钧的荐主：“再及范钧告辞，非铺不用，余再三劝解挽留，奈伊执意要走。及后问学庆等，亦无甚嫌言。看伊之性情，执执乃未入生意之规矩耳。其余一切细事，笔难尽述，便中可与伊荐主道知为妙。”[2]除主动辞职的掌柜、伙计外，还有一些掌柜、伙计由于触犯铺规而被出号、辞退。如《光绪湖北枝江董市某质铺尺牍范本》第54号信：“谨启者酉山兄之令侄某人原系宝号举荐。近来不法铺规，急务全无紧要，早膳以毕，沿街玩戏，责罚善劝并无悔意。诚恐失足□□迷途邪迳，彼此无光。因此执事者将伊开消，今着敝伙某人送至宝典，亦可报良友之不负心也。”[3]上述无论是主动辞职离号，还是被开除离号，都需要进一步补充新的人力以维持正常的经营管理。向晋商当铺推荐掌柜、伙计的“荐主”基本上均是同乡友人。《道光湖北枣阳琚湾镇某典尺牍范本》第48号信提及：“兹读者有某人在某处生意，因停门辞出。闻宝典现在需人，是以托弟周旋。此人年少精明，写算兼善，仰恳收录贵伙，殊为两益。若不乏人，尚祈鼎力，或有可吹嘘之处，以便提携。倘得寸进，则感激无既矣。”[4]《光绪湖北枝江董市某质铺尺牍范本》第73号信提及：“启者有堂侄某人，向在某号学习有年，缘素性迂直，自辞出铺。客岁在沙质铺办事，今春质铺歇业来舍托觅生理。兹值铺中乏人，其人或内外账目或取框或杂办均可试用。吾兄如有意提携，祈即附一面音，当即着伊来铺就理职事。至账目银钱意外之虞有弟承担，临顿翘切即候近安。”[5]从这封书信不难看出，向同乡友人推荐伙计的“荐主”是负有一定责任和风险的。

商讨经营方略也是晋商典当业与同乡友人、商人之间的往来内容。光绪二十二年（1896）十一月，山东费县差役到曲阜增义典“起赃”。[6]为了尽早

① 刘建民主编：《晋商史料集成》第5册《信函·信稿4》，第749页。
② 刘建民主编：《晋商史料集成》第5册《信函·信稿4》，第749页。
③ 刘建民主编：《晋商史料集成》第74册《商业知识4》，第53—54页。
④ 刘建民主编：《晋商史料集成》第73册《商业知识3》，第343页。
⑤ 刘建民主编：《晋商史料集成》第74册《商业知识4》，第19页。
⑥ 刘建民主编：《晋商史料集成》第5册《信函·信稿4》，第330—332页。

领回当物，增义典外事主管樊廷相派专人到费县探询宝和典如何处理“误典贼赃”之事。随后，宝和典马怀稳、乔之栋分别给樊廷相写信，告知“宝典之件未解上宪，原物仍存费县库上，想是物案不符”。① 此外，两人的书信都提到曲阜地方官员对于处理误典贼赃的关键作用。马怀稳在信中写道：“照此邻封起赃之件似觉少见，揆之于情，当地官长但得庇护一二，亦必不至于掣肘难行。尚得阁下再复禀请，婉转求之，或可如式办结。”② 乔之栋回信写道：“误当赃衣乃为常事，总赖本属县尊保护则我商即可万安。”③ 正是因为宝和典马怀稳、乔之栋两人的来信，增义典了解到被起走的当物“物案不符”，外事主管樊廷相“当即赴县，据情面恳”，恳求曲阜县署签署文书以领回被费县差役起走的当物。之后，增义典派人到费县凭借曲阜县署出具的文书领回了当物。④

第三节 地方基层社会

作为外来客商，山西典当商人与经营所在地的地方基层社会势必会产生千丝万缕的联系。就这批信稿资料反映的内容看，这些联系主要是体现在以下三个方面。

一是与当地商人合伙经营典当业，并凭借当地商人的社会关系处理当捐、当税、举办涨息等经营管理问题。《民国二年（1913）湖北松滋合盛典往来信稿抄本》第40号信合盛典执事致信“沙号”：“所谈与本处李姓朋东一节，原日本系闲谈，恐非实意，揣度情形，颇不易成。弼臣兄拟缓日先着妥人往伊家借商别事，一探口气才定行止。否则恐事或不成，反为张扬耳。”⑤“本处李姓朋东一节”，显然指的是与松滋县当地商人合伙经营典当业。从《民国湖北监

① 刘建民主编：《晋商史料集成》第5册《信函·信稿4》，第337页。
② 刘建民主编：《晋商史料集成》第5册《信函·信稿4》，第335页。
③ 刘建民主编：《晋商史料集成》第5册《信函·信稿4》，第337页。
④ 刘建民主编：《晋商史料集成》第5册《信函·信稿4》，第338—342页。
⑤ 刘建民主编：《晋商史料集成》第5册《信函·信稿4》，第493页。

利新沟镇某质铺书信底稿抄本》反映的内容来看，该质铺的东家除了山西介休商人外，还有沙市张滋田东、张锡三东，监利县昆壁少东，监利县新沟镇曹寿山堂、曹文翰堂、王三槐堂、张裕兴堂等人。根据该质铺与本地东家的往来书信我们不难看出，当税、当捐、资金调度以及与当地典当业联合办理涨息、缩短期限等事宜均由沙市张滋田东、张锡三东，监利县昆壁少东等人负责协调、联系。如该书信抄本第20号信：

昆壁少东先生阁下青电：敬启于是月中旬七日贵价临新，奉到华函兼县谕一纸，外公债票六拾五元。展阅之余，其情皆详藉悉。潭祺凝庥、褆躬纳祜及宝号鸿业兴隆，财源踊跃，为慰以颂。兹叙去岁所缴三、四两年当捐，照今次来谕，云及民国三年已一律改征银元。但监属均系质铺，无此明文，是以仍照旧章认缴。今既各质认补，我号亦难推诿。至印花税票，去秋所须章程，均属普行公事。然而荆沙繁盛之区，各典概未认可，惟监属如斯办法，实乃无可如何。如天成永等认领，我号焉能违拗。务望阁下将补缴当捐并印花之款祈为垫缴是祷，嗣后小记由沙奉赵可也。所有去岁令先尊手代办公债票三百元，其收条存放宝号并未带新，仰乞韫椟拣择执据收领为妥。惟今次来函，外批印花六十元，折视系公债票六十五元，恐其倥偬之际，一时误包果尔。即由叁百元内扣留六拾五元，其余二百卅五元兼印花六拾元一并带新为感。琐费清神，容晤再谢。附报我号生意，较去岁颇佳，时下每日净出钱肆百串之谱，至此已上架本六万之数，得票利一千五百余串。照今年流水，颇为称善。惟系沙市银根奇紧，月息一分四五，加之缴费数倍，曩昔恐其徒劳无益耳。刻下敝执事尚未返号，铺中诸凡平善，勿劳锦念。今因贵价返邑之便，敬此布覆，顺候钧安兼候贵府宝号诸位财福均佳，信资照旧给讫。①

由此书信我们可知，该质铺办理当捐、印花税、公债票等事宜均与本地东家昆壁少东息息相关。该信稿抄本第121号信："至同心福交款，业已交清，候来信作换矣。见信即请滋田东与锡三东从中婉转为善。今逢邮便，特此布

① 刘建民主编：《晋商史料集成》第5册《信函·信稿4》，第640—642页。

覆，顺候近安。不一。”① 虽然我们无从知晓“从中婉转”的具体内容，但该质铺与同心福之间的资金往来显然与张锡三东有一定的关系。晋商典当业之所以与客居地商人合伙经营典当业，除了扩大资本规模外，主要考虑的是构建更为广泛的人际关系网络，为当铺的经营管理赢得更好的经营环境。

二是除“地缘”“乡缘”外，“业缘”因素逐渐成为山西典商构建社会关系网络的关键要素之一，这体现了晋商典当业与客居地典当业的融合、协同发展。民国初年，湖北监利县新沟镇某晋商质铺执事向“沙号”汇报当务时提及：“至于发现之牙厘捐及印花税之事，前接天成永号函云候大众到齐，再为筹商。时下未得佳音。及咱号之事昨日复又致函，婉言拜托。但此件公事虽属旧例，自民国以来概未发现。现今忽依然发生，其内必有文章。及至二年我同行所缴者其收条未见，皆属含糊。即以今春缴讫亦未见收条，实难尽言。若此旧例未除，而新捐节节丛生，同行若不早结团体，请位领袖堵御，将来受害无穷也。”② 可见，山西典商已经充分认识到同行联合起来共同维护典当业发展的重要性。

因典当业与社会各阶层的生产、生活联系极为密切，官府对典当业及典商尤其关注，并从立法方面对典当业进行了多方面的调整。③ 在这一过程中，既有官府对典当业的保护、管控，又有典商与官府的斗争、博弈。在与官府的博弈过程中，晋商典当业注重与同业人员联系沟通，商讨应对方略，以尽可能为其发展争取一个好的经营环境。光绪二十四年（1898），清政府为筹集甲午战败赔款发行“昭信股票”，劝谕官绅商民认购。④ 显然典商是政府劝谕的重要对象之一。山东历城、宁阳县、曲阜县、滋阳县、滕县、峄县等地的当铺均被劝办一千两或者八百两，致使“兖府与宁邑怨声载道矣”。为了应对清政府的“劝办”，光绪二十四年（1898）三月二十七日，山东宁阳县文昶当周铨到曲阜增义典探询此事，并商讨应对之策。之后，两典互致书信、互通信息，商讨如

---

① 刘建民主编：《晋商史料集成》第 5 册《信函 · 信稿 4》，第 760 页。
② 刘建民主编：《晋商史料集成》第 5 册《信函 · 信稿 4》，第 614 页。
③ 刘秋根：《清代典当业的法律调整》，《中国经济史研究》2012 年第 3 期。
④ 朱英：《晚清的“昭信股票”》，《近代史研究》1993 年第 6 期。

何减少劝办数额，应对劝办股票委员曹大令的催办。[①] 民国五年（1916）十一月，湖北监利县质铺联合起来办理加息："兹监属各质诸铺东君会议，求县长偿示停歇，意恳加息一节。此件人所皆愿乐从，但具公禀，似乎恐与情理未恰。倘县长批出，尔等雷同霸市，欲贪厚利，不准其请，将何以处之，不得不预虑耳。依愚之拙见，不若还系仿照前岁之事，各具各禀，各诉艰苦为妙。"[②] 这封书信说明，监利县各质铺在办理加息时由以往的呈送"公禀"改为"各具各禀"。"各具各禀"是仿照前岁之事，说明监利县质铺经常联合起来为维护质铺的经营环境而与官府博弈。之后，该质铺在民国六年（1917）正月停当候赎，并"席清四乡街乡"知晓。[③] 不仅如此，该质铺在缴纳当捐、购买印花票及国债的一个重要参考标准即同行等号是否已经认可，亦如上文所引第 20 号书信该质铺致信昆壁少东家书信中所提及的"今既各质认补，我号亦难推讫"。

晋商典当业社会关系网络中凸显"业缘"关系的另外一个体现是与商会商董的交往互动。商董是近代商会中代表某一行业权益的商会领导。[④] 清末民初，典当业与各类官吏的直接联系、互动日益变少，取而代之的是由行业公会、商会中的商董代表典当业与政府博弈以维护典当业的整体利益。《民国湖监利新沟镇某质铺书信底稿抄本》第 74 号信提及："兹叙监属各质团议明正停当，意在增息之举承，蒙诸君关照，已托李逸卿商董代咱具禀，诉其屡年亏折，各股东实难维持，请准明正停当候取，甚为合宜。"[⑤] 这说明监利县各质铺的公禀是由商董李逸卿代为呈送。该信稿抄本第 96 号信，质铺执事写信给商董李逸卿询问官府曾向监利县八家质当各借款五百串文"以本年三月初一壹分起息借此款开办官地荒厂"的本息为何久悬不还。而这宗借款是监利县八家质当遵照商会公函才给予发放的贷款。[⑥] 由此可见，商董在清末民初典当业社会关系中的

---

① 刘建民主编：《晋商史料集成》第 5 册《信函 · 信稿 4》，第 374—379 页。
② 刘建民主编：《晋商史料集成》第 5 册《信函 · 信稿 4》，第 697—698 页。
③ 刘建民主编：《晋商史料集成》第 5 册《信函 · 信稿 4》，第 707 页。
④ 朱英：《关于近代中国商会领导群体几个问题的再探讨》，《江汉论坛》2006 年第 8 期。
⑤ 刘建民主编：《晋商史料集成》第 5 册《信函 · 信稿 4》，第 704—705 页。
⑥ 刘建民主编：《晋商史料集成》第 5 册《信函 · 信稿 4》，第 732 页。

重要性。

三是除了县尊、知事、县长等地方行政长官外，晋商当铺广泛结交各种地方基层社会关系，诸如巡检司、警长、士绅等关系以进一步完善社会关系网络，为典当业的正常运用争取一个良好的外部环境。

巡检司、警长均是与社会治安相关的地方基层行政组织人员。典当业的经营管理离不开安定、和谐的治安环境。《道光湖北枣阳琚湾镇某典尺牍范本》第 11 号信："启者署印巡厅杨公莅任数月，名望显著。现在立碑挂匾，可称盛事。昨二十四日，金公复任，卸事之后，只余清风两袖，眷口颇多，竟至无力起程。所谓名利，难以兼收也。亲至小典，向弟云前承各典雅爱，迄今铭感。意欲遣役投刺，邀请众台一叙，面恳乡戚之谊，真申求助之意，每典借凑七金，期在来春必偿。今日稍可得已，亦不启齿等语。其言甚婉，而其意甚切。弟窥其来情，似难坚却，与其多劳往返，不若以扎婉商。弟愚见，每典送赆仪三两或总送二十金，庶可不负所望耳。但系吾侪公事，弟不敢擅便，特此布达，并候回音，幸勿迟滞，是祷。"① 巡厅指的即是巡检司。杨公莅任巡检司数月，卸任后向琚湾镇各典当借款以作为路费。民国初年，监利县某质铺由于资金紧张，致信监利县北口程警官："敬启无别，缘前挪小记之款，蒙情俞允，是月半底掷付不误。但小记正值上架踊跃，沙市银根奇紧，月息高大，通融甚属掣肘，是以寄函恳祈将此款清偿，以济缓急。"② 类似情况还有，如"兹缘驻城水警署长于月之十三日公祝诞辰之事，今日由敝市已送来发启一副，小记已拟由新派送贺仪"③。除了上述借款、贺仪外，呈送各种规礼、年节寿礼等是晋商典当业与基层行政组织人员之间的互动方式。

各地士绅在晋商典当业经营管理过程中同样发挥了一定的作用。典当业停当候赎不仅要得到府县行政长官的允许，也要得到本地士绅的承认。如湖北监利县某晋商质铺在停当候赎前要"筵请乡街绅首"，历陈经营困难以争取当地

① 刘建民主编：《晋商史料集成》第 73 册《商业知识 3》，第 322—323 页。

② 刘建民主编：《晋商史料集成》第 5 册《信函·信稿 4》，第 647 页。

③ 刘建民主编：《晋商史料集成》第 5 册《信函·信稿 4》，第 684 页。

绅首的支持和理解。[①] 在晋商典当业与官府博弈过程中，本地士绅多少也会发挥一些积极的作用。如上引湖北监利县某质铺停当候赎，当地士绅“抬爱劝谕复贸，允办长年加息三分。又因铜元缺乏，兼保行用小票，以便活泼市面。虽系一方热忱，但不知具禀县长能可准与否。即便批准，亦系不得已勉力而为”[②]。在经营过程中，晋商典当业则要经常宴请本地士绅以维持良好关系。民国二年（1913）六月，湖北松滋县合盛典邀请“南三典”执事到朱家埠商议公事，义盛典致信合盛典：“小典初五日接就绅耆，有客三桌，不便离去，是以迟一半天再为晋谒。”[③]

总而言之，为了应对经营过程中遇到的一些问题，晋商典当业有针对性地与各类官吏、同乡商人及商号、地方基层社会等社会关系保持密切联系及互动。这些社会关系在维护经营环境、降低经营成本、应对经营难题等方面发挥了积极作用，为晋商典当业经营活动的正常开展以及经营收益不受侵犯提供了保障。我们看到晋商典当业与各种社会关系之间的以“地缘”“业缘”为纽带、以权势为导向、以利益为驱动、以应对经营困难为依归的互动模式。在这种互动模式下，晋商典当业自身寻求跟各方面打交道，其交易成本相当沉重，活动空间也受到严重挤压。与票号钱铺相比，典当虽然与商人商号打交道，但主要还是与城乡贫民的生活关系最为密切，它还承担了大量社会公共事务，与国家财政相关，是最为社会各阶层以及各级政府关注的行业。可谓关乎四方，联结上下，其经营活动引起所在区域社会的变动也是应有之义。全面分析晋商典当业的社会关系网络，认识晋商典当业经营活动对所在区域的影响，是我们认识明中叶以后商人社会及社会转型不可忽视的方面。晋商自清中叶开始垄断华北各地的典当业，分析晋商典当业与社会各阶层的矛盾、斗争及其与官府的博弈也是认识明清华北社会变动的一个重要侧面。

---

① 刘建民主编：《晋商史料集成》第5册《信函·信稿4》，第712页。

② 刘建民主编：《晋商史料集成》第5册《信函·信稿4》，第711页。

③ 刘建民主编：《晋商史料集成》第5册《信函·信稿4》，第533页。

小　结

在晋商从事跨地域典当业经营过程中，晋商当铺与客居地的社会各界建立了密切的联系，并将这些社会关系作为构建自身商业网络的关键要素在其经营活动中发挥了重要作用。以“社会关系”为视角对山西典当商人的跨地域经营活动进行考察，可以帮助我们获取更为翔实且贴近实际的客观认识。从本章对晋商典当业信稿资料的分析来看，晋商当铺为了维护自身权益、应对经营过程中遇到的各种困难，有针对性地与各类官吏、同乡商人及工商字号、金融机构、当铺所在地基层社会各种社会关系保持联系。一是体现了“权势为导向”的基本特点。晋商当铺借此获得减免当捐等特殊待遇，也经常被勒索银两，这也是历代官商博弈的具体表现形式。二是凭借“地缘”“乡缘”关系结交同籍官员、同籍票商以及同籍的同业人员，形成以“地缘”“乡缘”为纽带的互动模式。此外，随着晋商当铺与地方社会各种社会关系的不断融合，“业缘”也逐渐成为晋商当铺构建社会关系网络的关键要素之一。这些社会关系与典当业的经营管理联系密切，在维护经营环境、降低经营成本、应对经营难题等方面发挥了作用，为晋商当铺经营活动的正常开展以及经营收益不受侵犯提供了保障，是晋商当铺商业网络中不可或缺的关键要素。

第七章　清末民初晋商典当业的东伙关系

学界一般认为，晋商股俸制中的东伙关系为“东家出资，伙计出力，所有权与经营权分离”，财东“将全部资本交付经理（管事）后，便不再问号事，静候经理年终报告”，“平素营业方针一切措施，既不预定方针于前，也不施其监督于后”。[①] 然而，笔者在整理晋商典当业信稿资料的过程中发现，晋商典当业东伙关系与上述所论存有一定的差异。为此，本章利用晋商书信、分家书、合同等资料，对晋商典当业东伙关系作进一步考察，以期得出更为贴近历史实际的认识。

第一节　早期东伙关系及其变化

股俸制是晋商普遍运用的一种资本组织方式。从清嘉庆、道光时期的晋商典当业分家书、合同反映的内容来看，东家持有人力股、东家父子同在一家当铺从业的情况较为普遍，这应是晋商早期股俸制东伙关系的具体体现。晋商的这种早期股俸制即是资本与劳动之间的合伙，同时出资者参与经营，通过经营能力获取另外一部分收入。[②] 刘建民收藏的《嘉庆十六年（1811）二月二十四

---

① 张正明：《清代晋商的股俸制》，《中国社会经济史研究》1989 年第 1 期。

② 晋商的这种合伙制接近于刘秋根所认为的第三种类型合伙制，即经营者除以其经营能力及劳动获得利润分配外，自己还出一分部资本。参见刘秋根：《中国古代合伙制初探》，人民出版社 2007 年版，第 244 页。

日王家恩同四子立合伙占有典当股份分家书》①反映了早期晋商典当业股俸制的基本情况。此分家书内容如下。

嘉庆十六年二月二十四日

立分伙约人王加恩所生四子良宰、相、臣、卿俱已长成婚配。②因年老衰弱不欲经理，将家内产业请同家长俱已分拨，有分单可证。唯有在沁源县大南川开设恒裕当生理，四子默体，亲意俱不分折，故立合伙。将父之本钱一千串整作为贰股，兄弟四人每人入钱本一千五百串整作为三股，各亲随人力一股，以上人银共作壹十捌股，日后获利按股均分。又议定每年人力各使钱五十千整。再有婚娶修造之事，五十千之外许在铺内借钱一百千整。一账之期，长除短补各出情愿，不得反悔。自立合伙之后，再不许在铺生息私财，免生角口。如有利己私心，人股不得，罚银一百两整。空口无凭，立约为证。

后批：五年之内与良宰、良卿捐纳监生起结银两在铺中使用。

立合伙约人良宰、相、臣、卿。

嘉庆十六年二月二十四日。

中人张凤鸣、孔肇智书。

分析此分家书，因兄弟分家，沁源县恒裕当由王加恩独资经营转变为王加恩与四子合伙经营。这种由家族析产而形成的股俸制在明清时期十分普遍，这也是晋商典当业由独资经营向合伙经营转变的表现形式之一。这里值得注意的是，上述资料中良宰、良相、良臣、良卿四兄弟在持有银股的同时还持有人力股。《道光九年（1829）新正月马鸣鸾等五人合伙设立涌泉永字号当铺杂货铺合同》③也反映了财东持有人力股的具体情况。该合同录文如下。

立生意合同约人马鸣鸾、马鸣鹤、周西兴、马抡才、索味道。今在静乐县任家村合伙设立涌泉永字号开当铺杂货生理，每钱本肆佰千文作为壹股。马鸣鸾仝子安兴垫本钱壹仟肆佰陆拾千文作立叁股陆厘伍毫，马鸣鹤

① 刘建民主编：《晋商史料集成》第79册《商人家庭1》，第503页。

② 四子指的是良宰、良相、良臣、良卿。

③ 刘建民主编：《晋商史料集成》第1册《合约·万金账·股票》，第27页。

公中垫本钱壹佰肆拾千文作立叁厘伍毫，鸣鸾仝子安兴随人力壹個作立一股，西兴随人力作立壹股，味道人力作立壹股，抡才人力作立柒厘。以上本钱人力共作为柒股柒厘。后日天赐获利，按股均分，同心协力，各秉天良，自有神佑，恐后无凭，立合约存照。

计开：财东人力不到铺办事，每年作工钱拾仟文。每壹人壹年回家贰次，出盘用钱贰佰文。每壹厘壹年禁支使钱贰千文，如有多支使者，每壹千罚钱贰千，下股份壹厘。有回家过壹月不来者，罚神烛壹斤。过两月不来者，下尽股份逐出铺外，绝不容情。慎之慎之，以免后悔。

郭维泰、马凌月、王永兴、段昌泰知见。

道光九年新正吉日。

可以说，如果沁源县大南川恒裕当的股俸制基本上还局限于家族内部的资本、人力之间的“家族式合伙”的话，那么静乐县涌泉当的股俸制则体现了晋商典当业的股俸制正在逐渐摆脱家族经营的影响，日趋接近真正意义上的资本与人力之间的合伙。沁源县大南川恒裕当的人力股均是家族成员，而涌泉当的周西兴、马抡才、索味道等人力股持有者已经不再是家族成员，而是真正意义上的“不出资本而以人力顶一定数量”的人力股持有者。但我们也不难看出，涌泉当的钱股仍旧是家族内部的资本合伙，涌泉当三股七厘人力股中仍有一股人力为涌泉当的财东持有，这表明涌泉当仍有“家族式合伙”的影子。另外，在刘建民收藏的《道光二十年（1840）三月十二日赵炳寰等兄弟四人立分关文约》①中，赵炳寰、赵炳宿、赵觐堂、赵肯堂等四兄弟同样是共同持有山西介休、湖南等地21家当铺的银股和人力股。通过以上分析，不难看出嘉庆、道光时期晋商当铺财东持有人力股的现象较为普遍，这是晋商当铺财东直接参与当铺经营管理的体现形式。孟伟曾指出，父子同在一个字号的“家族式合伙制”是“早期山西商人合伙制”的具体表现形式。②上文所引《嘉庆十六年（1811）二月二十四日王家恩同四子立合伙占有典当股份分家书》，王加恩和四子都持

① 刘建民主编：《晋商史料集成》第79册《商人家庭1》，第536—537页。

② 孟伟：《明清时期北京通州晋翼会馆研究——以明清时期的翼城商人和山西布商为重点》，《陕西师范大学学报》2017年第3期。

有银股，同时四子还持有人力股；在道光九年（1829）涌泉永字号当铺杂货铺合同中，“鸣鸾仝子安兴”也是父子同在一家商号内持有银股和人力股。这应该是早期晋商典当业股俸制的特点之一。参照孟伟先生的观点，除了“父子同在一家商号”，认为嘉庆、道光时期晋商典当业股俸制中财东同时持有人力股的现象同样是“早期山西商人合伙制”的表现形式应该也是成立的。

由以上论述可知早期股俸制中的东伙关系主要有以下两种情况：一是所有人力股均由东家持有，东家直接负责当铺的经营管理；二是持有人力股的东家与真正意义上的“不出资本而以人力顶一定数量”的人力股持有者合作负责当铺的经营管理。无论是第一种情况还是第二种情况，均说明早期晋商典当业股俸制中的东家一般都是直接参与当铺的经营和管理。

但是，随着越来越多的晋商到省外从事跨区域典当业活动，第二代或第三代晋商东家逐渐从当铺的经营管理领域退出，早期晋商典当业的股俸制及其东伙关系也开始发生变化。如上文所引《道光九年（1829）合伙设立涌泉永字号当铺杂货铺合同》中专门规定“财东人力不到铺办事，每年作工钱拾千文”。由此规定可知，持有人力股的财东如果不到铺内办事则需要承担一部分工钱，这表明持有人力股的东家直接参与当铺经营管理的情况越来越少，资本所有者逐渐从当铺的经营管理领域退出。与此同时，一批具有专业知识、经验丰富的职业经营者队伍不断发展壮大，真正意义上的“不出资本而以人力顶一定数量”的人力股持有者开始负责晋商当铺的具体经营。这种变化体现了晋商典当业所有权与经营权逐渐分离的变化过程。大致可以推测，道光之后晋商典当业中这种东家同时持有人力股的现象开始逐渐变少。在刘建民藏《咸丰二年（1852）十月二十一日靳门杨氏同次子、长媳立分拨遗嘱》① 和《光绪十年（1884）正月二十九日靳荣锦同靳荣禄立分关执照》② 两份典商分家书中，晋商当铺东家持有人力股的情况就已难觅踪迹了。

关于这一变化，除了从历时性的角度考虑外，商人自身也应是我们考虑的

① 刘建民主编：《晋商史料集成》第 79 册《商人家庭 1》，第 547 页。
② 刘建民主编：《晋商史料集成》第 79 册《商人家庭 1》，第 590—592 页。

一个角度。明及清前期，晋南、晋东南的平阳、泽、潞商人与清代中期之后的晋中商人具有各自不同的经营特点。如父子同时出现在一个商号内的情况，在平阳、泽、潞商人的商号中十分常见，而在晋中地区的商号中非常少见。[①] 不仅如此，晋中地区商号的“民间习惯法”，还坚决不允许“舅爷、姑爷、少爷”在商号内从业。那么我们是否可以推测，晋南、晋东南的平阳、泽、潞商人合伙制中有财东持有人力股的现象，而晋中商人合伙制中则没有这种现象？因资料所限，这一疑问待今后进一步研究以得出较为恰当的结论。

第二节 东家的职权

上文论述了早期晋商典当业股俸制中的东伙关系及其变化情况。通过论述可知，清代中叶之后晋商典当业东家持有人力股的现象越来越少，东家从当铺的经营管理领域逐渐退出。从这批信稿资料反映内容来看，晋商当铺的东家已经很少到铺内具体干预当铺的运营。《道光湖北枣阳琚湾镇某典尺牍范本》中“东翁来札”第1号信：

> 叨居东末，浮冗不陈。屡询来人，欣悉合铺诸位均安，深慰鄙怀。十月望间，辱登厚议，深感盛情，谢谢。启者铺中事务，借兄台鼎力劳心办理，不可稍为轻忽。交使银两，亦照常规。弟来春到铺，再为拜谢。特此布达，并候金安。不暨。[②]

该当铺东家以“屡询来人”的方式关注典铺的经营状况，说明通常情况下该当铺东家是不到铺内干涉铺中事务的。“铺中事务”主要是由掌柜按照常规负责办理。但该当铺东家将经营所使用的银两交给掌柜后并不是“便不再问号

① 参考孟伟论述提出上述观点，是否恰当尚需进一步探讨。孟伟认为：“父子同在一家商号”的现象在晋南、晋东南地区商号中十分普遍，而晋中地区的商号几乎没有这种现象。参见孟伟：《明清时期北京通州晋翼会馆研究——以明清时期的翼城商人和山西布商为重点》，《山西师范大学学报》2017年第3期。

② 刘建民主编：《晋商史料集成》第73册《商业知识3》，第316页。

事，静候经理年终报告”，而是“屡询来人”时刻关注当铺的运营情况。不仅如此，从刘建民收藏的其他信稿资料反映的内容来看，晋商典当业东家并不是“平素营业方针一切措施，既不预定方针于前，也不施其监督于后”①，晋商典当业的东家至少在人事安排、资金调度、重大事项等三个方面行使一定的管理职权。

在人事安排方面，第一，晋商当铺掌柜、高级伙计由东家负责安排。同治十三年（1874）十一月，直隶大名府恒裕典东家给宋干城写信：“叙及二兄胃疼之疾，今年在外时发时止。窃以二兄此时正宜好好保养，不可萦心事务，且教医生善为调理。目下如果服药有灵，贵体渐安，二兄亦可随脚回介，在家静养数月。至于咱典铺事教王文郁兄代为办理。”②信中提及的二兄即恒裕典掌柜宋干城。从这封信中可知，恒裕典掌柜宋干城因胃病无法负责典务，东家指定由王从周代为管理典事。光绪年间，山东曲阜增义典外事主管樊廷相曾在写给同乡的书信中提及“弟就馆伊始，敝东告以承办只系外务，不得干预内事”③。这说明增义典东家安排樊廷相专门负责对外事务，且不得干预铺内其他事务。晋商当铺高级伙计的聘任事宜也是当铺东家亲自负责的。《光绪湖北枝江董市某质铺尺牍范本》第20号信：

> 某翁仁兄台大人阁下垂鉴：昨诣宝典，握手言欢，深荷高情款洽，更叨盘餐盛馔，敬谢敬谢。启者夙蒙贵东垂青，久有同事之意。前在宝典面谈，彼此意向相隔未远，固以为事在必成。回江后专候佳音，迄今旬日未见来示，究不知贵东主意如何。祈兄费神拂务，将实在情形确赐一音，以免悬注是祷。专此布达，并鸣申谢，即请财安兼候阖典诸位皆吉。④

这封信中提及“启者夙蒙贵东垂青，久有同事之意。前在宝典面谈，彼此意向相隔未远”等内容，可见该质铺聘请工作人员首先要得到财东的认可。从

① 张正明：《清代晋商的股俸制》，《中国社会经济史研究》1989年第1期。

② 刘建民主编：《晋商史料集成》第5册《信函·信稿4》，第142页。

③ 刘建民主编：《晋商史料集成》第5册《信函·信稿4》，第392页。

④ 刘建民主编：《晋商史料集成》第74册《商业知识4》，第97页。

此书信的内容看，这位应聘者应是一位具有丰富经验和工作资历的伙计，其应聘的职务显然不是柜上、账上的一般事务性岗位。

第二，铺内伙计升迁、辞退有一定资历的伙计等事宜由东家决定。光绪元年（1875），直隶大名府恒裕典东家吩咐掌柜郭子琴："至于咱典铺事，众东商议，王从周兄在铺年久，办事亦甚熟悉妥当，当即教王从周兄明年顶班管事，再上一班，亦不须请人矣。"① 由此可知，恒裕典伙计职务的升迁，是由"众东商议"决定的。《光绪湖北枝江董市某质铺尺牍范本》第44号信："今有与某人一信随此寄来，此系众东议定将伊谪退之信。至日祈为送交伊亲手收入是荷，并祈探听伊之行止，如伊迟迟其行，烦催促来铺交结（接）。某人之件亦望顺便催问，看伊再如何回复，以便转达东家。因某人是荐主，东家与他亦有信，至日转送，耑此达知，立望回玉，顺询春安，余惟珍重，不宣。"② 根据该信稿第48号信"众东追问阁下从前之事甚多，因此将阁下谪退，祈另寻美事"③ 的口吻来看，被辞退的伙计应该不是一般的小伙计。可见，辞退伙计的决定，写给伙计的辞退书信以及写给荐主的书信等事宜均是东家负责安排。

第三，铺内掌柜、伙计的人力股、应支以及其他人事方面的钱核算等事宜均由东家决定。上文所引《光绪湖北枝江董市某质铺尺牍范本》第44号信中，除了有辞退伙计的内容外，还涉及人力股、应支等内容："众东会议清算大账，已经议定东众等应支以若干开支，所叙阁下人力仍照前规。"④ 可见，东伙的应支银钱以及伙计的人力股是由众东会议决定。再如民国初年湖北松滋县晋商当铺合盛典，其人力股、应支的变动情况由介休总号掌柜与东家商议决定。民国二年（1913）四月十四日，介休总号致信合盛典执事。

> 体贤兄台阁下升电：兹启者月之初三日覆呈芜函，谅已登照矣。遥维筹祺安燕，福体吉祥，定符心颂。附叙介号算账之事，罗惠元堂缠绵不决，甚为棘手。廿七日王总司等赴南庄会东，粗定铺事，暂以阴东三堂书

---

① 刘建民主编：《晋商史料集成》第5册《信函·信稿4》，第169页。

② 刘建民主编：《晋商史料集成》第74册《商业知识4》，第65页。

③ 刘建民主编：《晋商史料集成》第74册《商业知识4》，第62页。

④ 刘建民主编：《晋商史料集成》第74册《商业知识4》，第65页。

立草合同一纸，原曰人力股俸暂以客俸，俟后如有新东朋合再立正式合伙。日前松年与弟谈叙咱典至上年底众东钱股应分积利，暨积善、恕忍两堂抽之钱股之项。前者与阁下有信，此款饬即如数交拨沙号。今次令弟往典达信，可将众伙人力股至上年底应分积利一并注账，是为至嘱。圭峰、世恩应得之项在外听其自便。步洲之项求弟与阁下致函相恳与渠将钱作银，仅数叨光，在典出放。其弟应分之款亦望作银如数汇介，俾弟整理房舍，小女出嫁之需，是嘱是荷。铁想已应结之钱暂与伊作银存注，俟后商定如何，奉函知照。①

由此书信可知，合盛典的人力股改为客俸②，众东应分积利银，众伙的人力股以及应分积利等银钱事项均由介号王总司与东家商议定夺。关于去世的掌柜、伙计的人力股如何结算同样是遵照东家的指示进行落实。同治十三年（1874）七月初三日，直隶大名府恒裕典伙计李承曦因病在铺去世。③十二月二十六日，恒裕典东家致信掌柜王从周："启者介邑公费银钱，兹已开折随脚寄去。内有李承曦兄家用过银，系天锡堂平干银四十九两二五，可将此项拨在伊本身账上。伊在铺一应使过之项并伊本身人俸望即算至十三年底，开一清单与伊结来。"④同治十三年（1874）十一月初七日，恒裕典掌柜宋干城病故。⑤光绪元年（1875）十二月二十八日，恒裕典东家致信掌柜王从周："覆者明春咱典又届账期，干城宋二兄人俸一事照铺旧规应将十三年底算人明截出。但众东因宋二兄在铺竭力劳心，且账期即在眼前，因议俟五年期满再为截算。"⑥可知，宋干城、李承曦两人去世后的人俸及其他费用均是根据东家的指示给予核算的。

在资金调度方面，首先是东家承担为当铺筹措资金的职责。如直隶大名府

① 刘建民主编：《晋商史料集成》第5册《信函·信稿4》，第467—469页。

② 客俸即薪金。

③ 刘建民主编：《晋商史料集成》第5册《信函·信稿4》，第131页。

④ 刘建民主编：《晋商史料集成》第5册《信函·信稿4》，第147页。

⑤ 刘建民主编：《晋商史料集成》第5册《信函·信稿4》，第147页。

⑥ 刘建民主编：《晋商史料集成》第5册《信函·信稿4》，第174页。

晋商当铺恒裕典的流动资金通常是由东家四维堂、天锡堂负责筹措。采取联号经营方式的晋商当铺一般是由东家指定的商号负责资金调度的。如湖北松滋县的“松滋四典”的资金调度主要是由“沙号”来负责完成的。其次，资金往来中的“钱价”“汇费”也是晋商东家重点关注的问题。同治十二年(1873) 十一月，恒裕典东家致信掌柜郭子琴。

前书所云众东借贷按一千八五作银之事，即所说四维堂生息之借贷。今众东共商又定为四维堂借贷并生息借贷均按一千九作钱价。①

可见，恒裕典四维堂借贷、生息借贷过程中的银钱兑换并没有按照市场钱价进行核算，而是由东家决定按照何种钱价进行结算。湖北松滋县合盛典与介休之间的银钱核算，主要是由“介号”掌柜与东家商议决定的。《民国二年(1913)湖北松滋合盛典往来信稿抄本》第24号信：

兹蒙示以介号截算大账之事，为罗东因讼赴省致未定夺，各情敬聆。嗣接介号与典来信，已照今正咱典以三年截算。所与诸东开回之单，应起积利及抽股各款共钱九千余吊之数。在介作银，与典结出沙平银五千余两，而令典即接银数，交沙号收账，亦并未叙明在家作银，原由按何钱价亦未提来。今照银钱两数逐细猜核，似在五钱四分左右。然虽大谱如斯，又难两相吻合，不无少数之差。②

分析此信内容，由于“介号”来信中没有“叙明在家作银原由，按何钱价亦未提来”，导致银钱两数不吻合，这说明在通常情况下钱价是由“介号”确定的。而上述“介号”信中的银钱往来安排主要是“介号”王总司与东家商议确定。③不仅如此，“介号”还对该质铺汇往介休积利银钱的汇费作了详细规定：“咱典规例名下所赚之钱汇费另出。如若在典生息之项汇费自认，希望斟酌而行。”④关于汇费，山东曲阜增义典东家还要求增义典尽量降低汇费。为此，增义典外事主管樊廷相致信新泰厚票号济南分号：“敬启者敝典有汇兑平遥银两，

① 刘建民主编：《晋商史料集成》第5册《信函·信稿4》，第118—119页。
② 刘建民主编：《晋商史料集成》第5册《信函·信稿4》，第457—458页。
③ 刘建民主编：《晋商史料集成》第5册《信函·信稿4》，第481页。
④ 刘建民主编：《晋商史料集成》第5册《信函·信稿4》，第485页。

拟于拾月前半月赴省交银，期至十一月下旬到平邑宝号取银，约在三四竿之谱。惟汇费一层，前数年敝东每嫌其重，现今敝执事星西在藉，弟元暂行代庖，负质庸愚，仰维仁台俯念与敝典多年交谊，定蒙照拂，望祈格外垂青，应如何较前减少之处伏候钧谕。”①此信说明，东家认为汇费太重，增义典根据东家的意见致信新泰厚票号济南分号商议减少汇费。可见，与银钱结算息息相关的钱价、汇费等问题，晋商当铺东家参与得比较多。

除上述人事安排、资金调度外，经营管理过程中遇到的一些重大事项均是由东家决策，掌柜负责落实。如直隶大名府恒裕典掌柜根据东家的指示购买货房。光绪二年（1876）九月，恒裕典东家致信掌柜王从周：“再启者弟等共商，咱典货房犹觉狭小，有邻咱典货房，如价钱合式（适）即可买下，待后修补以广咱典货房。如不合式（适）亦不须急买，缓之而图可也。”②随后，光绪三年（1877）正月，恒裕典掌柜在“丁丑新正月十一日牲口回介诸伙下班带去第吉次信”中向东家汇报了购买货房的详细情况。③光绪年间，湖北沔阳某晋商质铺遭到当地恶霸的勒索、打砸，该质铺不得已将恶霸投诉当地官府，是坚持按照国家法度处理此事以达到以儆效尤的效果，还是接受当地有名望的“善堂人物”的说情，“容许以登门赔罪”而息事宁人，该质铺掌柜专门向东家写信请示如何处理。④

另外，为进一步扩大经营规模，完善社会关系网络，为当铺的经营管理赢得更好的经营环境，晋商还与客居地当地商人合伙经营当铺。这些本地东家在晋商典当业经营管理过程中发挥了一定的作用。《民国湖北监利新沟镇某质铺书信底稿抄本》反映了本地东家与掌柜合作完成对当铺的管理。从该底稿抄本反映的内容来看，该质铺的经营管理与监利县县城的昆璧、冠翁以及沙市镇的张滋田、鲁生等本地东家的关系十分密切。监利县的昆璧、冠翁两位东家主要是协助该质铺办理当捐、印花税、公债券等事务以及负责与监利县当地的一些

---

① 刘建民主编：《晋商史料集成》第5册《信函·信稿4》，第343、344页。

② 刘建民主编：《晋商史料集成》第5册《信函·信稿4》，第186页。

③ 刘建民主编：《晋商史料集成》第5册《信函·信稿4》，第192—195页。

④ 刘建民主编：《晋商史料集成》第74册《商业知识4》，第150、151页。

社会关系进行联系。民国五年（1916）三月十七日，该质铺执事致信昆壁少东家。

兹叙去岁所缴三、四两年当捐照今次来谕，云及民国三年已一律改征银元。但监属均系质铺，无此明文，是以仍照旧章认缴。今既各质认补，我号亦难推诿。至印花税票，去秋所须章程均属普行公事。然而荆沙繁盛之区各典概未认可，惟监属如斯办法实乃无可如何。如天成永等认领，我号焉能违拗。务望阁下将补缴当捐并印花之款祈为垫缴是祷，嗣后小记由沙奉赵可也。所有去岁令先尊手代办公债票三百元，其收条存放宝号，并未带新。仰乞辒椟拣择收领为要。惟今次来函，外批印花六十元，折视系公债票六十五元，恐其倥偬之际一时误包尔。即由叁百元内扣留六拾五元，其余二百卅五元兼印花六拾元，一并带新为感。①

从此书信不难看出，该质铺的当捐、印花税款等事均由监利县昆壁少东家垫款缴纳，公债票也是由昆壁少东家的父亲代办。再如该底稿抄本第 51 号信，该质铺委托东家冠翁："兹所托者印花票之款，如县署催索，祈恳代小记如数填缴，迟日即为归赵不误。"② 此该底稿抄本中类似的内容较多，不再逐一举例。此外，为了维护自身利益，该质铺与监利县的一些社会关系也是由东家冠翁负责联系。这些社会关系包括监利县县署、商会以及一些其他方面的官员。民国五年（1916）六月十四日，该质铺致信东家冠翁。

夏署长旧派小记印花八元之事，彼时县署已送到三十元在前，该八元在后。况小记一月不能承认两期，是以有此轇轕。现在印花存放小记，该款未缴，已属实情。务祈阁下大费金言，能可在小记份下印花内扣除八元，缴还县署更佳。万一不能，只可请宝号填缴为感。然关系虽属不大，究之情理，不和之至。③

此信是质铺执事为了减少印花税款请求东家冠翁协调夏署长和县署将印花税款扣除八元再为垫缴。印花税款之外，该质铺执事写信请求东家冠翁协调商

① 刘建民主编：《晋商史料集成》第 5 册《信函·信稿 4》，第 640—641 页。
② 刘建民主编：《晋商史料集成》第 5 册《信函·信稿 4》，第 677 页。
③ 刘建民主编：《晋商史料集成》第 5 册《信函·信稿 4》，第 669 页。

会、县署以尽量减少官府摊派的公债票的数量。该底稿抄本第73号信："此次公债到质，使人无有把握，只得函请城内商会代传好语，告以历年实在情形。如原议数目，小记实勉为其难也。望祈阁下代为吹嘘，如其难以推脱，领百元可也。"①该底稿抄本第115号信中提及："再及前信拜托代为谘问商会五百串借款，未审若何归楚，尚祈留意是祷。"②"五百串借款"指的是宣统二年（1910）该质铺根据商会的公函借给监利县县署钱五百串以开办官地荒厂。③另外，该质铺向当地官吏呈送的规礼也由监利县东家代为呈送。该底稿抄本第58号信中提及："兹缘驻城水警署长于月之十三日公祝诞辰之事，今日由敝市已送来发启一副，小记已拟由新派送贺仪，复恐宝号由城代为办理否，则速赐函为要，以免彼此错误耳。"④该质铺决定由新沟镇直接派送贺仪，但是担心东家冠翁代为呈送，直接写信告知东家冠翁以免出现错误。沙市镇的张滋田、鲁生两位东家，对该质铺经营管理的参与相对较少，主要是帮助该质铺融通资金、代偿欠款等内容。民国五年（1916）八月八日，该质铺执事致信东家鲁生。

进七月以来，上首转机，每日净出钱三四百串，刻下实存架本六万五千串之数，得票利五千三百串之谱。余皆平安，勿劳锦注耳。再者宝号票事意拟着同事月半前赴沙料理。不意迩来天道温和，下首平允，还有前月因上架所挪款项亦要归还，诚难兼顾。是以奉函布意，展期归还，月底即为归还。叨属同舟之谊，祈原谅是幸……附启隆盛德宝号本月有到期票事一千两，烦劳贵同事统此致意。设如宝号有余项，如该号要收，务望代为归还。⑤

此信提及的"宝号票事"指的是该质铺向东家鲁生的借款。由于下架平常以及前月借款需要归还，导致该质铺资金紧张，该质铺写信告知东家鲁生"宝号票事"月底再为归还，并请求东家鲁生代为偿还隆盛德宝号的到期借款。可

① 刘建民主编：《晋商史料集成》第5册《信函·信稿4》，第703—704页。
② 刘建民主编：《晋商史料集成》第5册《信函·信稿4》，第753页。
③ 刘建民主编：《晋商史料集成》第5册《信函·信稿4》，第741页。
④ 刘建民主编：《晋商史料集成》第5册《信函·信稿4》，第684页。
⑤ 刘建民主编：《晋商史料集成》第5册《信函·信稿4》，第671—672页。

见，晋商当铺本地东家在融通资本、应对官府以及与当地各种社会关系之间的互动等方面都发挥了积极作用。

第三节 掌柜的职责

从这批信稿资料反映的内容来看，晋商典当业掌柜①的职责主要包括以下几个方面。

一是负责各项业务的开展，具体包括开当、停当、满货处理、“冬三月减息”以及各类账目核算等业务。从信稿资料反映的内容来看，晋商典当业东家一般不会直接介入上述业务的开展，掌柜则要定期向东家汇报各项业务的开展情况。《同光直隶大名府恒裕典东伙往来信稿抄本》有 36 封掌柜写给东家的书信，几乎每一封书信都涉及上述当务开展情况的内容。如同治十三年（1874）正月初八，随典伙短盘带介第吉次信：

> 春光明媚，万汇初新，恭维徽臣三老东翁、诸位东翁新祺迪吉，潭祉迎晖，遥贺遥贺。启者客腊念八日脚户抵典带来公函，谕云详悉。内甬介费公折已收，今随典伙短盘回里，呈报咱典今于新正吉日将去岁账目算明，抄去清册贰本，客冬腊月总折二个，买存菜油斤秤单一张，恒聚堂花单一纸，至日一并验收。其余应捎利物等件，俟脚户十一日动身逐宗寄捎。今岁应出通年估衣约数大钱一千七八百吊。笔下才入新春，众客尚未视讲，容妥速呈。钱价未见行情，年前好银甚缺，咱典、诚极已于初八吉日开张，典中一切及诸伙均皆托庇平安。专此布达，余容再报。今因鸿便，另具寸红，恭贺新禧。不戬。②

通过此信，恒裕典掌柜向东家呈送去腊月总、去岁年算，告知开当时间以及当年应出估衣数量等信息。从该信稿抄本反映的内容来看，历年新正第一次

① 从信稿抄本资料反映的内容来看，晋商商号各级掌柜一般被称为执事、总管、总司。

② 刘建民主编：《晋商史料集成》第 5 册《信函·信稿 4》，第 121—122 页。

信恒裕典掌柜都会向东家汇报上述内容。此外，晋商当铺掌柜向东家汇报业务开展情况还呈现出一定的规律，如汇报收当情况的书信主要集中在每年的四五月份，汇报赎当情况的书信基本都在冬三月。在《民国湖北监利新沟镇某质铺书信底稿抄本》中，有 26 封信是该质铺执事写给客居地本地东家的书信底稿。除办理当捐、印花税款、公债票等事务需要本地东家协助外，这些书信底稿的内容主要是质铺执事向本地东家汇报当务开展情况，包括赎当、办理涨息、发行小票等事务。该信稿第 74 号信质铺执事致信沙市东家鲁生："兹叙监属各质团议明正停当，意在增息之举。承蒙诸君关照，已托李逸卿商董代咱具禀，诉其屡年亏折，各股东实难维持，请准明正停当候取甚为合宜。余即着张思敏于念五日辰刻进城察问，暗会商董及天成典，妥议一切兼抄禀稿回铺以好照办。虽然若此，颇觉掣肘耳。是日午刻，忽接阁下琅函，内情敬聆。俟张伙返铺，是何情形再为奉报，勿烦锦注。附陈铺中当首，较去岁甚为减色，日来当一百余号，取三百余号，净出钱五百串之谱。念五日合实存架本四万零四百串，票利一万三千八百串之数。"①该质铺执事通过书信向本地东家汇报了当地典当业办理涨息一事，并详细汇报了近日收当、架本等情况。

二是在人事方面，铺内有资历的高级伙计一般是由东家负责聘任、使用，而诸如学徒、杂办、柜上、账上等一般伙计的选用、管理则由掌柜负责。下面重点分析晋商典当业掌柜在人事管理方面的职责。

在这批信稿资料中有大量同乡好友向晋商当铺掌柜推荐伙计的书信。这里暂举两例，其一是《道光湖北枣阳琚湾镇某典尺牍范本》"与伙友札"第 48 号信："兹渎者有某人在某处生意，因停门辞出。闻宝典现在需人，是以托弟周旋。此人年少精明，写算兼善，仰恳收录贵伙，殊为两益。若不乏人，尚祈鼎力或有可吹嘘之处以便提携。倘得寸进则感激无既矣"②；其二是《光绪湖北枝江董市某质铺尺牍范本》第 7 号信："启者缘有敝伙某人者，其人老成，各事熟练，现值无事，央弟觅一糊口之地。日前某掌柜在地，弟恳乞在宝典赋住，曾蒙允

---

① 刘建民主编：《晋商史料集成》第 5 册《信函·信稿 4》，第 704—705 页。

② 刘建民主编：《晋商史料集成》第 73 册《商业知识 3》，第 343 页。

以返铺商酌。今伊来到敝地，道及盛情且云已蒙金诺，令人不胜欣羡。今着伊执弟之信前来请尝试之。如其可用，弟为荐主。倘有小不合宜之处，望为开导，俾伊稍有进益，则盛佩者岂仅渠一人已也。”①分析上引两封书信可知，一般伙计的选用主要是由掌柜负责，不需要经过东家商议决定。而伙计如果违反铺规，掌柜有权处罚甚至开消出铺。《道光湖北枣阳琚湾镇某典尺牍范本》中“与伙友札”第2号信：“兹者所有弟一番回家甚是延迟。越例逾规、情理不合之罪……安守在家，岂有坐地分财之理。生意行中，伙计规矩，未闻此说也。今请命诸位伙计，或谈除却弟之俸股，或谈认雇劳金之费，或谈行顶替之权。奈弟疾之全愈，惟所诸位尊裁定夺，弟断不敢一毫傲犯也。”②这封信说明，该伙计下班回家后未按期上班，按照当铺规定的处罚方式有除却人俸、减少薪资、撤销职位等方式。而对违反铺规，屡次劝说且不知悔改者掌柜有权将其开消出号。《光绪湖北枝江董市某质铺尺牍范本》第80号信提及：“启者无别，敝伙□□掌柜前年十月间在沙承宝典之情荐来。□□先生自今年以来，性情比往年不同，兼之时常出去游玩，并不告人。诸伙说过数次，劝之再三，伊不听。况且小铺教法不严，恐误他人前程。故此于本月二拾七日晚只得开消出铺，另寻好事。”③再如该尺牍第54号信：“谨启者，酉山兄之令侄某人，原系宝号举荐。近来不法铺规，急务全无紧要。早膳以毕，沿街玩戏，责罚善劝并无悔意。诚恐失足□□迷途邪径，彼此无光。因此执事者将伊开消。”④

三是在资金方面，晋商典当业掌柜主要是负责当铺的日常资金管理，主要包括银钱往来中的利息、汇费，东伙应支银钱，架本钱，估衣本钱，现存银钱以及送给官员的规礼、贺仪、摊费等账目的核算。上述银钱事项均是掌柜负责，东家过问的不多。下面以掌柜对现存银钱的管理为例探讨晋商典当业掌柜在资金管理方面的职责。

在现存银钱较为充足的情况下，掌柜一般会选择放贷、偿还外账两种方式

① 刘建民主编：《晋商史料集成》第74册《商业知识4》，第111—112页。
② 刘建民主编：《晋商史料集成》第73册《商业知识3》，第318、319页。
③ 刘建民主编：《晋商史料集成》第74册《商业知识4》，第9页。
④ 刘建民主编：《晋商史料集成》第74册《商业知识4》，第53—54页。

使用现存银钱。同治十二年（1873）十月初三，恒裕典掌柜郭子琴致信东家："按视目下回赎至年终约存架本不过五万吊之谱，而存钱尚可有二万九三万吊。似以晚等预筹备存还四维堂本银三千两。除过此宗外，至年终二项共可有七万九、八万吊之数。除望多当衣物之外，余钱别的再无所贪。加之钱铺屡有坏事之家，以致街市滞塞，即或街面字号欲借者，咱实不敢贪放，莫如多还该外为善，备存还银三千两。"①这封书信说明，该掌柜处理余钱的方式主要是"贪放"和偿还该外。"贪放"即放贷，偿还该外指的是偿还外面的欠款。恒裕典掌柜考虑到大名当地金融环境的恶化不敢将余钱贷给街面字号，而是选择偿还外账。在现存银钱不足的情况下，晋商典当业掌柜一般会通过临时挪借或者写信给东家、上一级商号请求调拨资金等方式缓解日常流动资金的压力。民国五年（1916）腊月十一日，湖北监利县某晋商质铺执事致信沙号总管："刻下现存除兑净存六千串之谱，估计月内该可够用。如上首踊跃不敷，已与张郁翁言明借用矣，请勿惦念。"②此信说明，该质铺执事通过临时挪借缓解收当资金的压力，但更多的是通过向上一级商号沙号调拨资金以缓解收当资金不足。该底稿抄本第 6 号信，该质铺执事向沙号写信："至此铺中净存铜元台票三千串之数，估约月内可以够用。惟系出月之钱亦在紧要，祈阁下早为布置"③；第 80 号信亦曾提及："至此铺存现票三千五串之数，估约可够十日之用。祈为布置，先带现票三二千为妥。"④

另外，晋商典当业掌柜还负责与客居地各种社会关系之间的联系、互动，以维护当铺权益，争取更好的经营环境。本书第六章第三节专门论述了晋商典当业掌柜与地方基层社会的联系互动情况。如山东曲阜晋商当铺增义典设立外事主管岗位，专门负责与山东藩司经承李若林，同乡官吏田恩来，同乡商号新泰厚票号济南分号、复盛昌、宝和当以及山东当地商号文昶当等社会关系的联系。湖北松滋县合盛典执事任体贤，代表"松滋四典"与县署典税房李石泉等

---

① 刘建民主编：《晋商史料集成》第 5 册《信函 · 信稿 4》，第 116—117 页。

② 刘建民主编：《晋商史料集成》第 5 册《信函 · 信稿 4》，第 701 页。

③ 刘建民主编：《晋商史料集成》第 5 册《信函 · 信稿 4》，第 622 页。

④ 刘建民主编：《晋商史料集成》第 5 册《信函 · 信稿 4》，第 615 页。

人联系，以办理当税、当捐、减息、规礼等事宜。湖北监利县新沟镇某质铺掌柜通过监利县县城的昆璧、冠翁与监利县的地方官吏、商会商董、士绅等社会关系联系以维护该质铺的经营权益。

第四节 东伙互动方式

在晋商的跨地域典当经营活动中，当铺东家、掌柜之间主要是通过四种方式克服时空障碍，完成关于人事、资金、业务以及各类商情信息的传递，以确保当铺各项经营活动的顺利开展。

一是商号书信。商号书信是东家、掌柜之间最重要的联络方式。在传统社会中，东家、掌柜“不能在同一时间内出现在一切地方”，“不能在同一时间知道一切事情”。[①] 那么，远在百里甚至千里之外的晋商典当业东家如何克服时空障碍，了解当铺的营业状况，以此作出人事安排、资金调度等事项的安排。反之，晋商典当业掌柜，如何将当务开展、落实情况以及各类信息传递给远在山西的东家。利用商号书信开展商业活动是我们理解上述问题的关键。对于东家而言，东家行使资金调度、人事安排、申明号规以及重大事项的决定等管理职权主要是通过商号书信向掌柜下达指示的。晋商当铺掌柜向东家汇报业务开展、日常资金运营等内容同样是通过商号书信来完成。除此之外，商号书信在一定程度上还具有会计账簿功能，晋商当铺的资金核算、利润分配均要以商号书信为依据、凭证。新发现的晋商典当业账簿资料《立账簿头绪》将“信稿账”作为一种账簿类别进行了专门介绍。[②]“信稿账”包括两类，其中之一指的就是晋商典当业的商号书信。[③]

二是月总、年算。月总也被称为“月总账”“月总簿”，是逐月对当铺的资

① ［英］约翰·希克斯：《经济史理论》，厉以平译，商务印书馆 2011 年版，第 10 页。

② 王菱菱、王中良：《清代晋商典当业会计账簿组织探析——基于〈立账簿头绪〉》，《财会月刊》2018 年第 3 期。

③ 本书第八章对晋商典当业如何利用商号书信完成经营管理活动作了详细论述。

金变动情况进行总结、核算，按股东人数抄录逐月报送。年算也被称为“年算单”“年总结”“年清”，是详细核算、汇报当铺一年的经营业绩，也是按股东人数抄录报送。月总、年算既是一份反映当铺盈亏的营业决算清单，也是一种了解当铺实际运营情况的账务报告。东家可以通过掌柜呈送的月总、年算详细了解当铺的日常资金变动、银钱往来、业务开展以及当年的利润情况。清末以来，随着典当业经营环境的不断恶化，一些晋商当铺东家要求掌柜报送“五合单”“十合账”代替“月总”，以此加强对当铺经营状况的管理。①

三是班期制度。民国时期，陈其田在研究山西票庄问题时关注了票号的班期制度。他指出，票庄职员依据服务年限以及地方远近可得一定的假期，不论几年休息一次，概称为“班期”，到休息时回家即所谓“下班”。②晋商伙计下班回到家乡后，一般不允许伙计直接回家，而是要求伙计在第一时间去面见东家或总号掌柜汇报事务。此外，晋商当铺腊月月总、年算主要是通过下班的伙计呈送。可见，班期制度不仅是一种人事管理制度，同时也是晋商掌柜、东家联系、互动的一种形式。除票号外，晋商钱铺、布铺也有班期制度。《乾隆四十七年（1782）三月初三日公义号、魏蕃冕等合伙设立恒盛号钱铺合同》规定：“众伙友上班、下班铺中住一年半为期，在家住十个月为期。在铺住够班者，盘费脚价铺中所出。如有不够班者，家中有红白大事，许个人告假回家，三个月为限，盘费脚价各自备用，不与铺中相干。”③《乾隆四十八年（1783）二月十七日王维省、任俊逸开设顺天府宛平县南各庄源盛布铺合同》则规定：“下班铺送骡脚路费银六两，上班骡脚路费一应不管”④。由此我们可推断，晋商经营的各行各业商号基本都施行了班期制度。这批信稿资料反映了晋商典当业班期制度的一些细节。如《□学摘录》第3号信：

奈汴、介两地天各一方，未能如愿，歉甚之至。惟祝茂祉安燕，商祺增瑞，甚慰鄙怀。启者□岳父应今春来下班回里，至今尚未抵介，想是号

① 本书第五章第四节对晋商典当业的月总、年算作了详细介绍。

② 陈其田：《山西票庄考略》，第89页。

③ 刘建民主编：《晋商史料集成》第1册《合约·万金账·股票》，第11页。

④ 刘建民主编：《晋商史料集成》第1册《合约·万金账·股票》，第12页。

中人位缺乏，无人接班，或因有铺事缠身，究竟不知因何阻隔。祈阁下细为赐弟一信为荷，烦费清神之处容晤面谢，聊修数语，兼候时安。

这封书信是女婿给当铺写信，询问其岳父为何未按时下班回乡。再如《光绪十三年（1887）湖北松滋合盛典书信底稿抄本》第15号信：

子京兄于十六日突然告辞回里，晚再三诘问何故，不肯吐实，只云接家信有要事，执意告辞，不日已许其回去。随身带有寄介号之信，准辞不准，权在介号，晚未敢擅准。按伊班期未满，不当给与上下班钱。

分析此信，伙计按时上班、下班商号会提供一部分路费，但对未按时下班的伙计，商号是不提供路费的。

关于晋商当铺的班期制度，这批信稿资料反映的信息比较零散，难以对其进行全面、深入的分析。下面以直隶大名府晋商当铺恒裕典为个案，试对晋商当铺的班期制度进行探讨。

恒裕典伙计上班、下班的时间比较固定。其中，下班时间基本都在正月。同治十二年（1873）新正月十二日，“着随下班伙友进呈算册贰本”[①]；同治十三年（1874）新正十一日，“今随骑骡下班诸伙，随脚捎去典付诸东利钱共计拾三宗”[②]。遇有紧急或特殊情况，下班时间偶尔会有变动。同治十三年（1874）十月，掌柜宋干城因病需要回介调治，“沿路照料需人，交鸣达靳兄、六乡张伙跟回。……鸣达靳兄送到，随脚上班。六乡张伙明春正该下班，已与干城兄商明，交伊作为下班，到明年秋后上班，典务交伙等代为公办”[③]。张明春护送宋干城回介休，提前两个月下班。此外，光绪元年（1875）、三年（1877）正月均有伙计下班，不再一一列举。[④]恒裕典伙计上班时间一般是在秋后九月。同治十二年（1873）九月，“兹因郝五诸兄定为九月初六日由介起程，即此鸿便，顺候秋祺，并问诸秋友均吉。不另”[⑤]；同治十三年（1874）九月，财东连

---

① 刘建民主编：《晋商史料集成》第5册《信函·信稿4》，第106页。
② 刘建民主编：《晋商史料集成》第5册《信函·信稿4》，第123页。
③ 刘建民主编：《晋商史料集成》第5册《信函·信稿4》，第141页。
④ 刘建民主编：《晋商史料集成》第5册《信函·信稿4》，第151、191、192页。
⑤ 刘建民主编：《晋商史料集成》第5册《信函·信稿4》，第115页。

续两次致信恒裕典，“兹因咱典上班伙友于九月初四日起程，即此顺候秋祺，并问诸伙友均吉”，“前于初四日咱典上班伙友由介起程，已为寄信一封”。[①]光绪元年（1875）、二年（1877）九月均有上班伙友赴典，不再逐一列举。[②]据上引六乡张伙一例材料可知，恒裕典六乡张伙“明春正该下班”，“明年秋后上班”，按此计算其假期时间大致为 8 个月左右。同治十三年（1874）九月初四，上班典伙靳鸣达起程赴典，九月十六日到达大名。[③]光绪三年（1877）丁丑新正月十一日，掌柜写给东家的书信所言：“靳鸣达兄本应今正下班，因置房修理，暂留数月，随后再回。”[④]根据这两则材料提供的信息计算，恒裕典伙计轮休班期为 3 年。

恒裕典掌柜上、下班没有时间限制，主要是根据典务需要安排。同治十二年（1873）三月，宋干城带天赐等堂二千七百五十两新文券四张，正二月总合册回介休。[⑤]之后于同治十三年（1874）四月四日由介休启程上班，十三日抵达大名。[⑥]杨伟在研究清末民初忻州商人时认为，初入店铺的伙计回家时间较短，在铺时间较长，而地位较高、资历较老的伙计或者掌柜，回家时间会相对增加，在铺时间也相对较短。[⑦]从恒裕典信稿抄本反映的内容来看，同治十二年（1873）至光绪三年（1877）每年正月均有伙计下班回家，上一年腊月月总和年算基本上都是由下班伙计呈送给介休东家的。我们不难看出，这种班期制度应该是适应晋商全国范围的跨地域商业、金融业经营活动而逐渐形成的，不仅是晋商商号人事管理制度的重要组成部分，也是诸多经营环节中的一个有机组成部分。

恒裕典伙计上、下班时间分别在正月、九月，假期时间一般为 8 个月左

① 刘建民主编：《晋商史料集成》第 5 册《信函 · 信稿 4》，第 137、140 页。
② 刘建民主编：《晋商史料集成》第 5 册《信函 · 信稿 4》，第 168、186 页。
③ 刘建民主编：《晋商史料集成》第 5 册《信函 · 信稿 4》，第 137 页。
④ 刘建民主编：《晋商史料集成》第 5 册《信函 · 信稿 4》，第 195 页。
⑤ 刘建民主编：《晋商史料集成》第 5 册《信函 · 信稿 4》，第 108 页。
⑥ 刘建民主编：《晋商史料集成》第 5 册《信函 · 信稿 4》，第 126 页。
⑦ 杨伟：《清末民初忻州商人的经营及生活——以田氏和孙氏为中心》，河北大学 2019 年硕士学位论文，第 61 页。

右，3 年为一个班期，掌柜主要是根据业务需要而安排班期。因路程、交通以及当铺规模等情况各异，不同地域、不同规模的晋商当铺的上班、下班及班期应该略有差别，但基本内容应大致类似。另外，从上引《乾隆四十七年（1782）三月初三日公义号、魏蕃冕等合伙设立恒盛号钱铺合同》、《乾隆四十八年（1783）二月十七日王维省、任俊逸开设顺天府宛平县南各庄源盛布铺合同》以及《光绪十三年（1887）湖北松滋合盛典书信底稿抄本》反映的内容来看，伙计按期下班一般情况下是提供路费的，上班是否提供路费各行商号则规定不一。

四是账期东家到铺内巡视。根据山西商人的经商习惯，每逢账期财东一般都会亲临商号视察营业情况。前文所引《道光湖北枣阳琚湾镇某典尺牍范本》中“东翁来札”第 1 号信：“启者铺中事务借兄台鼎力劳心办理，不可稍为轻忽。交使银两，亦照常规。弟来春到铺，再为拜谢，特此布达，并候金安，不既。”① 此信中的“来春到铺”指的即是晋商当铺东家在账期算账时到铺内巡视典务。光绪元年（1875）十二月廿八日，大名府恒裕典东家致信掌柜王从周：“覆者明春咱典又届账期……至于众东五年总算单，亦须与各堂名下各抄一本。”② 由此可知，光绪二年（1876）为恒裕典五年一次的账期。光绪二年（1876）三月一日，“翼堂五东翁、吉人七东翁、子琴郭二兄三位相随，一路福星抵典”。③ 直到当年四月初一日，翼堂五东翁、吉人七东翁两位东家才起身回介休。④ 虽然从该信稿中无法得知两位东家到恒裕典具体做了哪些工作，但从掌柜王从周写给东家书信的内容“咱典铺事二位东翁与郭二兄商酌定办细情等等，三位旋里自必面叙其详”，可推测两位东家与掌柜郭二兄主要是视察当务，并商议一些重大事项。

① 刘建民主编：《晋商史料集成》第 73 册《商业知识 3》，第 316 页。
② 刘建民主编：《晋商史料集成》第 5 册《信函・信稿 4》，第 174 页。
③ 刘建民主编：《晋商史料集成》第 5 册《信函・信稿 4》，第 176 页。
④ 刘建民主编：《晋商史料集成》第 5 册《信函・信稿 4》，第 178 页。

小　结

本章主要利用书信、分家书、合同等资料对晋商典当业的东伙关系进行了分析。通过分析我们不难看出，晋商典当业东家在人事安排、资金调动以及重大事项等方面具有很大管理职权。晋商典当业掌柜的主要职责是具体负责当铺的运营管理，包括业务开展、日常资金管理以及一般伙计的人事安排等内容。显然，晋商典当业东家、掌柜之间并非学界所认为的“所有权与经营权分离”，而是一种所有权与经营权的适度分离关系，东家、掌柜相互合作、各司其职共同完成对当铺的经营管理。进一步讲，这种关系体现了晋商典当业的行业特殊性，抑或晋商典当业东家对当铺经营管理的干预要比票号、钱庄、票商等山西商人经营的行业、店铺更为明显。因此，在晋商东伙关系问题上，我们不能一概而论，而要根据不同行业、不同历史发展阶段进行具体分析。

第八章　清末民初晋商典当业“书信经营方式”探析

明清以来，随着国内长途贩运贸易的快速发展以及全国各地具有商品集散性质市镇的不断兴起，商情信息的时空传递日益成为影响交易成本、获取收益的重要因素之一。货贸四方的商人如何克服时空上的局限性以获取更多关于生产、消费、交易等方面的信息或知识，进而达成资源的最优化配置，日益成为商业上能否取得成功的关键。在没有电话、电报的传统时代，传递信息最简单、最高效的方式就是书信传递。然而，一直以来囿于资料不足，学界对这一问题尚未进行深入研究。晋商典当业信稿是晋商在经营典当业的过程中，为满足日常管理、监督审计、传递信息等方面的需求而实际运用的一种民间历史文献资料。刘建民收藏的晋商典当业信稿资料客观反映了山西商人利用书信开展跨地域典当经营活动的历史事实。同时，作为一种特殊的“信稿账”，晋商典当业信稿体现出不同于普通书信的一些特点和作用，客观反映了晋商典当业的社会关系、经营制度、人事安排、资金调度、利润分配、业务开展等实际开展情况。有鉴于此，本章试对晋商典当业利用书信完成跨地域经营活动的书信经营方式进行探讨。

第一节　问题的提出

近年来，陈智超、王振忠、刘秋根等学者关注了商人书信的研究价值，利用信稿资料开展社会经济史研究并取得了一系列研究成果。① 这些成果发掘了一批新材料，提出了一些新问题，为我们进一步开展中国社会经济史诸多领域以及商人书信的专题研究奠定了坚实基础。但与契约文书、账簿、碑刻、族谱相比，目前学界对商人书信的资料整理和学术研究仍较为薄弱，在体现明清史徽商、晋商等地域性商人所取得的历史成就以及发掘明清商人书信的学术价值等方面也显得有些不足。明清时期，以徽商、晋商为代表的地域性商人开展跨地域商业、金融业活动成为当时十分普遍的一种社会现象。书信无疑是这些地域性商人完成跨地域经营活动必不可少的工具。当前，越来越多的明清商人书信被陆续发现，这充分说明传统商人凭借书信开展商业经营活动的客观事实。王振忠收藏的《指南尺牍生理要诀》指出："其交关来往书信，按时立注收到日子，务当分类束缚，亲身收锁柜中，以备日后证据。寄信与人，亦当留存原底，不与□观阅，恐行情早晚起跌，方可趋避时价，而叙事不致前后异词。"② 具体而言，在异地、他乡从事商业、金融业活动的商人需要书信来维系与家乡亲人之间的联系，同乡或同行商人之间需要书信商讨营商方略、融通资金、传递商情信息，东家与掌柜以及总号与分号之间需要书信开展货物运输、银钱往来、票据结算等经营管理活动，而这就使得商人书信具有了特殊的学术价值和研究意义。

晋商商业读本《交易须知》指出，做生意要设立“往来书札账”，与伙计在外办事者往来书信因某事何日捎去，书写此账内，或与东家或铺家朋友。但要事俱要写此账内，日后一看便知何日有书因某事托某人捎的。③ 不仅如此，《交易须知》还详细介绍了写信的格式、注意事项等内容。除了家信、友人往来书信，将商人在经商过程中经常使用的书信分为探问外地生理书信、买货书信、借银书信、远地讨银书信、辞伙友书信等类型进行了详细介绍。④ 晋商

---

① 相关成果参见本书绪论明清商人书信研究现状。

② 王振忠：《闽南贸易背景下的民间日用类书——〈指南尺牍生理要诀〉研究》，《安徽史学》2014 年第 5 期。

③ 山西省晋商文化基金会编：《交易须知》卷 1，第 39 页。

④ 山西省晋商文化基金会编：《交易须知》卷 2，第 138—188 页。

利用书信完成商业、金融业经营活动也引起了部分学者的关注。张正明认为："信件是明清山西商人上下联系、业务交流、互通情报的重要工具，在电讯尚未发明前，它的作用尤为明显。"① 孟伟则认为："明清山西商人凭借书信完成商业经济活动，藉此走向辉煌以及与之对应的时代特征——商业和金融的'书信时代'，迄今为止尚未被世人所真正认识，更未被一百多年来的学术研究所深刻揭示。"② 黄鉴晖等《山西票号史料（增订本）》收录的大量票号书信也充分说明书信是山西票号运营过程中的核心要素之一。③ 不仅如此，民国年间山西教育厅印发的《商业课本》对"晋商商业书信"的使用、管理作了专门论述。

> 至于商业书信，一经发出，即要作为营业上的凭证。对于商业的时机，营业的盛衰，顾客的招徕，商号的荣辱，都有莫大的影响。所以近来各大商号内，对于书信的处理，都是专有一部分人负责办理的。④

以上论述均说明书信的使用、管理是晋商经营活动中一个不可或缺的重要环节。然而令人遗憾的是，目前学界对晋商利用商人书信完成商业经营活动这一问题的学术研究还十分薄弱。⑤ 究其原因，一是对晋商利用商人书信开展商业经营活动的广泛性历史认识不足；二是对已经发现、公布的大量晋商书信的解读、利用尚没有充分展开，也未能真正体现商人书信作为"商人自身资料"的学术价值和研究意义。刘建民收藏的这批信稿资料反映了山西典当商人利用书信开展跨地域经营活动的历史事实，为我们研究晋商典当业如何利用书信开展经营活动提供了难得的第一手资料。

按行业划分，晋商书信有票号书信、典当业书信、钱庄书信、茶商书信等多种类型；按往来对象划分，晋商书信基本上可划分为商号书信、家信和友人

① 张正明：《山西商人信件述略》，参见穆雯瑛主编：《晋商史料研究》，第 90 页。

② 孟伟：《书信时代：山西商人书信在明清商业史研究中的学术价值——以皮张商人王富堂为例的明清汾阳商人考论》，参见刘秋根、唐晔主编：《晋商契约文书研究》（上），第 111—175 页。

③ 中国人民银行山西省分行，山西财经学院《山西票号史料》编写组，黄鉴晖编：《山西票号史料（增订本）》，第 833—1212 页。

④ 山西省教育厅编：《商业课本》第 2 册，范华印刷厂 1927 年版，第 39 页。

⑤ 相关研究成果参见本书绪论部分商人书信研究学术史回顾。

往来书信三类。① 然而在经营典当业过程中，山西典商对书信有自己独特的分类标准及命名方式。遗存《立账簿头绪》是一份专门介绍晋商典当业账簿种类、记账注意事项、簿记编制方法的资料。② 该资料介绍了 20 种晋商当铺账簿，其中包括一种特殊的账簿“信稿账”，即“信稿二册：一登往来应酬之信底，一登来往号信之书底”。由此可知，晋商将典当业书信分为“往来应酬之信底”和“来往号信”两大类，并将其作为一种账簿在经营典当业的过程中实际运用。按照这一划分标准及命名方式，笔者对刘建民收藏的晋商典当业信稿进行了统计。经统计，这批信稿资料共有763封书信，具体包括373封“往来应酬之信”、374 封“来往号信”，仅在一些尺牍范本中夹杂了 16 封家信。

分析表 8–1，不难看出这批晋商典当业信稿主要包括往来应酬书信和来往号信，仅在一些供学徒学习使用的尺牍范本中夹有少量的家信。家信主要是掌柜、伙计与家人之间的往来书信，这类书信主要涉及晋商伙计的私事，但从不同的角度、侧面为我们了解当铺的经营管理提供了一些信息。“往来应酬之信底”即友人往来书信，主要是晋商各行商号掌柜之间探讨经营方略、维持业务往来、融通资金、互通信息、商讨如何应对官府等内容以及与当铺所在地社会各阶层，如官吏、商会、士绅等社会关系之间的往来书信。这类书信为进一步了解当铺的运营实况以及与当地社会的互动提供了很多信息。“来往号信”③ 即商号书信，在信稿资料中多被称为“号信”“公函”“公信”，主要是指东家与掌柜、总号与分号以及各分号之间的往来书信，其内容主要是围绕当铺的资本组织、人事安排、利益分配、运营管理以及信息报送等内容。商号书信是晋

---

① 孔祥毅、李怡农将晋商书信分为两大类，一类为专业类书信，一类为私人、朋友、家人之间的一般类书信，见孔祥毅、李怡农：《晋商书信说》，《山西日报》2015 年 7 月 29 日。

② 王萋萋、王中良：《清代晋商典当业会计账簿组织探析——基于〈立账簿头绪〉》，《财会月刊》2018 年第 3 期。

③ 《同光直隶大名府恒裕典东伙往来信稿抄本》有 72 封东家、掌柜之间的往来“号信”“公函”，是一份典型的晋商典当业东家、掌柜往来号信抄本；《民国二年（1913）湖北松滋合盛典往来信稿抄本》有 20 封书信是合盛典与“沙号”的来往号信，有 36 封书信是合盛典与义盛典、同盛典、协盛典等分号之间的来往号信；《民国湖北监利新沟镇某质铺书信底稿抄本》有 89 封书信是该质铺写给“沙号”的号信。

商商业链条上不可或缺的一个重要环节，“起着沟通、报告、请示、指示的作用，并在一些情况下起着会计票据的作用，与会计账簿共同构成了一个完整的、严密的、科学的业务运作体系”。笔者在整理这批晋商典当业信稿资料过程中发现，晋商典当业商号书信的书写格式、收寄顺次、寄信方式以及内容等方面都体现出明显的区别于一般书信的鲜明特征，并具备了一些商业性、经营性作用，这是否构成了一种利用商号书信去开展商业活动的某种经营机制或经营方式值得我们去思考、探讨。基于这一考虑，利用刘建民收藏的信稿资料分析晋商典当业信稿的特征、作用，以此进一步探讨晋商典当业的书信经营方式。

表 8-1 刘建民藏晋商典当业信稿资料统计表

书信	往来应酬之信	来往号信	家信	总计
往来抄本 1	1	72	0	73
往来抄本 2	52	0	0	52
往来抄本 3	16	72	0	88
底稿抄本 1	34	3	0	37
底稿抄本 2	5	41	0	46
底稿抄本 3	15	114	0	129
尺牍范本 1	131	36	5	172
尺牍范本 2	51	17	3	71
尺牍范本 3	60	19	4	83
尺牍范本 4	8	0	4	12
总计	373	374	16	763

资料来源：刘建民藏10种晋商典当业信稿，参见刘建民主编：《晋商史料集成》，商务印书馆2018年版，第5、73、74册。①

① 底稿抄本2、尺牍范本4由河北大学刘秋根教授提供给笔者。两份资料由刘建民收藏，但未收录入《晋商史料集成》。在此对两位前辈学者深表谢忱。底稿抄本2、尺牍范本4详见本书附录。

第二节　晋商典当业书信的特点和作用

按照晋商自己的分类标准及命名方式，本节分别探讨“往来应酬之信”和“来往号信”的特点、作用，以此进一步探讨晋商典当业凭借书信开展商业经营活动的书信经营方式。

一、“往来应酬之信”的特点和作用

“往来应酬之信”是晋商当铺围绕业务往来、融通资金、互通信息、应对官府、推荐伙计、探讨经营方略等问题与各种社会关系之间互动往来的书信。此类书信如实记录了晋商当铺为维护经营环境、应对经营难题、降低经营成本所作的努力，为我们深入了解晋商当铺的运营实况以及与地方社会的联系、互动提供了丰富信息。下面以《光绪山东曲阜增义典往来信稿抄本》为例，探讨“往来应酬之信”的特点、作用。

“往来应酬之信”的文本格式与普通书信没有太大差异，但晋商将“往来应酬之信”作为一种账簿进行管理，使“往来应酬之信”具有了自身的特点。如“往来应酬之信”的往来对象均是与晋商当铺的经营管理密切相关的各种社会关系，其内容主要是围绕晋商当铺的经营管理，很少涉及私人事宜。在一定程度上，这种“往来应酬之信”超越了普通私人书信范畴，从而具有了“公信”的性质。《光绪山东曲阜增义典往来信稿抄本》收录了光绪二十年（1894）十一月至光绪二十四年（1898）八月间山东曲阜晋商当铺增义典与各种社会关系的往来书信。从这份信稿资料反映的内容来看，增义典与藩司吏胥、同籍官员、同乡商人以及典当业同业人员等社会关系保持经常性的联系。增义典与藩司吏胥联系主要是为了办理减免当税、当捐，缩短冬季减息时限等事；与同籍官员联系主要是借助官员权力解决经营过程中遇到的困难；包括票号商人在内的同乡商人则在业务往来、信息共享、周转资金等方面为增义典提供了便利；在与各级官府的博弈过程中，增义典与当地同业人员联系，商讨应对方略，尽

可能为其发展争取一个好的经营环境。[①]可见，增义典与各种社会关的往来书信主要是围绕当铺的经营管理，基本不涉及私事，这就超越了普通私人书信范畴而具有了“公信”的性质。

“往来应酬之信”在当铺的经营管理过程中发挥了一定的作用，主要体现在以下三个方面。

一是传递商情信息。在交通设施和通信条件非常落后的年代，书信是商人传递信息的主要凭借。增义典与各种社会关系主要是通过“往来应酬之信”传递商情信息。这些商情信息可归纳为以下几种：政府对典当业的法令政策调整情况、周边地区典当业发展动态、经营过程中遇到的困难及对策、各类银钱数据等事宜。现举一例，光绪二十一年（1895）十一月，藩司该房经承李若林致信增义典。

> 情属至契，套言不宣。敬启者为贵典隆冬减息一节，只因抚台大人札饬藩司，本年减息无论三分二分，均照历城四个月减息一分五厘办理。不顾商力之厚薄，地方之丰歉，通省一律刊刷告示，永为定例，不准各州县率请更张。此案始终情形谅已早入洞鉴，敝房伙友俱为束手。随即竭尽心力，婉托各处主政，许以重资，始克延前半月，截后半月，仍归三个月，至正月十五日为止。[②]

分析此信，李若林通过书信向增义典传递了两个信息：一是光绪二十一年（1895）冬政府规定典当业减息至一分五厘，减息时限由三个月调整为四个月；二是在李若林等人的帮助下，增义典由四个月减息改为三个月减息。显然，这些信息对增义典的经营管理都是至关重要的。

二是记账凭证。晋商当铺将寄出、收到的“往来应酬之信”誊写抄录、装订存档，是为“信稿抄本”。这种“信稿抄本”本身就是记账的原始凭证，这也是晋商典当业往来应酬书信“账簿”功能的具体体现。晋商当铺在与各种社会关系交往、互动过程中产生的各类费用，如摊费、规礼、茶敬、仪金以及与

---

① 王中良、王菱菱：《清代山东地区晋商当铺社会关系探析——以〈光绪曲阜增义典信稿抄本〉为中心的解读》，《中国社会经济史研究》2018 年第 4 期。

② 刘建民主编：《晋商史料集成》第 5 册《信函 · 信稿 4》，第 309 页。

同乡字号的银钱往来主要是凭借往来书信登记入账的。这些银钱数据是晋商当铺日常收支的组成部分，也是核算五合、月总、年总等不可或缺的重要信息。如光绪二十一年（1895）七月十三日，济南票号新泰厚管事曹子英给增义典执事写信。

> 兹有恳者现有敝连号新泰厚由上海汇来在曲阜县交孔春如老爷规平规银壹百两。内除由上海汇济费银贰两，净九十八两；再除小平按九卅一五扣济平足银九拾两零七钱五分；另有汇银底信壹书随此统呈，至祈收阅，代为照信妥交。交后务望讨一收条回信寄下，将银暂记敝号之账，容后统算。①

此信反映了晋商当铺与票号的互动。新泰厚票号济南分号请求增义典代办汇往曲阜的小额汇款。增义典根据新泰厚票号济南分号来信代交孔春如汇款济平足银九拾两零七钱五分，并将此款登记入账。再如光绪二十一年（1895）十一月，增义典请求新泰厚票号济南分号“代染衣片三件”。冬至日新泰厚票号济南分号致信增义典执事：“前委代染衣片三件，兹托来人代呈，望祈查收。用过染钱壹千七百六十文，亦注尊账，附此呈明。专函布覆，敬请各安。”显然，增义典要依据新泰厚票号济南分号的来信将“染钱壹千七百六十文”登记入账。②

三是构建社会关系网络。晋商凭借“地缘”关系修建了大量的商人会馆，并在商业活动中发挥了积极作用。不仅如此，晋商还充分利用“地缘”“乡缘”“业缘”关系主动结交各类社会关系，构筑一定的社会关系网络，以此解决经营管理过程中遇到的困难。“往来应酬之信”是晋商构筑社会关系网络的主要工具。如增义典凭借往来应酬书信与藩司吏胥、同籍官员、票商、同业人员等社会关系互动、往来，构筑了一定的社会关系网络，在维护经营环境、应对经营难题、降低经营成本、获取利润等方面发挥了作用。③

---

① 刘建民主编：《晋商史料集成》第5册《信函·信稿4》，第300页。

② 刘建民主编：《晋商史料集成》第5册《信函·信稿4》，第308页。

③ 王中良、王菱菱：《清代山东地区晋商当铺社会关系探析——以〈光绪曲阜增义典信稿抄本〉为中心的解读》，《中国社会经济史研究》2018年第4期。

二、“来往号信”的特点和作用

“来往号信”在典当业信稿资料中被称为“公函”“公信”，主要是东家与掌柜、总号与分号以及各分号之间围绕资本组织、人事安排、利益分配、运营管理以及信息报送等内容的来往书信，是晋商典当业经营链条上不可或缺的一个重要环节。晋商对于“来往号信”的管理极为重视，将其纳入商业活动整个链条中至关重要的关键环节，通常会设置专门的“信房”以及专职的司信先生以承担书信撰写、收发、备份、登记和管理等工作。往来信件之多也使得“信房”的工作量和重要性仅次于账房。在商业经营活动中，“来往号信”不仅用于跨地域传递商业信息，还会起到人事安排、资金周转、票据往来、货物调度、清单明细等作用。因此，这种商号书信也被称为“信稿账”。信房、账房共同构成了山西商人严密规范的商务运作体系。①“来往号信”的书写格式、内容体现出区别于普通书信的明显特征，并具备了一些商业、经营性功能。下面，基于《同光直隶大名府恒裕典东伙往来信稿抄本》，从格式、编号、寄信方式、内容等方面探讨“来往号信”的特点、作用。

（一）特点

第一，在书信的书写方面，除具有普通书信的格式规范外，“来往号信”还具有一定的格式化要求。东家、掌柜之间以及总号、分号之间基本上都是按照固定的格式规范来写信的。通过对这批“来往号信”的综合归纳，不难看出东家寄掌柜，上级商号寄下级商号书信的书写格式大体如下。

某某伙友钧鉴或某某仁兄大人阁下台鉴：

告知之前来信接收时间、方式、内容及处理情况；

陈述本次去信原因、内容、要求等情况；

附报近期天气、作物生长以及商业状况；

附报近期物价、银钱兑换价格、铜元行市等情况；

附报其他情况，并问诸伙友均吉等词语。

① 孔祥毅、李怡农：《晋商书信说》，《山西日报》2015年7月29日。

现举一例，以更直观地认识上述格式。同治十一年(1872）十二月三十日，直隶大名府恒裕典东家致信掌柜宋干城。

干城宋二兄诸伙友均鉴：腊月十六日脚夫到介，接阅典信，备悉一切。所捎尊五堂调换银并介邑公费银共计天锡堂平干银七十两零四五，众东熟鸡鸭等九件、十冬月总合二折俱已收清，按信交付。天锡堂借贷银四宗仍照每月七厘行息原转，至于旧票定于郭二兄明春捎去。恒聚堂今年修房花费借项定于净借典钱九佰串即可，按九佰串行利，介邑已为注账。兹复随脚寄去介邑公费银钱折一个，至日验收。咱县今冬雪雨不缺，钱价一千八八上下之谱，即此顺请冬祺，并问诸伙均吉。①

掌柜致信东家，下级商号致上级商号书信的书写格式大体如下。

报告上次寄信时间、来信顺序或收信时间，诸位东家问候词语；

报告上次东家来信交代事宜完成情况；

报告本次去信原因、内容、要求等情况；

报告近期天气、作物生长以及商业状况；

报告近期物价、银钱兑换价格、铜元行市等情况；

报告近期营业情况、架本变动等情况；

报告本次随信寄送物品内容及其他情况。

如同治十二年（1873）五月初二日，直隶大名府恒裕典掌柜郭二兄致信东家。

敬启者于前月十九日脚户抵典，带来公函，内云知详。兹报大名属处并邻邦夏景皆可，于三四月间降落时雨数次，秋苗普安，只看后日变动如何。至于今春及夏，当号未见涌积，只算平平，每天均有四百余五百号，除回净出钱二百余吊。夏麦指日收割，即或有当添架，不过一千余二千之数耳。闻广平府城有高唐郝姓在彼新设当铺，三月开门。又府西南内黄县属亦有开当铺并质押当号二、三家。照此相近新设，异日不免咱典、诚极当所有减。今岁应还人钱俸借项今已逐宗还出。四月典众东随脚寄回脚力

① 刘建民主编：《晋商史料集成》第5册《信函·信稿4》，第105页。

酒资在典付讫，按典平均价一千八二。另有花单八张、银包八个外，尊五、天锡堂棉线布俱注单内，随信抄呈。三四月总合贰张，至日一并验收。其典事并诸伙安吉，勿须锦念，余不冗。专此敬报，恭请夏安。①

周星辉认为，票号信件格式刻板，晋商典当业信稿没有刻板的格式。② 但从上引两封“来往号信”所反映出的情况来看，晋商典当业的“来往号信”基本上也是遵循相对固定的格式规范来书写的。

第二，“来往号信”的内容也是按照一定的程式进行安排的，甚至符合某种格式化的“标准”。除了礼节性的问候、祝福之外，“来往号信”更多的是传递商业信息。如历年新正，晋商当铺掌柜写给东家的第一封信都会呈送年算单，汇报当年应出估衣数量、“众东利银”，告知新春开当时间等内容。如同治十二年（1873）正月十二日，直隶大名府恒裕典掌柜给介休东家写信。

春回斗柄，万汇初新，恭维徽臣三老东翁、诸位东翁春祺延吉，潭祉迎晖，遥望北极，曷胜庆贺。敬启者去腊年终脚户抵铺带来公函，备悉一切，所有咱典年终柜外一切均叨平安。新正吉日将典账务算明，着随下班伙友进呈算册贰本、去腊总合折一个、众东付利清单八张、恒聚堂花单一纸、现存银钱单一纸、公费银廿两、付永和通纸银一宗。再述先东于十年所捐熟鸡计用干银六钱三分，去典公信业已题明，结来公费折上来，敬祈为转致是嘱。及至两典开张，拟于十七日开门应当。附报新正钱价一千八五六之谱，咱典应出通年估衣约计贰千有奇，衣客未到，随后再报。肃此布覆，并请崇禧，另仁恭贺不戬。③

此信不仅传递了丰富的商业信息，并且与同治十三年（1874）以及光绪元年（1875）、二年（1876）、三年（1877）正月第一封书信的格式、内容基本

---

① 刘建民主编：《晋商史料集成》第5册《信函·信稿4》，第109页。

② 周星辉：《票号书信的寄送——〈未知字号京师分号与成都分号往来书信〉解读》，载刘秋根、封越健、王金营主编：《唐宋变革与明清转型：中国商业金融史国际学术研讨会论文集》，第59—68页。

③ 刘建民主编：《晋商史料集成》第5册《信函·信稿4》，第105、106页。

一致。① 不仅如此，“来往号信”的时间、内容也符合典当业的经营规律。掌柜向东家汇报收当情况的书信集中在三四月，汇报赎当的书信则集中在十月、十一月，几乎每封书信都会涉及月总、钱价、物价等商情信息的内容。

第三，在日常管理方面，编号是“来往号信”在日常管理方面所体现出的一个特征。晋商当铺对书信进行编号不仅是为学徒的学习提供一份范例文本，更主要的意义是将信稿作为经营管理的依据、凭证和行商备案。“来往号信”的编号方式基本上分为以下两种。

一是将寄出的信和收到的信专门抄在同一簿册之内，每封信稿都按照收寄时间、寄送方式逐一编号、备注。《同光直隶大名府恒裕典东伙往来信稿抄本》和《民国二年（1913）湖北松滋合盛典往来信稿抄本》采用的即是这种编号方式。现将这两本信稿的编号情况制成表 8–2、8–3，以更为直观地认识这种编号方式。现列举一例，如民国二年（1913）四月初四，湖北松滋县合盛典执事致信“沙号”。

孟夏初四日从邮寄沙号第六次信

贞生我兄大人台鉴：敬启者于前月下旬邮政寄到我号挂号信一纸，内函介信一封。两函所示俱已明晰，内有收付各款，均已遵登往来。但因众东抽股积利等款，与典结来银项，至今文桥兄为此一事尚无来信……日来当首颇可，每天当四五百号，出钱六百串内外。至目下共有架本三万九千吊之谱，存现元一万七千吊有奇。典中人事均吉，勿劳绮注。②

分析此信，书信的抄写者在誊写书信时在信前备注了寄信时间、寄送方式以及编号等信息。

表 8–2　《同光直隶大名府恒裕典东伙往来信稿抄本》编号统计表（1882—1877）

第 × 号信	时间、寄送方式及编号	来往地点
1	十二月卅日脚夫抵典带来介第七次信	介休寄大名

① 刘建民主编：《晋商史料集成》第 5 册《信函 · 信稿 4》，第 121、122、148—151、175、176、192—195 页。

② 刘建民主编：《晋商史料集成》第 5 册《信函 · 信稿 4》，第 455、456 页。

续表

第×号信	时间、寄送方式及编号	来往地点
2	新正月十贰日随脚带介第吉次信	大名寄介休
3	二月二十八日琴已带来介第首次吉信	介休寄大名
4	三月初十日干已荣归带去介第贰次信	大名寄介休
5	四月十九日脚夫抵典带来介第贰次信	介休寄大名
6	五月初贰日脚夫回介带去第三次信	大名寄介休
7	六月初六日脚夫抵典带来介第三次信	介休寄大名
8	七月二十九日脚夫回介带去第四次信	大名寄介休
9	九月十八日脚夫抵典带来介第四次信	介休寄大名
10	十月初三日脚夫回介带去典第五次信	大名寄介休
11	十一月初八日脚夫抵典带来介第五次信	介休寄大名
12	十一月廿四日脚夫回介带去典第六次信	大名寄介休
13	十贰月廿八日脚户抵典带来介第六次信	介休寄大名
14	甲戌新正月初八日随典伙短盘带介第吉次信	介休寄大名
15	新正十一日随脚回介带去典信第贰次	大名寄介休
16	三月初四日脚户抵典带来介第贰次信	介休寄大名
17	是月（四月）十贰日脚户回介带去典信第三次	大名寄介休
18	四月十三日干已抵典带来介第三次信	介休寄大名
19	是月十九日脚户回介带去典信第四次	大名寄介休
20	六月十九日脚户抵典带来介信第四次	介休寄大名
21	七月十六日脚户回介带去典信第五次	大名寄介休
22	八月十八日脚户抵典带来介信第五次	介休寄大名
23	八月廿三日脚夫回介带去典信第六次	大名寄介休
24	九月十六日随骑骡典伙带来介信第六次	介休寄大名
25	九月廿五日脚户抵典带来介信第七次	介休寄大名
26	拾月初三日随脚带回典信第七次	大名寄介休
27	拾月初十日随干城兄旋里带去典信第八次	大名寄介休
28	冬月初三日温相已到典带来介信第八次	介休寄大名
29	冬月十三日鸣达已返典带来介信第九次	介休寄大名
30	冬月廿六日脚户回介带去典信第九次	大名寄介休

续表

第 × 号信	时间、寄送方式及编号	来往地点
31	十贰月廿六日脚户抵典带来介第拾次信	介休寄大名
32	乙亥新正月初八日随典伙短盘带介第吉次信	介休寄大名
33	二月十五日扣班脚户抵典带来介号第首次吉信	介休寄大名
34	二月廿六日扣班刘纲脚户回介带第贰次信	大名寄介休
35	三月初四宋世已由介带来第二次吉信	介休寄大名
36	三月十七日脚户回介带去第三次信	大名寄介休
37	四月十九日琴已由介带来第三次吉信	介休寄大名
38	四月廿六日张溥已回里带去第四次信	大名寄介休
39	六月十一日脚户抵典带来介第四次信	介休寄大名
40	七月十三日脚户回介带去典信第五次	大名寄介休
41	八月十七日脚户抵典带来介第五次信	介休寄大名
42	九月初二日脚户回介带去典第六次信	大名寄介休
43	九月十四日诸伙友抵典带来介第六次信	介休寄大名
44	十月初四日张溥已抵典带来介第七次信	介休寄大名
45	十月初七日琴已回里带去典第七次信	大名寄介休
46	十月十四日脚户回介带去典第八次信	大名寄介休
47	十一月十七日脚户抵典带来介第八次信	介休寄大名
48	十一月廿八日脚户回介带去典第九次信	大名寄介休
49	十二月廿八日脚户抵典带来介第九次信	介休寄大名
50	丙子新正十一日随典伙带去典第吉次信	大名寄介休
51	三月廿日七东五东琴已回里带去典第贰次信	大名寄介休
52	四月廿一日脚户抵带来介第吉次信	介休寄大名
53	五月初八日脚户回介带去典第三次信	大名寄介休
54	闰五月廿九日脚户抵典带来介第二次信	介休寄大名
55	另接李尊五堂寄来一信	介休寄大名
56	七月初九日宋世已回里带去典第四次信	大名寄介休
57	八月十三日脚户抵典带来介第三次信	介休寄大名
58	八月二十日脚户回介带去典第五次信	大名寄介休
59	九月十四日诸伙友抵典带来介第四次信	介休寄大名

续表

第 × 号信	时间、寄送方式及编号	来往地点
60	十月初四日脚户回介带去典第六次信	大名寄介休
61	十一月初五日脚户抵典带来介第五次信	介休寄大名
62	十一月廿日脚户回介带去典第七次信	大名寄介休
63	十二月初二日扣班脚户回介带去典第八次信	大名寄介休
64	十二月二十八日脚夫抵典带来介第六次信	介休寄大名
65	丁丑新正月十一日牲口回介诸伙下班带去第吉首次信	大名寄介休
66	丁丑二月下浣上日脚户到典带来介首次吉信	介休寄大名
67	三月初三日脚户回介寄去典第二次信	大名寄介休
68	四月初九日脚夫到典带来介第二次信	介休寄大名
69	四月十六日脚户回介带去典第三次信	大名寄介休
70	五月十一日脚户抵典寄来介第三次信	介休寄大名
71	五月二十日脚夫回介带去典第四次信	大名寄介休
72	六月廿二日脚夫抵典带来介第四次信	介休寄大名
73	七月初九日增益公宋掌柜回介托带去典第五次信	大名寄介休

资料来源：刘建民主编：《晋商史料集成》第5册《信函·信稿4》，商务印书馆2018年版，第104—209页。

表 8-3　民国二年（1913）湖北松滋合盛典与沙号来往书信统计表

序号	编号	写信人	收信人	来往地点
10	季春十二日接沙号来信	沙号管事李书元	合盛典执事体贤	沙市寄松滋县
13	季春十九日，世恩已代沙第伍次之信	合盛典执事任绩	沙号管事贞生	松滋寄沙市
16	季春廿二日接沙号典挂号信一纸	李书元	合盛典执事体贤	沙市寄松滋
21	孟夏初一日沙号来信	李书元	体贤	沙市寄松滋
23	孟夏初四日从邮寄沙号第六次信	任绩	贞生	松滋寄沙市
30	孟夏十六日接沙号来信	李书元	体贤	沙市寄松滋
31	孟夏十七日邮寄沙号七次之信	任绩	贞生	松滋寄沙市
37	午月初三日接沙号信由沙市转来	李书元	体贤	沙市寄松滋
43	午月初四日邮寄沙号第八次之信	任绩	贞生	松滋寄沙市

续表

序号	编号	写信人	收信人	来往地点
55	午月杪日托陈姓代寄沙号第九次信	任绩	贞生	松滋寄沙市
61	六月初十日邮寄沙号第十次信	任绩	贞生	松滋寄沙市
63	六月十七日邮政递来沙号来信	李书元	体贤	沙市寄松滋
64	六月十八日托陈姓带沙第十一次信	任绩	贞生	松滋寄沙市
66	六月廿三日陈姓投来沙号之信	李书元	体贤	沙市寄松滋
69	六月廿八日与沙号第十二次信	任绩	贞生	松滋寄沙市
70	七月初二日接沙号信	李书元	体贤	沙市寄松滋
79	巧月望日邮寄沙号第十三次信	任绩	贞生	松滋寄沙市
85	八月初三日寄沙号第十四次信	任绩	贞生	松滋寄沙市
88	八月十二日接沙号来信	李书元	体贤	沙市寄松滋

资料来源：刘建民主编：《晋商史料集成》第5册《信函·信稿4》，商务印书馆2018年版，第403—611页。

二是在书信正文中直接对收信、寄信情况以编号的方式进行汇报、说明。《民国湖北监利新沟镇某质铺书信底稿抄本》采用的是这种编号方式，如该底稿抄本第1号信：

礼斋仁棣台阁下升电敬启：于月之念间由邮局寄沙贰拾次、贰拾壹号信谅早投到矣。前情勿冗，嗣于念七日晚刻接沙来贰拾捌次信，其情已悉。兹叙售公债票壹节，前得刘东来函，云及已将咱号之二百元，托邑城王瑞廷先生带沪出售，现在未见确信。外永记三百廿元，前者已交耕翁东手收。随函统来刘东信一封，祈阅即明。至于发现之牙厘捐及印花税之事，前接天成永号函，云：候大众到齐，再为筹商，时下未得佳音。及咱号之事昨日复又致函，婉言拜托。但此件公事虽属旧例，自民国以来概未发现，现今忽依（已）然发生其内必有文章。及至二年，我同行所缴者，其收条未见，皆属含糊。即以今春缴讫，亦未见收条，实难尽言。若此旧例未除而新捐节节丛生，同行若不早结团体，请位领袖堵御，将来受害无穷也。顺报日来生意与前相似，后具五合单登览。近日刷清以毕，毫无借错误耳，余皆平平。兹因邮便，专此布覆，兼候时安。不一。

冬月念八日晚刻，邮沙贰拾贰号信。①

这封书信首先向沙号汇报了寄出的二十、二十一号信以及收到沙号二十八次信等情况，书信落款则直接写明本次去信的编号以方便沙号抄录、存档。

晋商对来往号信进行编号不仅是为学徒的学习提供一份范例文本，更主要的意义是将来往号信作为经营、管的依据、凭证和行商备案。《同光直隶大名府恒裕典东伙往来信稿抄本》的封面“癸酉新正恒裕典志”，也向我们透露了对来往信稿进行编号的意义所在。该信稿第 33 号信提及：“扣班脚户抵典带来介号第首次吉信”，东家吩咐掌柜“恒聚堂账上现存钱三百余吊，今春即可先还恒裕典钱三百千文，余容屡年交还”。之后，恒裕典掌柜在回信中写道：“敬启者于二月十五日扣班脚户抵典，接阅公函，备悉诸东顺时积庆，潭第咸亨，欣慰奚似。所叙恒聚堂还项，照信进账矣。”②“照信进账”清楚地说明书信是掌柜安排典务的一个依据、凭证。

第四，在书信寄送方式方面，专业化的脚户为商人利用书信开展商业经营活动提供了重要保障。这批晋商典当业信稿资料反映了专业化的脚户送信、伙计或同乡捎信、邮政寄信等三种书信寄送方式。以《同光直隶大名府恒裕典东伙往来信稿抄本》为例，该信稿抄本中有 51 封书信为专业化的脚户送信，20 封书信由当铺的掌柜、伙计捎信，1 封书信为同乡捎信，1 封书信寄送方式不详。在民间通信十分困难的情况下，专业化的脚户为商人的书信经营提供了保障。③ 以恒裕典为例，脚户送信是恒裕典东伙寄送书信的主要方式，具体分为两种类别，一是扣班脚户，二是一般脚户。根据笔者判断，扣班脚户应该指的是专门骑马送信而不送钱物的脚户，如扣班脚户刘纲。④ 一般脚户指的是以运

① 刘建民主编：《晋商史料集成》第 5 册《信函 · 信稿 4》，第 614、615 页。

② 刘建民主编：《晋商史料集成》第 5 册《信函 · 信稿 4》，第 153 页。

③ 孟伟认为：“明清时期山西商人书信的传递除了同乡捎寄外更多的是由专业化的镖局和脚户来承担。民信局的活动范围主要在南方地区，北方地区很少出现。”孟伟：《书信时代：山西商人书信在明清商业史研究中的学术价值——以皮张商人王富堂为例的明清汾阳商人考论》，载刘秋根、唐晔主编：《晋商契约文书研究》（上），第 111—175 页。

④ 刘建民主编：《晋商史料集成》第 5 册《信函 · 信稿 4》，第 153 页。

送钱物为主顺便捎信的脚户，如脚户王晋等人。① 介休、大名两地之间专业性的脚户为各类商人提供服务，这一方面说明山西介休与大名府之间货物运输、信息传递、银钱票据往来的频繁，另一方面也说明为适应商业发展两地书信寄送方式的专业化发展程度。

自近代邮政开办以来，晋商典当业寄信方式则以邮政寄信为主。如《民国湖北监利新沟镇某质铺书信底稿抄本》中 76 封书信为邮局寄信，49 封书信为他人捎信，4 封书信寄信方式不详。专业化脚户寄送书信以及邮局寄送确保了书信的送达时间以及安全，方便了两地之间的商业往来，为晋商典当业利用书信展开商业活动提供了一个客观的保障。这里值得我们注意，这批信稿资料涉及直隶、山东、湖北以及湖南等较为广泛的地域，但我们并没有看到晋商典当业利用民信局寄信的相关内容。此外，徐建国专门研究了民信局的兴盛、衰败，并对各省的民信局发展情况作了介绍，唯独没有在山西省发现民信局较为系统的资料。② 关于这一问题，包括晋商典当业与镖局、脚户的专门研究待日后进一步探讨。

第五，在内容方面，这批商号书信的内容也是按照一定的程序、规定来进行书写的，甚至符合某种格式化的“标准”。除了古人书信礼节性的问候、祝福之外，这批信稿资料的内容更多的则是在传递一些从事商业经营不可或缺的重要信息。如在《同光直隶大名府恒裕典东伙往来信稿抄本》中有 58 封书信互报了大名、介休的天气、作物生长、物价以及市面商业状况等基本情况，有 64 封书信附报了大名、介休的“钱价”③，几乎每封书信都涉及呈送月总的内容。不仅如此，恒裕典掌柜写信的时间和内容也有某些规律的存在。历年新正，恒裕典掌柜写给东家的第一封信都会算明典账进程年算单，专门汇报当年应出估衣数量以及典付“众东利银”，告知新春开当时间等内容。如前文所引同治十二年（1873）新正月十二日随脚带介第吉次信：“新正吉日将典账务算

① 刘建民主编：《晋商史料集成》第 5 册《信函 · 信稿 4》，第 138、154 页。

② 徐建国：《从兴盛到衰败——近代中国民信局（1866—1934）》，中国社会科学出版社 2017 年版，第 84 页。

③ 在信稿资料中，钱价多被称为“宝银钱价”“钱价宝银”。

明，着随下班伙友进呈算册贰本、去腊总合折一个、众东付利清单八张、恒聚堂花单一纸、现存银钱单一纸、公费银廿两、付永和通纸银一宗。再述先东于十年所捎熟鸡计用干银六钱三分，去典公信业已题明，结来公费折上来，敬祈为转致是嘱。及至两典开张，拟于十七日开门应当。附报新正钱价一千八五六之谱，咱典应出通年估衣约计贰千有奇，衣客未到，随后再报。肃此布覆，并请崇禧，另仁恭贺。不戬。”①

（二）作用

通过对这批信稿资料的解读，这些书信超越了一般普通书信互通信息、互至问候的基本功用，而体现出一定的商业、经营性的功能，成为商业链条上不可或缺的一个重要环节，“起着沟通、报告、请示、指示的作用，并在一些情况下起着会计票据的作用，与会计账簿组织共同构成了一个完整的、严密的、科学的业务运作体系”②。这种商业、经营性的功能具体表现在以下三个方面。

一是传递商业信息的主要手段。信稿资料反映的是有关晋商典当业经营管理方面的商业信息，很少涉及东家、掌柜的个人私事。例如恒裕典东家、掌柜之间主要是利用书信传递信息。根据前文所引《同光直隶大名府恒裕典东伙往来信稿抄本》第 2、6、11 号信反映的内容，恒裕典利用书信传递的商业信息大致可分为以下两类。

第一是当务的基本情况。估衣方面，“咱典应出通年估衣约计贰千有奇，衣客未到，随后再报”。收当方面，“至于今春及夏，当号未见涌积，只算平平，每天均有四百余五百号，除回净出钱二百余吊。夏麦指日收割，即或有当添架，不过一千余二千之数耳”。呈送年算单、月总账以及各类清单方面，“新正吉日，将典账务算明，着随下班伙友进呈算册贰本、去腊总合折一个、众东付利清单八张、恒聚堂花单一纸、现存银钱单一纸、公费银廿两、付永和通纸银一宗”等。第二是大名、介休两地的商业信息。如“附报新正钱价一千八五六之谱”“闻广平府城有高唐郝姓在彼新设当铺，三月开门。又府西

① 刘建民主编：《晋商史料集成》第 5 册《信函 · 信稿 4》，第 105—106 页。

② 孔祥毅、李怡农：《晋商书信说》，《山西日报》2015 年 7 月 29 日。

南内黄县属，亦有开当铺并质押当号二三家。照此相近新设，异日不免咱典诚极当所有减”“兹报大名属处并邻邦夏景，皆可于三四月间降落时雨数次，秋苗普安，只看后日变动如何”“咱县雪雨不尽，目下尖面行情每佰斤纹银六两，谷米每石四千四五，香油每个一千三五十上下，钱价一千九二三”等内容。下面根据《同光直隶大名府恒裕典东伙往来信稿抄本》提供的信息制成表8-4。

表8-4 《同光直隶大名府恒裕典东伙往来信稿抄本》所见商情信息统计表（1872—1877）

寄送时间、方式及编号	农业丰歉、物价等商情信息	钱价	地点
同治十一年（1872）十二月卅日脚夫抵典带来介第七次信	咱县今冬雪雨不缺	一千八八上下之谱	介休
同治十二年（1873）二月二十八日琴已带来介第首次吉信	至于年景大势，想郭二兄出去未有不谈话者，是不赘		介休
三月初十日干已荣归带去介第贰次信，十二日长行	兹报晋豫两属之地并大名一代，皆是好景，麦苗甚普，刻下阅视显是干旱，早晚落雨皆望丰收	一千八五六之数	大名
四月十九日脚夫抵典带来介第贰次信	咱县粮食行情尚属平和，惟雨水甚缺…秋田亦不得种，但早晚如落透雨还不相碍	一千八四五十之谱	介休
五月初贰日脚夫回介带去第三次信	兹报大名属处并邻邦夏景皆可，于三四月间降落时雨数次，秋苗普安	一千八二（典平）	大名
六月初六日脚夫抵典带来介第三次信	启者咱县今夏雨水甚缺，麦苗受旱减收，秋苗不能普种。至五月二十日终落雨二寸余，亦不大济事。但闻左近县分有偏得雨处，粮食行情亦都起色	一千八五上下之谱	介休
七月二十九日脚夫回介带去第四次信	黄漳卫三河出岸……府属四面皆受水害……惟麦收成均有七八分，后价每斗大钱二百四五，现涨二百七八。唯钱铺近年来甚不平稳……以致街市银钱滞塞，有银换钱难而买银不易	一千七二	大名
九月十八日脚夫抵典带来介第四次信	咱县今秋年景亦有六七分收成……米面行情亦都平和	一千九一二十上下	介休

续表

寄送时间、方式及编号	农业丰歉、物价等商情信息	钱价	地点
十月初三日脚夫回介带去典第五次信	兹报大名秋景丰收，麦苗种尽，兼之邻县景象与府属相符，雨水皆已不缺……皆因农人各粮涌存，售粮赎衣者多	一千八五六	大名
十一月初八日脚夫抵典带来介第五次信	咱县雪雨不尽，目下尖面行情每佰斤纹银六两，谷米每石四千四五	一千九二三	介休
十一月廿四日脚夫回介带去典第六次信	银两缺短，概无好银。雪雨不缺，如粮价照旧	一千八二三	大名
十贰月廿八日脚户抵典带来介第六次信	咱县雪雨亦算不缺	一千八四五十上下	介休
同治十三年（1874）甲戌新正月初八日随典伙短盘带介第吉次信	钱价未见行情，年前好银甚缺	未见行情	介休
三月初四日脚户抵典带来介第贰次信	咱县今春雨雪不甚尽用，粮食米面尚属平和	一千八六七之谱	介休
是月（四月）十贰日脚户回介带去典信第三次	兹报大名两月之久未见寸雨，刻下粮价皆涨。虽属乡民积存旧粮，而今岁粮差额外催迫甚紧，显见当衣完差者颇有	一千八二	大名
是月十九日脚户回介带去典信第四次	皆因春间未落透雨，麦子干旱而秋苗尚不能普种，是以邻封当质者较比往年甚多	一千八百上下之谱	大名
六月十九日脚户抵典带来介信第四次	咱县雨水亦缺，兹于四月廿七日才落雨三几寸，秋苗方得安种，麦子收成不过二斗上下	一千八百有零	介休
七月十六日脚户回介带去典信第五次	再报大郡年景，夏田减收，大秋被旱。五六月来屡降大雨，晚苗长的甚旺，秋收可望丰收。各粮价钱尚属平和。刻下银钱两缺，粮食不行，以致各行生意俱皆迟滞	一千八二三	大名
八月十八日脚户抵典带来介信第五次	咱县秋田谷子靡黍尚许可以，录（绿）豆减收，终属伏日缺雨。尖面行情，每百斤三千	一千八上下之谱	介休

续表

寄送时间、方式及编号	农业丰歉、物价等商情信息	钱价	地点
八月廿三日脚夫回介带去典信第六次	再报大郡秋收颇好，各粮价属平和，惟棉花减收，时下每斤大钱三百有零……盐标、花标尚有，今岁棉花减收，其标未见，盐标俱系现钱	一千八百九八	大名
九月十六日随骑骡典伙带来介信第六次	咱县今秋收获不佳，惟八月雨水不缺，麦子普种	一千八百上下	介休
拾月初三日随脚带回典信第七次	兹报咱典秋赎甚微，皆因粮食疲滞乡间钱缺……街市银钱两缺，盖无好银	一千九百上下	大名
冬月初三日温相已到典带来介信第八次	咱县今冬雪雨甚足，九月十六七日连雨数天，落雪二尺许，粮价平和，麦苗甚好	一千八百上下	介休
冬月廿六日脚户回介带去典信第九次	大名年岁虽属丰稔，而四邻皆丰，粮食太贱，并无走路售主。乡间庄户有粮食不能变钱，是以架货不能多下，得利减少	一千八百七八之谱	大名
十贰月廿六日脚户抵典带来介第拾次信	报知咱县今冬米面都属平和	一千六壹贰十之谱	介休
光绪元年（1875）乙亥新正月初八日随典伙短盘带介第吉次信	察听钱行，俱言黄河动工筑堤……拨大名府一二十万，所以钱价陡跌。至后不见银来……是以又涨。……去年一冬雨雪，虽则地湿，但盼今春有雨。春雨要有，麦必丰收矣	一千八百二三之谱	介休
二月十五日扣班脚户抵典带来介号第首次吉信	咱县春雪不大	壹千六百四五十上下	介休
二月廿六日扣班刘纲脚户回介带第贰次信	今春雨水不缺，二月初五日、二十日两降透雨，秋苗播种，夏秋俱望丰登。……刻下黄河动工，俱是地丁作帑，钱价已涨至一千九百上下	一千九百上下	大名
三月十七日脚户回介带去第三次信	刻下钱价一千八百七八之谱，有行无市，大名钱行家少，滞塞不通	一千八百七八之谱	大名

续表

寄送时间、方式及编号	农业丰歉、物价等商情信息	钱价	地点
四月十九日琴已由介带来第三次吉信	咱县今年雨泽频施，麦籽可望丰收，秋苗亦为普种，殆有丰年之兆	一千七百上下	介休
四月廿六日张溥已回里带去第四次信	沿途与大名年景甚好时雨屡降不缺，夏麦必然丰登	一千七百七八之谱	大名
六月十一日脚户抵典带来介第四次信	咱县今夏水地麦则十分收成，旱地亦有五六斗之数	一千六百九上下	介休
七月十三日脚户回介带去典信第五次	兹报大名夏景……麦则收成大见其丰，刻下每斗大钱二百六七。惟府属临近及邻县于六月半间偶显蝗虫……目下秋苗正在望雨，如早晚得见透雨，必然普收	一千八之数	大名
八月十七日脚户抵典带来介第五次信	咱县夏景大略亦如名郡，麦则每斗三百四五，目下涨至每斗四百。且自六月念间下雨四五寸后，迄今犹无大雨，秋禾固难望丰收。渐近白露，如有好雨，麦子可望普种	一千六百九十多之谱	介休
九月初二日脚户回介带去典第六次信	今于月之十三日才降雨三四寸，秋苗即或有收，甚已歉薄。……再望降雨。刻下各粮价较前每斗各涨大钱一百，惟香油价尚平	一千八百之数	大名
九月十四日诸伙友抵典带来介第六次信	八月十三日下雨三四寸，廿三日又下雨四五寸，麦籽今已普种	一千六五六之谱	介休
十月初四日张溥已抵典带来介第七次信	咱县今秋禾稼亦不过二三分收成，高粱三四斗，谷籽亦三四斗。但八九月雨水不缺，麦苗尚得普种	一六六七之数	介休
十一月廿八日脚户回介带去典第九次信	大名景象今秋不如去秋，去夏不如今夏……况且四路皆好，米粮不贵，地方平静，人心安贴	一千八百一二之谱	大名
十二月廿八日脚户抵典带来介第九次信	咱县今冬雨雪全无，尚信秋雨甚足，麦苗还许无碍	一千六七上下	介休
光绪二年（1876）丙子新正十一日随典伙带去典第吉次信	大名至今全无雪雨	一千八百一二之谱	大名

续表

寄送时间、方式及编号	农业丰歉、物价等商情信息	钱价	地点
四月廿一日脚户抵带来介第吉次信	咱县此刻景况，于四月初九日落雨二寸有余，终属缺雨，早晚如有透雨，麦苗尚许无碍	一千六百六十上下之谱	介休
五月初八日脚户回介带去典第三次信	兹报大名景象，三月廿九、四月初九、廿四三次各下雨一寸余，秋苗虽有安者，总不能播种，现在俱望大雨降霖，若果沛然，秋景有盼	一千七百六七之谱	大名
闰五月廿九日脚户抵典带来介第二次信	至于咱县年岁，自春天至目下概无透雨，旱地麦则不过一二斗收成，秋苗虽有安种者，亦因无雨多被旱坏。尖面行情每百斤银二两二，谷米每小石钱六千上下	一千六三四之数	介休
七月初九日宋世已回里带去典第四次信	各粮皆贵，麦则小米每斗六百二三，高粱四百五六，香油每斤一百二三，猪肉一百贰十	一千七七八之谱	大名
八月十三日脚户抵典带来介第三次信	至于介邑尖面，每百斤贰两五六，高粱面每百斤一两八九，小米每一大斗一千上下，香油每十斤一千上下，大油每个九百上下，猪肉每斤九十上下，羊肉每斤一百以外	一千六百多之谱	介休
八月二十日脚户回介带去典第五次信	大名秋景足有七分之收，各粮每斗均跌二百上下，惟麦子照旧六百上下。各处安然，麦子俱亦能种	一千八一贰之谱	大名
九月十四日诸伙友抵典带来介第四次信	咱县秋景不过二三分收成，刻下粮价虽觉小些，明春定然涨价。笔下介平宝银钱价	一千六廿多之谱	介休
十月初四日脚户回介带去典第六次信	大名西北一带广平、曲周、邱县等处收成歉薄，来大名粮客极多，以致各样粮食有涨无缩。四外邻封年景俱是半收，较比咱介颇为有景	一千八百之谱	大名
十一月初五日脚户抵典带来介第五次信	雪雨尚无，县中举行赈济，但刻下尚未施行	一千五二三上下	介休

续表

寄送时间、方式及编号	农业丰歉、物价等商情信息	钱价	地点
十一月廿日脚户回介带去典第七次信	秋大名年景虽好，四外邻封歉薄，以致粮食高贵，麦子每小斗大钱七百上下，小米五百五六，高粱四百二三，黑豆四百二三，绿豆五百上下，大米一千上下……道府在省请帑赈济，现在四关放粥，贫民亦皆安然，雪雨全无，未知来年是何景象	一千七百二三之谱	大名
十二月初二日扣班脚户回介带去典第八次信	惟雪雨缺少，前月十六日虽有二寸余雪，亦不济事，以致街面各行生意俱属寥寥	钱价大概情形，前信已覆	大名
十二月二十八日脚夫抵典带来介第六次信	咱县今冬雪雨全无……米面亦如前信行情。县中正行赈济，余不冗	一千四百七十上下	介休
光绪三年（1877）丁丑新正月十一日牲口回介诸伙下班带去第吉首次信	去腊廿三日落雪三寸余，麦苗得益。今春时雨早降，麦必丰收矣	一千七百一二之数	大名
丁丑二月下浣上日脚户到典带来介首次吉信	咱县去冬雪雨颇大……上面每百斤纹银三两，大小米每石八吊上下	壹千四百三十之谱	介休
三月初三日脚户回介寄去典第二次信	大名之地今正廿四五日落雨一寸余，二月廿四日又落雨一寸余，麦苗颇为得益，各粮俱皆跌价，麦则六百上下，小米五百五六，猪肉一百上下。如若早晚再降透雨，麦苗普种，可有丰年之兆	一千六百四五之谱	大名
四月初九日脚夫到典带来介第二次信	咱县景况，于三月廿前后得雨二寸余，麦苗得益，秋苗亦可安种，米面行情尚都照旧	一千四百六七	介休
四月十六日脚户回介带去典第三次信	大名于三月廿五、六、七、八大雨四天，下雨深透，人看麦收，好的有一石三四，次者五七斗，至少者三四斗，秋苗普安，可望丰年	一千六佰之谱	大名
五月二十日脚夫回介带去典第四次信	阅视沿途夏景皆好，秋苗普安，及至大地亦属皆然。惟显亢旱，求雨处极多，元城属地东北一带，现在生蝗虫，县乡齐人正在围打	一千五百六七	大名

续表

寄送时间、方式及编号	农业丰歉、物价等商情信息	钱价	地点
六月廿二日脚夫抵典带来介第四次信	咱县麦则收成较去年好些，秋禾概不能种。自二兄走后至今，并无寸雨，尖面每百斤定价二两三，谷米加五斗钱一千三五	一千三九十上下	介休
七月初九日增益公宋掌柜回介托带去典第五次信	报大属自三月落降透雨后，于六月十二日降雷雨二寸，廿四、五日才落透雨。虽然降晚，尚可急种蕎麦晚谷等籽。刻下又旱，如早晚能降大雨，晚苗尚望三四分。麦价每斗大钱五百，小米六百	一千五七八行情	大名

资料来源：刘建民主编：《晋商史料集成》第5册《信函·信稿4》，商务印书馆2018年版，第104—209页。

由此表可以看出，恒裕典东家、掌柜之间通过书信传递了大量的商情信息，这些信息对当铺的经营管理都是至关重要的。从《民国湖北监利新沟镇某质铺书信底稿抄本》反映的内容来看，除了传递一些商情信息、社会治安、业务开展等情况外，更多的是传递该质铺资金变动、筹集资金等情况。如第19号信：“兹叙铺中生意日来当首踊跃，每天拉扯净出钱三百二三拾串，另具五合单青阅。至望日晚，合净存票、元并外兑之款，共七千串之谱。如斯而看，是月下地所存不足三千耳。闻今年丝庄不佳，出月当头，恐难减少。弟之愚见，赶月底定与庆记、协和祥二号由铺兑沙大约五六千串之数。后首自必有凭信奉知，嗣后再为且走且看而行。铺中诸凡妥善，勿劳锦念。”①《民国二年（1913）湖北松滋合盛典往来信稿抄本》中合盛典与沙号的来往书信传递的信息主要也是围绕资金变动、筹集资金等问题。如第23号信：“此次来谕所报银钱各项亦经逐宗注账，请勿存念。今随信誊去文桥兄客腊来信一纸及诸东等抽股积利数目草单，并呈台览，阅此颇可略知梗概。其此次在家作银，是何办法，且俟文桥兄再有来信，始得明白也。日来当首颇可，每天当四五百号，出钱六百串内外。至目下共有架本三万九千吊之谱，存现元

① 刘建民主编：《晋商史料集成》第5册《信函·信稿4》，第639—640页。

一万七千吊有奇，典中人事均吉，勿劳绮注。”①

二是捎带物品、银钱往来的清单和核对账目的凭证。《同光直隶大名府恒裕典东伙往来信稿抄本》中，几乎每封寄往介休的书信中都有捎带物品、银钱往来的内容。同治十二年（1873）新正月十二日随脚带介第吉次信：“新正吉日将典账务算明，着随下班伙友进呈算册贰本、去腊总合折一个、众东付利清单八张、恒聚堂花单一纸、现存银钱单一纸、公费银廿两、付永和通纸银一宗。再述先东于十年所捎熟鸡计用干银六钱三分，去典公信业已题明结来公费折上来，敬祈为转致是嘱。”②“随脚带介第吉次信”说明这封书信是由脚户负责寄送，“着随下班伙友进呈”说明银钱票据等是由下班伙计带回介休的。介休东家收到下班伙计带回的各类银钱、票据后进行核对和处理的依据则是脚户寄送的书信。二月二十八日，介休回信：“所捎算册二本、去腊总合一折、众东付利清单八张、恒聚堂花单一张、现存银钱折一个、公费银贰十两、付众东利银八件，俱已照信收清，各为交付。又永和通纸银一宗，亦经郭二兄手付。内云述先东十年用过熟鸡银六钱三至今尚未收到。伊言已交兄手，不如待兄回来再为提说可也。”③显然，书信具有“清单明细”和“核对验收”的双重意义。

三是资金调度、人事安排、申明号规的管理工具。资金调度主要是由东家负责安排，掌柜负责具体落实。《同光直隶大名府恒裕典东伙往来信稿抄本》第1号信：“天锡堂借贷银四宗，仍照每月七厘行息原转，至于旧票定于郭二兄明春捎去。”④第9号信：“启者咱典四维堂借贷约于今年归还二仟两，未知目下情形能还与否。众东借贷钱价定为按一千八五作银。”⑤上述天锡堂、四维堂的借贷属于“股东垫资”范畴，利息、钱价均由东家商定并通过书信告知恒裕典掌柜去落实、执行。该信稿抄本中类似的内容很多，不一一列举。恒裕典的人事变动也是通过书信来安排的。光绪元年（1875）十月初四日，张溥已抵典

① 刘建民主编：《晋商史料集成》第5册《信函·信稿4》，第456—457页。

② 刘建民主编：《晋商史料集成》第5册《信函·信稿4》，第106页。

③ 刘建民主编：《晋商史料集成》第5册《信函·信稿4》，第107页。

④ 刘建民主编：《晋商史料集成》第5册《信函·信稿4》，第105页。

⑤ 刘建民主编：《晋商史料集成》第5册《信函·信稿4》，第114—115页。

带来介第七次信：“至于咱典铺事，众东商议，王从周兄在铺年久，办事亦甚熟悉妥当，当即教王从周兄明年顶班管事再上一班，亦不须请人矣。”①对违反铺规的掌柜、伙计，恒裕典东家同样是利用书信申明号规，以此加以警戒。光绪元年（1875）二月十五日，扣班脚户抵典带来介号第首次吉信：“至于所云干城兄回时带银贰百两，虽系有伊借贷停利豫使。但此总含糊，实属不遵铺规，兄等当时即当提明铺规，以示警戒。但事已如此，干城兄既已下世，无须深究。嗣后东伙大众都当自重，不准相犯规条，即有不得已事，总要公信先为提明，再许挪借。”②

小　结

明清以来，以徽商、晋商为代表的地域商人开展跨地域商业、金融业活动成为当时十分普遍的社会现象。书信无疑是商人克服时空障碍，传递商情信息，进而实现资源最优化配置的重要工具。通过本章的初步分析，我们可以看到晋商典当业信稿在格式、编号、内容以及寄信方式等方面体现了区别一般书信以及其他地域商人书信的特点，而书信内容的程序化要求以及所体现的商业、经营性功能是晋商典当业利用书信完成经营活动的核心要旨和关键所在。这批信稿资料反映的“书信经营方式”是山西典当商人完成跨区域、异地营业的一种习俗性保障，体现了包括典当商人在内的更多山西商人群体发展、行业发展的一种运营机制。因此，研究如何利用书信展开商业、金融经营的历史，不仅为探究晋商辉煌背后的真实动因和机制提供了一个新视角，也是中国经济史研究今后学术追求的一个全新的领域和板块。商人书信的史料价值必定会随着学界对商人书信研究的不断深入而日益得到彰显。

---

① 刘建民主编：《晋商史料集成》第 5 册《信函 · 信稿 4》，第 169 页。
② 刘建民主编：《晋商史料集成》第 5 册《信函 · 信稿 4》，第 152 页。

结　语

商人书信作为中国社会经济史学术研究所借助的工具和资料在学界较为少见。在早些年“徽州文书”被大量发现以及“十大商帮”勃兴时期，也很少见有学者充分利用书信开展相关研究。究其原因，最为主要的是学界对明清时期各地域性商人利用书信开展商业经营活动的历史事实认识不足。事实上，在通信、交通条件十分落后的传统社会，书信是商人商业经营管理链条上不可或缺的重要一环，起着沟通、报告、请示、指示的作用，甚至与会计账簿体系共同构成了一个完整、科学、缜密的商业经营运作体系。正因为如此，山西商人将商号书信称为“信稿账”“往来书札账”。这种特殊的书信，显然超越了一般普通家信、友人往来信范畴，从而具有了一定的商业经营性特征，体现出非常鲜明的商业经营性特点。晋商书信，即历史上的山西商人在商业经营活动以及日常生活中形成的书信，包括专门用于商业经营的商号书信、专业书信，也包括友人、家人之间的普通书信。因行业、对象、用途的不同，晋商书信呈现出不同的形态，但晋商书信丰富的内涵、独特的作用，为我们了解和认识传统社会经济发展提供了一个全新的视角、一把独特的钥匙。山西省收藏家协会原会长刘建民收藏的这批晋商典当业信稿资料反映了历史上晋商利用书信开展跨地域典当业经营活动的客观事实，为学界深入开展晋商典当业研究、明清区域经济史研究以及商人书信的专题研究提供了丰富的新史料。就晋商典当业学术研究而言，这批信稿资料弥补了当前研究成果对新发现的民间历史文献利用不足的缺陷，利于学界进一步认识晋商的跨地域典当业经营活动以及拓展晋商典当业的研究领域。

这批晋商典当业信稿资料是学界尚未利用的第一手资料，具有非常高的史料价值和研究价值。笔者首先对这批晋商典当业信稿资料进行整理、考证，除了方便研析以有利于本书的顺利开展外，更主要的是向学界推介新资料，以惠学林，以此克服当前商业史、金融史研究所遇到的资料瓶颈问题，为学界开展相关领域的学术研究提供便利。此外，民间历史文献资料的整理、利用有其特殊的方法和操作要领，本书对晋商典当业信稿资料的整理、解读是一种基础性工作，但也积累了一些经验，在探索民间历史文献资料整理方法、研究要领以及构建科学的书信研究体系等方面具有一定的方法论意义。在此基础之上，利用这批信稿资料对清末民初晋商典当业进行专门研究。具体而言，可以总结出以下几方面的认识。

一、自明代中后期以来，晋南、晋东南地区的平阳、泽、潞商人率先走出三晋大地到周边的山东、河南等地进行跨地域典当业经营活动。入清以后，传统典当业进入大发展时期，山西省逐渐成为全国典当业最为发达的省份之一。在这一基础上，越来越多的晋商走出三晋大地到全国各地经营典当业逐渐成为一个历史潮流、一种社会现象，并对当时社会经济发展的诸多领域产生了影响。大致在清代乾隆时期，晋商典当业取代了徽商在长江以北各省典当业中的地位，形成全国之典肆“江以南皆徽人，曰徽商；江以北皆晋人，曰晋商”的格局。同时，善于经营金融业的晋中商人日益崛起，晋中商人经营的典当业逐渐成为晋商典当业的主力军。由于战乱频仍、社会动荡、金融环境恶化、苛捐杂税、满货销售疲滞等多方面原因，清末以来晋商典当业虽然在全国很多地方尤其是在北方各省还有一定的影响力，但其主导地位逐渐丧失，总体衰落趋势不可挽回。具体而言，晋商典当业的衰落大致开始于咸丰时期，之后基本上就处于一种不断衰落的态势。虽然在一些传统活动区域晋商当铺仍有一定的实力，但其影响力、经济实力、地位日趋下降。其间，虽有个别晋商当铺的资本有小规模的增长，但其盈利能力不断下降，晋商典当业的衰落不可避免。

二、晋商典当业主要经营抵押放贷业务，服务对象是城乡小生产者，同时还经营存款、信用放贷、发行私票等兼营业务。从这批典当业信稿资料反映的内容来看，晋商在山东、湖北、直隶等地区开展跨地域典当经营活动一个较为明显的特点是抵押放贷主要收当各类衣物，以此确保当铺较为稳定的收益来源。存款作为一种负债资本，对扩大晋商典当业资本实力、周转资金、改善经营环境具有一定益处，但也有一些局限性，尤其是官款或者社会性质事业经费存款是导致晋商当铺日趋走向衰落的重要因素之一，基于“亲缘”“乡缘”或其他利害相关者基础之上的存款被纯粹的人的关系严重束缚，存款利率难以依据正常的商业利润、市场规范确定。信用放贷是晋商典当业适应商品经济的发展及长途贩运贸易的兴盛，不断满足各行业日益扩大的资金需求，利用闲余资金进一步获取实际收益的重要方式之一。晋商典当业通过发行私票扩大运用资本规模，缓解资金压力，提高自身的竞争力。与此同时，晋商典当业还从事一些诸如汇兑、担保、估衣铺等兼营业务。基于业务的分析，晋商当铺基本具备了早期银行业的一些特征，主要体现在以下三个方面：一是晋商典当业俨然是以经营抵押放贷为主，兼营存款、放款、汇兑等多种业务的综合性金融机构；二是存款、发行私票作为一种负债资本在晋商典当业资本中占有了一定的地位；三是向工商业字号的资本性、经营性放贷在其放贷业务中占有了重要的地位。

三、目前学界对晋商典当业的资本组织方式、资本规模、日常资金管理、负债经营以及联号经营等问题关注得还不够。通过分析，笔者进一步梳理了晋商在跨地域典当经营活动中，股俸制的实际运用情况以及相关细节问题，以此丰富了学界对晋商股俸制的认识。同时，不难看出资本雄厚的山西典当商人在进行跨地域典当业经营活动过程中并没有集中资金开设大型当铺，反而是深入到各省的府县、乡镇开设多家中小规模当铺的经营特点；晋商典当业围绕日常资金管理建立了一整套账簿组织体系和分工明确的日常资金管理制度，以确保各项资金收支的清晰无误、平衡准确，如通过“过账”缓解对现银、现钱的依赖，提高日常资金管理效率，运用“钱价”“汇费”的变动规律筹措资金，通过负债经营扩大资本规模、缓解资金压力。此外，晋商典当业凭借书信、依靠层级管理结构以及地缘关系为联结纽带构建联号经营，以此降低经营成本，提高经营管理效率，增强抵御风险能力，维护行业整体利益。这种联号经营不仅是晋商完成跨地域商业、金融业经营活动的一种经营方式，也是晋商群体发展、行业发展的一种制度性保障。因资料限制，我们目前无法探究晋商当铺联号经营的全貌，仅以“松滋四典”为例，探讨了“介号”“沙号”“松滋四典”构建的一个具有三个层级结构的复合型联号经营模式。

四、明清以来，晋商在从事商业、金融业活动的过程中开创了一系列独具特色的营业制度。如何准确认识这些营业制度，更为清晰、系统地探讨晋商整套经营制度，研究晋商辉煌背后的真实动因和机制是中国经济史研究的应有之义。本书以刘建民收藏的晋商典当业信稿资料为主，结合其他方面的文献记载，对晋商典当业的开停当、估衣处理、账簿组织、营业报告等营业制度进行初步研究。通过分析，不难看出这些营业制度既有一些制度性的经营活动，也有较为完善的制度体系，并在晋商当铺的经营管理过程中发挥了各自独特的作用。具体而言，开当、停当是晋商典当业经营管理过程中一个非常重要的经营环节，围绕开当、停当晋商典当业形成了一系列制度性经营活动，并将“停当候赎”作为与官府博弈的资本，以尽可能为当铺的经营赢得一个良好的经营环境；处理估衣的方式体现了晋商典当业的特色，也是晋商典当业盈利的重要途径，但是由于清末以来社会环境的恶化，晋商典当业的衰落最为直接的体现即是估衣收益的日益下降，甚至亏损。晋商典当业在经营管理过程中建立了一套行之有效的账簿体系，具有账簿种类齐全、设置科学、体系完备、贴近经营实际、灵活实用等鲜明的特点。《立账簿头绪》不仅是晋商典当业账簿组织、记账方法的经验总结，更是对中国会计史上中式簿记的一次理论总结，改变了以往中式簿记师徒口耳相传的传授方式，对研究中国会计史、商业史以及典当业史具有非常重要的史料价值。月总账、年总账是一种单向财务报告形式，商号书信则是一种双向报告形式，亦是对月总、年总的重要补充，能够进一步完善晋商典当业的信息交流及报告机制。

五、在晋商从事跨地域典当业经营过程中，晋商当铺与客居地的社会各界建立了密切的联系，并将这些社会关系作为构建自身商业网络的关键要素，在其经营活动中发挥了重要作用。以“社会关系”为视角对山西典当商人的跨地域经营活动进行考察，可以帮助我们获取更为翔实且贴近实际的客观认识。从本书的分析来看，晋商当铺为了维护自身权益和应对经营过程中遇到的各种困难，针对性地与各类官吏、同乡商人及工商字号、金融机构、当铺所在地基层社会各种社会关系保持联系。这种互动、联系，一是体现了“权势为导向”的基本特点，一方面借此获得减免当捐等特殊待遇，另一方面也经常被勒索银两，这也是历代官商博弈的具体表现形式；二是凭借“地缘”“乡缘”关系结交同籍官员、同籍票商以及同籍的同业人员，形成以“地缘”“乡缘”为纽带的互动模式。此外，随着晋商当铺与地方社会各种社会关系的不断融合，“业缘”也逐渐成为晋商当铺构建社会关系网络的关键要素之一。这些社会关系与典当业的经营管理联系密切，在维护经营环境、降低经营成本、应对经营难题等方面发挥了积极作用，为晋商当铺经营活动的正常开展以及经营收益不受侵犯提供了保障，是晋商当铺商业网络中不可或缺的关键要素。

六、晋商典当业东家在人事安排、资金调动以及重大事项等方面具有很大管理职权。晋商典当业掌柜的主要职责是具体负责当铺的运营管理，包括业务开展、日常资金管理以及一般伙计的人事安排等内容。从信稿资料反映的内容来看，晋商典当业东家、掌柜之间并非学界所认为的“所有权与经营权分离”，而是一种所有权与经营权的适度分离关系，东家、掌柜相互合作、各司其职共同完成对恒裕典的经营管理。进一步讲，这种关系体现了晋商典当业的行业特殊性，抑或晋商典当业东家对当铺经营管理的干预要比票号、钱庄、银号等山西商人经营的行业、店铺要多一些。因此，在晋商东伙关系问题上，他们之间的关系不能一概而论，而要根据不同行业、不同历史发展阶段具体分析。

七、历史上商人凭借书信开展商业、金融业经营活动的书信经营方式是一个值得深入探讨的重要问题。通过分析，我们至少可以看到晋商典当业商号书信在格式、编号、内容以及寄信方式等方面体现了区别于一般书信以及其他地域商人书信的特点，而书信内容的程序化要求以及所体现的商业经营性功能则是晋商典当业利用书信完成经营活动的核心要旨和关键所在。这批信稿资料反映的“书信经营”是山西典商完成跨区域、异地营业的一种习俗性的保障，体现了包括典商在内的更多山西商人群体发展、行业发展的一种运营机制。因此，研究晋商如何科学地利用书信展开商业、金融经营的历史肯定是经济史未来学术追求的一个全新的领域和板块，其学术价值随着学界对商人书信研究的不断深入而日趋得到彰显和认识。

附　录

附录一　《光绪十三年（1887）湖北松滋合盛典书信底稿抄本》辑录

1. 献忠进谏以报知遇之万一耶。此所谓智者千虑必有一失，愚者千虑必有一得。今算册一事，若非介号来信驳令重开，则公不能翻阅前账，以起公疑。盖恐此次样式开回，复有不合则彼此不光。此公之不得不勉渴愚诚于翁前者也，岂敢牵枝扯叶，卖弄聪明乎。今谨遵来命，照翁样式缮开三本寄上，伏祈收之，余不赘冗，此复。即请福安，并候逢恩公迎吉。

愚晚□□书。

2. 与介号尔章翁，四月初一日

尔章老翁台大人阁下惠览：迩维喜风已去，夏日初长，正咏送春之句，适当飞絮之候。遥想禔躬叶庆，清和而舒畅，福祉迎祥，顺阳气以升明，北望乡云，定符私颂。兹晚去岁因享大王神惠，经扰多天，承友于兄通叙，诸公盛意，铭泐于怀。彼时未敢面请明训者，诚恐事有葛藤，致成话柄。区区微当，呈领同贴，奏讫他省或可遵行，湖北刻难照办。现在各质铺每岁捐银百两，各大宪岂肯余百两不收而令该典每年纳税五两耶。害由各质铺自招，迄今波及典商，亦要按六成捐缴。各质铺若于初行时大家同心，达各具禀，或请邀免，或请酌减，或照章领帖，何至遗害于胡底之客蜂拥而至。执事诸公终日酬应，定不遑暇食矣，生意之畅达荣茂孰盛于斯焉。

3.遥瞻万彩，以贺以颂。敬启者，前接沙号来翰，云宝号于六月杪[①]交下票钱一千串，除此新旧欠钱二千七百余串，另开结单统呈。嗣后未知又交与否。如其未交，望即如数交清，俟中秋后亦好，忱谅在洞鉴中矣。别后弥月[②]束装南下，抵沙时已逾中秋十日，重阳一过即寄告辞之信。冀德、备翁见信来楚，一辞一准两无兼言。遂于今正初十直诣沙号，承逢恩公择吉廿四日赐十幅之简罗、八珍之筵，未展一筹，先乔盛款，情周义渥，载愧载惶。嗣命于二月初三日由沙赴朱，只候介号之信，后荣午公因小恙未愈，诣沙调治。遂于二月尾，将账目交代明白。他事委柳庭兄代庖，晚暂为协办。后于廿五日子京到典，得阅来翰，复呈荣午公之信。云伊廿三日业已登程，命晚见信接办典事。而初荷眷顾之情，即委泰山之任。但晚幼稚离家，山僻学贸其于会计一道，未曾聆教习见沟渠之隘，乍驾湖海之阔，力绵负重，深怀战兢。尚祈指南，时锡教语，频频遇事俾有遵循，则东公之大业永昌，而晚感佩之心无既矣。再及柳庭兄四月初二日束装赴沙，骡脚或便即可由沙北旋，典务大概福星抵介日自能面述，恐不冗赘。肃此奉上，顺候崇安，诸惟鉴照。不惑。

愚晚某某书。

4. 与逢恩公，三月十七日

逢恩公台大人阁下赐鉴：别后到典五旬，于兹屡阅与典来信。得知贵体安和，诸凡适意，为颂。兹晚来时曾面请明训，承命专候介号之信，别无他言。是以荣午兄数次交代，晚未敢接手。因伊候信不到立意下沙。于二月底，月总算账之期，先将账务宣示明白。他事则仍委柳庭兄代庖，晚暂为办协而已，候信到时再为接班。此乃荣午公、柳庭兄与晚三面言定者也。昨接荣午翁来信，云此期之信仍不提交接之事，恐致两误，与翁商定择日动身。令柳庭兄见信束装赴沙等情，晚思如此含糊成何局面，即定不候介号之信，而沙号不能不赐明信。再荣午公盛名久著，遐弥皆闻，公虽驽骀亦颇知大义，赫赫典业，岂可私相授受。昌世自行辞退，余伙如旧，咸叩福庇，尽皆安善。年底净存架本钱

① 六月杪，即六月末。

② 弥月，即整月。

一万八千串有奇，存现钱一万零七百余串。专此敬贺新禧，并请福安。不一。兼贺辉垣、颜为二位阁下新婚鸿禧。未另，介泐。

晚□□书。

5. 与介号

尔章老翁台大人阁下赐览：敬启者，于去腊接读尊谕，一切遵照办理，兼协、同二典俱已知照。兹今星回岁转，物焕春荣，遥惟贵体绥和，应嘉时而增福寿，兼贺诸公康泰顺阳，令以迓吉祥。晚等忝居伙末，远隔云天，弗克升堂拜礼，惟有北望祥云，且祝且颂而已。谨呈去岁满年清册，望为察核。其钱价即遵来谕旧发，照旧五八，余三款按沙市腊月平钱价六四四合典六三扣算，设有不安，祈即指示。所愧天赐寥寥，实乃经营不逮，伏祈格外见原为感。至典事叩庇安善，颇称顺适。再及众伙熙熙□□春台，晚才碌碌，亦沾福泽，稍可告慰绮注耳。外奉诸东清册，信启望为代呈。谨此奉申，即请新安，诸惟垂照不罄。敬候玉□、倬亭二位阁下新春福安暨阖号列位台前鸿禧。恕未另。

愚晚□□书。

6. 与荣午公

春时话别，倏又新春。遥维荣午老翁台大人献岁以来锦堂叶吉，福祉迎祥，曷胜额贺。兹于去腊接诵手谕，全出之银为数交记，其汇费典出正数记注台账。顺报典典平和，众伙安泰，告慰锦注。惟生意清淡，获利不多，令人惭怍无已。谨将清册钱折呈电，倘有欠妥，望指示为感。一切琐碎细事，典伙抵家诣府自必面述，恕不冗渎。率此奉达，恭贺新禧，并请春安。不宣。

愚晚□□书。

7. 德备、惟善、恩浦三位阁下公电：敬启无别，缘学捐局首士易来甫先生托李观臣先生来说，抽用学捐成本钱四百串，计九五本钱一千八百串正，按年八厘算息，该利钱一百四十四串正，四典匀派，每典出利钱三十七串正。又每典缴抽本钱一百串正，计每典本利共应缴九五钱一百三十六串正。合盛业已如数缴讫，此款未便代缴。今伊前赴各典去取，望即照数发给。至于旧领已经缴存合盛，另换新领，计共领本钱一千四百串正，仍系四月初下期，祈为注账是妥，专此布达。

8. 与柳庭兄

自兄旋里已逾新年，久未接奉手函，弟亦少书问询。去岁典伙抵典，询知玉体平安，甚为喜慰。兹今入岁以来，敬维萱台纳福，兰室迎祥，空符鄙颂。至典务颇称安善，勿劳计念。今将清册开折呈电，若非申改钱价可有三千一、二百串之利，今止一千两百串有奇，每俸六十三千。足见弟之办事不力，甚觉无颜相对。草此奉候新安并贺潭禧，不一。

愚弟□□书。

9. 与立生典

雪花雪色、春日春光。两下融和而有交相辉映于无边。敬维笃臣仁兄大人荣祺迪吉，福祉凝祥，迓新岁之鸿庥，应嘉时而焕发，翘瞻瑞彩，羡奚如之。兹弟分袂后，于除夕前晚抵朱，想诸公廿七日必可临沙矣。才别旬日，已隔一年，企慕之私，时萦五内。兄台友情最笃，亦曾念及鄙人否。刻下汉帮同行有信来朱，两院之批料该发下，念之问之，望为示知。松滋尚属不催，敝业叩庇平顺，弟亦粗适，告慰锦念。率此奉请新安，敬贺年禧，并请贵同事诸公鸿发。恕未另。

愚弟□□书。

10. 与协盛典

悬浦为兄大人阁下雅及：前于念五日敝伙等返棹抵朱。接阅尊函，承发之钱已照收注账矣。惟据韩先生云曾见宝库充足，向兄请再通融，蒙许再商。今接同盛来信，亦许筹助一千。因仍着韩先生随船前往，道经宝典，令其面请，如克践前言，祈再假千贯以资不足。阁下经营其舟资多寡合盛承认，徜宝库盈富多，假数百串更妙。盖因目下当头微长，逐日净上钱百余串，望日[①]合账存架本钱三万零七百串谱。如宝典存钱无多，弟即着人下沙去装可也。不敢必求允准，特此相商，望即赐复，敬候暑安。不宣。

愚弟□□书。

---

① 望日，指农历每月十五或十六。

11. 与介号，三月二十四日

尔章老翁台大人阁下赐鉴：敬启者于二月间在沙接奉尊谕，当即奉复，谅邀钧电矣。兹于月之二十三日接到二月二十三日来谕，备领一是。所叙晚意欲接短等情实有其事，盖因时运欠顺，历年来耗费实多，加以不自节省，以致负债孔多，终岁所入不敷，使用不获。已想此接短左计，权当避债之台。去春曾向罗学孝兄谈及，想其达信倬亭兄，故而得知耶。去岁在恩浦兄处，倘来甫去时亦好裁办，免致歧异。再算账，钱价一节曾与恩浦兄言定，恐介号赶年有信出来即可遵办。如无信，候腊月二十二日送结单时再为定夺，本合早为奉知一切，奈因沙返典琐事匆忙，以致迟迟顺报。告慰绮念，专此奉上，籍请福安。不一。

晚□□书。

12. 逢恩翁台大人阁下青电：今日巳刻，聚大永着人来典报信，云韩先生与伊号杨先生坐志道船返朱。昨日突遭飓风，漂至稍箕坳地方，船坏人获生命，狼狈转沙。乍闻如霹雳行空当头令人战栗。盖韩先生上有七旬之母，下无五尺之童，倘或不虞，痛恨何堪。今幸无恙，实为大幸，亦吃惊不小。尽行流去，聚大永捞起之箱一口，内装洋布等件俱已水湿。当即另行□船于十九日抵朱。典于十八日开信，次早即着张大纶先生前去探问，半路相遇而返，人获平安，实为大幸。倘遭不测则韩先生上有七旬之母，下无三尺之嗣，抱恨无穷矣。韩之幸也，典之幸也。所赐号信在本箱内收检，故未落水。讲未知何故，恼了冯家姊妹，阻隔船头，昼夜怒号，加以胜六君助虐，愈滋跋扈，河神变为仇神，坚冰铺满水面，将舟四面围寒，风声虽疾，波浪全无，然寸难步行矣。同事诸公面面相视，措置无法。弟见势不好，凡人焉能与诸神相持。是以于念五日雇夫二个，肩挑随身行李，奔赴了角庙恒升典。次日，览夫五人陆路赴沙，讵料是日云开日出，相仇诸神尽皆返驾，而雪被日化滑足如油，晚间十下钟方□抵沙。次日，经纪一天，廿八日登舟返典。今日虽被风雪，尚未阻搁行舟于舞动，平吉抵典。因忆及古人天荆地棘行路难之句，洵不谬也。在沙接读介号并三典在家诸执事公信，因钱价一事，令明正开清册，旧管仍照旧开，其新收、开除、实存均以腊月十五日沙市钱价围合。协、同二典仍比合盛下一分开算，查沙市十五日之钱价六四四，合盛定以六三开算。来信命介知照二公，谨将其原信统呈，望照办可也。祈将介号原信掷还为感，已届除夕，合急奉知。外呈上虾酱、黄瓜各一坛，聊为辞岁之敬，先申新春之贺。急忙草率，不备不庄，即贺年禧，并请新安暨贺列位兄台大人鸿禧。急恕不另。

13. 与三典公信，七月二十日

德备姨舅父、惟善老翁台、恩浦老兄台大人阁下钧鉴：谊属同业，恕不能冗。敬启者，新任陈公下来廿四日请帖，想各典早皆下到。兹因李观臣来朱，云官求向我行挪借银一千两等情，并新到藩局宪札饬催缴岁捐。查取息章程，如与汉阳相同即援照质铺按六成捐缴，如取息重于汉阳即照八成捐缴。今将札稿统呈，不日即出谕帖，并抽用学田捐输本钱。此数事萃于一时，望诸公届期齐集合盛，以便面议办理之法，万勿推诿。专此奉达。即候秋安。不宣。

名正肃，七月二十日早申。

14. 与李敦夫先生

敦翁五兄大人阁下升览：前在小典诸多简亵，别后想调摄有方，凉可健旺如初矣。兹堂公帖，请弟信达各典俱皆来朱，咸有复信。虽各执一词而大略相同。其同盛来信有云：县宪邑主庇商恤民，询称德政。今恤民有加而庇商不足，即岁捐一事，禀恳据情转详，俾下情上达，只需半张纸、数行字，上宪俯准是官于典有恩。不幸不准，官之于典亦尽情尽力矣，我等敢不感恩承情哉。如此惠而不费之事尚不准行，况其他乎。查别县均准转详，惟松邑不许，相形之下未免向隅。似此光景，如用季规，我行只可照旧规按季呈缴，若或长支则难乎为情等因。弟接读此信辗转难艰，此所谓公事难办也。然弟初意未尝与各典不同，因阁下再回缠绵，期堂公庇我有后，故胆允两季。在阁下居科，只知替官尽力，弗计弟之为难也，不得已心何甘，再四思维，非上府具禀不行。敦夫先生来片，亦如此言，未识诸翁心意如何，况此事于理不可应捐，即不得已照捐，亦不能如此懦弱，任彼勒索，就是事关奏案亦应善劝也，或定上府会集合盛令行，或另有别法亦祈示明，以便县主追缴支持。禀一事，十一日诸公去后，公即诣县呈禀，当日返朱。今早敦夫先生专脚送来批语，县主不准其禀稿及批缮钞呈电，如此惠而不费之事，只需一张纸、数行字转详上宪，与县主并无关系，而犹不准。我行季规节寿花费若干，遇事全无半点庇护。此息旧领抽回仍换回典，公具新领，计本贰千五百串，上盖合盛印章，改写十三年四月初一日期。今随信统呈各典结单各一纸，望回单注账为妥。再于今午接到县谕四典公谕帖一纸，系因岁捐等情已与观臣先生言定，刻日具禀其禀初稿，与先抄去者略有改易。今随信另抄呈阅并县谕一并呈电。阅后祈将谕贴掷转为要，一俟批出再为奉知。专此布达，敬候节安，并请列位台前均吉。未另。名正肃。

阅后加书转同盛，再转义盛。

15. 与沙号，八月十八日

桂山翁台大人阁下青电：敬启者于十四日接诵来函并另接手谕，两都备悉。带来之银照数收讫，及一应之物俱照收，勿念。至附叙岁捐一节，大众既商定各具各禀，甚为协当。盖此案今如此改变，非比从前，大众可以合办，且各属各有情形，不同松滋四典。于初九日谕帖出来，十一日即诉情具禀已准照禀，详复矣。未知上宪如何耳，谨将谕帖及禀稿抄电，适有大众来问，亦可请伊等一阅。其禀之情，系请照汉阳，再恳减成是打进一步主意，即不准再减亦宜早为之计，或着去襄樊，或命旋里，在此亦非长久之计。果明典能用时早已就用，实因典中现有年轻相公五人，生意微淡，人位不少，未便再留矣。即在典闲住，空过一年再一年，亦耽误伊本身事业，莫若早为图之，以望将来成立。况在典闲住，既无身金，又不能无便用钱文之处。如其使用钱文，抑是翁台之账耶，亦不许伊便用耶，望即示明。又及，再启今午接到来信，所叙备悉。前信所云臧与顺交钱等情，伊无常人，在沙遇事托聚大永杨际云先生代办，嗣后如来号交兑钱时无谕多寡，收下其现银。子京兄于十六日突然告辞回里，晚再三诘问何故，不肯吐实，只云接家信有要事，执意告辞，不日已许其回去。随身带有寄介号之信，准辞不准，权在介号，晚未敢擅准。按伊班期未满，不当给与上下班钱。姑念自去□□隔水少作分头之处，典与伊已言明，他认惟买银所差多少，达信前来与伊面算可也。至岁捐一事前札文初到时，官甚着急，拟□复文以八成定案，刻下又置不问，未知何故。三典齐集，已议定候催时具承诉情矣。一俟有定再为详报。此及。

16. 与恩浦兄，廿七日

恩浦兄台大人阁下雅鉴：昨日分袂后弟于五下钟抵朱，谅兄早该临典矣。盘桓多日，嬉笑谈心，一乍相离，不无思念。曾忆兄谈及宝典缺一朝俸，或得力杂办亦可。今有郭锦昌者，是子京兄本族，观其人老成敦厚，年三十岁，正在壮年得用之时，站柜□□应承即杂办亦诚心情愿。弟敢为推荐，以听指挥。倘有一切差错外务等情，有弟与子京兄同当，断不致兄台受累。恃在交好，胆敢冒陈，望祈赐光，概诺为感。其人现在合盛暂住，为望即赐复呈。幸耑此奉，请清安并候莲峰兄台暨列位阁下均吉。恕未另。

弟□□书。

17. 与李观臣，四月十二日

观臣大兄大人阁下雅鉴：敬启者昨日敝价返典，接阅手笺，所云季规等情甚为妥帖。今即着价按一季送呈，以践按季呈缴之言，祈为照办，送呈为感，并将四典本年牒税一并送去，望即照收。至叙稿催缴捐款之事，此案已于月初接得汉阳典帮与荆沙典帮公信。据云去腊奉两院批示，后两次经府县面谕劝导，不得已应允照质铺减四成，按六成捐纳。自本年春季定章起，由汉阳县具秉转详，请准示遵等因，谨将汉阳县详稿抄呈钧电。然刻下荆沙各处俱未举动，遵否照六成捐纳尚未定局，我松滋只可候江陵办，定有信前来方好照办，望阁下善为辞说。汉阳所定章程，暂为不须向官言明，弟之拙见如此，未识是否，望祈尊裁。弟定即日赴沙，因府清节堂息款向系十月汇缴，今因经费不接，谕令按两次呈缴，只得前赴遵缴。此所谓官出一纸，士民则奔走不暇矣。为此奉闻，即候清安。不既。

弟□□书。

18. 与同盛典

午桥仁兄大人阁下惠电：前因清节堂息款在府具禀，蒙批饬令该首士遣妥人执持印收往各典按季收取。接沙号来信，云别家均按两季先缴，催我松滋甚紧，命弟急速赴沙遵缴，须于前月十三日匆匆赴沙访问各典。有托沙市钱铺代缴者，有托城内者，俱无定准。弟思照批办事，谅无差错，是以置而不问。至前月下旬向云程到栈，叙及此事，言定堂内着人持印收至泰丰收取无开销，所有旧费仍俟十月汇交。此后无论我等在沙与否，□□执印收到泰丰收取，免诶首士跋涉之劳，庶几两下有益。但他典既已奉批，即可专候来收。未知何故，自先呈缴两季坐待印收，实不解也。后于念九日清节堂李姓随同号房至栈，呈上印收四纸，按两季加闰取去具学费钱拾陆千四，县八家每家应派钱二串。阴雨缠绵，十四日方与李先生文级登舟返朱。阅来函承惠新蒜，缇（是）以王瓜不啻明月夜珠照我无准矣，至厂房不讲空，甚为合式（适）。想为函寄介总管诸公，定然□□。在沙闻马维翁已于前月廿六日由介登程，端节前必可抵典，吾兄瓜代有人□何为也，曾言荣旋过我未践克前言否。谨设粗饯以待行旌，念之望之。专此奉达，即候到书，余问李先生自可面述。恕不冗及。

弟□□书。

19. 与同盛典，六月十一日

惟善老翁台大人阁下惠览：敬启者前秀全送来寄沙号信已托宁元德先生带去，勿须再念。秀全返街曾奉一函，谅邀青电矣。前数日接得沙号来信，云午桥兄于初四日令王文緋结伴起身。沙市钱价前月二十，边长至六五，刻下跌至六三八，想李拱亨先生早该返街矣。刻下合盛每日当头稍起，毛当二百串上下，净上一万六七十串，存现钱四千余串，大约可以敷衍，又恐欠缺。曾闻李拱亨先生云，尊处钱库充足，未审能否通融否，多至二千串，少则一千而已，由沙号兑交。此不过暂先请教，用与否刻下难定。如蒙概诺，候月尾再为奉信知会。前闻翁台偶染寒暑，谅早全安矣，诸位同事想皆安好，念之问之。刻下兆炜伙染疟在床，他伙亦间有病者，时染时愈。盖朱市地临大江，每岁于江水汛涨时，疫气流行，偶一不慎即染时疾，诸人亦不善调摄之故耳。初四日，张大论先生告假去协盛，迄今未返，恐是于路受暑，致风染疾在纸，盖伊前教日就觉身体不爽，遇此时令不和之候，出门人最宜保养。昨晚合账在架本钱三万二千一。诸多顺适，赖众伙之匡襄，幸获平安。兹已星回天上，春满人间，遥维禔躬叶庆，福祉凝祥，寿添海屋之筹，樽开柏酒之觞，翘瞻万彩，曷罄颂私。谨将光绪十二年全年清册缮写呈电，获利无几，殊觉汗颜，望为海涵是荷。至及典务顺适，勿烦锦注，特此奉上，敬请新安，兼贺即候刻安。不一。

三月十五日合典印章具。

愚弟□□书。

20. 带去第二十二次信内叙收到银两票板等情谅邀尊鉴矣。前因发支季观，典存银不多，故先取来二百两。讵料官定要多支一季，仍不敷缴。祈再取现银三百两，仍交先宗手带来为妥。再由典账过交同盛九八一钱五百串，是先为应当之钱，向同盛借用钱一千串耳。刻下当赎两抵，存现钱伍百余串，圆架本钱三万八千串谱。今年新做架本二万串有奇，与介号寄信望代报一笔为感。专此奉达，即请节安。不一。

晚□□书。

副启者今族弟应钰曾言与觅有栖所。刻下秋凉之候正好令去，或未寻下事业亦甚，晚亦幸甚矣。柳扈兄择定出月初六日由典赴沙，万事俱备，如骡脚有便即初三日登程，亦无他累。顺报昨日合账实存架本钱二万六千串有奇，日当钱一万串上下，存现钱五千串之谱。此上敬候福安，诸祈光照。不宣。

愚□□□书。

21. 阁下酌择以裁之可也，所短十四日一张、二十八日一张，是由沙寄朱，即少此两天，云是信局遗失。外奉去西瓜二十元，望祈哂纳，消烦解暑，请尝试之，惟色味皆劣，若无上品，不堪尊口乎。汇川兄返去访有名医否。想数日来该可见效，念之问之。沙来信报钱价二分九，永佐之钱即在沙交兑何如，此达即请近好。

愚弟□□书。

22. 神两载今已定案，如割重疣。前曾将详文禀稿及藩局宪批各抄呈电。兹县宪谕催缴解，而荆沙各属均闻未定，似乎未便先缴，挨候各处是何光景，待县再谕紧催时再缴不迟。现今时势朝久更易，诚恐别有他变耳。刻下郑州河决，河工新章开捐，本省江沔赈捐业派各属州县劝捐乐输。正是前波未平，后波又起，未识我行可能逃免此两项捐款否。日前李观臣先生来信，因接奉藩札兼户部徽信册奏折条款一本，饬将当行应完贴税按年解部，不准隔年空欠。我行向系按年完缴，并未缺完。讵料官家仍是今年解缴去岁之款，缺解一年，未知何故。历来如此无可稽查，即我行俱是年久铺口，远年簿籍无存，难究其底，只可缴一年，以后按年完纳照户部奏案，本县给予印收执照。今已将补缴之银如数呈解，所用学田息本前易来甫两次抽去本钱七百串，换写领状，计四典尚余公领本钱一千八百串，仍系四月初一日期所有抽去本利钱数分注各典之账。前日严副爷下来伊孙喜酌请帖四付，查前年伊女出阁各典各送钱二串，今只好照旧送去，未便有减。再前因岁捐，官执定要按八成详复定案，有钱□涂姓开口索谢包，在官前求情，曾许如详准六成谢银四十两，今已如数呈送。又因此事，李观臣先生代我行求情，屡次大受发责，且自去年办起颇有勤劳，前曾与德备、恩浦兄谈及公送谢议，今四典公谢钱四拾串，此钱毋庸各典出账，由城栈房租积年存项内除扣，亦属惠而不贵。有伊去岁借各典钱拾五串业已交下，一并记注各典来往。以上数事本应请命，而行□事处急亦有所不及，祈恳擅专之咎。今送结单之便，缕此细陈，望诸公鉴之。所有各典结单另缮照收，并统呈户部奏折征信册一本，催缴岁捐谕帖各一件，阅后一并掷还是要。特此布达，复请崇安兼候各典列位先生大人均佳。恕未另。名正肃。

愚弟□□书。

23. 复易来甫今日

来翁仁兄大人阁下：前□奉贺仪，反蒙齿及，捧诵雅笺，□生□□承统来学捐领状左钱二百串等情。窃思初次在沙抽用二百串，所云不足再用者想亦缺尾数，讵料在典又用多至五百串。小典代三典佃钱数百串，迄今未能归款，劳力佃钱为他人作嫁衣裳殊觉无味，况此项朝更暮改，实不胜烦。若□款抽用请尽数奉还可也，然亦须前赴各典去□□，万不能再与人空佃。否则来年四月，届期□□尽数用去，亦免琐碎零用。谨将带未领状随来役带转祈为验收。如定要用时，请求县尊下谕，将领状掷下，尽数奉还可也。若零星抽取未敢如命，远拂之处祈为海涵。专此籍复，即候节安。

24. 与介号，冬月中旬

尔章老翁公大人阁下青电：东伙谊深，弗敢□申，遥维贵体安康，动履叶庆，定如私祝。敬启者前由沙奉去一函，谅早邀崇鉴矣。兹于月之初三日接读十月十一日来谕，所叙杨掌柜逝世等情，谨将伊在日银钱使用，沙与他处已有成说。嗣因接到杨掌柜故信，自思今年难克分身，当即将所定之处辞退。正叹遭逢不偶，所图未遂，讵料我典请人之速，使晚得早下班，复蒙差往山东，甚于外号多多矣，亦是诸公怜情从权之厚意，曷胜感戴之至。惟彼新设之业诚恐不胜任甚然，承蒙爱委，弗敢推托。至云请定罗学宗先生即在太和管事矣，虽云叨天之庇，亦赖诸东之福荫也。今着张大纶先生前赴劳问，韩先生静养数日即可相伴返典。刻今时疫流行，典伙病者七八人渐次痊可，尚有二三位未痊，月半后当头稍□。每日净上钱七八十串，架本三万四千钱串，他事如常，告慰锦念。专此奉达，即侯。

愚晚□□书。

25. 与三典公信，八月十一日

德备姨舅夫、恩浦老兄台、惟善老翁台大人阁下钧鉴：各位前月诸公驾临，诸多简慢，均属切己谅解不我咎。兹堂公季规即按五季呈送，学田捐本抽去五百串，算至八月初一日。四个月按长年八厘缴，兑交钱一千二百串，系杜武臣交义顺全钱六七百串，余者系聚大永兑用，迟一二另有信奉知，照兑可也。典账存数不敷，如号有存钱，祈为暂佃。若无则与典买钱八百串以抵此项，其银或兑或佃任凭尊办是感。刻下典存现钱一万一千五百有奇，每日当取钱二百二三十串两抵。至二十日合账，实在架本钱二万三千四百串谱，票利钱五千一百五十余串。前光宗带去一信并奏折徽信册一本，后志道船又带去一信，想该挨次收阅，刻下典事安靖，且看年底如何，容后再报。专此奉达，即候春安。不既。

26. 与协盛罗恩浦兄

恩浦兄台大人阁下雅电：月前经扰，竟夕清设企慕之情至今不忘。别后转街河，次日返朱。二十五日祈请郭依镐兄抵典，随带介号来信，内叙令弟接班之事，余无他说。荣午翁在沙，阅信后遂于二十三日占懿发牲口动身旋里，柳庭兄明天下沙，亦定占懿发牲口起程。惟向依镐兄询问蓬峰消息，云介号开张时会面，嗣后未见，不知何时登程，想不远该到矣。前与兄面叙，欲装钱赴沙，未知果否。如定装下到□上，咱合盛接收，在沙交兑，协盛之账或二千三千俱可，未识尊意如何。倘蒙允从，祈赐明信，迟早不拘亦无须过急也。再闻省札到松，云查我行之帖，欲令照质铺每年捐银之意，俟谕帖出来再为信照。特此奉上，籍候吉安。不既。

弟□□顿兴午桥兄。

27. 与午桥兄

午桥兄台大人阁下如晤。于今日酉正万茂返典，呈到手札，敬领一切。沙号之信遇便即转，所有另叙验帖捐银之事，劳兄代为知会，各典足见关心。但此事乃前月下旬开知，迄今谕帖未曾出来，不知何故。以弟愚见，莫若候谕帖发下，信达诸公，再为驾临妥议，不然则直去不顾，并无毫发之缓，岂不比箭尤速耶，酌酌翁台，以博一笑。兹合盛新请郭依镐兄于二月初一日由家买车登程，前月二十五日抵朱，带有介号之信，兼叙命弟接班一事，在沙荣午翁阅过，急于二十三日占懿发牲口北旋，柳扈兄定初二日束装赴沙另为结伴而行。昨闻省垣有札到松，云查验我行之帖，如系司帖即照质铺每年捐银，系部帖免捐等情谅不远即有谕帖出来。我兄高明有素，遇事洞澈，该作如何应酌定有一番卓见。耑此先闻，候谕帖来时再为信达，余不冗渎，即候刻安。

愚弟□□书。

28. 与沙号，廿一日

逢恩翁台大人阁下赐鉴：前此寄去之信谅可第次接阅矣。兹于初十日后当头渐长，逐日净上钱百余串或一百二三十串。刻下存钱千串之谱，代□盛聚大兑数未交者不足二千之数。窃思沙账存钱虽多皆系□后盛交下票钱。若专脚函致，各典饬言究竟，忝在治属，多叨庇荫。

晚□□书。

29. 惟善诸翁台大人再电：前接尊谕所叙高立谦相公等情当即奉复。着伊来朱，迄今未至，不知何故。前在沙接到介号来信，云合盛请定罗学宗先生清明后登程到典后，晚即可下班。想再一期信必报动身日期。讵料初五日应到期信，脚夫行至麓阳驿地方被人打劫，将各号信件抢去，是以无信得知。且看此期有信来未，容后再报。有午桥兄去岁在合盛暂借钱五十串，言定晚下班时过付同盛之账，望即如数收注为感，余无他赘。此请崇安，兼候允中老翁台、永恩仁兄台均吉暨列位阁下清泰。

晚□□书。

30. 与逢恩公

逢恩公台大人阁下苫次①，前接辉垣来翰，敬悉老太夫人仙逝，曷胜怅然。惟我辈作客他乡，未亲舍殓，不无抱恨。翁台纯孝素笃，痛况何堪。然逝者既已无知，生者徒悲无益，尚望节哀顺变，珍摄玉体，以慰泉下之怀是祝。兹因本县堂公发下谕帖，据奉藩局宪札，饬今典当照贺铺捐银。因各典每以请恩浦兄在沙面请每典送钱贰串，讵料伊回松收后复又按合盛人名三位送对联、折扇各一俸，是诚贪得无厌者。因复又按人名三位送钱叁串。如伊去街河难免不送，望翁裁夺为妥，便中祈信知。因雪故他事如常，余容再报。专此奉达，即候清安。不宣。

愚晚□□书。

31. 与同盛典

午桥兄台大人阁下惠览：日前万茂返典接得来翰，欣悉贵体畅和，诸事顺通为慰。承慨允千贯以济急需，足感深情无已。今着敝伙韩先生随船前往，祈即照发是荷，并寄上五月份申报呈电，其可观者、可笑者、可嘉者以及堪采入尊著者尽印以红圈耶。如定不候介信，亦要以沙号示信为凭，不然晚不敢冒接其事也。草此奉渎，即候时吉，诸希原谅。不既。

愚晚□□顿。

32. 与三典公信

敬启者，前此诸翁齐集合盛，商办谕捐，具在此刻官不经究自先举动，似乎张扬。倘此事官置不问，岂不往返徒劳。望兄再具名帖，知会二典，耑候合盛信到发驾可也，转此布达兼侯刻安。不一。

弟□□□顿。

33. 与沙号

桂山老翁台大人此览：敬启者于昨日九下钟张大纶先生□□，欣知所送□并先运来之数除收来往，所欠之钱一并在沙兑交可也。谨奉上寒瓜二十元，聊为暑敬，叱留是荷。今早接得沙号廿六日之信报，云钱价六二九，他事不叙。

① 苫次，居亲丧的代称。

晚间合账计存架本钱三万二千二百余串，共得票利七百七十串有奇。特此奉渎。即候暑安。

愚弟□□书。

34. 与李观臣，八月十八日

观臣大兄大人阁下青电：敬启者今日酉刻接读尊翰，所叙备详。但横于生息上较量，我等生息比汉阳认息甚重，岂可比汉阳多认捐数耶。今果能讲交情，详准按四成定案，望照汉阳六成批准耳，酌诸明哲未识以谓是否。所云赴沙与大众盘桓详叙，刻下略有小事，未能分身，容稍暇再看可也。目下每日净下钱三四十串，存现钱八百余串。专此奉复，敬诸节安。

晚□□书。

35. 极敬启者，去腊下旬奉接两函，均未暇复。所谕一切及随寄物件俱皆收领，并银钱结单照注未往，勿须尊念。兹典中赖庇平善，年终安靖，满铺人等尚属粗好，告慰锦注。惟生意淡泊，年底净存架本钱二万四千一百七十余串，存现钱一万二千串有奇，蒙天赐净获利钱两千三百九十余串，每俸应分钱一百二十九串，仍不敷应支。劳劳终岁，实觉汗颜。容将清册缮就，再为寄呈详电。专此先请新安，恭贺年禧，统希原鉴。不罄。

晚□□书。

36. 闲静少言，信神好善，素常斋戒。祝融初起，藉风逞威，由东之西直迫王仁太之东墙，势成不救，瞬忽转风。祝融随风返驾而东，王仁太得保无虞，然屋檐燎及扑减者数次，咸以谓奉神行善之报，云前此作玉兰会王仁太敬神占仙示戒，云不远即有大灾。汝宜速将铺门用刨刨过，庶可免难，半信半疑乃呼匠刨过方三日适有此灾，其神矣。午间始遭祸者系一漆匠。家男子外出，妇与人通。是日方与情人对酌，炒田鸡为下酒菜。饮酒调情乐而忘忧，不意灶下火燃及灶外柴，比及觉时已穿屋顶。夫世间下酒菜甚多，田鸡微物与人无害，何忍残其性命，登诸升锅，实乘上天好生之义，况男女犯奸早干神之地为感。专此奉达，即候刻安。不一。名正肃。

37. 与午桥兄二十二日

午桥兄台大人阁下如晤：前由协盛转寄一翰，谅邀钧鉴矣。兹缘汇川兄数日内精神顿减，疮形愈大，身则渐形缩小，疽则显然有加，骨瘦若柴，有皮无肉，眼肿如桃，似熟不溃，大约精血告谒之日即气息不接之时矣。斯人斯疾，彼苍者天。前廖僧推手朱医接治，所用膏丹自办，而谢义频索，久不见效，反觉更盛，甚耗有数之银钱，填无厌之医壑。殊非善计，在阁下伙情最笃，曷为之想一良策，或另访名医，或别图他计，勿拖延也。耑此，籍候近好。

愚弟□□书。

38. 复逢恩公，三月二十七日

逢恩公台大人阁下惠及：兹于今早柳庭兄专脚函致各典，饰言究竟忝在治属，多叨庇荫，业已呈送两季。此后定蒙格外体恤，求伊等恕弟擅专之愆，凉可听从，再无他议也。其银本合早送，缘典惟钱是蓄，素不存银，在市收买三两五两集腋急难成裘，着人赴沙买取，数日始返，幸未越期。今饬役按各典两季呈上，倘责我迟延，祈婉词代诉苦情为感。劳神之处，容晤揖谢，此达。即候刻安，并请阖府清泰。

愚弟□□顿。

此信系弟擅词，可否上呈发电，在阁下裁酌可也。此条付丙与沙号，此信因韩先生已返典未寄。

39. 德备姨舅父、惟善老翁台、恩浦老兄台大人阁下公鉴：敬启者，前接县谕催缴二十年帖税，此系户部奏准之案，无可推托。今正曾与各位面谈，想再无异词。与李观臣先生商定，四月初间呈缴，先此奉知。兹因学捐局首士易来甫托李观臣求说抽用本钱四百串，合盛应缴之数由朱缴，记准伊执信前赴各典自取，与伊另有凭信一纸，其应缴数目并本年应付之息，于伊凭信上注明，兹不再冗，望见信给发可也。惟去腊易来甫向我行左钱二百串，以领状为压，未曾应许，伊即风言散语，声称要告我行使用钱票等情。去岁抽用数次，今一不随意则反面无情，是此等无义小人。如伊去各典取钱，只可照数发给，似乎无须优加款待，未知各位尊意以为何如。盖此次抽用本不当应承，碍于李观臣情面，况伊小人，亦不足与较。刻下合盛诸事赖庇平善，每日当钱二百上下，净在架本残三万一千数百串。想诸翁贵体清泰，生意畅达，曷胜私颂之至。专此奉上，恭候特安，伏维钧电。不备。名正肃。

随信晚呈县谕一纸，祈阅后掷还为妥。

40.与任东

素仰仪望，从未晋谒，雁杳鱼稀，缺候升安于往昔，天宽海阔，凉蒙涵养于无形矣。晨下斗柄东指，雁翼北飞，敬维应芳节而衍庆，顺嘉时以迓庥，北望乡云，以欣以颂。敬启者，公于去岁三月接办合盛典事，才疎任重，日夜兢持，既仗东公之庇佑，亦赖诸伙之匡襄。今已年更岁转，幸获平善。惟是终岁营营理财无术，惶甚愧甚。谨将去岁满年清册开呈尊鉴，设有不周，尚祈原宥。专此奉贺新禧，即请崇安。不戬。

愚弟□□书。

41.与典税房，二十二日

观臣大兄大人阁下雅览：函赐多义，拜领申谢，专奉微物，亦祈莞留。前四哥带来代佃使费结单业已结清，计除还旧欠钱三十串，下找去钱四十串有奇。所云枝江□查贼当，迄今差尚未来。照所云二月初二、初五、初六日期，详细照查，并无当下此物。至又奉谕催缴岁捐，尊上亦何苦着急。各典冬月间沙市来往早已结清，刻下典无存银，又非二三十两可比，实属无从措办。况原秉求按四成，今虽批准六成，未符原秉。各典俱未知会，且荆沙各属均未定案。倘松滋先缴，他处呈鉴荆沙各属尚未定案。至任大栋伙蒙撤往山东，有伊汇出沙平银十六两，合钱二十五串二百文，典存辛金钱二十串，上班钱四串，下欠一串二百文，典已出账，毋用伊找。惟伊该街上铺账钱□□，今如数过付沙号之账由沙号结回，祈向伊收取。典事照常，晚等皆叩庇身好。公安、荆门等处或有或无，望一并访问清楚，详细示一明信为感。刻下各典俱集合盛立等同音，即行进城具禀。为此专脚布达。即候苫安。不既。

愚晚□□顿。

42.与沙号，八月初五日

桂山翁台大人阁下青电：敬启者志道手奏，请令各省当铺缴还司帖，颁发部帖，增加税课。经部议奏云，若由部颁帖，事属烦琐，易起籍端，压搁扰累之弊，亦未便例外加增帖费，所奏应毋庸议。可见七十余年前后经部两议若合符节，足显朝廷办事恤商恤民之处虑无不周。再此次奏折有更为裁减一切陋规，俾当铺逐渐增开之语，不云裁免二字，只云裁减者，显存含浑之意。各督抚亦未必严饬各属，即各属州县亦未必奉行。除是有人出首禀，亦适有新开者硬不应许，陋规则旧有例规之老典或可照案请免，然只在本属州县秉办，亦未必能行，至饬各省质当照典（残缺）。

43. 与协盛典，六月十七日

恩浦仁兄大人阁下雅电：别后五旬于兹矣，当此炎□，不无谒想，时正庚□，初伏溽暑，方识想阁下调摄有方，自必顺时安泰，定符（残缺）。

44. 与同盛郎午桥公

午桥仁兄大人阁下惠鉴：日前过扰，涯荷盛款，敬以申谢。是日别后酉正抵朱，于今回忆似觉瞬间，然已经旬矣。尝云光阴似箭，吾谓比箭尤速，每见射家对□，先并足端身，再开步平膊，然后方举弓搭箭，有许多做作。光阴（残缺）。

45. 荣午仁翁大人阁下惠鉴：于今日午刻，万茂返典接诵手谕，所叙光宗船带信并捎物等情目下未到，至于翁与公交接之事，自有账目银钱存头为准，算合无差即已，其他固不合闻问，但翁爱我有素，不次垂青，公有差错，翁合赐照训，即翁有欠妥之处公敢不（残缺）。

46 与协、义、同盛典公信，腊月初十日

德备姨舅父、惟善老翁台、恩浦老兄台三位大人阁下统鉴：谊深义重，恕不□陈。敬启者岁捐一事，或承准免捐，或批准四成，则松滋岂不求减反增耶。一俟明春各典会面，如果别县定有成案，松滋不催自缴，断不能有违。望将此情向尊上婉辞代诉为感。再下来二十五日寿帖，届年无日，各典从忙，本应亲诣拜祝，实难分身，亦祈代承所有寿仪，明日照规送去，劳神客谢。随带去徽信册一本，望妥收，余不多冗。专此布复，即请节安。不既。

□□书。

资料来源：刘建民藏《光绪十三年（1887）湖北松滋合盛典书信底稿抄本》。

附录二 《民国二年（1913）湖北松滋合盛典往来信稿抄本》辑录

封面：民国二年阴历二月念七日起至八月初九日止又接十二日止

封底：无

1.旧历仲春月念七日与南三典公书

郁文、祚昌、志仁三兄大人台前公电：念前得与祚、志两翁连朝聚首，晨夕言欢，快何如之。郁翁驾履西斋，未获躬亲教益，抱歉殊深且也。王宋二君前者联舆临朱，既多简亵。今必骈驾荣旋，复未亲送行旌，愧赧交集，何以自容。兹我行填表一事，据文光兄由荆门、枝江等地转来，云各处办法，无非以多填少，不约而同。祚（昨）接李四兄来函，云署中因此一事已两次催促。今特着龚价前往各处催取，所填表格并随信呈去，前与文光兄在□商酌按我四典各情形草就表稿一纸，照稿填注，或无不可。惟协盛略有不同，即照前与祚翁谈过，资本金额可以五千元填注外，其当出、赎入两额似可照合盛三分之二填之，各户存款亦必须在万元左右方觉相符也。拙见如斯，以供遵裁。祈各填毕统交去价携朱，以便汇送县署是盼。合盛至前合净有架本二万七千二百千之谱，再闻沙地钱价月息均各起涨，月息一分二，钱市五分九上下，盖因受汉镇影响而然也。肃此奉请春安，统希霁照。不宣。三典列兄大人阁下均此财福兼安。

愚弟任绩书。

2.仲春月廿九日义盛典复信

体贤仁兄大人阁下升览：启者不晤芝宇，寒暄两易，每怀云树，渴想良深。弟抵典来，欣悉吾兄荣升合盛，履祉谅然多福，财祺定膺迪吉，曷胜额颂矣。日前弊东偕弊同人连日干扰，感谢靡殷，谨此鸣谢。是晚尊价投到公函，展诵之余，尽聆其祥（详）。知填表一事署中频催，今依原拟禀稿填就，随函统呈，至祈收览寄署是幸。再者弟意料后日恐有调查，至各典盘诘。愚意仿照日行锁记章程，援所填金额预做通年流水一册，以作他日备查之地步。此乃愚者千虑一得之意，庶免临时怅惶无措之虞耳。至今晚合账，弊处净有架本三万三，每天净上六七十千而已。再及文光道及吾兄雅爱许允，弊亲王聘三阶前効力，令弟感佩无已。拟已换月后送彼趋赴崇阶，恭请大安，以听驱使可也。至圭峰兄之次子、令郎来西之期，随便俱可。谨此奉复，顺候钧安，希惟惠照。不既。列位兄台均吉财安。未另。

弟史效周上，二月廿七泐。

3. 仲春月廿九日同盛典来信

体贤兄台大人阁下雅览：数日未晤，鄙吝复萌，翘企君子开我茅塞。迩稔筹祉，定符佳畅，公余之后雅作如何，念念。所启者前日接阅义盛来函，随统来各典填就之资本并各节数目毛谱一单，阅其大略，不无尽善尽美。所可虑者，就此塞责则已，设若派员苛求其情节不符之处，将持何词以御之。然弟本识浅见寡，至于公事一道，更不异门外汉矣。而阁下经事素称谙练，请思如此填法能不无后患乎。盖闻识之于前者见机，悔之于后者无极。今既三典似乎雷同，弟何敢徒执己见，致人于难处之地。故将拙想条款另录一稿，附函呈商，能用则用，否则阁下可将各条减削，随众填写便是，而弟不敢有异言也。恃在同袍（胞），故敢直陈，倘有冒渎，尚祈曲恕是幸。今随信统去同盛调查票一张，仰请照收代为填写，并结去郭清泉先生托买之白布钱一千九百，亦望录账为祝。附报同盛至阳历三月底，总合净有架本二万二千八百。专此布闻，籍请吟安，希冀澄照。不宣。

愚弟孟学英上，仲月念六泐。

书就成后本欲专脚送呈，皆因道途泥泞，弗能前往。忽于今午，尊使递到公函，启读之余，领悉种种。但前行已尽陈明，无庸赘疣，只祈鸿才办理可也。又及。念八日午刻申。

4. 仲春月廿九日协盛典复信

体贤仁兄大人阁下雅照：前日贵市聚叙，快于平生。别后芝光才经旬日，近想文祺叶吉，公私遂意，欣以为慰。敬启今午后尊纪递到公函，披诵之下，敬领所示为我行填表一事，谨遵所拟填就，函呈台览，祈便汇寄县署是祷。昨日接得文光兄来函，据云枝江、荆门填表之办法，三程填一之数，不免将来搜索等情。人之恒情皆然矣，所虑者既有搜索之事，必有调查之员。设若委员照账调查时大费周章，阁下高明达士，谅有妙法为计耳。顺报协盛典架本，除出估衣本三百千，净有一万八千八百。专此草缄布复，仰候春安，诸希原谅，并候圭峰、世思二位兄台均吉。

弟庞绵统书。

5. 仲春月三十日致李四先生信

别未半月，辄深遐想。因思古人一日三秋之咏，诚阅历之词，非臆度之语也。辰维我石翁老哥大人台前，乔梓联辉，经韶华而益茂；芝兰焕彩，同蔗境之称弥。甘悠优闾里，真有其乐融融者，虽望之而不及，且仰之而有余。笔端为颂，心贺弥殷。兹前附老袁带上喀喇袷袍，谅必妥收，不再赘及。今特着弊价送去各典填就表格四页，敢请妥阅汇缴县署是祝。想如此填法，盖不致盘根究底乎。或果盘诘，亦只好答之曰四家皆多年老典，近皆因生意清淡，开派日多，历年以来不无赔折。言似近理，或无不信。此虽彭一已之私见，想亦大家所公认者也。质之阁下当不识少合钧意否。否则应当作何酬对，谅必有以教我也，仰之望之。再随缴去下月孤贫生息银五两一钱三分，希一并妥收送县为盼。肃此奉渎，用请潭祺，统惟崇照。不戬。

弟任绩书，二月三十日泐。

6. 季春月初一日李四先生复信

体翁仁哥大人惠鉴：别来耿耿，似隔三秋。正拟肃柬致候，忽逢华翰先颁，捧读之下，欣喜交集。伏维阁下机云才藻，燕许文章，指挥则笥珠架宝，吟哦则忧玉敲金。虽货殖之端木、鱼盐之陶朱何以当。兹承示佳章，陆离满目，拜读之余使弟顿开茅塞，佩服无既。谨献数则，深堪喷饭，非敢效颦，聊酬盛意云耳。另银呈览，希望斧正是荷。至弟庸碌无识，一无所长，伏处枥下，虚延岁月，豚犬不肖，手足凋零，幸赖各典青顾，始能苟谋衣食。乃蒙夸奖逾恒，益增愧汗矣。送到表格四纸，遵示一一验讫，拟于明日送署，谅不致别有盘诘。假令稍有挑驳，弟亦必设言酬对，幸释锦念，请勿挂怀。孤贫照数收到，惟日前袁脚带城之呢袍，因彼未由看中，兹特仍交贵价携回，伏祈查收。再弟前在尊处，相约伴驾到西仝赏花灯，一阔眼界，无如旋舍以后，俗务纷纭，势难远离，奇景天工，阁下独赏之。薄命之人，乌有此福哉。匆匆布复，敬请日安暨诸同事均此。

愚弟李启清书，清明后一日灯下泐。

7.季春初八日姚邦顺带去致同盛信

志仁我哥大人台前：月前龚价返朱，捧阅还翰，内情敬悉。就稔近况佳胜，欣慰殊深。兹我典填表一节，据来翰云云皆练达之言，未为不合。然三典概归如此填法，惟我同盛一家未便独异，弟已即照原稿填表，汇缴县署矣。倘后果系派员着实调查，以我典所报各总额亦无多悬隔之处，或不至自贻伊戚也。再前日武守忠由协盛来朱，询其所以。据云庞九兄归典后，已将在朱所谈一切向伊合盘托出，听其自便。支过薪水，亦令按月退出。想庞兄做事如此直爽，诚可谓为快人快事，殊令人称快无已，缓日须当作书称谢，方不负此兄之能快人意耳。守忠在朱小住数日，即当令伊凭信赴西，仍得由朱转纸携取各物，才能前往也。合盛在架本钱三万串之谱。顺此奉请台安，统希雅照。不宣。

弟任绩书，三月初六泐。

8.季春十一日武守忠带协盛之信

祚翁九兄大人阁下如晤：月前龚价回朱，得捧还云，藉悉近祉逾恒，为慰良多。兹守忠日前来朱，讶其忽至，询其所以，备道吾兄盛情，准伊自便云云，闻之不胜称快，正可谓快人快事，钦佩莫名。其所以造就武某者，岂浅鲜哉。但此子得在尊处效力两载，既蒙师翁之金诺，复荷阁下之玉成，谆谆训诲，历历难忘。若非为家计极寒，情迫无已，亦断不敢违二公盛意以出此侥倖之为也。况并非肠肥脑满之秋，而意敢做此心高妄想之举乎。至彭虽为人作嫁，亦不得不为人负过矣。前既荐之于师翁，今复辞之于阁下，不情之愆实难自容矣。然非交似二公与不才者，写信则难于下笔，面恳则如何启齿，虽彭之厚颜直陈，实难得老哥之古道照人也。恕罪者不咎，谈何容易。感德者难忘，自不待言。请候师翁驾到，善为我辞，亦所望于阁下者也。肃此敬请近安，诸维谅照。不宣。

愚弟任绩书。

9. 季春十一日武守忠带此信

郁文老哥大人阁下：仲春之杪，龚价回朱，还云下贲，得领教言，所筹一切，正可谓谋深虑远，能不令人景仰耶。然果或认真调查，恐一年之流水亦未必能洗无厌之苛求也。但备而不用则强如用而不备者远矣，敬佩、敬佩。兹前蒙文光兄取中内账操学之，武守忠既经面试，复荷订期，雅意殷殷，诚可遇而不可求也。此情此事谅早在洞悉，何得不才之哓哓哉。适庞九兄月前因公来朱，彭已将其中原委婉言叙通，已承许可，毫无嫌言。但此生于前日来朱，讶其速至，询其所以，乃知庞公已将在朱所谈一切，向伊叙明，准其自便云云。快人快事，无逾于此矣，另当作书致谢，以答此公之能快人意耳。今着该生怀彭不文之柬，仰登大雅之堂，至希收录门墙，得效绵薄。他年学业有进，点石成金，能不望于诸兄者，吾不信矣也。身受者感恩，介绍者颂德，自不待言矣。肃此奉此勋安，诸希爱照。不宣。

弟任绩书。

10. 季春十二日接沙号来信

体贤兄台大人阁下电鉴：敬启者，于前月念六日接得华函，内叙嘉谋，历阅详悉，其中美谈实不敢当，些微小算无关紧要，不过徒补鸠拙之遗方耳。步洲兄于上月二十日登轮赴汉，大约此刻可平吉抵里矣。近接介号来信，内报弼臣兄已定二月十六日起程，至今未见抵沙。济美成伙是日由介动身者，廿九日已到。谈来介地望雨在急，人心惶恐，食物腾贵。张相臣已于正月杪辞世，可惜少年无命了。兹报荆沙所属各典当，因其反政以来伤毫（耗）太多，吃亏甚巨，加之纸洋取赎换元更为不了。现在生意寥寥，架不涌上，周转借贷月息一分二三，所进不敷所出，家家皆然，处处皆是，万一无耐。日前当行值年全义、元隆请大众在东璧园聚首会商，拟定荆沙所属共有卅几家，紧结团体，举办典息，仍复三分，并请更改月日期限，出进纸洋善策，公请代表详拟节略，历陈苦款，挨次抄呈。各属先投各处自治知事，在沙会投商会。如事有济更为妥善。若无成效定准赴省。各属皆已认可，都书允字。每家先摊公费钱卅千，事毕多退少补。弟想事关公益难推，赞成随声附和，冒书允字。钱已佃出，代表尚未请定，望见信静候，随后寄到节略底，仿照他处举办为是。如或不宜速来教章未为晚也。随甬去至二月底钱银结单一纸，至希验收是荷。附报沙市笔下铜元行市五钱七五，余当如常。专此奉复，顺请日安。

弟李书元书，三月初二日泐。

附报信成数日未见舟子来取，今改邮寄。再上月杪，葛六儿由家抵沙，算去我典正月底捎行李二块，共重一百七十一斤一钱，合脚费十七两一钱，望见信过账是妥。前者谈过装钱一事，罢论为是。又批。

11. 季春十二日同盛从邮政来信

体贤兄台大人阁下如睹：音问不通者旬日矣。正在结想台范，忽尔邦顺返街，带来手教。展读之余，良慰难索。所惠佳作音韵铿锵，烛天起云露之色，掷地有金石之声，片笺片玉不为过耶。以弟等鲁钝之才，不殊乎向盲问道，酬唱有缺，愧甚、愧甚。函谕填表一情，既承从众而办，弟何敢再作哓哓，妄加议论。惟是日前文光兄旋里，路经憩敝，道及有捏做伪账之说，以杜备查之患，谅必已闻也。若果如斯，虽同盛悬隔无多，毕竟不得不预为踌躇而免临渴掘井、绸缪无计耳。想阁下胸中自有成竹，法当如何布置，顺赐教命，以释杞忧是盼。今随信结去敝伙刘体谦交郭清泉先生九八钱二千，祈付诸往来是幸。附报敝处净有架本二万三五，专此布复，藉候勋安，并希雅照。不戬。

愚弟孟学英书，三月初十日。

12. 季春望日桥已由介来信

体翁仁兄大人阁下钧鉴：兹启于月内念九日步洲伙安吉返里，接颁琅函。捧读之余，内云聆详，得知政祺安燕，履祉吉祥，欣甚、欣甚。已悉尊驾移玉接授任事，阁下抱经济之良才，自必置理如裕，不胜景仰之至。附报潭府清泰，舍下粗适，请勿锦念。咱处大势安谧，惟客冬至今概无雨雪，农民望雨如渴。天道如此，无可奈何。米粮各物涨价，集斗雪麦一千二、高粱七百二三，白面每斤五十，猪肉一百六，钱数换票一千三三之市。即备草函，专此布奉，顺请福安，余惟珍重。不一。

愚弟董保元书，三月初三日吉泐。

另启介号算账之事，尚未定局，情因罗东有词讼之事，赴省未回，阻隔也。

13. 季春十九日世恩已代沙第伍次之信

贞生我兄大人阁下台鉴：敬复者是月十二日邮政递到我号初二日所发一札，叙来各情皆已聆悉，并统来结单一纸，照对无讹，请勿系念。兹荆属全义等典，倡首举办涨息一事，无论能否达其目的，既关同行利益，谊不容辞，能则更好，否亦无不尽心也。但松属四典，除义盛有人住沙外，想同、协两典，我号亦必有信知照矣。再所示相臣之逝，殊深叹息，正在后生可畏之时，而天不与之以寿，亦天地间一大憾事耳。今委世恩伙赴沙代办杂事，可将备就缴牒税之宝候归典之日，令其带回为盼。其余典中一切，世恩伙晤面，必须细呈其详。恕不冗渎，专此布问刻忘，统希霁照。不既。

弟任绩书，三月十八日泐。

14. 季春廿一日接步洲已来信

体贤翁台大人阁下：自违雅教忽逾半月有余，每忆尊颜莫不神驰左右。辰维躬祺安燕，定多叶吉，曷胜载颂。兹报晚从沙二十日搭江和轮船，念三日未刻至汉，次日上火车，念五日抵石家庄，次日改车行至榆次，廿七日由陆道觅车，廿九日平顺到舍。惟是沿路查验认真，火车上每人准其行装随带五十斤，再多难带，如查出罚款，较比过磅加倍吃亏。前者咱乡友道路遗失行李数家，总是以少最妙。其与文桥掌柜之信及我翁委捎纸包并诸伙友信札物包，于是月初二、三两日亲身各送各府，后首潭报自必详叙，恕勿赘及。我翁府上老安少怀暨众伙等家各各全好，请此传知，均勿系念。守荣兄府上家有急需用项，经晚手在泰丰号挪用足银十两，沙号迟早结去我典，向荣兄收楚为祝。再翁台仝咱典伙友今正寄回物包迄今尚未到介耳。闻弼臣翁定本月初间起身南下，师吉兄定于月内二十几束装动身。笔下咱乡仍未下雨，各粮集集渐涨，麦子集斗一千二内外，烧酒每个一千，猪肉每斤百二。门户尚属平静。文桥翁之侄姑娘婚事未定，润泉伙于前月廿四日咸室至，维乾伙定本月初十日完娶。兹晚舍间人等托庇粗适，堪慰锦怀耳。此请春安，并询圭峰、世恩两兄暨列位兄台均吉。不另。

愚晚李成瀛书，三月初四日吉申。

15. 季春廿二日随沙号统来介信一纸

体贤兄台大人青鉴：今正接得由街典来函，并收到算册六本，内报各情均经详悉。藉知动履妥和，诸伙皆吉为慰。又于二月十四日接到由朱典手札，内叙阁下于正月十六日将街典之事暂行交副班护理，即行赴朱典上班甚为合宜。所有成瀛伙台于二月念九日平吉抵里，询悉典务照常，大势安谧，所道一切均已详明。再者我典应交各东积利并抽俸之项，至祈如数兑交沙号，齐去年底注账是荷。今次亦与沙达信，刻下介地仍是望雨，所幸平靖，钱数一千三三五。兄台行李尚未到介，俟收存放介号可也。余不多冗，专此奉复，即候近安，列位兄台均吉。

愚弟王遐龄拜启，阴历三月初三日由介号沏。

16. 季春廿二日接沙号典挂号信一纸

体贤兄台大人阁下青及：敬启者于月初八日邮寄芸函一封，随统去二月底钱银结单一纸，谅邀洞鉴，不须冗及。兹报近接介号来信，内报我典由介汇出，交过诸东积利并抽股沙平银四千三百八十五两七，又交过义记积利沙平银八百一十四两四钱八，二宗共银五千一百九十九两五钱五。且云教达我典齐去年底如数拨交沙号，沙号接信后业已照数付过典账。再及前者我典来信，委办整宝二只已经备妥。每只申水五两四，共合沙平银一百一二二，亦注典账。至本月半，除义记还过去年借项八月半一千两，冬月底五百两，共本利沙平银一千五百四十三两七钱五外，又与典立借义记本平足银四千两，按月一分二行息。望见信逐宗验校，照注往来为是。随统去介号致典一信，至希收阅。附申沙地笔下铜元行市五钱七二五，看松。月息二月半开一分二，二月底及三月半一分二、一分三不等。关息每比期总是六两五、七两之谱。目今沙色现银每百申水渐已松至六七两之谱，宝则街市空虚，现银尤其枯极。近日闻及弼臣兄又拟初九日动身，果否难凭。步洲兄已于前月廿九日平吉抵里，至于咱邑别样新闻不提，惟有日日办祷雨之事耳。余俟再报，特此布达，顺请大安兼询列位兄台均吉。

弟李书元书，三月十四日由沙号沏。

附启今因诸东向典所办抽起之事，介号来信所报甚为含糊，并且写信者、所开单者两不相关，各办各事。若非阁下前者教成瀛兄向弟传说大谱，而要竟凭介号所来信折办事，俨然莫解，真有狗吃刺猬之势，可笑可叹。如蒙不弃，可将董翁来信所报伊等在家议定宗旨及各东抽股规模，便抄赐我一本是了。大约今次由家汇银等情，董翁之信我兄该已早鉴矣。又及。

17.季春廿五日接义盛典信

体贤仁兄大人阁下雅览：久未晤面，时切葵倾。企慕之私，神驰左右。今于三月十六日武守忠先生由纸市来典，捧读琅函，内云一切俱已敬领，欣知履祺安燕，公私顺遂，为欣为颂。兹因武先生望日说话，以就弊典之事，当作薪俸十八千，暂在前头办事，俟人地两熟再为入内效习，果然人有才干，薪水异日加增。承阁下荐举，自当重用。再者弊伙焕丰与兄言定，调换弊亲，蒙恩应允，本当即时趋赴崇阶，以听驱使。无奈天雨阻隔，路途泥泞，迟延至今。幸喜天朗气清，着伊怀信前去台前候安，望祈收录，并格外教诲。倘异日成人，不独伊戴德，及弟感恩非浅矣。兹因圭峰兄之令郎能可随脚来西更好，否则随便可也。肃此布复，并候财安，伏冀朗照。不宣。

弟史效周书，三月十六泐。

18.季春廿六日覆西垒信

郁文仁兄大人阁下青鉴：不晤芝颜，瞬经两载。于兹每一念及，殊深渴想。正拟修楮致候，乃于昨午令亲平吉至朱，当即接奉华札，庄诵之余，备聆全情，藉稔旅祺安燕，动定吉羊（祥），曷胜慰颂。启者来函所云武守忠前已由纸到西，诸蒙阁下不弃，樗梁之才已就，辛金云云，闻之不胜感激。尚仰垂青，格外时加教泽，他日岂独身受者感恩已哉。叨光之处，已铭心版。兹叙令亲王聘三来典，视其大势，尚缺诚实，弟自当量才录用为是，请勿远怀。至于弊同事圭峰兄之次子，理合随贵脚前往以听驱策。而伊父似欲仍再指示数月，请缓七八月间即行送往，万不误也。迟迟之愆，想无不谅情也。泐此布复，顺候时安兼请宝典列位兄台前财福双安。未另。

弟任绩书，三月廿六日申。

19.季春廿六日接李香波来信

体贤先生大人阁下惠电：夙钦雅范，未获趋侍左右，时聆教言，殊觉歉然。不知何时再与高人晤谈，一聆麈教，使弟顿开茅塞，何幸如之羡羡。谅必生意叶吉，履祺安燕，不言而喻。敬启者，因家兄至沙就医，尚未旋里。刻下署内着人催缴当税，其中一切琐事弟不甚详。本宜候家兄返舍，以资熟手，必能合法。奈伊催缴在急，弟是以不敢隐瞒，只得裁笺上达，可否祈阁下自行校夺。如在必缴之期，即请专贵价送来以销此案。余不多渎，既希见原，顺候阖号财安。

小弟李启江书，三月廿四日泐。

20. 季春念六日即复

香波五兄大人台前青及：顷接手教，敬悉一是。就谂潭祺安适，福履冲和，欣甚快甚。兹示以署内催缴当税一层，令兄既不在府，但此款非办现银不可，尚得着人赴沙办银，一刻碍难措缴，准定阴历四月内备缴不误。祈将此情向署内一叙为盼。且往年催缴此款，必有与四典公论一件，完缴之后另与四典各给印收为凭。想此大概情形，阁下亦必早在洞悉也。率此奉答，用请近佳，诸希雅照。不宣。

弟任绩书，即日泐。

21. 孟夏初一日沙号来信

体贤仁兄大人阁下青及：敬启者于月十七日从邮寄去十四日书成一信，统介号来信一封，谅该洞鉴，勿再冗述。于念一日世恩兄平吉抵沙，带来典第五次来函，所叙各情俱已详聆，不须在念。兹报日前与典缴过育婴堂春季息沙平银三两四五，清节堂春季息铜元十五千，义盛典在沙交过我典铜元二百千，又步洲兄代世恩兄由家汇来沙平银十一八六，又葛六儿在沙向弟乞售所剩麦酱卅二斤二四，合银七两六钱八，又世恩兄在沙买物用过银九两五，铜元三百六十千，望见信一并照过往来为是。今随伊返典，带去前次办就大宝二只，其平码申水前信已详，至希验收是妥。其余一切琐务，待伊面表，恕勿冗渎。附申沙地笔下铜元行市五钱七六五。余事如恒，肃此布复，顺请筹安兼询列位兄台近佳。

弟李书元书，三月廿七日。

再报我典前次带来纸洋廿贰元，每元市价一千零九文，折铜元十一三九八，以五钱二四作沙平银十二两六一，望见过账为是。

22. 孟夏初二日致李启江之信

香波五兄大人台前赏鉴：迳启者前次复函，敬恳向署内所叙当税情形，想已费心叙明，不再赘及。昨午贵价送到罗知事寿帖四合，妥收勿念。今援旧谱各典仍以八两送之，共银卅贰两正。按近日沙地钱市五钱七分有奇，只以五钱七作该钱五十六千一百四。另有换条，又缴本月孤贫息银五两一三，两项并交弊役贺正荣走送台端，尚祈劳神照拂，统交县署，是为至盼。闻令兄赴沙多天，此月初该可返驾否。敢请回翰示明，敬此奉候潭安，兼维升照。不戬。

弟任绩书，四月初二日。

23. 孟夏初四日从邮寄沙号第六次信

贞生我兄大人台鉴：敬启者，于前月下旬邮政寄到我号挂号信一纸，内函介信一封。两函所示俱已明晰，内有收付各款，均已遵登往来。但因众东抽股积利等款，与典结来银项，至今文桥兄为此一事尚无来信。在介如何办法，暂为不得而知，因此复信迟了，谅不介意。再报四月初一日，世恩伙顺吉抵典，询及近况安常，筹祺迪吉，为颂为慰。此次来谕所报银钱各项，亦经逐宗注账，请勿存念。今随信誊去文桥兄客腊来信一纸及诸东等抽股积利数目草单，并呈台览，阅此颇可略知梗概。其此次在家作银是何办法，且俟文桥兄再有来信始得明白也。日来当首颇可，每天当四五百号，出钱六百串内外。至目下共有架本三万九千吊之谱，存现元一万七千吊有奇。典中人事均吉，勿劳绮注。肃此布复，顺请夏安，统希珍重。不宣。

弟任绩书，四月初四日泐。

24. 孟夏初六日从邮政寄文桥己信

文桥老兄大人台前如晤：前月下旬，接读三月三日所颁手翰，得悉春祺履泰，潭祉安常，贺贺。兹蒙示以介号截算大账之事，为罗东因讼赴省，致未定夺，各情敬聆。嗣接介号与典来信，已照今正咱典以三年截算。所与诸东开回之单，应起积利及抽股各款共钱九千余吊之数。在介作银，与典结出沙平银五千余两，而令典即接银数，交沙号收账，亦并未叙明在家作银，原由按何钱价亦未提来。今照银钱两数逐细猜核，似在五钱四分左右。然虽大谱如斯，又难两相吻合，不无少数之差。想介号既与典作银，必邀台驾到号妥商，其中原委自必明而且详矣。再咱典账期向以四年为率，今与诸东既以三年起结，且有所抽钱股。但不知兄等人股名下亦该一律以三年截算否，抑仍候四年再算。若仍候四年，而义记之人股已按三年算清，未免于账上前后不齐。或无论钱、人股俸，均按三年照算，以归一律，而介号亦无此项明文，究当如何办理，即祈将先后所问情形，剀切指陈，早赐详信，以便遵办，是为至祝。目下将五千余两、九千余吊之银钱两项，只好暂挂账上。因未奉确信，实不便冒昧从事也。今因与典由介结来银项，令以三月半照数交沙号收账。除下过在沙存放外，与典以月息一分二立借银四千两。咱典至春夏之交，当首颇好，如天晴日可当五六百号内外，钱亦如之，能否靠长则不敢预定也。肃此奉请夏安并候潭祺，统希霁照。不宣。

弟任绩书，四月初六日泐。

25. 孟夏十二日协盛典来信

体贤仁兄大人阁下：一别两年，饭谈信宿，言欢促膝，意挚情殷，顿洗弟积年累月之俗尘者约过半矣。追思难置，谅非虚言，复蒙赐馔，肴蔌纷陈，更解弟途中之馋，而润弓腹之枯者深且大矣。虽云揖谢，感则心铭，想阁下岂能不我信乎。别后于下午六时抵纸，询悉弊处日来每天净上二百千之谱，至昨晚合账净存架本二万四千一百千，共票利六百六十千。特草奉告，即请钧安。

弟王捷三书，四月十一日。

26. 孟夏十二日接石泉兄之侄来信

体贤先生阁下：起居吉祥，履祺懋介，幸慰为颂。启者贵当与各典之年份应定当税催解在即。前因家叔赴沙，故未函催。现知事订本月十五日赴沙，起解正杂各款。家叔犹未回舍，不知贵当汇票办回与否。故特随谕函催，如办回祈交来手带转，以备送公署起解。如未办回，祈赶紧赴沙买票，就近送天成栈，交财务课长张厚山先生起解，或交家叔亦可。晚已说明情形，万不能迟延时日，致误正供。立等回音，以便转达为荷，顺候台安。

愚晚李文卿脱帽。

27. 孟夏十六日即复

文卿世兄阁下如晤：迳启者午后接阅手翰，就稔近祉安常，贺贺。兹寄到罗知事催完元年当税谕帖四件，令人殊深诧异。窃以各典应完当税，年清年款从无脱欠。元年所完之数已经前任胡知事手如数清收，毫无蒂欠。今以来谕云云，致人实属不解。且此款系经令四叔亲交署内。即目下因事赴沙亦可着人接回，将此事办清之后，各典始能缴当年应完之款，否则四典碍难认可，断无已完再完之理也。请将此情先对署内叙明，一面即速着人接令叔回来，一为分辨是所至要，幸勿迟延，致署内频频催促也。特此奉答，用候夏安，诸希青照。不宣。

世愚弟任绩书，四月十二日。

28. 孟夏十三日接同盛典信

体贤兄台大人阁下如睹：许久不晤，结想维殷。昨日纸脚递到兰函，就知文祉绥和，手筹顺畅，无庸赘颂。兼悉弼臣兄涉陆平顺，于初九日安抵遵处，欢叙家园，倾道积愫，乐何如也。今遵来函，着舆夫四人迓接双驾，弟当拥帚以待，并随脚带去阁下之衣箱一口，棉被包一个，附信统呈鱼目并企清收是盼。敬此奉复，籍请夏安，统候圭峰诸兄大人近祺，弼臣兄台大人旅安。未另。

愚弟孟学英书，当日早刻申。

29. 孟夏十四日文桥已来信

体贤兄台阁下升电：兹启者月之初三日，复呈芜函，谅已登照矣。遥维筹祺安燕，福体吉祥，定符心颂。附叙介号算账之事，罗惠元堂缠绵不决，甚为棘手。廿七日王总司等赴南庄会东，粗定铺事，暂以阴东三堂书立草合同一纸，原曰人力股俸暂以客俸，俟后如有新东朋合，再立正式合伙。日前松年与弟谈叙咱典至上年底众东钱股应分积利，暨积善、恕忍两堂抽之钱股之项。前者与阁下有信，此款饬即如数交拨沙号。今次令弟往典达信，可将众伙人力股至上年底应分积利一并注账，是为至嘱。圭峰、世恩应得之项，在外听其自便。步洲之项求弟与阁下致函，相恳与渠将钱作银，仅数叨光，在典出放。其弟应分之款亦望作银如数汇介，俾弟整理房舍，小女出嫁之需，是嘱、是荷。铁想已应结之钱暂与伊作银存注，俟后商定如何，奉函知照。咱乡大势平靖，十八九天降甘霖五六寸，大慰人民之望。不独麦苗得沾其润，道处秋禾能安，米粮落价，集斗雪麦一千零七八钱，小米九百。银零钱价换票一千三五，换钱一千三八文之市。专此布达，顺候夏安。不既。

愚弟董葆元书，四月初一日吉冲。

30. 孟夏十六日接沙号来信

体贤仁兄大人阁下青及：敬启者于月初八日弼臣、捷三兄买江口专舟，经朱赴典，目今约已抱晤。大底乡情俗态，该可尽日罄谈，不须剥冗。兹缘是日午后，邮役递到典第六次来函，展阅之下，备聆一是。截抄董公原信稿，挨次妥阅，得知在家原议大谱宗旨，复阅诸东抽钱股并起积利数单，忽生噫讶。随出介号寄沙花单两不照对，不相敷者数百吊之多，令生更为不解，展（辗）转反阅，越看越糊。若照列公在家此等办法以为文明，要令我等在外如此为难，实不赞成。生自觉经商年浅，账务欠清，诚实然也。如其不然，阁下等在铺难免与生等尔噫讶。是以速邮芜函，随统去照抄介号寄来花码单一纸，递到台端，细为核对，生在沙静候契诲是祷。不然将来有错，岂不遗误于我等耳。日来沙地欠静，皆因退伍军士掉换纸洋之故。笔下钱价五钱七八，余尚如恒。特此奉上，顺请夏安。

弟李书元书，四月初十日。

31. 孟夏十七日邮寄沙号七次之信

贞生兄台大人阁下雅照：敬复者于孟夏既望，邮政递到我号月之初十日来函，备悉所云。暨录云介号寄沙众东所起积利抽股各款，并以五千五作介平银两，照来单细校，与典所留底单并无错讹。但前信函呈之单，原系司账者一时粗率，将各东应佃积善、恕忍两堂所抽钱股账上起去架利钱三百零九千三百零四文未曾除开，加以彭慢不经心，又未看出，致阁下噫而且呀。多此一番往返者，实非他人之过，乃弟等之太不文明也，恕恕。附报我典迩来当数陡跌，每天所当号三百上下，净出钱二百吊内外。至上一合，共有架本钱四万二千一百千有奇，仅存铜元一万三千吊之数。专此即复，用请近安，并候子椿棣台阁下财祺。

弟任绩书，四月十六日。

32. 孟夏廿八日接石泉已来信

圭峰、世恩两兄大人阁下青及：日前踵典叨扰，谢谢。当税之款日前虽承慨交，不意署内张师爷果因等待不及，已于廿五日晨刻起身。及弟进署交款，距伊起身已满日矣。饬弟赶速送沙，如再迟延，彼必由沙又走，势非迳送省城不可。弟闻之下，不胜焦灼，随至河下叫船，一时又苦无有。次日，始央署内青船一只，不料通夜大雨不止，延至昨日黎明，始着小儿负银下河起身，大约晚间可到，必能在沙交付也。至于印收，昨已发下，兹特遣价送呈，烦祈查收，并布饭单一个、呢紧身一件、亮壳二个、雨盖一根，一齐奉赵，均祈赏收是荷。任体翁由南旋典否，此次办理情形，容俟稍暇，弟再踵典面呈陈一切，匆匆布达，余容面叙。肃此即请夏安。

愚弟李启清书，四月廿八日。

33. 孟夏廿八日即复

石翁仁兄大人阁下如晤：前者驾临弊典，诸多简慢，两日清谈，得聆教益，挽留不及。然台旌急促而旋，无思莫在怀抱间也。今先后顷奉手札，熟读一过，均经领悉，并发四典当税印收一扣，① 照领珍藏。及雨盖、衣件等物，遵来信逐宗检收，统勿系念。惟此一公事，前此许多夹杂，致人难堪。然殊非阁下练达过人，经济熟识，何能得已顺畅料理下场结局乎。有费清神周章，一切容晤顿谢耳。至敝执事体贤翁而今仍属未还，想阴雨绵绵，途次泥泞，未免久羁南乡耶。专泐布复，用请时安。不既。

愚弟曹庆璋书，即日申。

34. 孟夏卅日致协盛典信

师吉仁兄大人阁下哂鉴：月未一圆，地经三易，午后遇雨，簿幕归朱，蒙珍馐之厚惠备前，隆谊共嘉会之余欢，殊多雅意，粗撰俚句，肃然以呈，既蒙垂青，且希斧削：

连朝聚首快登龙，畅谈能消万斛尘。满腹牢骚欣少豁，珍馐厚扰谢高人。

四月清和宿雨收，蚕桑才了服田畴。乡农遍野共耕作，亩亩纵横得自由。

---

① 扣，量词，用于捆扎成束的文件或账折等物。

雨后农忙乐共途，栽秧割麦赋田租。山川人物添新色，戴笠扶犁入画图。

怪我今年运欠佳，天难遂愿复何嗟。出行每遇风兼雨，几度占晴几度差。

愚弟任绩，待政草。

35. 仲夏初二日与三典公信

郁文、弼臣、师吉三位老哥大人阁下公鉴：各典聚晤，到处追随，别虽未久，渴思殊深。当此碧艾生辉，仰应时而纳祜；红榴焕彩，羡即景以迎祥。临风拜祝，定符心颂。敬启者我行今年应完当税，及彭月前归朱，已经李四兄来典亲收交纳。然其中办理情形不无委曲，爰将石泉来信附投钧鉴。兹缮就各尊处银钱结单着价送呈，致希鉴核，各登来往，设有错讹请即示明。并义协盛春季请帖各一副检收为荷，又有此次缴过当税之印收一件，祈各阅毕，仍随复函带朱收存可也。合盛昨晚合账净有架本四万四千九百千谱，票利壹千吊有奇。专此奉贺午安，统维丙照。不宣。

弟任绩书，五月初贰日泐。

36. 仲夏初三日邮政寄来文桥己信

体贤兄台大人阁下升鉴：敬启者于月十七日捧接赐函，内叙种种详悉，得知禔躬清吉，诸务顺遂，甚慰甚慰。所云介号与典寄信，咱典以上年底结算大账，照今正开回之清单，东翁应分之积利并积善、恕忍两堂抽之钱股各款等情，缘始则介号与典致信，弟杳不知情。嗣后弟诣号上，王总司言及日前与阁下寄达明信，令将众东至上年终应起积利及两堂所抽钱股之钱如数即交沙号等语。弟想向渠言，照此诸伙人力股之积利一律起截才是。总司言之理合如此，因而前信略叙其详。今接此信，乃云众东起截各款共钱九千余吊，结出沙平银五千余两。介号未详作银原由明文，此乃原系今正介号与东翁照此时钱价，以五钱五作算，并非与典作银。前者介号与沙号致函，叙及在外收咱典应交诸东等共九八钱九仟三二三贰十三文，并未题叙令典交银之语。弟将阁下寄来之信，请介号阅看。王掌柜等不胜猜疑，思之再三，言及既沙号所办如此，已与朱典注录来往，只得权变而行。饬弟奉函申达，东翁应起钱九千三二三二一三，作合沙平银五千一二七七七。依此银钱之数，咱典作合过换免致往返耳。想沙号与典注账，此宗之事银钱两款数目该许忽合否，复信示知。此事沙号办理如此，典中钱价不至于吃亏，赶快饬典立借，自必多出息矣。此情弟向介号声明耳。信内言之，照银钱两数逐细猜核似在五钱四分左右，希望谨此银钱之数，咱典过换为是。东伙应起积利、两堂抽去资本照铺存开就底单一并走账是嘱。介号之意，咱典齐至去年年终截算账目，情因号上整理典中铺务，意在今年年终重新作立。月内总管赴南庄商办铺事，咱典阴东所入资本，今次顺忍堂又抽钱股贰厘，元善堂随此抽钱股八厘，此两宗典中暂且不必走账，号上暂佃已也。今年应交众东支使，统呈当年钱股，所誊股俸草单如期结交沙号为妥。其铁樵已应分积利，并望与伊作银，赶五六月间与伊家汇介平银三百卅两正。咱典规例名下所赚之钱汇费共出。如若在典生息之项，汇费自认，希望斟酌而行。与伊汇回之款其数或有余、不足，注录渠账可耶。附报潭府百益，舍间粗平，请勿锦注。咱乡大势平靖，雨水缺乏，从月内落雨数寸，至今未降甘霖，民心不快，但不知后首如何景象耳。目下钱价增涨，换米能换一千三九之数，情因东路钱价陡涨。专此即复，并请夏安，余维珍玉。不宣。

愚弟董葆元书，四月廿一日。

37. 午月初三日接沙号信由纸市转来

体贤仁兄大人阁下青及：敬启者于月念日接阅典第七次来函，内叙详情，备聆一是，不须锦念。兹缘三月初旬，报过荆属当行紧结团体，公请代表会办月息复涨三分，出进纸洋规则减少月份期限等情。嗣后又联宜昌、沔阳等处共有五十多家会议，后闻听武汉暴起风潮，荆沙匪风萌动，是致缓图。所请代表邓君巨卿言明，坐底谢仪二百两一事有效，又加银二百两两事有效，再加银二百两三事皆效，又加银二百两，代坐底共银八百两。偌若一事无成仅酬二百两，议无争减。日前全义典常子养兄来沙，云及伊等荆沙数家将城内自治知事、旅长、沙镇自治商务诸公先以酒席运动，嗣将拟就节略，挨次呈递。自治知事直允，竭力维持，照准会详省垣，随出原稿通知各处，照抄妥办。俟省批复或准与否，再作道理。今将照录公稿随信通呈，至希会商磋办为是。一闻他处有何成效自当速报，勿念。再报我典前次卖过首什沙平银六十三两七四，又义盛交来我典沙平银一百两，又步洲兄代圭峰兄汇来沙平银十一两八六，至望各注往来。随统去首什花单一纸，至希收阅是荷。附申沙地笔下铜元行市五钱七四五，余不他及。专此奉复，顺候夏安。

弟李书元书，四月廿七日。

38. 午月初三日协盛典来信

体贤仁兄大人阁下：别来不觉又一合矣。迩来起居定多佳胜，吟兴自必逾高，令弟仰之心、钦之忱实无已也。启者今午大藻沙回，带来沙号专呈尊处露札一函，弟抽阅之下，知为我行具禀涨息一事，敝处业将公禀底稿照抄，并与同盛抄去一纸，更嘱另行照录，速寄义盛矣。兹特专饬大藻飞速递呈，仰祈验收。至我四典亟当如何办法之处敬听尊裁，认可二字断不敢辞也。昨晚合账，共存架本二万六千吊有奇。特草奉呈，即请端祉。

弟王捷三书，午月初六日。

39. 随函来协盛信

体贤仁兄大人阁下再电：午刻大藻沙回，遂与尊处备就信札各件。酉初，盛纪复来，接读钧函，致详一是。寄来知事请帖、阁下手柬均各遵收。银钱结单核对无伪，遵注往来，祈勿存注。石泉手缄以及印收各宗，阅后加书寄往街西二典矣。爰具数语，余不琐呈。

弟王捷三书，五月初二日。

40. 午月初四日致介号信由沙寄

松翁尊兄大人台前安鉴：多日未通音问，料必指挥如意，动定遂恒，临颖颂祝，不著可知矣。敬启者前于季春之杪，接诵云函，内谕一切，各经详聆。其应交沙号诸东积利并抽股等项，前经寄董文翁信内，将其中误会，按银数过账，情迹逐细叙明。想此翁到号，定当面陈梗概，恕不冗叙。但已经过脚数月，无论交银交钱，只好将错就错，实不便另行往返也。今接文翁由介手信，据云顺忍、元善两堂二次抽股，我号原数顶佃，暂为不必注账，各情均悉。其至去年年底，所请各款及人力各俸一律截算，现已照办，请勿存注。弼臣兄前月平吉来南，弟已亲赴街典，面交一切，盘桓数日而归。所谈与本处李姓朋东一节，原日本系闲谈，恐非实意，揣度情形，颇不易成。弼臣兄拟缓日先着妥人往伊家借商别事，一探口气才定行止。否则恐事或不成，反为张扬耳。附报合盛净在架本四万四九，票利一千零八十千，典务安常，同人均吉，不劳远念。肃此奉达，用请午安，统惟霁照。不宣。

弟任绩书，五月初三日。

41. 午月初四日从邮政寄介与桥己信

文桥尊兄大人阁下如晤：前于清和初六日①邮致一函，谅可早投青照，不再赘叙。嗣于前月望后接阅月初所寄手翰，备稔潭祺集庆，家政迎祥，庄诵之余，深符心颂。兹所示介号因大局尚未妥定，股俸暂改客俸，各情聆悉，并教将咱典人力股俸概按三年截清，与前次所办共归一律。以情理而论自当如此办法。今已将兄等各人力应起积利如信办理，各收各账，大账亦经注录。至于合同一切及有无新佃之家，俟介号有正式明文，才行遵办可也。我兄名下应起之项另单呈照，一目了然。并随信由义记汇去介平足银四百四十两正，至希如数照收为盼。典中目下净在架本四万五千吊谱，票利一千余吊，衣铺售钱千吊之谱。另寄步洲一信，祈便中一为转致是祝。人位清吉，典事安常，请勿绮注。专此奉请午安，诸希朗照。不宣。

弟任绩书，午月初三日。

附启者于端月初三日信成后适接前月念日由介来翰，内谕各情，逐一详悉。兹诸东所起积利，在介以五千五作银一事，无论是否与典作银，但弟已照沙号来信与典借银如数过账。咱典亦按银钱原数作合过挨已成之局，自难往返矣。其沙号信内所提银钱两项，数目尚属与我兄来信两相吻合。至于今次顺忍、元善两堂拟抽之钱股，介号如数顶佃，暂为不须注账。及统来今年应交诸东支使一单，临期遵办为是。除此次随信与我兄汇银外，沙账存项无多，铁樵之项俟六七月间再账可也。

42. 午月初四日随桥己信内甬致洲己一信

步洲老棣台阁下青照：分袂数月，采葛为恒，每忆清晖，辄深遐想。启者于季春下旬适接手翰，兼承驾临舍下，备知沿途顺利，安吉抵梓，蓬荜生辉，不胜荣幸之至，谢谢。兹及前月望后接得董文翁来函，所云将咱典人力股俸概

① 清和初六日，即四月初六日。

按三年截清，以归一律。今已如信办毕，但足下应起之项另书一单，呈照鉴核是望。其钱项已照文翁来信，与棣台如数易银，放典生息矣。典事一切如昔，人位皆佳。至目下净有架本四万五千余吊，票利千吊之数，衣铺进钱亦然。泐此布复，并候夏安，统希珍卫。不既。

余任绩书，五月初三日泐。

43. 午月初四日邮寄沙号第八次之信

贞生兄台大人阁下青览：敬启者前于上月中旬从邮政奉复第七次之信，屈指半月，谅必投呈台鉴矣，其中一切不再赘及。兹请我号见信与文桥兄汇介平足银四百四十两正，其补平汇费可否比前从轻，即请来示题明，以便注账可也。值此农忙之际，咱典生意更似清淡，至昨晚合账在架本四万四九，余则如常。肃此奉请午安，附问子椿棣台近佳。不另。

弟任绩书，五月初三日。

续启者信成后由协盛着人送来华翰，展读之余敬悉一是。所示荆沙各典质为涨息一事业经举办。虽蒙本处各机关均经许可，只看上级官厅果何批复。兹我松属四典俟节后邀同大家或当如何下手，妥商进行方法可也。所寄草稿当经妥收勿念。至义盛交典之银，想伊信内误写，改正无妨。附此又及，再候端安。

午月初四日续笔。

44. 午月初四日大藻返复协盛信

六谦仁兄大人阁下如晤：前者妄呈俚语，胆敢舞斧于班门。今蒙宠锡佳章，心诚抛砖以引玉，体裁高雅，音韵铿锵，读之则徒羡富丽，学之则枉费推敲，大家法术自非等闲者所能偶及也。喜极快极，且感且谢。兹承雅意特饬贵价送到沙号寄朱之信，为荆沙各典质举办涨息事，宜知会我等亦可依样则效。所甬草稿已蒙录示衙、西两处，足见关心公益，钦佩莫名。但此事亟应如何下手之处，且俟节后一面函邀诸君驾临，一面知会石泉先叙草稿，公同参酌妥筹进行方法。虽知目的之难达，亦能不勉尽人事乎。团体虽小，公理具存，如不至徒费手脚，则于四典当不无小补云。泐此布答，敬贺节禧，兼请玉书兄台阁下近祉。不另。

弟任绩书。

45. 午月五日接义盛典复信

体贤仁兄大人阁下雅览：敬启者别虽未久，如隔数秋。正思念间，顷接公函，兼收函来四先生之信，并缴过当税印收、署内请帖一合，并结单一纸俱已妥收。藉悉躬祺安燕，诸事吉祥，为欣为颂。兹因结单逐宗已登来往，勿须计念。所有敝伙在沙前月十四日与尊处由义记补交沙平银一百两，此宗未曾收注，谅必沙号尚未信报，俟有信报祈注来往是荷。再完税一层委曲情形，署内办事者似乎如斯，若要妥便而无戏看矣。又蒙赐医书十本，肃此鸣谢。再午前街典专脚送来荆沙公章草稿一纸，内中情节，纸洋属重，善款甚多，入不敷出，请暂息业，未知后首批复如何。若有样式，我等再为举办，是否理当，未识诸翁之意若何耳。今将当税印收仍然函呈验收是荷。附报是日晚净存架本三万八六有奇，共得票利钱一千八百七十千。谨此布复，并候近安，诸希朗照。不一。

弟史效周书，五月初三日。

46. 午月五日接协盛典回信

体贤仁兄大人阁下：另启者细阅荆沙草稿，其中所陈各节我属万难跟用。如纸洋当赎一项以及义捐、缉捕、堤工、纸洋贴补各捐，我松并无此害，焉敢胡陈。弟愚窃以谓此事，荆沙大邦虽云知事、商会各机关直然允许，竭力维持，公同会详等情，然恐省批不准，犹之画饼充饥。我松此刻举办殊多棘手，不若暂且从缓，侧听省批若何，再行举动似尚未迟。愚昧之见，陡然直陈，是否有当，尚祈独断。

六谦弟再书。

47. 午月五日接同盛典回信

体贤兄台大人阁下如睹：迳启者前月杪李脚返街，接读片言并饭单小包，如收勿念。迩来蒲剑高悬，艾旗飘荡矣。正在望风结想，忽于今午盛伻[①]由纸递到公函。庄诵之余，藉悉近祉佳胜，筹祺延厘，贺贺。统来结单核对无讹，

---

① 伻，使者。

兼印收石泉等函，阅毕原信统寄，请毋存注。惟于昨日接协盛来函，内叙我行涨息一层并荆沙各典所具草稿底已录有底，沙号寄尊处之露信原委知悉。弟想此事犹宜从缓，即切不可轻举。俟沙办有规模，我四家再作议论。若协盛信中云云，大为切当，鄙见如斯，总祈鸿才定夺是祝。泐此敬复，祈候节安，并希澄照。不戬。

志仁伙定于初六日就道北旋，总定由朱至沙，烦买一妥舟是本。

愚弟冀其忠书，午月初三日未刻。

48. 午月十一日随原脚回街寄

弼臣尊兄大人台前如晤：昨日六句钟志仁兄行旌抵朱，畅谈终宵，备详一切。今日薄具酒肴，颇壮行色。午馔后偕世恩伙同舟赴沙，幸获今晚天气晴朗，诘朝谅可抵岸矣。兹办涨息一事，诚如兄等函示云云，静候荆沙所详，或何批复才行举动似不为迟。彼时自当函致诸兄，公同商办可也。至若台票一千，现经乔伙带沙，俟沙号买银多寡，合盛如数收存，定以六月半，按月一分立借五百，余数存注诸往来为是。所以迟借一月者，除节前已与文桥兄汇项外别无用项，务到六月半后始能动用耳。顺此奉达，用请日安。

弟任绩书，午月初六日即泐。

49. 午月十一日随街典信寄

六谦仁兄大人阁下赐鉴：时名地腊，节号天中，家家之酒泛青蒲，处处之香飘碧艾，睹风景以怀人，虽异地则皆然。按昔日专人送信三天即返。此回着脚寄书四日才归。虽今昔之相殊，亦生熟之不同也。乃于重午戌刻，脚始归朱。另蒙赐教，敬悉全情。逐细思维，诚服君言。于其轻举妄动，自不若有所式凭之为得也。此则静候荆沙所详，果何批复，我等再行举办似不为迟。非兄片言，几作浮躁之举矣，愧谢愧谢。其草稿已送石泉看过，且嘱按我松属情形另叙一稿备用，并托遇便借谈闲话，试探自治诸绅口气，有无赞成之意。据泉兄亦言，虽在本处如法举行，不论能否代详，无非过脚而已。其所倚赖者当在荆沙大邦耳，想此事明知不易，然所以不得不尽者此心也。俟后沙号寄到回批，另行函邀，公同商办为是。肃此布请大安，诸维雅照。不宣。

弟任绩书，午月初六日吉泐。

50. 午月十一日致石泉己信

石泉老兄大人台前如晤：别虽数日，颇深难索之感。值此连绵阴雨，昼夜无停，枯坐无聊，能不令人闷极。今日幸得少晴，然泥泞没足，殆所不免，特着敝役正荣送去罗知事夏季规礼一书，并大小随书门印各宗，一如旧法炮制，悉照银数按市价从厚以五钱七作钱，另录换条一纸，统祈费神照理，妥交县署是祝。再前在兄处所谈一切，幸为留意，是所盼焉。肃此布渎，用请潭安，诸维爱照。不宣。

弟任绩书，午月十一日早即泐。

51. 午月廿七日接协盛来信

体贤仁兄大人阁下英鉴：昨晡由街转来手书，读之盖于节后一日所发也。藉悉文祉绥和，起居适意，贺贺。寄来知事请帖，照信检收，祈勿存注。前上刍荛，略陈管见，今蒙逊谢，何以克当，殊令弟惕惕不安耳。今且从街抄来省垣各司批复，展阅一过不禁慨然。似与弟之妄论切切吻合，真所谓愚者千虑，岂无一得之少效也。然而所请代表二百两修金，前所议定，敢有异言。纸洋一项，按由旅长所批，铜元当者铜元赎，纸洋当者纸洋赎，可谓平允切当。愚意典质当出断无纸洋，荆沙典质即可不用吃亏也。果尔则纸洋一项亦算办到，应加之二百金又岂能少给乎。累累四百金，灿然八只宝，得之诚容易也。然在荆沙各典少去一层大害，省却无数唇舌，虽出金钱不为无补，而与我松滋四家何干何涉。替人摊费，真乃憨头出此憨钱，殊为可耻。虽然如此，而荆沙各典广有贤能，或者典息期限亦能办到殊不可知。说部有云，欲知后事如何，且听下回分解。妄言如此，不知我哥以为如何。特草布复，即请道安。

弟王捷三书，夏至日泐。

前此端阳节后，典事稍闲。遂将荆沙公禀驳论一番，惟是见出一偏，当否莫决，今姑录出以质高明。

详观荆沙公稿与发起时立言大为悬殊。虽所陈三事，实则分为两途。两途之中，又确有宾主之分也。何则盖所谓涨月息、缩期限者不过略为铺张衬贴，以作纸洋之陪宾耳。其所最注意者在纸洋一项，乃三事中之正主也。是以一则曰纸洋定价壹千贰百，遂有奸徒因以为利，当钱三百来赎时勒找九百云云。再则曰现每典质每人当赎三百，持三四票者甚众，勒找铜元恃强逞凶，店伙横遭侮辱，已属忍无可忍。此去彼来，轮流递转，由十而百而千，实属不堪设想云云。其着力处，与其同归于尽，不如暂避其锋。数语宁非专重在纸洋一项乎。至于暂行停当候赎云云，亦不过要求之意，以期必准于纸洋一物，不令典质吃亏也。似此通场绪论专重纸洋，而所谓共结团体者安在，有关公益者何存。无非纯以笼居心，权术用事耳。他县纸洋有无，是否被害，未知其详，姑且勿论，而我松滋四典，现无此害，为人出萃，代人摊钱，岂非一大憾事乎。前年即随大邦合群下省，摊费银钱已是可惜。今则又坠其术中，可谓前车覆辙后车弗戒，于人乎何尤，未识诸公以为然否。

52. 午月廿七日协盛来信

体贤仁兄大人阁下英盼：别来渐匝月矣，不胜三秋之感。遥维兴居萃吉，履祉胜常，当洽鄙颂。前于十九日曾由街典转奉草函，未审可邀入览否。兹有请者昨日午后从街递到沙号廿一日来信，并统来荆沙二次具过禀稿，阅其草内已将光化办过草稿传单粘抄呈递矣。据号信所题光化禀稿传单，尊处前已抄回，当非虚语。窃计荆沙稿尾批注二十日由全义抄来等字，想尊处抄光化之底，其时必在二十以前。及至二次具禀，合盛同人当已回朱，此稿想尚未曾抄来。今将原字随信统呈，即祈升阅。弟想我等若照前次之禀，即可不须汲汲举行，是以妄呈拙见，竟蒙采纳。今既二次之禀已具，且有光化之比照，知我等仍然趑趄则当过矣。倘被荆沙大帮诘问前来，其将何辞以对。宁不招人物议，惹人訾讥乎。以弟愚见我等亟当会议具章，不便再延再延，则大众见怼有词矣。拙见如此请三思焉。为此专饬小价，敬呈即请筹安，伏惟俯鉴。不宣。

弟王捷三书，午月念四日泐。

53. 午月廿八日复协盛信托原脚带回

六谦仁兄大人台前钧鉴：华笺甫阅，尺素重颁，一以得自邮传，一以收诸贵使，喜三复于同时，深蒙指示，赐双鱼于一日，敬悉全情。所谓君子爱人以德，能不深信不疑乎。既当恪遵，且深感谢。兹以涨息之事，诚如我兄所言，荆沙既经两次具禀，复有光化比例，我松若再观望，不惟当过，且招物议。无论能否济事，过场不得不做。请俟缓日，当以公信邀诸贤来朱，妥筹商办。或仿照荆沙，先以酒席运动自治、知事、诸绅，或径行陈请，或只在县具禀，抑双方并行，临时公同裁夺可也。再祈赐佳作，回环庄诵，掷地有声，非老手不能出此也，敬佩敬佩。会晤在迩，领教有期，开我茅塞，舍君谁归。略此奉答，用请吟安，统希爱照。不宣。

弟任绩书，午月廿七日泐。

今将由沙寄到光化禀稿及传单，又荆沙所抄省垣公文并三纸，统投台电。阅后俟缓日另有公信前去，随祈转致街、西两处一览为盼。此次脚力未开，缘近来各处涨价略有异同，或当给多寡，望由尊处照给，如数付朱典之账是祝。附此又及，余不他赘。

54. 午月杪日邮政递来沙号之信

体贤仁兄大人阁下青及：敬启者于月初七日接阅典第八次来函，所叙一切皆已详悉。董翁汇项以及世恩兄初八日带来台票白布已各妥收，遵命照办。致介之信亦属转寄。至于收付银钱等项，世恩兄于十七日返典，带有结单一纸，恕不另报。惟随伊带去照抄荆沙当铺得到回批，并抄来光化县办过草稿及传单一共四纸，尾附批阅毕后请转南三典公鉴为是。今随信又统去荆沙二次举办指明涨息草稿一纸，祈阅是荷。彼等日来正在呈递，俟回批下来定寄不误。此次之稿南三典毋庸知照，日前特与同盛寄去一纸，已经书明，教伊照会该三家传阅。附申沙地钱情，台票五钱七五，铜元五钱八五，余尚如恒。特此奉上，顺请夏安。

弟李书元书，五月廿一日。

55. 午月杪日托陈姓代寄沙号第九次信

贞生我兄大人阁下青鉴：敬启者前于月之十九日世恩伙平吉归朱，备道阁下近况安常，贺贺。随带来银钱结单，逐细登收往来勿念，并荆沙各典所得省垣批示及光化县草稿传单各件，均经妥收，阅后已遵寄南三典矣。嗣于日前由协盛递来我号所抄荆沙各典专为涨息所具二次草稿，阅之既光化县办有此例，而荆沙或无不允之理。屈指此禀递已半月，果何批示请速示明为盼。而我松滋四典亦似可趁此举动，不宜再延。拟不日函约各典来朱商办，其自治、知事两机关能否维持通详则不可预必也。附报笔下架本四万七千吊有奇，现元八千三百千之谱。专此布申，即请大安。

弟任绩书，午月杪日吉泐。

信已书就，正拟从邮政奉发，适而该局投到我号是月念一日来函，内叙各件皆已明悉，（即）抄来草稿，检收勿念。今日巧遇陈姓之船赴沙之便顺此。又及，余不他呈。

56. 六月朔日[①] 致三典公信

弼臣、郁文、师吉三位仁兄大人阁下仝电：离群索居，又月余矣。落月屋梁之想，当亦彼此同情否。近维禔躬迪吉，福履冲和，天相吉人，毋庸赘颂。敬启者按前次荆沙各典具过之禀，其所注重者专在纸洋一项，他如涨月息、缩期限似在衬托之列。而我松并无纸洋之累，彼时诚如兄等卓见，不须汲汲举动。昨接沙号来信，据云荆沙各典已援光化成案，专为涨息二次具禀，且云与各尊处俱已抄寄禀稿，均在洞悉，不须敝处另行抄呈矣。兹将寄到光化所具禀稿及传单各件随信统呈，并希钧鉴。

当斯时也荆沙已二次具禀，且有光化所办成案可援。我等四典似可趁此举动，不宜再作观望。否则恐荆沙同行訾议我等推缩不前，岂非自招。想兄等才识兼优，此事亟应如何布置自当胸有成竹。即请于初四、五日，务须群贤毕至，公同商酌。或该作何筹办之处，各出心裁，互相采择，和衷共济，以期尽善。再彭遇事束手，非熟手可比，又非寻常公事，端赖诸君惠然肯来，众志成城，庶可望事出万金，俾不致徒费手续者则大家之力也。其拥帚下榻诸事，彭当奉侍维谨，又何敢稍事推延乎。合盛仅存架本四万七千一二百千。专函奉邀，恭候驾临，统请全安，并希霁照。不宣。

弟任绩书，六月初一日泐。

57. 六月初四日接义盛典复信

体贤仁兄大人阁下电览：别后以来月余光景，企慕之思，心甚依依。敬启者是日午后盛价由纸来西，递到公函并函来光化县禀稿传单各件，捧诵之下，敬领其详。欣知旅祺迪吉，诸事顺遂，为欣为颂。兹因公事招呼，弟理合顺脚

① 朔日，即农历每月的第一天。

前去。然而小典初五日接就绅耆，有客三桌，不便离去，是以迟一半天再为晋谒，兼领雅教。所商涨息具禀情形，谅诸翁晤面，自有高见，毋庸弟冗渎耳。附报小典五月底净存架本四万零之谱。谨此先复，并候近安，乞维朗照。不戬。

弟史效周书。

58.六月初四日接同盛复信

体贤兄台大人阁下升鉴：今午信传有纸到街，捧阅公函，所云各情敬聆其详。尚有另赐一函妥收勿念。再及承令会议公干，其（岂）敢他辞。自当亲诣叨陪左右，如无阴雨阻隔，定于初五、六日集朱商办耳。有委买就磁瓦廿块，共用钱一千五百，其钱如数注录来往，随脚如数挑回，望祈检收是妥。尚有一切，晤面在迩，余容再罄，率此奉复，即请夏安。

弟冀其忠书。

59.六月初四日接协盛复信

体贤仁兄大人阁下赐览：顷读公函，全情敬悉。承召会议，敢有他辞。自当躬趋叨陪左右，如无风雨相阻，准于五日到朱。至若进行方法，想吾兄宗旨在抱，陈词蓄构，当已部署停妥，此则弟之所望于阁下者也。前寄各件如命转呈，晤教在迩，余容面罄。率泐奉答，即请暑安。

弟王捷三书，六月初二日。

60.六月初八日桥已从邮政来信

体贤兄台阁下钧览：于月望日捧接初三日所蒙之信，内言种种详悉并阅，附启一札亦皆聆悉矣。得知筹祺安安，典务平平，甚慰鄙怀。费神与弟汇回之项，应起积利清单，如信收讫勿念。并知松属左近安然，咱典上架颇可，街市如常，幸甚幸甚。其与六吉堂所汇之款，如能六月底汇起则已，否则不便七月内与伊汇回可也。兼报潭府亨嘉，弟舍粗平，祈勿锦念。咱处大势平靖，刻下小麦登场，旱地收成每亩二三斗，水地可打七八斗之谱。午月以来大雨未降，一二寸小雨叠沛数次，则要后首雨水不缺，尚不至荒年。各样粮食停涨，集斗旧小麦一千内外，小米八百七八之市。其步洲之信业已交付。专此即复，顺候夏安，余维珍重。不既。

弟董葆元书，午月念三日泐。

61.六月初十日邮寄沙号第十次信

贞生兄台大人阁下青及：敬启者曾于前月杪托陈姓船寄呈第九次之信，谅必早达台端矣，毋庸赘渎。兹我典所办涨息公事，因于日前已知会南三典，现在齐集合盛，筹商进行方法。于日昨着人进城知会典税房之李石泉，而此君数日内身犯旧疾，俟其稍爽，亦即来朱斟酌主稿，妥行举办。又弼臣兄云接我号之信，言荆沙大帮援光化成案所拟二次之禀，因月前沙地颇有风潮，暂缓未递，未知目下已否陈递。或荆属各县有无举动，及何样式，想阁下一经有所见闻，当无不速示身等一知也，仰之望之。附报我典架本四万七二，现元八千二百千。专此布闻，顺候暑安，诸希爱照不宣。南典三君嘱笔致候。未另。

弟任绩书，六月初十日泐。

62.六月十一日致石泉己信

石翁四兄大人台前安览：迳启者本欲躬候台安，恐妨静养，故特走字一询，想日来贵恙该可渐次就愈。如能一二日内临朱一叙，仝南典诸君筹商一切公事公办，庶无遗义，否则恐有旷职守，碍难久候。意在迟日，俟贵恙全愈，委彭一人与阁下商办一切，能否惠临之处敢请示明。俾南典诸君去留有定是所盼焉。专此奉候痊安，兼希好音。不宣。南典诸君嘱笔致意。不另。

弟任绩书，六月十一日泐。

63.六月十七日邮政递来沙号来信

体贤仁兄大人阁下青及：敬启者于月初二日陈姓抵沙，送到典第九次来函，内云各情悉聆勿念。所叙联办涨息之事，前日全义典常子养兄谈及该等将荆沙知事、自治、商务等皆已运动，或许可步光化之例耳。及叙前次寄过荆沙二次公举禀稿，伊言此禀未递，今又略加更改，但宗旨不难大谱。而又适逢近日风潮密布，暴动多端，各界人心恐惶，又在阻搁，仍是未递。且待平息数日，趁隙而递可也。一俟伊等递后，沙号照抄速达为是。兹报与我典缴过荆南书院春夏两季息内有申水银六分，共沙平银十一两一四，至希过账是荷。附申沙地笔下台票五钱八三，铜元五钱八七，余不冗渎，特此奉复，顺候夏安。

又批初九日沙地钱情，台票五钱七九，同（铜）元五钱八一五。

弟李书元书，六月初四日写。

64. 六月十八日托陈姓带沙第十一次信

贞生我兄大人台前安览：敬启者于月上旬自邮政奉寄第十次之信，内报四典正在会晤筹办涨息之事，此信谅已洞悉，恕勿再冗。日昨邮寄到我号初九日来函，叙及彼时为街市欠安，风潮又起，荆沙各典二次之禀延搁未递。想目今已否递过，有无批示，请即示明为盼。有缴过荆南书院春夏两季息银，如数收注沙账勿念。兹报松属四典于十七日进城，将拟就之禀，知事、自治各递一张。其自治人员所言一切尚似情理，亦云俟江陵批准，而我松才好通详也。今将递过禀稿随信函呈台鉴，再随即信照前次乔伙带去诸东上半年支使一扣，请如数汇介是祝。咱典架本笔下四万七千九百千之谱，余皆如昔。泐此布复，即请暑安。不一。

弟任绩书，六月十八日泐。

65. 六月十九日邮政寄到步洲己信

体贤翁台大人阁下惠览：未奉麈教数月余。兹山川修阻，梦寐为劳，正拟耑函禀候，忽于本月初二日转到华札，所示各情业经备聆，乃知福躬安燕，公私迪吉，曷胜祷颂。前月望日庞祚翁抵梓，尚未晤面。念一日孟志翁安抵，廿四日在介号会面，谈及尊府清宁，勿庸系怀，兼知我典截算前三年东伙积利，承蒙与晚截出余利作银放典生息。叨光良多，翁台厚爱，铭刻五内。再文桥翁之女择吉本月十一日喜期，我典包礼贰两，我翁仝圭峰兄包过各五钱，世恩兄仝晚各包三钱，诸伙台公送物敬贰两，合共呈银五两六钱，俟送后由泰丰往外磕出，迟早结出，祈为照护是望。咱乡传闻，人言啧啧，蒙北军务尚未息战，开年以来对敌数战。民国败势，鞑兵抵至大同府左右。刻下南路河东一带招勇紧急，逐日军丁路经敝村，车辆十辆八辆。自从五月内至今，每日过去到太原分发北往。逢此年月，但看天意也。喜报前月十九日落雨三几寸，廿七日又下二寸余，秋禾稼种，苗出全美，长的见好。早晚甘霖数寸，秋有盼望。宝银钱数一千四五，门户不甚安靖，人心不古，恨富笑贫人色极多。城内党会联合众多，将来不知是何局面，岂不愁肠耶。草草敬复，恭请旅安，伏望珍摄是祝。

愚晚李成瀛书，六月初三日泐。

66.六月廿三日陈姓投来沙号之信

体贤仁兄大人阁下青及：敬启者于月十六日接到典第十次来函，今日申刻复接典第十一次来函，两函所云备聆悉知。统来禀稿，业已收阅，逐节言词，句句实情，甚为妥善。兹云诸东之事，已随今卯信期照折妥办，一并请勿在（再）念。兹报荆沙各典贰次所具之禀，赶初十日已递在自治，说定不须批示，请自治通详知事、旅长、商会后是何定体，开会宣布为是。定于十二日开会，不意是日开会第一事演说，就将自治会会长推倒，随即散会，他事暂为不能理论。约定一连开会十日，先举会长，然后再理别事。日来会长未定，他事亦就不能理论，一俟该等议定，是何成效，速邮芜函陈知不误。附报笔下沙地钱情，台票五钱七五，铜元五钱八。暂平气促，余尚如常。专此奉复，顺请暑安。

弟李书元书，六月十九日泐。

附启荆沙所办涨息之事忽焉中变，正函不敢道其实情者，诚恐他人阅悉，效生别议。月初，常子养兄来站得意游言，曾将自治总长接到全义，先打麻雀后吃酒席，业已运动响应说妥，贰次所具之禀不须批示，请该长通详知事、商会、旅长后是何定体。定于十二日开会，宣布为是。不意是日开会，众议员演说，议决第一事即将总会长推倒，随即散会，说定且待一连开会十日，举定会长后再理琐事。各典会议恐其日久生变，暗中又将副会长竭力吹嘘，求伊急速议决，宣布为妥。该等于十六日一仝进城，面见自治、知事、旅长，旁迫速布，不然定于一体止当。自治等应允，会议后复信各典，昨日又在传行。今早进城仍然一伴赴及自治讨信。正在谈话之际，忽焉接到沙市自治公事，陈与大众一看，联名数十位满腔与上级自治及典商反对之词。内中所云，典质生意三分取息，朦胧穷民数百余年。幸有前清张督、赵督深明大义，体恤穷民，先减二分半，然后一体减为长年二分。而今生意典商为聚，并且裁去各项陋规，所省不在微数，此乃不免听其沙市滥员、滥绅希图饱食数百金，煽惑此事。典质人心不足信，然鼓吹而欲再想朦害穷民，复涨三分取息断难任可，前辞一概取消云云。看其言词，甚为决裂。嗣后上级自治副长云及大众，暂为息候数日，待我等另为开会演议。如其沙市自治仍是决裂反对，不能和平解决，我等另为设法调处。话说至此大众散场，仍是茫然无绪。待过数日是何下文，再信再详为是。但此中变恐怕更为棘手耳。此知。

六月十九续笔。

67.六月廿七日接李湘波来信

体翁先生大人阁下青及：分袂未久，如隔三秋，渴慕之私，时萦鄙怀。近维起居安燕，生意叶吉，定卜（符）私颂。敬启者家兄自送诸公以后，隔日旧疾复发，多方延医调治。此数日间略有转机，无如精神短少，饮食未健，难于步履。视此光景可望日渐平安，差堪告慰知己耳。前诸公在城面委涨息之事，县批暨自治局回复，另纸抄呈钧电。今随带来当票、印花税谕帖四合，请一并查收。余不多渎，顺候阖号暑安。

愚弟李启江书，家兄命笔致意。

68.六月廿八日致文桥己信

文桥尊兄大人阁下安鉴：迳启者于月之上旬邮政递到华函，敬悉一是。就稔潭祺安燕，福履冲和，欣甚快甚。兹叙董六吉堂汇项，今随大众汇银折与伊，净汇去介平银三百卅两。祈见信如数交该堂妥收为幸，并补平付录支账。其汇费若干，我兄上次来函指明云云，俟沙号结来遵照办理可也。兹报咱典生意，至端阳后当头寥寥，笔下仅在架本钱四万九，票利一千六百千有奇，衣铺售进钱一千三百三十千。典事如恒，诸伙安吉。特此布复，顺候伙安，诸希朗照。不戬。

弟任绩书，六月廿七日泐。

69.六月廿八日与沙号第十二次信

贞生我兄大人阁下如晤：兹于念三日陈船户回朱，接诵手教，备聆一是。兼悉近况佳胜，为慰良多。所示荆沙各同行于前半月二次具禀，适值自治局另为他事推倒议长，议长未定，一切事件致难解决。又沙市自治与上级自治及各同行决裂反对等情均各详悉。按此忽生阻力，恐致棘手。但今又半月之久，已否另筹进行方法祈为示明。且现有请定代表，何不趁此一显手段乎。兹松滋四典所具之禀，昨已得批，另录呈览。然亦无非望梅止渴，能否济事实难预料。果荆沙大帮早有成效，其余各属才有几希之望。否则恐势孤力独，徒费周酌已也。现又随前项批示，与四典发来行用印花谕帖各一书，令各典于当票上遵照购用。据云宜昌等处已于阳历七月初十日开始行用，未识宜昌等典果否承认，或何用法，敢请一为察问，并荆沙等处已否有此公事，亦祈示知为祝。真乃一波未落一波又兴，种种困难，将何以处。今接委燕玉凤伙赴沙送去台票三百七十千，照收请如数作银注账。另函去与诸伙汇项一折，至希逐宗磕介，内有六吉堂趸项一宗，可否省点汇水，尽凭酌夺为是。再另与任永年汇介平足银廿两，代补平汇水，统归沙平银若干，即以行市作钱，如数付录钱账，回信示明，以便按数照收可也。附报咱典至前合净存架本四万八五，现存元五仟八。似此当首寥寥，约可绰绰有余矣。典事安常，勿劳绮念。其余各情已嘱燕伙面陈一切。顺此布渎，专候暑安。

弟任绩书，六月廿七日。

70.七月初二日接沙号信

体贤仁兄大人阁下青及：敬启者昨日晨早，燕先生抵沙，带到典第十二次来函。展阅之下，备聆其详，台票三百七十吊，业已妥收。统来松属批示亦已洞悉，典伙汇项定随来卯信期，照折汇介不误，一并请勿存念。所云荆沙当铺具禀涨息一事，近日来暴动多端，大约无暇及此，仍无章程。就松属批示，亦是衍面之词。惟是来函所谓发来行用印花谕帖，令各典遵照购用云云，此事殆难遵命。宜昌用否，同昌永伙早已返典，察问别家，俨然罔闻。而我松属亦非宜昌所辖，询诸荆沙数家皆无此事。且云目下当铺生意，入不敷出，支撑不来，竟有立迫止当之势，焉能顾及别样花样。以此而论，岂不令我四典唱首乎。若然岂不惹他处谈笑乎。如果荆属通行，松属行用，自不待言矣。大约阁下等早有筹思，不若实行抵制，且听荆沙消息为是。至于六吉堂汇项，意欲光照，省点帖费。阁下有此好心，本当遵命而行，其奈近日世态所迫，碍难遵命。日来筹度汇项一事，收否又是两面。本典列位之项，暂无阻搁。任永年汇项贰十两，外加平费共合沙平银廿三两五钱二，接市价五钱八四作元四十二七四，已付典账。随统去荆南书院收条一纸，至希收存是荷。附报沙地笔下钱情，台票五钱五一，铜元五钱八六，余不他及。专此奉复，顺请暑安。

再燕先生在沙用钱八千，与沙收账为是。又及，暑安。

弟李书元书，七月初一日。

附启正函不敢冗陈时是（事）者皆因沿途查看信息甚严，一经查有稍题军情事甚有不得了之情状。嗟乎我辈生不逢辰命也如何，尝言有云能作太平犬，不作乱世人。此言甚不谬耶。自从五月风潮大作，先是皂市竹根滩、周家矶等处退伍军队接连土匪折墙入典，竟将首饰、现元、台票、现银、纸洋、零星什物相继毒抢。一至六月，自九江唱首，江西、南京、芜湖、镇江、江苏、杭州、湖南等省挨次独立，其目讨袁伐北总司令黄兴。嗣后沙洋兵变，沿及襄河、里河一带，几乎扰遍。所到之处，竖旗出示，保商安民，就是勒苛钱钞，说一不二，四六拾万、拾来八万、万数八千不等。忽于前数日传言，该等蚁（已）然招集四路进发来取荆州，以致人心惶恐，生意停滞，纸洋台票市价跌落。惟铜元稍稳不跌者，因其本是缺乏而出票之家均要防备，是以更显缺乏，故此不能跌落。至于风潮愈传愈紧，荆沙所扎北兵只有壹千五百名之多，无奈只得分头开往防堵各口岸，不意廿八日俨然四路明来人数不少，甚是凶猛。当时出城折吊桥，正在乱际，镇守使所召满兵曾在全义、和盛。因鼓当不遂，行凶进去，将该两家钱房一抢而空，幸而未动别处。至中饭后，听说龙背桥、和尚桥等处皆已打退。惟草市来势兵猛械备，两下相鼓，嗣又请出大炮二尊，加兵决战。廿九日得信，北兵得胜，活拿伪队官、指挥官、兵士十数人，打死者不详多少，得炮四尊。仍是督兵往下极追至昨晚尚无闻信，又未知抵于何处。此番开战，是真炮声响亮，人皆有闻，谁胜谁负，究竟皆是耳闻。所以人皆防备者，诚恐掉虎离山。本处扎聚匪类，勾动退伍兵队发现耳。言及于此，无烦再冗，只有听天由命而已。照此光景，涨息一事，则看后首是何论焉。至云我典收进官票一事，要是柜上取当，尚得见机就计以免因小失大。大约此见，我兄早已识之熟矣。再叙台票行市目今奇低之故，皆因汉镇市面甚为不靖，在汉有事之家不敢寄运台票下去，情肯帖汇水做汉票下去办事。除此而外，此刻台票再无销路，加之省垣屡有暴动，适有不测将成废物。尚有谣言，即云纸洋、台票已有整顿之信，未识是何办法。所以钱店不敢存纳，故此将其市价奇低，其票极滞。此乃台票一时之运局也。此知。

71. 七月初四日致南三典公信

弼臣、郁文、师吉三位仁兄大人阁下全电：前月得与诸贤星聚旬余，朝夕言欢，几至无事不叙，无话不谈。虽未足比平原十日之饮，亦足以称人生一乐矣。今别虽半月，而列贤之言谈举止，无不历历在人耳目。具见落月屋梁之句真阅历语，非臆度词也，恋恋之情当亦同然否。曩者自送兄等别后，于念二日有调查币制委员章春藻由县来典，据奉财政司训令调查币制。凡各商户素用钱票之家，饬一体各取两张汇缴财政司存案备查，反面令大批销票。两家谈及南乡一带也不亲去，拟委各地方市董代办。未知各尊处已否有此一事，其是何注（主）意，公事上亦未明言。次日接阅沙号来信，云荆沙涨息之事，一为上级自治之议长被众议员推倒，议长未定，一切公事致难解决。一为沙市自治专为涨息一事与上级自治决裂反对，似此忽生阻力，颇形棘手。嗣于月前念七日城内李宅因石泉原病复作，以湘波手信着人送来，知事批示及自治局回复另录呈鉴。词虽近情，然亦无非画饼充饥，难望实济。又随寄到饬我行于当票上购用印花、谕帖各一书，词属含混，似在奉行故事之列，并未叙明施行细则，即果叙明，我等亦断难汲汲承认。首先，开端为此，即于次日一面委燕玉凤伙赴沙察问此事及涨息各情，一面委圭峰伙进城探病，并询印花税法署内已否奉到实行公事，我等可否暂置不理。当晚圭峰返典，据云泉病先两日较前次更甚，日来渐次平复，且有几乎不能见面之语。印花一事即暂置不问亦无不可，俟苟非实行不可，势必再催，彼时我等或察问别处已否承认，再行具情禀复似不为迟也。兹燕伙到沙越宿而归，于初二日下午回朱，云印花一事，荆沙各典当无此消息，宜昌等处同昌住沙之伙，已于前数日回铺，彼处果否行用，刻难详悉。询诸晋昌，亦云不知。其所办涨息情形及沙地近况，另有沙号先后寄来两纸统呈公鉴，毋庸另渎。既大局如此，而前项所谈之事不问可知矣。惟所谕我等印花公事或当延缓待催，或应何抵制之处，敢请诸公各出心裁，剀切指示，是为至盼。附呈合盛净有架本四万九千余吊。专此奉达，恭请钧安，诸维霁照。不宣。

弟任绩书，七月初四日早泐。

72. 七月初四日接桥已由介来信

体贤兄台阁下钧览：兹启月内念三日曾具芜函，谅邀洞鉴矣。辰维筹祺安燕，贵体清吉，定符心颂。自弟小女聘定义棠岳履谦，择吉于六月十一日迎娶过门。承蒙咱典及兄台曹、乔二位掌柜、列位伙台赐赠厚仪，谨领之余临风揖谢。日前王总司与弟坐谈，南省被抢当铺等行层见叠出，民不聊生，甚属可虑，饬弟寄信详达。处此乱世不得不虞望阁下维持范防，内藏沉重字迹，饬物外结绅士团体，无非尽其人事，听其天命，否则起团，或者警察添人，咱典年终多费百数十吊，只得如此耳。附报潭祉叶吉，舍下粗适。咱乡大势安谧，六月以来甘霖叠降，秋禾长的颇可，粮价停涨，钱数一千四二。专此布奉，并候暑安。不一。

愚弟董葆元书，初二日吉冲。

73. 巧月初六日接李湘波来信

体翁先生大人阁下赐览：不奉芝颜，瞬经数旬，伊人秋水，翘切徒殷。敬启维德躬清健，起居集祜，为欣为欣。月前曾寄一函，所叙家兄贱恙，谅达钧听。迩来病势无增无减，辒集于身，服药多剂，罔知奏效。此诚虚极之明征，医家费手之显见也。蒙阁下关心故人，可谓无微不至，弟与家兄等感激莫铭，愧无以报高情，惟有对天默祝，希冀阁下福寿日增，稍可称弟等之心于万一也。乃今晚署内发下四典秋季规礼请帖四合。弟是以不敢殊忽。接过之后，当即函封完好，交袁足顺便代呈，祈为查收是荷。余不多渎，顺候诸公近安。

愚弟李启江书，巧月初五日泐。家兄命笔再三致意。

74. 巧月六日接义盛典复信

体贤仁兄大人阁下雅电：启者前月尊处聚晤，至今旬日有余。光阴迅速，易催年迈。正思念间，忽然贵价来西，递到公函，捧读之余，敬聆其详，欣知躬祺迪吉，指挥如意，为欣为颂。兹因委查币制、商户花票令各绅董代办等情。敝处未闻此事，或者公事未到尚未举办耳。再涨息一层，荆沙有如斯举，又是望梅止渴。但我等之批好歹难凭，总要上行下跟，不然我县万难改行三分耳。此亦逢场作戏，尽其人力矣。兹因谕帖因印花一事，非独松滋一县，只要他县行开，我等岂能不行。暂以别县未行抵制，候看别处如何，再为定夺。弟愚意若此，未知合诸公尊意否。再诸翁自有高见，如何办理，小典无不从命耳。附报前月底净存架本钱四万二八，谨此奉复，并候台安。不既。

弟史效周书。

75. 巧月初六日接同盛典复信

体贤我兄大人阁下雅鉴：自违台范三礼拜矣，怀思促膝谈心时，恍然犹在目间也。今午尊伻[①]由纸递到公函，展阅之下藉悉侨祉安燕，动静凝庥，欣贺欣贺。统来知事、自治会各批兼沙号信件均经誊底，谕帖一函，如收勿念。所云币制、印花两层，但细细察度，为害实深。今我四家虽有明谕，其中定有不妥。且典伙清英昨由沙返，所接沙信内并无叙及此事，再街市亦无此调查风声。以弟管见可姑待勿论，或别处办有样式，我等再作计议，不然恐坠其术中耳。至于涨息一案，初则本望请成，今观批复如斯，将从前一场功夫不啻付之东流。想荆沙各典正在自顾不暇，安有余力张罗者，亦当寝息不言矣。草陈鄙意，惟祈采诺是望。敬修肃复，用请升安，统希崇照。不宣。

愚弟冀其忠书，月之初五日。

76. 巧月初六日接协盛典复信

体贤仁兄大人阁下惠鉴：别才半月，如隔数秋，正在怀念，忽颁公翰，捧诵之余，全情敬悉。藉悉文祉佳畅，兴居适如，心羡心贺，以慰以钦。寄来谕帖及沙号另启均各留抄，统请勿念。至于币制、印花二事，承讯各出己见云云，在诸公明哲有素，自具卓裁，当有良法以御之耳。弟则庸庸鄙夫，一筹莫展，况以创闻乍见之事，更属无所措手也，只有奈何是呼。然则既蒙下问，即无用妄言，亦须喃呈数语，明知断难采用，理则不得不然也。窃以涨息一节，久已看透，明知徒劳无益，枉费金钱，既得如斯之批，尚复何言。此后只可偃旗息鼓，静听荆沙办去，我松不须再讨无趣矣。至于印花税法，谕帖所云，诚如阁下所论，词意含混，不过风檐故事而已，似可暂行置之。如后认真再催，临时再作计较。惟币制之说，既有委员调查，似乎难以久挨。然纸市一带，迄今毫无所闻，别场市董曾否调查则更无从察听。以弟愚见，亦可姑置。如是实

---

① 伻，即使者。

在不能不以本票缴呈，随后另为函示，亦不过多费几个脚资而已。妄言如此，上渎聪听，即请筹祺，诸惟（维）朗照。不备。

弟王捷三书，初四日戌刻。

77. 巧月巧日致城内李五先生之信

湘波五兄大人台前升鉴：前此两捧钧函，恍亲大教，满目谦光，深人爱敬。欣谂起居萃吉，财福兼优，捧诵之下，快慰莫名。兹蒙示令兄贵恙，近日虽获平复，然刻难脱身，究非长策。想前次既经袁医调治得愈，今何妨再请此君一看，果能药病相投，自不难病退三舍，早奏功效也。月前发来知事谕帖，令敝行于当票上购用印花一说，已派铺伙赴沙察问，皆云无此消息。即左近各属，亦尚无此举动。至若宜昌两典住沙之伙，业于数日前返铺，无从察问。今已另由邮政寄信，相问彼处果否行用，或何用法，想回信谅可详言也。但荆沙既未举行，我松断难首先开端俟（矣）。苟非实行不可，势必再催。彼时再为具情禀复，或不为迟。虽拙见如斯，不识高明何以教我也。日前寄到知事秋季请帖四合，随信妥收。按此次请帖，下于立秋之先，其中难保无交卸情形，不然何如此之早。今帖已来矣，好不送乎。悉以旧章，按四典原送正款，如数照办。及门印大小随书各款，现沙市钱价五钱八五，仍照前季以五钱七另书。挨条逐宗作钱，着价送城。至祈费神照拂，妥交县署照收为祝，并希四兄面前代弟致意是盼。肃此奉请潭安，统维雅照。不宣。

弟任绩书，巧月八日即泐。

78. 巧月十四日接邦顺带来同盛典信。

体贤我兄大人阁下雅览：前者盛使返去，复呈芜函，谅达典签矣。并挑呈沟瓦十个，想无损坏乎。近维骏祉绥和，动静适如，定洽顺颂。敬启者昨日从邮局接得沙号初五日之来函，内叙沙地风声欠妥，草木旋惊。是午，商会即下传单，约众起团，仿照前年办法，又欲行上海等法，每家出人一丁，穿军壮（装）持器械，每日操练，以备防堵。言虽如此暂无一定之章。次云建阳驿河运等典已被匪徒抢去台票、铜元等不计其数。至于我典前者送沙之台票，但彼时因行市不佳，故未售出，必待稍涨，祈我号酌办。不期有此一惊，我号风闻惶恐，竟将典所存之票概行以五钱四八出卖矣。且云及恐其因小失大，脱祸求财等语。近者李脚沙返，亦尚道及台票有五钱五六之行市。由此观之，时势恍恍惚惚，令人皆无主裁耳。总之我典时运所致，每事必有打刻。今既如此出售，亦只好忍气吞声，吃此巨亏，岂能挽回乎。兹适邦顺返典之便特修数行，祗候凉安，并希洞照。不宣。

愚弟冀其忠书，月之十三日书。

79. 巧月望日邮寄沙号第十三次信

贞生我兄大人阁下安鉴：不通音问者半月矣，想近祉平善，定符心颂。兹于月初燕伙由沙回埠，得捧手翰，蒙所示谆谆，逐行备悉。但世务如此，虽人事不得不尽，然有人力所不能及者，只好听诸天命而已，有何法耶。兹前信所谓印花税一说，已于初间曾往宜昌寄信察问，果否行用，回信必可详言。奈候及旬余，未得回音。所以与阁下之信如此迟迟者实由斯也。既别处概无举行，而我松断难承认开端俟（矣）。苟非实行不可，势必再催，彼时再作计较，暂置不论可也。惟松属地方平靖，虽白昼不无谣言，而黑夜尚可安枕。想沙地入秋以来，自可闾阎安堵，鸡犬无惊。果如所愿，则地方之幸不浅矣。附报咱典于昨晚合账，净存架本五万二二，存现元叁千吊之谱。典务如恒，请毋廑念。率此布复，用候暑安。

弟任绩书，巧月望日吉泐。

80. 巧月十七日接李四先生信

体翁老兄先生阁下如握（渥）：别后匝月，恍如隔世。自前月十七日送别行旌后，当即伏床不起，日甚一日，延至立秋之际，更属不省人事，病益增剧，遂至死而复苏者再求神服药，巫医并进，始方克有转机。今可谓与先生相逢于隔世也，何幸如之。素关锦念，用敢奉闻。兹有恳者刻因医药浩繁，手中拮据，现需要款十六千付人，适值空乏无款应付，为此专函奉恳左钱十六千，即祈当面交付来人，是所拜祷。忝属契末，用敢冒干琐之渎愆，幸蒙原宥是荷。耑此即请秋安，诸希心照。不备，即复。

愚小弟李启清书，孟秋十七日午泐

81. 石翁四兄大人阁下如晤：别后闻贵恙复作，焦念殊深。虽未获躬候台端，而晨占夕卜，无刻置怀。并每遇由城来者及袁脚诸人未尝不细询起居，少释鄙怀也。今正值思念，适捧手翰，诵悉贵体复初，已占勿药，可谓吉人天相，不胜喜慰之至，贺贺。兹云需款十六千，已如数遵给来人，付录阁下之账矣。数行布答，用候秋安，兼维珍卫。不宣。

弟任绩书，十七日申刻泐。

82.巧月念六日邮寄文桥己信

文桥尊兄大人台前赏鉴：兹于月前因与六吉堂汇项奉致一函。今将匝月谅可银信兼收，如数妥交矣。嗣于月初接阅六月中旬所蒙发手函，备悉户集千祥，欣开彩屏于孔雀，门盈百辆，喜得佳婿于乘龙，本应躬贺崇阶，亲瞻六礼。奈山川修阻，缩地无施，只望风而拜贺，亦临颖而神驰，不恭不恭，祈恕祈恕。且区区衣敬，何足挂齿，而来函言谢，殊增汗颜。至蒙王总司与我兄数千里关怀，因闻南省各属地方欠靖，嘱以内藏沉重，外结团体云云，意良法美，钦佩莫名，自当相机以动，看事而行。然自六七月间，虽下游一带因南兵退伍，抢风颇甚，而松属各处诸托福映，幸获安常。虽白昼不无谣言，而黑夜尚可安枕，街市宁谧，鸡犬无惊。其沙地情形，号信自可详言，恕不另渎。知关远注，大略陈闻。附报我义至昨晚合账，净有架本五万三千五百千有奇，日来每天尚净上百吊内外。约至七月底，可圆架本五万四千吊之谱，票利一千八百千，衣庄流水一千四百千。今岁楚地因秋燥不雨，棉谷稍为减收，且缘世务欠靖，棉花客路尚迟迟未动也。想于出月初十前后，该有铺庄之家约可挂秤开盘矣。诸伙均吉，典务粗佳，临风布意，藉慰绮怀，敬此奉候潭安，诸希青照。不宣。

弟任绩书，巧月念五日泐。

83.巧月念六日随桥己信与步洲己之信

步洲老棣台阁下青睐：前于六月望后，邮政寄到手函，藉悉潭祺倍昔，近祉逾恒，展诵之下为慰良多。兹来信新云，与董府包礼共银五两六，俟沙号迟早结来，照办勿念。至于湖省各属，自南兵退伍，下游一带抢风颇甚，而我松属各处尚属安常，虽白昼不无谣言，而黑夜尚可安枕，街市宁谧，鸡犬无惊。知邀关注，大略陈闻。附报我典至昨晚合账，净存架本五万三千五百千有奇，日来每天尚净上百吊内外。今岁楚地因秋燥不雨，棉谷稍为减收。且缘世务欠靖，棉花客路尚迟迟未动也。想出月初十前后，该有铺庄之家约可挂秤开盘矣。诸伙均吉，典务粗佳，临风布意，藉候潭安，诸希雅照。不宣。

余任绩书，七月廿五日泐。

84. 八月初三日随号信寄介之信

松年遵兄大人台前升鉴：不奉音问者三阅月矣，恭维筹祺集福，近祉迎祥，拜祝之余，定如心颂。前于端节左右奉致荒函，谅可早达台端，恕不复赘。兹蒙数千里关怀，得于文桥兄信内代宣钧意。因闻南省各属时事欠靖，嘱以内藏沉重，外结团体云云，意良法美，钦佩难名，自当相机以动，看事而行。自六七月间，虽下游一带因南兵退伍，抢风颇甚，而松属各处诸托福映，幸获安常。虽白昼不无谣言，而黑夜尚可安枕，街市宁谧，鸡犬无惊。其沙地情形，号信自可详言，恕不另渎。知关远注，大略陈闻。附报我典至前合，净存架本五万三千五百千有奇，日来每天尚上百吊内外。约至七月底，可圆架本五万四千吊之谱，票利一千八百千，衣庄流水一千四百千。今岁楚地因秋燥不雨，棉谷稍为减收，且缘世务欠靖，棉花客路尚迟迟未动也。想出月初十前后，该有铺庄之家约可挂秤开盘矣。诸伙均吉，典务粗佳，临风布意，藉慰绮怀，敬此奉候秋安，诸希电照。不宣。

弟任绩书，巧月廿八日吉泐。

85. 八月初三日寄沙号第十四次信

贞生我兄大人阁下青盼：迳启者，月之望日从邮局奉呈第十三次之信，今已旬余，谅邀钧鉴矣，兹不再赘。惟印花税一事，前得宜昌回信，所言该处公事，虽有尚未举行，只云当价十元，即行帖用印花税钱廿文。其税钱归何人所出亦未叙明。据该处商会亦云，无一定章程，以借款而论，应归执约据者出钱。虽属如此，但别处概无举动，而我松更好推托矣。如不催则已，催亦不愁抵制无词也。附报我典至前一合，净有架本五万三千五百千有奇，日来每天尚净上百吊内外。约至七月底，可圆架本五万四千吊之谱。今岁此地因秋燥不雨，棉谷稍为减收，且缘世务欠靖，以致棉花客路裹足不前。俟出月初十前后，该有铺庄之家挂秤开盘矣。今逢陈姓之船赴沙吉便，顺此布候秋安。

弟任绩书，七月廿八日。

附启者，陈姓之船先定月前赴沙，于信成后又打日期，今随该船带去竹盖篮、小磁缸各一个，祈与典代买每个半斤家乡月饼贰十斤，虾酱一坛，仍交原船带朱，钱付来往是荷。再本市永昌福、邓裕泰两号，亦乘此船赴沙。日前来典问兑，弟答以今岁下架颇迟，节前来便应允，节后尚可，两家共约先兑四五千之谱。望见信俟该号等在沙将钱交齐，打兑时票上似可分作二十日前后之期。咱典下架之项，庶可陆续应兑也。至前月杪合账，实存架本五万四千一百零九千八。附此奉达，再候旅安。

桂月初三日续笔。

86. 八月初八日同盛典来信

体贤我兄大人阁下雅鉴：月中落桂，云外飘香，清晖遥睇，如渴思啖，顷维侨祉升安，抚序延厘，定洽颂怀。前日世恩兄返朱，鄙忱道称，谅必中怀稍慰。兹咱典存元亦是不敷，久已折墙补屋，言之不啻同病。据该兄所云，尊处尚在上架，故不得已而来者。但缓急此人之常事，何况同裳，岂敢不竭棉(绵)薄代效微力耶。遂着典伙由南边李瑞田处贷得铜元千吊，今雇毛姓牲口驮呈，到时仰祈清收。如过手之下，倘有少数，请复信示明，以便交原主承认兹祝。其余脚力等项，由街开给，另有花条统呈，务望照注往来，以及包皮绳索，谨付去脚带来是盼。草函布达，藉请秋安，预贺节禧。

愚弟冀其忠书。

87. 八月初九日复同盛典信

弼臣六兄大人台前如睹：迳启者，前日世恩伙返埠，备道盛意，为咱朱典钱不敷用，而街典所存亦不甚余裕，得蒙鼎力周旋设法转贷，足见古道照人，殊深感佩。但爱我如此之深实不敢照常云谢，惟有敬铭心版以志不忘而已。今日四句钟，蒙饬骡脚，发来铜币十万元，并读华翰，遵数清收。所谕各情，敬聆一切。其脚资等项当即照单收登来往，其钱均经过手，净有少数六百卅亦遵信付账，以便问李姓补收。惟来项以合盛而论，虽借长票月息较轻，然似属诸多不便，一再筹思，只好仍按短票立借，即以八月初一日起，按月一分作借同盛钱壹千吊。俟先尽沙票还清，随后再还此项可也。附呈约至初十日合账，可有架本五万五千之谱。肃此奉达，预贺节安，诸维爱照。不宣。

弟任绩书。

88. 八月十二日接沙号来信

体贤仁兄大人阁下青照：迳启者于前月念二日邮役递到典第十三号来函，今于月之初六日杜公送到典第十四次来械。两次所示一一详悉，不须锦念。至云印花一节，近日同昌永伙来沙，所叙之情与典来函不相上下，只好照阁下所言，待伊催时再作抵制甚善。倘俟荆属要有此举，沙号再为详报。再之永昌福、邓裕泰两家来号谈及兑钱，弟照所云，业已答应，伊等亦云暂为无款。至于在朱用钱，总有平兑，竟（尽）管放心。深交有年，非是初交可比。我号俟伊交到若干，遵命照办可也。统来我典致介之信，初旬信期已过，随后统呈。再我典托购半斤一个家乡月饼贰十斤，二百，合钱四千，虾酱一钱坛，净重四斤，二百四，合钱九百六，皆付典账。今随原船返朱，装篮代缸一并带典，验收为妥。随信统去齐七月底银钱结单一纸，至希核阅是荷。附申沙地笔下钱情，台票五钱六二，铜元五钱六六，余不冗及。特此布复，顺候秋安。

弟李书元立正，八月初九日泐。

资料来源：刘建民主编：《晋商史料集成》第5册《信函、信稿4》，商务印书馆2018年版，第403—611页。

附录三 《□学摘录》辑录

1. 大老夫子大人尊前，不获请训，念月有余，山河远隔，企仰维殷，每怀德教，宛若神驰左右也。敬维文祉凝祥，商祺增瑞，定符臆祝。三月中旬，敝同事由介赴樊，领舍亲之内戚马某某到湖求事，随奉恳□□早钧览。五月念六日接阅号信，籍悉蒙□□□恩光顾，已与说定广信典效学。七月间□□号乃荷赐惠，深感隆情。非但舍亲戴德于无既，即受业亦有荣施亦。太、汾属雨水应时而降，大有丰登之象。东三省大局未定，日本“德政”良多，谨此叩禀，伏维朗照。不宣。

2. 桃符焕彩，万象更新。敬维岳父老大人尊前新春锦绣，佳气日永，翘企崇仪，弥深下祝。时值阳春伏望，大人在铺随时善养，是婿等之远祝也。兹报贵府列位清泰及舍间人等均托庇粗安，堪慰锦念耳。聊申寸札，虔请年安百益。

3. 克镛表兄大人阁下近佳：久未致侯，时深怀念，每□聚叙一堂，欢弊旧两。奈汴、介两地天各一方，未能如愿，歉甚之至。惟祝茂祉安燕，商祺增瑞，甚慰鄙怀。启者□岳父应今春□下班回里，至今尚未抵介，想是号中人位缺乏，无人接班，或因有铺事缠身，究竟不知因何阻隔。祈阁下细为赐弟一信为荷，烦费清神之处容晤面谢，聊修数语，兼候时安。

4. 岳父老大人尊前万福：客腊叩送行旌，想冰天雪地之中，当邀福星普照，安吉抵典，良符私祝。兹届辛盘荐吉，寅斗迎新，恭维大人春祺纳祐，安序延厘，遥瞻霁月，载颂载兴。刻下无人接班，祈阁下细为赐一甬，琐费渎神之处容晤面谢。肃此敬请时安，伏维朗照。不一。

5. 某某仁兄大人阁下：不逢清讳数年，于兹屡得知己者询问起居，悉安守锦里，褆躬吉祥，以慰鄙颂。敬启者弟此次来樊就定本帮某某钱号一年之久，毫无经管，一切以按牌面颇善，而人位与弟远疎，诸事涉见渺问，洽（恰）似一叶迷山，究竟独己孤身，不合帮用。抑或弟之运舛，视其光景草头之露难望久为。该号用人以侮，非弟成不一篑也。弟强就年终，定为告退。他事转想，再求栖枝，无处可报。问及阁下已辞别沙业而复任某某宝号。弟推承兄筹谋有方，群商拔萃，交道接礼，学有管饱遗风，令人莫不仰之。所有弟危困在迩，卒无遇合，却想旧友方某某世台下许久未晤，想一切吉祥，企颂无量，鄙人年老多病，无事恒不进城，退守田园，籍以避世颓唐之状，不足为大雅。陈之倾闻尊处酬神演剧，邀集同人快乐一时。鄙人虽老，□有少年欢动之意，前往敬贺，理所应然。惟精神衰减，心欢动而身不自主，老朽之态日见其甚，歉何如之。阁下受戴有心，远次召集，□无应命，切无□我不前也，知关谨系，手此布复，即候秋佳，并颂潭福。

6. 某某宝号台照：昨以贵行演戏，辱承邀约，理合奔驰，陪侍来座。缘有小事缠极，未克分身，重违雅意，抱歉殊深，专此奉谢，即请暑安。良为妥设，能早日觅得，逢便祈先寄回价值若干。随物示知，是要是恳。刻下咱介岁景平和，闾里安靖，钱数一千三三之市。邮便肃此，敬请崇安，伏乞珍摄。不庄。

7.某某仁兄大人阁下：知己厚交一别数年，怀思之切，无时或释，只以搦管维难，竟至音问缺如。前月中，适逢张宪臣兄旋梓，接奉琅函，展诵回环，恍同晤对。籍悉阁下客祺顺畅，履祉绥和，大慰渴怀，复承胶爱，过当见惠，寿绦拜登之下愧乏琼瑶之报，稠情厚意，谨敬铭诸心版矣。弟株守家乡，依人如素，学浅才短，毫无长进。所幸家慈以次获粗安吉，堪可告慰锦注。兹今春与赵司寄来眼药，经弟手妥交，禀笔言谢。介地近来各行生意大不如前，世道衰败，良可浩叹。秋季收成颇可，粮价便宜，钱数宝银换一千四。辰下寒风浸入肌骨，惟祈随时珍卫，邮便率此布复，敬请冬安。不一。

8.某某表兄大人阁下升电：心交在素何以浮文为惠也，恭维禔躬集祐，举祉凝祥，望风引企，曷胜欣慰。兹月前别驾念日有余，刻今想该平吉抵铺矣。时逢炎热，望阁下在铺多加善养为要，则免贵府暨舍间人等悬念耳。笔下介地景况如常，惟今月初七日落雨四寸有奇，秋禾大得其盖，农人商贾等无不欣慰耳。俗云久旱逢甘雨，则苗勃然兴之矣，诚哉是言也。兹逢邮便，肃此即请时安，伏望朗照。不宣。

9.某某老大人尊前万福万安，月来未接谕言，想该大人起居清吉矣。敬恳者祈大人与□买柳条洋布几匹，如价钱相宜则买两匹，倘价钱过大即买一匹可也。买就祈着脚寄介，再祈将价示明以便奉赵。琐费清神，容晤面谢。兹报贵府列位清吉及舍间人等亦托庇粗安，堪慰锦念耳。刻下炎热之际，伏望大人善养身体为要，则□等之祝也。至于介地景况如常，惟今月初七日落雨四寸有余，人心大为欣慰耳。邮便肃此，并候时安。不一。

10.某某老大人尊前万福万安，不获请训几月余矣，每怀德教宛若神驰左右也。时逢秋凉之际，望祈大人善养贵体为重，是等之远祝也。兹报贵府列位清吉以及舍下人等亦均叨庇粗安，堪慰锦念耳。今有恳者伏祈大人在宝典留买金貂绒坎肩一件，□色□色均可，买就祈着妥寄介。此系敝友之事，祈将价示明以便向敝友讨收，收毕自应将钱亲送贵府。琐费清神之处容晤面谢，羽便肃此，并请时安。

11. 如弟阁下近佳，心交于素，套言勿叙。启缘今月□日兄续弦，自应咱二人商议送点礼物。奈弟台身在平地，愚在介县，巧遇此事不能面商耳。咱二人或该摊送，或各送各礼合宜，祈弟台在平代愚交礼一并酌夺办理，准之咱二人所送之礼要一模一样也，到期祈弟台将咱二人之礼一并着人妥送伊府。所费钱若干，祈暂为佃付。俟阁下到介之日，再为结算耳。

12. 某某兄台足下青览：别逾一载，音问久梗。适于前月初四日接台八月初十日由汴来甬，幸悉履祉集吉，两事不遂心，此世变所使，与某同病也，然承委托能不竭力。一月以来逢人说，顷其耐怅行无机缘，当铺皆不请人，愧负所望，殊觉赧颜，再不复甬，恐台悬怀。以某乏见，值此朝不保夕之时，果系家计所迫，不得不舍命事此蝇头。如台上待俯□尚可自给，实不若暂为旋里，明年能遇合宜可就之事，某再与台致信。设此刻沙即觅得当铺，无非闲停而查票、捲号，与一般小孙为伍，不尽屈台才学，抑恐难受。此等艰辛，至台谓回家贻人谈笑，盖非台之才不堪造就被人所逐，是事与时致之使然，又何耻呼，望台熟筹为幸。迩来荆沙虽暂平靖，而兵队时有风潮，常虑生变。各行生意不敢放瞻畅做，协昌永放账事已经收庄，现在只办当铺之事矣，笔下钱价五千七四之市。邮便泐复，籍候近祺，余希珍至。不既。

资料来源：刘建民藏《□学摘录》。

附录四 《立账簿头绪》辑录

一、立账簿头绪

出入流水账：上下分作两行，每日将入某若干写于上行，出某若干写于下行，不可遗误。俟五日照此另登各账。

各号往来账：每页右首大字写某字号以后分则上下两行，五合日从流水登来如收若干写于上行，付若干写于下行，或欠或存上边画一小码以便改牌，此不过大账。如与来往多少家账本总宜多空几页，方接别家，免致用完又要重立。

借外账：五合日从流水登来如借某号的于前一行低二格，先写某年某月某日借字空二格写月息若干，可画□，不可大写，再空二格写某月期或有约无约，随下注明，然后另行顶格写大字某字号某平银钱若干，旁边写小字，长短平若干。如已归还则于挨身后二行低二格分中写某月某日，一行还本银若干，一行写付利银若干。前行有约下批抽约二字。凡此总要空二行方接别家以为批还本付利之地，此要过大账。借来列于进字之下，还出列于出字之下，所付月息列于用字之下，一定之法。

外借账：五合日从流水登来如某号借银或借钱亦照借外之式写，惟借字写在某号之下，不在年月日之下，此亦过大账。借去列出字下，还来列进字下，得利列利字之下。

出入换银钱账：五合日从流水登来，分则上下二行，入换写于上行，出换写于下行。此要过大账，入换列进字，出换列出字。

暂记账：众伙零用□人名来往暂记于此。每页右首大字写某人，以后分则上下行，五合日从流水登来。如收若干写于上行，付若干写于下行，或存或欠上边画小码，以便登牌，此不过大账。账要多空几页，再接别人□□银钱列于上行，付某伙银钱列于下行，照钱账注账。用银或欠辛金账牌，如若存银，照用若干，付过此账，不过大账，以后出辛金一齐再过大账。

傢俱（家具）账：如系陆续添置已出用账者不在此列。若另行出账，五合日从流水登来买某物用钱若干列于大账出字之下，若要撇除，列于用字之下，前已走过出字，又要从进字提来方能从用字撇除。

众伙辛金账：此账各家规矩不同，或年终或分四季，亦有陆续出者，法无一定，均列用字则不能改易。凡列此账于每页右首大字写某人，下空数格写某号某人存来若干，年月日进铺后另行写□定满年辛金若干，以后挨次写历年所定辛金。

东伙支使账：此亦年终出账。每页右首大字写某人下小字写股俸若干，挨次另行写某年支使若干。此项列于大账出字之下，算账开俸之时仍从进字提来方从用字开俸。

官费账：从正中以及左二各衙门每季规礼若干，随封若干，每节节礼若干，随封若干，每生日寿礼若干，并照一切杂费若干均注明晰。如伊等支用，已出大账即要登抄此账以备日后查考。

房租账：开首将租房约据抄存，以后每年□过房租已出大账即注此账，如有长用等项均要记清。

架本账：每月当取除取净实本钱挨次登此以对大账实存之架本之钱。

十合账：逢十将内账出进算清再加外账五日流水存项核对相符方登于此名为大账。

月总账：每月将六次五合总共登此。

积总账：每月挨次相加积至年终以为开算单之底稿。

万年总账：每年将算单照式抄此以备后来起算积利查此。

万倍财源账：开首将本铺合同照式抄存，以后每页右首大字写某人下小字写股俸若干，先东后伙。如历年开俸则于后写某年开俸若干，大账列于用字下。如有出铺之人，即将起去积利若干，批注明白。

信稿二册：一登往来应酬之信底，一登来往号信之书底。

大水牌一面：往来各号所欠之钱总登于此，每五合日照底账登来某号欠钱若干，逐一注明于牌脚书一总码。

大水牌一面：人名下所欠钱总共登此，每五合日照底账登来某人欠钱若干，逐一注明于牌脚书一总码。

大水牌一面：各号人名所存钱存银总登于此。

三大水牌每逢五合各号、人名所欠银钱或存银钱改牌，书码因前一样。

小水牌一面：上横写现、欠、外、用、存五字。

现字下写实存银若干，实存钱若干，共登于此。欠字下写牌欠银钱若干，总码共登于此。外字下外账存头登于此，用字下用账存头登于此，存字下牌存银钱若干，总码登于此。

大水牌一面：上横写原、进、回、利、足、当、出、用、耗、存十字，每五日算账按款登此，算对后再写账。

大水牌一面：写式同前，均写十字。一面登月总，一面登接总，算对登写各账。

以上所置水牌简僻之处来往无多，亦有存欠，并在一牌。算账时欠项多除讫存项，存项多除讫欠项，然后再书总码亦是一法。

二、(缺)

三、辨字意以分出进

字意不辨则出进难分，账务必至有舛误之弊。今将逐字详释于左。

原：始初开张原本若干即系存头。如属旧事，上年终存头即下年头原头，上月尾存头即下月始原头，上五合存头即下五合原头，最易明晓。

进：此字所包甚广，稍不明晰，必致错误。进与出对，今日进来，异日必要出去，前日出去，后日仍要进来。进非利比利，则一得属已进，则假借于人。如入换银钱、借外银钱、外还银钱，或傢俱（家具）修理支使、塌账，前已走过出字，今要撇除，必将原数从此提来，然后由用字再撇。如未出大账，尚挂牌欠，不在此例。或出多入少，难立存头，亦须从此浮借，或从他业抽来资本，均归此字，余可例推。

回：此系逐日取赎之项。五合日照外账登来，如出估衣之期，估衣本钱若干，亦须注此。

利：利者，我之所得也。五合日将外账所得票利登此。凡外借得来月息、估衣得来贯利、钱价得来盈余、他业得来积利，并已前撇过之项，今又收起，以及算账大期将外借之项算至年终，未得月息，均要归入此字。

足：足与利同。银则长平，钱则日足，照账登此。

当：此系逐日当出之项，五合日照账登此。

出：此字当与进字参看。今日出者，异日必要进来。前日进来，后日必要出去。出与用字混乱，用则一去不返，出则去而复来。如出换银钱、外借银钱、还外银钱、傢俱（家具）房屋修理，有房东者，不在此例。支使押租或新顶之业，所买架本或他处之业，所入资本以及还前日浮借，均要归入此字。余可例推。

用：用者，日之所用也。如当税、官费、戏费、房租、月息、短利、辛金、下班东伙开俸、伙食、杂使、人情布施、船钱脚力、补数钱价赔累以及算账大期将借外之项算至年终未付月息，或陆续修理添置傢俱（家具），或新顶之业所佃架利并以前走过出字傢俱（家具）修理支使、塌账，全要撤除，均归此字。余以类推。

耗：耗与用同。银则短平，钱则日耗，照账登此。

存：实存之项也。先从原头若干，历加进、回、利、足，除讫当、出、用、耗，即为实存。

四、定五合以考遗忘

五日不合则日久必要遗忘。故定期五日一合，每月一总，一月一接，今详开于左。

凡遇五合日，先将出入流水账所注入某若干出某若干，按款另登各账，用印色押一过字。再将各字号并人名存欠各牌改正清白，然后将各牌总码登记。现欠外用存小水牌上，其算法先打现存若干，再加牌欠若干，再加外存若干，再加用存若干，除讫牌存若干，净余存头若干，再将外账所开五合回、利、足、用、当、用登于五合水牌各字之下。如内账有误，走、出、进、利、用等项者亦逐字加清。先打原头若干，□加、进、回、利、足。除讫当、出、用、耗，净余存头若干要与现欠外用存水牌上所余存头相符为准。即要细心检查，切勿含糊了事。核对无错，照牌登注大账。遇月……（残缺）若干加上本月当头若干，除讫本月取赎若干□□□，实存架本若干，亦登牌上。然后登注月总，再将月总挨次相加，登注接总，以为年终开算册之鉴。

五、截众账以归一本

码头既多，账目繁杂，使不归于一本，则将来开算总清何所措手，是非截之不可。今将其式开左。

凡各码头办事之伙交来账簿，总要将伊账细核一遍，共入若干，共出若干，除出净存若干。看与伊之存头符与不符，存头既符，然后将各号来往折则或结单发条宗宗与账照对，如有不同之件，必要咨询明白。恐有错误，照对既清。然后将伊账所注入换出、换借外、外借还外、外还以及得来月息、短利、付出月息、短利并收过某若干，付过某某若干，一一登注本铺流水账。再从流水账另登各账，并将存欠各牌改正清白。其有日用杂费，诸项另花单以出用账，所有伊之存头本号即为伊之欠项。再将应走出、进、利、用、足、当、耗各款均写五合、水牌，加上数日回、利、足、当、用、耗以对大账存头与现欠外用存牌上之存头相符为准。如此截法账目虽多，无不归于一本，至典铺出差之伙非比别行，既不发买货物，虽以明三暗四，惟出放短月之息出入换之，时买易生弊端。所以各号来往折、结单、清单、买物发单均要过细核对，以杜蒙混。

六、安四柱以算总清

四柱不安，则总清何由而算，势必脱此漏彼，舛误必多，故欲开总清必先安四柱，今备列于法左。

某年新正月吉日开算上年刻本字号图章清单大吉

旧管

一宗原资本或银钱若干。此照万倍财源账所注资本登来，有写原本银若干。

一宗某年至某年积利若干。此照万年总每年天赐获利总共登此。

一宗借外银若干。此照借外账所借共总登来银钱各列一行，银本将钱按本铺钱价合银，钱本将银按本铺钱价合钱。

以上几宗共银钱若干

新收

一宗票利钱若干（画横码），本年钱价（画码）合银若干，正写。

一宗作衣利钱若干（画横码），本年钱价合银若干，写真字。

一宗得外利银若干，写真字。

一宗得外利钱若干，本年钱价合银若干，写真字。

一宗未得利银若干（或得短利银照式写）。至此以上数宗均照接总账利字登来。

一宗日足钱若干，本年钱价合银若干，写真字。

一宗得钱价利银若干。此照钱换账净赚利登来，写真字。

以上数宗共得银若干，写真字。

开除此内均照接总账上用字登来。

一宗付外利银若干，写真字。

一宗厨役工钱若干，本年钱价合银若干，写真字。

一宗上年五二钱今按五千坐亏，钱价银若干，写真字。

以上十九宗共除银若干，写真字。

一应除讫。

蒙天赐获利银若干。此系新收内除讫开余净余之项，写真字。

实存有写在也

一宗架本钱若干 本年钱价合银若干。此照架本账总共登来，写真字。

一宗傢俱（家具）钱七百六十九串七，本年钱价合银。此照傢俱（家具）账总共登来，写真字。

一宗开张请示钱若干（画横码）本年钱价（画码）合银，写真字。

一宗买某号家俱银若干，写真字。

一宗众伙应支银若干。此照支使账登来，写真字。

一宗外借银若干。此照外借账总共登来，银钱各列一行，写真字。

一宗现存银若干，写真字。

一宗现存钱若干，本年本铺钱价合银，写真字。

以上数宗共存银若干，写真字。

附报满年流水。

原存架本钱若干。此照上年年总净存架本登来。

共当本钱若干。此照接总账当字登来。

共回本钱若干。此照接总回字登来。

共回作衣钱若干。此照接总回字登来。

除回实存架本钱若干。此即年终所存架本登来。

右为开写算单之式，凡银本均以银算账，所有钱之数目上书横码，下以本铺钱价归银。如系钱本均钱算账，所有银本之数目上书横码，下以本铺钱价归钱，此一定不易之理。其总算之法，打上新收，除讫开除即是天赐获利，再加实存，共合若干，除讫旧管，再除天赐获利若干，无有一毫盈亏即为无错。

七、明升垫以坐钱价

典铺出进繁多，自有一定钱价，其资本充足者更有坐钱价以留日后地步。然不明升垫之法，则于何处措手。今开列于左。

凡作钱价，或原以六钱合今要下为五钱几分，或原以五钱合今要下为四钱几分，总要明递坐之法。如系银本，将旧管所列借外钱先以原钱价合银，再以今钱价合银，从原钱价所合之项下除讫今钱价所合之项，下余之项名为应升。将新收所列各钱款亦照前算，下余之项名为应升。将开除所列各项钱款亦照前算，下余之项名为应垫。将实存所列各钱款亦照前算，下余之项亦为应垫。打上应垫若干，除讫应付若干，净应垫钱价银若干。若是钱本则将旧管所列借外银若干，即以今钱价合钱，再以原钱价合钱，从今钱价所合之项，除讫原钱价合钱之项，名为应垫。将新收所列各银款亦照前算，下余之项亦为应垫。将开除所列各银款亦照前算，下余之项名为应付。将实存所列各银款亦照前算，下余之项亦为应升。打上应垫若干，除讫应付若干，净应垫钱价若干。其项或从所得钱价利内暗扣，或从开除未撇除均是通法。至出入钱换账要算钱价盈亏，其法将共入银若干，共出钱若干，除出净入银若干，除入净出钱若干，一一算清。如系银本，将此净出之钱，照本铺钱价合银，将净入银对除。若是钱本，将此净入之银照本铺钱价合钱，与净出钱对除，入多出少为盈，出多入少为亏。

八、起积撇以断纠缠

算账大期必起积利，至诸东抽垫，众伙出进，其已前撇除诸项应起者仍当提来，按股派分。否则日后纠缠，即要费事，今将其式开列于左。

提来某年至某年积利若干。此照万年总账历年天赐获利共总登来。

按几十几分，每股应分若干。此照万倍财源账每年股俸若干，细心分派，万不可含糊。

年终在架本钱若干，按几升贯利若干。此照架本账算起总共登来。

借外银若干，按几升钱价利若干。此系钱本当初佃过钱价，今要提出借外银，除去外借银，然后按几□贯利再以时价合钱。

架本若干，按几升钱价利若干。此系银本当初佃过钱价今要提出□利。

有初行开贸已失资本，东家将使登项撇除者，即始初少，伙亦不能分此，俱一定不易之理，其临时变动在人之心领神悟。若举一隅耳不以三隅，反则纸上陈完及何裨益于人也哉。

资料来源：刘建民主编：《晋商史料集成》第40册《簿记24》，商务印书馆2018年版，第594—624页。

参考文献

一、晋商民间历史文献

1.《道光湖北枣阳琚湾镇某典尺牍范本》。

2.《同治湖北沙市某票号致隆泰典等当铺书信底稿抄本》。

3.《同光直隶大名府恒裕典东伙往来信稿抄本》。

4.《光绪十三年（1887）湖北松滋合盛典书信底稿抄本》。

5.《光绪山东曲阜增义典往来信稿抄本》。

6.《光绪湖北沔阳某典尺牍范本书》。

7.《光绪湖北枝江董市镇某质铺尺牍范本》。

8.《□学摘录》。

9.《民国二年（1913）湖北松滋合盛典往来信稿抄本》。

10.《民国湖北监利新沟镇某质铺书信底稿抄本》。

11.《嘉庆十六年（1811）二月二十四日王家思同四子立合伙占有典当股份分家书》。

12.《道光二十年（1840）三月十二日赵炳寰等兄弟四人立分关文约》。

13.《道光二十年（1840）宝盛义记四德堂禧算单》。

14.《咸丰二年（1852）十月二十一日靳门杨氏同次子、长媳立分拨遗嘱》。

15.《咸丰二年（1852）日升昌票号清江浦分号总结账》。

16.《光绪十年（1884）正月二十九日靳荣锦同靳荣禄立分关执照》。

17.《光绪十二年（1886）立达顺记五合月总账》。

18.《宣统三年（1911）正月立三和永记月总账》。

19.《民国六年（1917）七月初一日至二十九日月清》。

20.《嘉庆十四年（1809）正月十六日王锡光等八人合伙开设信聚当合约》。

21.《道光九年（1829）马鸣鸾等五人合伙设立涌泉永字号当铺杂货铺合同》。

22.《光绪二十一年（1895）人地纲目》。

23.《光绪二十七年（1901）至二十八年（1902）介休典商冀家呈文留底七份》。
24.《宣统平遥宝汇通记致文水县石永镇恒益典信稿抄本》。
25.《民国十六年（1927）商业课本》。
26.《立账簿头绪》。

二、古籍、方志

1.（明）《明神宗实录》，“中央”研究院历史语言研究所 1962 年校印本。
2.（明）谢肇淛撰，周振鹤点校：《五杂俎》，中华书局 2006 年版。
3.（明）王士性撰，傅成校点：《广志绎》，上海古籍出版社 2012 年版。
4.（明）陈仁锡：《皇明世法录》，北京出版社 2000 年版。
5.（明）毕自严：《度支奏议》，上海古籍出版社 2008 年版。
6.（清）蟫伏老人：《康熙南巡秘记》，上海进步书局 1920 年版。
7.（清）刘锦藻：《清朝续文献通考》，浙江古籍出版社 1988 年影印版。
8.《光绪大清会典事例》，《续修四库全书》第 801 册，上海古籍出版社 2002 年版。
9.（清）郑大进编纂：乾隆《正定府志》，上海书店出版社 2006 年版。
10.（清）杨潮观：乾隆《林县志》，国家图书馆藏本。
11.（清）谢增、景纶：嘉庆《密县志》，国家图书馆藏本。
12.（清）赵擢彤、宋缙：嘉庆《孟津县志》，成文出版社 1976 年版。
13.（清）李贤书修，吴怡等纂：道光《东阿县志》，《中国地方志集成·山东府县志辑》第 92 册，凤凰出版社 2008 年版。
14.（清）王德瑛：道光《舞阳县志》，国家图书馆藏本。
15.（清）姚锟：同治《滑县志》，国家图书馆藏本。
16.（清）凌绂曾修，邵承照纂：光绪《肥城县志》，《中国地方志集成·山东府县志辑》第 65 册，凤凰出版社 2008 年版。
17.（清）宋金镜、熊廷献纂：光绪《馆陶县乡土志》，光绪三十四年（1908）铅印本。
18.（清）贾孝彰纂修：光绪《正定县志》，上海书店出版社 2006 年版。
19.（清）蒋启勋等修，汪士铎等纂：《续纂江宁府志》，成文出版社 1970 年版。
20.（清）李燧著，黄鉴晖校注：《晋游日记》，山西人民出版社 1989 年版。
21.（清）李鸿章等编：《畿辅通志》，河北人民出版社 1989 年版。
22.（清）杨钟义：《雪桥诗话续集》，北京古籍出版社 1991 年版。
23.（清）邵彬儒：《俗话倾谈》，春风文艺出版社 1994 年版。
24. 实业部国际贸易局编：《中国实业志》（山西省），实业部国际贸易局 1937 年版。

25. 李经野等纂修：民国《曲阜县志》，成文出版社 1968 年版。

26. 张庚麟等修，董重等纂：民国《介休县志》，成文出版社 1976 年版。

27. 程廷恒等修，洪家禄等编：民国《大名县志》，上海书店出版社 2006 年版。

28. 绥远通志馆：《绥远通志稿》，内蒙古人民出版社 2007 年版。

29. 湖北省松滋县志编纂委员会编：《松滋县志》，湖北省松滋县印刷厂 1986 年版。

30. 沙市地方志编纂委员会编：《沙市志略校注》。

31. 仙桃市地方志编纂委员会编：《沔阳县志》，华中师范大学出版社 1989 年版。

32. 枣阳市地方志编纂委员会编：《枣阳志》，中国城市经济出版社 1990 年版。

33. 山西省地方志编纂委员会编：《山西通志》，中华书局 1991 年版。

34. 河北省大名县县志编纂委员会编：《大名县志》，新华出版社 1994 年版。

35. 山东省地方史志编纂委员会编：《山东省志 · 金融志》，山东人民出版社 1996 年版。

36. 张保国：《信阳市金融志》，河南人民出版社 1996 年版。

37. 民国《沙市志略》，《中国地方志集成 · 湖北府县志辑》第 38 册，江苏古籍出版社 2001 年版。

三、资料汇编

1. 中国人民银行总行参事室金融史资料组编：《中国近代货币史资料》第 1 辑，中华书局 1964 年版。

2. 曲阜师范学院编：《曲阜孔府档案史料选编》，齐鲁书社 1981 年版。

3. 天津市档案馆编：《天津商会档案汇编（1903—1911）》，天津人民出版社 1989 年版。

4.[日] 滨下武志、李焯然等编：《山西票号资料 · 书简篇（一）》，日本东京大学东洋文化研究所 1990 年版。

5. 山东省曲阜政协文史资料委员会编：《曲阜文史》，曲阜报社印刷厂 1994 年版。

6. 叶志如编：《光绪朝朱批奏折》，中华书局 1995 年版。

7. 雷梦水等编：《中华竹枝词》，北京古籍出版社 1997 年版。

8. 马木池编：《许舒博士所藏土地及商业文书——北海贞泰号商业往来文书》，香港华南研究出版社 2003 年版。

9. 张正明、[英] 科大卫主编：《明清山西碑刻资料选》，山西人民出版社 2005 年版。

10. 山西省政协《晋商史料全览》编辑委员会编：《晋商史料全览 · 晋中卷》，山西人民出版社 2006 年版。

11. 陈智超：《美国哈佛大学燕京图书馆藏明代徽州方氏亲友手札七百通考释》，安徽大学出版社 2006 年版。

12. 张正明、[英] 科大卫、王勇红编:《明清山西碑刻资料选（续一)》，山西古籍出版社 2007 年版。

13. 张正明、[英] 科大卫、王勇红编:《明清山西碑刻资料选（续二)》，山西经济出版社 2009 年版。

14. 姜锡东等编:《保定商会档案》，河北大学出版社 2012 年版。

15. 许檀编:《清代河南、山东等省商人会馆碑刻资料选辑》，天津古籍出版社 2013 年版。

16. 高春平等编:《国外珍藏晋商资料汇编》第 1 辑，商务印书馆 2013 年版。

17. 山西省晋商文化基金会编:《交易须知》，中华书局 2013 年版.

18. 山西省晋商文化基金会编:《合盛元信稿》，三晋出版社 2014 年版。

19. 刘秋根:《中国典当史资料集》，河北大学出版社 2016 年版。

20. 刘建民主编:《晋商史料集成》，商务印书馆 2018 年版。

21. 陈稼轩:《实用商业辞典》，商务印书馆 1935 年版。

22.《典业须知录》，哈佛大学汉和图书馆藏抄本。

四、专著

1. 李宏龄:《晋商盛衰记》，山西商业专门学校 1923 年版。

2. 山西省教育厅编:《商业课本》第 2 册，范华印刷厂 1927 年版。

3. 杨肇遇:《中国典当业》，商务印书馆 1929 年版。

4. 张中龠著，祈云五校:《天津典当业》，万里书店 1935 年版。

5. 宓公干:《典当论》，商务印书馆 1936 年版。

6. 陈其田:《山西票庄考略》，商务印书馆 1937 年版。

7. 彭信威:《中国货币史》，上海人民出版社 1958 年版。

8. 陈寅恪:《金明馆丛稿二编》，上海古籍出版社 2020 年版。

9. 潘敏德:《中国近代典当业之研究 (1644—1973)》，台湾师范大学历史研究所 1985 年版。

10. 宁廷亮、薛利民:《曲阜之最》(内部发行)，1988 年版。

11. 刘秋根:《中国典当制度史》，上海古籍出版社 1995 年版。

12. 王尚义:《明清晋商与货币金融史略》，山西古籍出版社 1995 年版。

13. 曲彦斌:《中国典当手册副编》，辽宁人民出版社 1998 年版。

14.[英] 约翰·希克斯:《经济史理论》，励以平译，商务印书馆 2011 年版。

15. 刘秋根:《明清高利贷资本》，社科文献出版社 2000 年版。

16. 穆雯瑛主编:《晋商史料研究》，山西人民出版社 2001 年版。

17. 黄鉴晖:《山西票号史》，山西经济出版社 2002 年版。

18. 刘建生、刘鹏生:《晋商研究》，山西人民出版社 2002 年版。

19. 黄鉴晖:《明清山西商人研究》，山西经济出版社 2002 年版。

20. 王振忠:《徽州社会文化史探微——新发现的 16—20 世纪民间档案文书研究》，上海社会科学院出版社 2002 年版。

21. 中国人民银行山西省分行、山西财经学院《山西票号史料》编写组，黄鉴晖编:《山西票号史料（增订本)》，山西经济出版社 2002 年版。

22. 史若民、牛白琳:《平、祁、太经济社会史料与研究》，山西古籍出版社 2002 年版。

23. 漆侠:《历史研究法》，河北大学出版社 2003 年版。

24. 孔祥毅:《金融票号史论》，中国金融出版社 2003 年版。

25. 唐力行:《商人与中国近世社会》，商务印书馆 2003 年版。

26. 李飞:《中国金融通史》（第二卷)，中国金融出版社 2003 年版。

27. 冯尔康:《清史史料学》，沈阳出版社 2004 年版。

28. 黄鉴晖:《中国典当业史》，山西经济出版社 2006 年版。

29. 刘建生、燕红忠:《山西典商研究》，山西经济出版社 2007 年版。

30. 张宁:《中国近代货币史论》，湖北人民出版社 2007 年版。

31. 刘秋根:《中国古代合伙制初探》，人民出版社 2007 年版。

32. 乌仁其其格:《18—20 世纪初归化城土默特财政研究》，民族出版社 2008 年版。

33. 山西财经大学晋商研究院:《晋商与经济史研究》，经济管理出版社 2008 年版。

34. 卫聚贤:《山西票号史》，经济管理出版社 2008 年版。

35. 郑小娟、周宇:《15—18 世纪的徽州典当商人》，天津古籍出版社 2010 年版。

36. 严昌洪:《中国近代史史料学》，北京大学出版社 2011 年版。

37. 张晓辉:《近代香港与内地华资联号研究》，广西师范大学出版社 2011 年版。

38. 林满红:《银线: 19 世纪的世界与中国》，江苏人民出版社 2012 年版。

39. 李锦彰:《晋商老账》，中华书局 2012 年。

40. 王裕明:《明清徽州典商研究》，人民出版社 2012 年版。

41. 燕红忠:《中国的货币金融体系（1600—1949)》，中国人民大学出版社 2012 年版。

42. 费孝通:《乡土中国》，生活・读书・新知三联书店 2013 年版。

43. 徐建国:《从兴盛到衰败——近代中国民信局（1866—1934)》，中国社会科学出版社 2017 年版。

44. 冯剑:《近代天津典当研究》，社会科学文献出版社 2017 年版。

45. 刘秋根、唐晔主编:《晋商契约文书研究》,三晋出版社 2021 年版。

46. 许檀:《明清华北的商业城镇与市场层级》,科学出版社 2021 年版。

47. 刘秋根:《中国典当史》,武汉大学出版社 2021 年版。

48. 开封教育试验区教材部编:《岳飞与朱仙镇》(内部资料)。

五、论文

1. 陆国香:《中国典当业资本量之估计》,《农行月刊》1936 年第 4 期。

2. 陆国香:《中国典当业资本之分析》,《农行月刊》1936 年第 5 期。

3. 陆国香:《山西之当质业》,《民族》1936 年第 6 期。

4.[日] 佐伯富:《清朝的兴起与山西商人》,《中国史研究》1974 年第 2 期。

5. 罗炳绵:《清代的银两生息制度和民国后的农民借贷所》,《大陆杂志》1977 年第 3 期。

6. 聂昌麟:《太谷曹家商业资本兴衰记》,《山西文史资料》第 12 辑,山西人民出版社 1981 年版。

7. 黄鉴晖:《清代账局初探》,《历史研究》1984 年第 4 期。

8.《中国经济史研究发刊词》,《中国经济史研究》1986 年第 1 期。

9. 傅衣凌:《我是怎样研究中国社会经济史的》,《傅衣凌治史五十年文编》,厦门大学出版社 1989 年版。

10. 张正明:《清代晋商的股俸制》,《中国社会经济史研究》1989 年第 1 期。

11. 张正明:《明清山西商人概论》,《中国社会经济史研究》1992 年第 1 期。

12. 陈连营:《客商与清代河南农村经济》,《中州学刊》1992 年第 2 期。

13. 朱英:《晚清的“昭信股票”》,《近代史研究》1993 年第 6 期。

14. 郑山玉、蔡先杰:《长崎华商泰益号及其资料的研究价值》,《华侨大学学报》1993 年第 3 期。

15. 郑山玉、蔡先杰:《旅日华商“泰益号”若干问题研究》,《海交史研究》1994 年第 1 期。

16. 黄鉴晖:《称雄一世的山西金融商人》,《沧桑》1994 年第 1 期。

17. 刘秋根:《关于中国早期银行业的几个问题——兼与黄鉴晖先生商榷》,《河北大学学报》1995 年第 4 期。

18. 戴一峰:《旅日华商泰益号经营网络结构剖析》,《中国社会经济史研究》1997 年第 4 期。

19. 王雪农:《中国山西民间票帖》,《中国钱币》1999 年第 1 期。

20. 刘秋根:《明清民国时期典当业的资金来源及资本构成分析——以负债经营问题为中心》,《河北大学学报》1999 年第 4 期。

21. 王振忠:《新近发现的徽商信函所见"徽侨"及相关史实》,《中华文史论丛》第 60 辑,上海古籍出版社 1999 年版。

22. 王振忠:《徽州商业文化的一个侧面——反映民国时期上海徽州学徒生活的十封书信》,《复旦学报》1999 年第 4 期。

23. 刘建生、王瑞芬:《清代以来山西典商的发展及原因》,《中国经济史研究》2002 年第 1 期。

24. 刘建生、王瑞芬:《明清山西典商的历史启示》,《山西财经大学学报》2002 年第 2 期。

25. 刘鹏生、王瑞芬、刘建生:《试论明清时期山西典当业与社会各基层的关系》,《生产力研究》2002 年第 5 期。

26. 刘建生、王瑞芬:《试分析明清时期山西典当业对国家财政金融的历史作用》,《生产力研究》2002 年第 9 期。

27. 刘建生、王瑞芬:《浅议明清以来山西典商的特点》,《山西大学学报》2002 年第 10 期。

28. 陈春声:《从家书到公共文献——从陈子昭书札看潮州商人与家乡的联系》,《海外潮人的移民经验》,新加坡八方文化企业公司 2003 年版。

29. 刘建生、王瑞芬:《浅析山西典商业的衰落及其原因》,《中国社会经济史研究》2003 年第 2 期。

30. 王云:《明清时期山东的山陕商人》,《东岳论丛》2003 年第 2 期。

31. 王振忠:《抄本〈信书〉所见金陵典铺伙计的生活》,《古籍研究》2004 卷下,安徽大学出版社 2004 年版。

32. 曹曦:《徽人周懋泰〈信书〉的史料价值探析》,黄山市徽州文化研究院编:《徽州文化研究》第 2 辑,安徽人民出版社 2004 年版。

33. 吴敏:《发掘近百年来徽商信札史料侧记——附录王家瑞、江耀华等商界名人书信十八通》,《徽学丛刊》第 2 辑(总第四期),安徽省徽学学会 2004 年版。

34. 王振忠:《清代徽州典铺伙计之信函汇集》,《历史文献》第 9 辑,上海古籍出版社 2005 年版。

35. 许檀编:《清代河南朱仙镇的商业——以山陕会馆碑刻资料为中心的考察》,《史学月刊》2005 年第 6 期。

36. 高春平:《论明清时期晋中的中小商人》,《晋阳学刊》2005 年第 3 期。

37. 许敏:《试析明代后期江南商贾及其子弟的文人化现象——从方用彬谈起》,《中国史研究》2005 年第 3 期。

38. 戴一峰:《环中国海的华商商业网络:泰益号个案研究(1901—1939)》,《近代中国与世界——第二届近代中国与世界学术讨论会论文集》（第二卷），社会科学文献出版社2005年版。

39. 朱英：《关于近代中国商会领导群体几个问题的再探讨》，《江汉论坛》2006年第8期。

40. 王振忠：《寄往上海安亭镇的清代徽州典商信札考释》，《亚洲研究集刊》第3辑《迎接亚洲发展的新时代》，复旦大学出版社2007年版。

41. 黄鉴晖：《晋商在清代金融业的地位和作用分析》，《经济问题》2007年第4期。

42. 刘秋根：《明清商人经营及资金筹措方式——以若干种尺牍范本书的解读为中心》，《中国工商业、金融史的传统与变迁——十至二十世纪中国工商业、金融史国际学术研讨会论文集》，2007年7月。

43. 张喜琴、刘成虎：《山西典商的资本来源探析》，《中国经济史研究》2007年第2期。

44. 王振忠：《作为启蒙读物的徽州书信活套——刊本〈汪大盛新刻详正汇采书信要言〉介绍》，《安徽史学》2007年第3期。

45. 郭松义：《清代北京的山西商人——根据136宗个人样本所作的分析》，《中国经济史研究》2008年第3期。

46. 张喜琴：《晋徽典组织管理之比较》，《晋阳学刊》2009年第7期。

47. 周建波：《明清山西典商的繁荣及经营之道》，《财经问题研究》2009年第6期。

48. 王颖：《近代联号企业：关系性契约和个别性契约的融合》，《学术探索》2009年第5期。

49. 王颖：《近代联号企业与企业集团组织制度的差异》，《青海师范大学学报》2009年第6期。

50. 王颖：《权威、权威机制与近代家族联号企业》，《兰州学刊》2009年第12期。

51. 王颖：《近代联号企业非企业集团的组织制度安排及原因》，《江西财经大学学报》2010年第2期。

52. 刘秋根、柴英昆：《明清的钱铺、钱庄与银号——以白话小说记载为中心》，《石家庄学院学报》2010年第2期。

53. 王志东、燕红忠：《晋商与政府结合的原因及其影响——关于传统官商关系的一个“合约”分析》，《浙江社会科学》2010年第7期。

54.. 马勇虎：《徽州钱号与地方社会的互动——以咸同年间万隆、志成账簿为中心》，《安徽师范大学学报》2011年第1期。

55. 刘秋根：《明清“京债”经营者的社会构成——兼论账局及放账铺》，《河北大学学报》2011年第2期。

56. 刘秋根、阴若天：《晚清典当业的几个问题》，《文化学刊》2011年第4期。

57. 燕红忠:《明清晋商制度的基本模式与实现方式——自我实施与集体主义惩戒机制》,《中国社会经济史研究》2011 年第 3 期。

58. 吴冬冬:《乾嘉年间徽商汪氏信札的整理及研究价值》,《安徽师范大学学报》2012 年第 1 期。

59. 张建朋:《晋商裕庆当账簿研究——以会计史为中心》,《会计之友》2012 年第 28 期。

60. 刘秋根、王丽彦:《民国时期华北农村银钱借贷分析——基于五本借贷账本之上》,《古今农业》2012 年第 3 期。

61. 封越健:《十八世纪徽商典铺的经营管理与典当制度——以休宁茗洲吴氏典铺为中心》,《"中央"研究院近代史研究所集刊》2012 年第 78 期。

62. 刘秋根:《清代典当业的法律调整》,《中国经济史研究》2012 年第 3 期。

63. 张晓辉:《民国时期的渝港华资联号企业》,《西南大学学报》2012 年第 2 期

64. 黄忠鑫:《清代以来汉水中游的商业中心及其变动》,《近代史学刊》第 10 辑,华中师范大学出版社 2013 年版。

65. 刘秋根:《江西商人长途贩运与金融信用——〈江西商人经营信范〉的经济史解读》,《中国钱币》2013 年第 2 期。

66. 张晓辉:《近代澳门的华商海内外联号》,《澳门理工学报》2013 年第 3 期。

67. 张晓辉:《民国时期香港与广州的华商联号》,《安徽史学》2014 年第 4 期。

68. 王瑞芬:《明清西典与徽典的兴盛及其原因的比较研究》,山西大学晋商学研究所编:《"路径选择与商帮演变"国际学术研讨会论文集》,2014 年 12 月。

69. 刘秋根:《中国古代存款的演变》,《中国金融》2014 年第 9 期。

70. 刘秋根:《清代典商的经营及与地方社会的互动——以乾嘉两份典商诉状为中心》,《人文杂志》2014 年第 6 期。

71. 王振忠:《闽南贸易背景下的民间日用类书——〈指南尺牍生理要诀〉研究》,《安徽史学》2014 年第 5 期。

72. 卢忠民:《民国北京五金行联号经营模式分析——以万和成联号为中心》,《首都师范大学学报》2015 年第 4 期。

73. 刘秋根:《清代中后期江西商人长途贩运的经营方式——〈江西商人经营信范〉的经济史解读之二》,《首都师范大学学报》2015 年第 2 期。

74. 刘秋根、杨帆:《清代前期账局、放账铺研究——以五种账局、放账铺清单的解读为中心》,《安徽史学》2015 年第 1 期。

75. 刘秋根、练燕:《〈曲沃行氏诉讼簿〉与晋南商人家族的捐纳及商业》,《文物天地》2015 年第 10 期。

76. 于颖：《“泰益号”店铺的历史变迁及对中日贸易文化交流的影响》，《齐齐哈尔大学学报》2015 年第 5 期。

77. 刘秋根、张强：《从〈武氏家书〉看晋商家庭教育》，《山西档案》2015 年第 6 期。

78. 王中良：《同光时期晋商当铺的经营管理与营业制度——以大名恒裕典信稿的解读为中心》，《中国经济史论丛》，社会科学文献出版社 2017 年版。

79. 郭兆斌：《新发现的清代民间复式簿记报告试析——以乾隆十六年晋商年终决算清单为例》，《财会月刊》2016 年第 30 期。

80. 冯剑：《天津近代典当业资本的变迁》，《近代史学刊》第 16 辑，社科文献出版社 2016 年版。

81. 王中良、杨小敏：《新发现的晋商恒裕典往来信稿的整理及研究价值》，《山西档案》2016 年第 4 期。

82. 王中良：《清代晋商商号书信的特征及作用——以恒裕典信稿抄本为中心》，《山西档案》2016 年第 6 期。

83. 高美红、李桂鸽：《晋商信用与过账制度分析》，《第五届“金明池经济史学论坛——晋商万里茶陆史料整理与研究”会议论文集》，2017 年。

84. 郝平：《山西票号的书信经营——对光绪十六年日 昌京师分号一封残信的解读》，《山西大学学报》2017 年第 2 期。

85. 王萎萎、王中良：《清代晋商典当业会计账簿组织探析——基于〈立账簿头绪〉》，《财会月刊》2018 年第 3 期。

86. 刘秋根、张鹏：《放账铺的经营与近代华北农村金融——〈人地纲目〉解读》，《新史学》2018 年第 3 期。

87. 张亚兰：《清末福州市场情形——清末协同庆票号福州分号信稿研究》，《闽商文化研究》2018 年第 2 期。

88. 王裕明：《明清商业经营中德回利制——基于徽州文书的分析》，《安徽史学》2018 年第 5 期。

89. 周亚《山西票号书信发微》，《中国社会经济史》2018 年第 4 期。

90. 孟伟：《晚清民国乡村金融与平祁太标期——以文水石永镇恒益当现存书信为例》，《第八届中国经济史学会年会暨“商路·商帮与经济社会发展”国际学术研讨会论文集》，2018 年。

91. 孟伟：《晚清民国汾河谷地账局与乡村典当借贷——以恒益典书信为中心》，《第八届中国经济史学会年会暨“商路·商帮与经济社会发展”国际学术研讨会论文集》，2018 年。

92. 闫爱萍、孟伟：《咸丰元年的山西票号金融经营——张家口京师分号书信〈往京书札〉

的解读》，高福美主编：《北京史学论丛》，社科文献出版社 2018 年版。

93. 王中良、王菱菱：《清代山东地区晋商当铺社会关系探析——以光绪曲阜增义典信稿抄本为中心的解读》，《中国社会经济史研究》2018 年第 4 期。

94. 郭兆斌：《平遥侯冀村裕庆协记当铺清单册价值述论》，《邯郸学院学报》2018 年第 2 期。

95. 龚缨宴：《〈尺素频通〉与晚清宁波商贸》，《浙江社会科学》2018 年第 10 期。

96.［美］卡历南：《西方学界最近 40 年对中国企业史研究的述评》，《经济社会史评论》2018 年第 4 期。

97. 水海刚：《国家与网络之间：战前环南中国海地区华侨小微商号的经营策略》，《中国经济史研究》2019 年第 2 期。

98. 杨建庭：《书信与企业的信息网络——以近代山西寿阳县商号谦瑞益为例》，《唐宋变革与明清转型视角下的中国商业金融史国际学术研讨会论文集》，河北大学出版社 2019 年版。

99. 周星辉：《票号书信的寄送——〈未知字号京师分号与成都分号往来书信〉解读》，《唐宋变革与明清转型视角下的中国商业金融史国际学术研讨会论文集》，河北大学出版社 2019 年版。

100. 刘秋根：《清代前期钱铺银号银钱票》，《中国钱币》2019 年第 1 期。

101. 贺凯怡：《晚清宁波糖市概况及波动（1894—1897）——基于尺素频通的考察》，《浙江万里学院学报》2019 年第 5 期。

102. 王万盈：《〈尺素频通与清代甬闽台蔗糖贸易》，《中国社会经济史研究》2020 年第 3 期。

103. 秦国攀：《土宜的流动：晚清中原土特产长途贩运研究——以恒兴祥商号信稿为中心的考察》，《中国社会经济史研究》2020 年第 2 期。

104. 刘秋根：《从〈晋商史料集成〉谈晋商史的创新研究》，《中国钱币》2021 年第 4 期。

105. 王中良、张学敏：《清末民初晋商当铺营业制度探析》，《保定学院学报》2021 年第 4 期。

106. 孟伟：《书信时代：山西商人书信在明清商业史研究中的学术价值——以皮张商人王富堂为例的明清汾阳商人考论》，《晋商契约文书研究》，三晋出版社 2021 年版。

107. 杨继伟：《清至民国禹州药帮初探》，厦门大学 2005 年硕士学位论文。

108. 马文静：《小的却是全面的：一个普通山西商号的账册分析》，山西大学 2006 年硕士学位论文。

109. 刘成虎：《山西典商资本、利息和利润探究》，山西大学 2007 年硕士学位论文。

110. 刘清平:《山西典商的业务经营与组织管理研究》，山西大学 2007 年硕士学位论文。

111. 李维庆:《近现代中国之典当业》，南开大学 2009 年博士学位论文。

112. 侯吉庆:《明清时期山西典当业研究》，山东师范大学 2011 年硕士学位论文。

113. 吴冬冬:《徽商家庭生活探微——以徽商汪氏信札为中心》，安徽师范大学 2012 年硕士学位论文。

114. 冯剑:《近代天津民间借贷研究》，南开大学 2012 年博士学位论文。

115. 周星辉:《票号经营与票商生活——票号信件研究》，河北大学 2014 年硕士学位论文。

116. 梁杉:《庚子事变前山西票号生存轨迹研究——以票号信稿史料为基础》，山西财经大学 2016 年硕士学位论文。

117. 石兴荣:《清代账局研究——以七份账本为基础》，河北大学 2017 年硕士学位论文。

118. 郭兆斌:《清末民初时期晋商簿记报告研究——以编制方法为中心》，河北大学 2017 年博士学位论文。

119. 王岩泽:《清末祁县普通晋商家庭生活研究——以〈武氏家书〉为对象》，河南大学 2017 年硕士学位论文。

120. 柴非:《清末民初山西中下层商人家庭研究——以〈武氏家书〉〈王富堂家书〉为中心》，山西大学 2018 年硕士学位论文。

121. 杨伟:《清末民初忻州商人的经营及生活——以田氏和孙氏为中心》，河北大学 2019 年硕士学位论文。

122. 陈添翼:《清末民初时期账局研究》，河北大学 2020 年博士学位论文。

123. 孟伟:《明清时期山西会馆个案考察系列（18）：泰安地区——以泰山红门的山西会馆为重点》，《山东社科论坛——泰山区域历史文化资源的开发与利用研讨会论文集》，泰安，2015 年 11 月。

124. 孟伟:《明清时期北京通州晋翼会馆研究——以明清时期的翼城商人和山西布商为重点》，《山西师范大学学报》2017 年第 3 期。

125.《论典当让利便民》，《申报》1881 年 12 月 15 日。

126.《论典业利弊情形》，《申报》1886 年 7 月 26 日。

127. 王振忠:《新近发现反映日军侵华的徽商信函及文书》，《中华读书报》1999 年 6 月 23 日。

128. 孔祥毅、李怡农:《晋商书信说》，《山西日报》2015 年 7 月 29 日。

129.《品味介休南庄的古村落文化》，《晋中日报》2016 年 5 月 26 日。

后　记

2014 年，硕士毕业七年之后，我重回河北大学宋史研究中心攻读博士研究生学位。经导师王菱菱教授同意，在刘秋根教授的指导下我进入晋商民间历史文献整理与研究这一完全陌生的领域。在王菱菱教授、刘秋根教授的悉心教导下，2018 年完成博士学位论文《清代至民国初年晋商典当业研究——以刘建民藏信稿资料为中心》的撰写工作。2019 年，在单位领导王宁教授、丁立磊教授的鼓励下，我以博士学位论文为底本申报教育部人文社会科学青年基金项目并获批立项。经过近五年的不断修改、完善，拙作《清末民初晋商典当业研究——基于新见信稿资料的解读》即将出版。拙作出版之际，回顾近十年的晋商民间历史文献整理与研究过程，我感慨万千，思绪良多。

晋商民间历史文献作为一种无意识史料，客观呈现了历史上以文字系统为载体的晋商商业文化在基层社会中的存在、传承和演变，真实反映了历史上晋商的商业实践活动，其无可替代的研究价值日趋得到学界的重视。然而，由于山西特殊的地域文化以及山西商人在实际商业活动中形成的一些独具特色的技术性文字记录方式、标识，往往令初学者望而生畏，这也使我犹豫了很长时间才鼓起勇气决定以晋商民间历史文献整理与研究作为博士学位论文的选题方向。值得庆幸的是，由于我起步晚、底子薄，导师对我照顾有加，给我的晋商典当业信稿抄本资料已经录入了将近 60%，帮我节省了大量信稿识读、录入的时间，让我快速进入了信稿考证、资料解读以及相关内容的撰写阶段。

四年博士求学之路异常艰辛，但我感到十分充实，也收获了很多。这种艰辛是我人生的宝贵财富，这份收获得益于很多师友的提携、教诲和帮助。最要感谢的是导师王菱菱教授和刘秋根教授。读博期间，无论是从选题、开题到论文的撰写，还是从论文的章节安排到字斟句酌地修改，两位导师对我朝夕教诲、耳提面命，我时刻无不感激于怀、铭记于心。王老师、刘老师师承漆侠先生，他们治学严谨、一丝不苟，将史学研究作为毕生追求，将学术精进作为至上标准。他们的治学态度无时无刻不影响着我，鞭策着我，让我在困惑时不退缩，让我在迷茫时不失方向。王老师、刘老师永远是我学习的榜样。在今后的学习、工作中，我定会尽自己最大的努力争取在学习、工作方面做出一些成绩，不辜负导师的教导和付出。

算上硕士、博士两个阶段，我在河北大学宋史中心度过了七年学习时光。其间，老师们的教导、师兄师姐们的帮助以及与同学们、师弟师妹们的朝夕相处，太多的点点滴滴让艰难的求学之路充满了温情，我至今难忘。感谢河北大学宋史中心，感谢姜锡东、汪圣铎、吕变庭、肖爱民、刘金柱、闫孟祥、王晓龙、廖寅、李金闯、杨健庭以及中心的其他老师，感谢唐晔、杨帆、张建朋、郭兆斌、陈添翼、王致胜、顾启明等同门。刘建民老师秉承“学术为天下之公器”的宗旨，将毕生收集的大批晋商民间历史文献公之于世，让更多领域的学者通力合作，共同发掘这些新资料的学术价值。在此，向刘先生表示崇高的敬意。本书写作过程中，孟伟老师、杨波老师给予了很多指导，帮助我解决了很多困惑。借此机会，向两位老师表达我的谢意。特别感谢人民出版社翟金明老师，从格式规范、章节目录、内容安排，翟老师都给予了指导、帮助，翟老师的严谨、专业令我深感钦佩。还要感谢很多师友，他们或给予我帮助，或陪伴我成长，让我鼓足勇气，增加信心，顺利完成本书的撰写。

家人永远是最坚强的后盾。感谢我的父母、岳父母，他们总是在我困难的时候帮我渡过难关。更要感谢我的妻子，工作、学习、孩子以及家中的烦琐事务占据了她所有的时间。家人的默默付出为我提供了安静的学习环境，家人的无私奉献让我专心于工作。感谢家人，但更多的还有我深深的愧疚，对父母我没有更多侍奉左右，对妻子我没有更多分担生活的琐碎，对孩子我没有更多陪伴她快乐成长。希望父母们身体健康，希望妻子每天多一些开心，希望爱女健康快乐成长。

马克思、恩格斯曾说：“我们仅仅知道一门唯一的科学，即历史科学。”我们姑且不去讨论这句话到底指向什么，不管当今社会经济的发展对人们选择专业产生了哪些影响，也不必过于担忧各种事务如何影响自己在专业学习上的投入。对我而言，一切所学、所用、所感、所悟，均指向一门唯一的学科、专业，那就是历史学。我愿意一生与史学为伴。

王中良

2024 年 5 月

责任编辑：翟金明
封面设计：汪　阳

图书在版编目（CIP）数据

清末民初晋商典当业研究：基于新见信稿资料的解读 / 王中良著. -- 北京 : 人民出版社, 2024. 8. -- ISBN 978－7－01－026825－5

I. F832.38

中国国家版本馆 CIP 数据核字第 2024FP3157 号

清末民初晋商典当业研究

QINGMO MINCHU JINSHANG DIANDANGYE YANJIU

——基于新见信稿资料的解读

王中良　著

人民出版社 出版发行

（100706　北京市东城区隆福寺街 99 号）

北京建宏印刷有限公司印刷　新华书店经销

2024 年 8 月第 1 版　2024 年 8 月北京第 1 次印刷

开本：710 毫米 ×1000 毫米 1/16　印张：25.5　插页：3

字数：356 千字

ISBN 978－7－01－026825－5　定价：116.00 元

邮购地址 100706　北京市东城区隆福寺街 99 号

人民东方图书销售中心　电话（010）65250042　65289539